Kindermann / Sonnenberg

Photoshop CS4

Klaus Kindermann
Guido Sonnenberg

Photoshop CS4

FRANZIS

Oftmals inspiriert von der jugendlichen Leichtigkeit meiner Studenten und dem regen Austausch der Zuhörerschaft in den Seminaren, wurden die Workshops für Sie in diesem Adobe Photoshop CS4-Handbuch zusammengestellt. Eine Vielzahl unterschiedlicher Workshops in bewährter Vorher-Nachher- bzw. Step-by-Step-Anleitung macht Sie mit den wichtigsten Themen vertraut:

Bei allen Bearbeitungsmöglichkeiten – Belichtungs- und Farbkorrektur, Bildbearbeitung im RAW-Konverter, Haut- und Gesichtsretusche, Schwarz-Weiß-Veredlung, Panoramen montieren, HDR-Bilder erstellen u. v. m. – steht immer das nondestruktive Bearbeitungsziel im Vordergrund, egal ob bei Retusche, Montage oder Kunst.

Ich danke allen, die direkt und indirekt am Zustandekommen des vorliegenden Buchs beteiligt waren, und ich wünsche mir, dass alle von diesen Workshops und Bearbeitungstipps profitieren und Sie viel Freude mit Ihren Bildern haben werden.

Guido Sonnenberg, März 2009

Profibuch Photoshop CS4

INHALTSVERZEICHNIS

INHALTSVERZEICHNIS

PROFIBUCH PHOTOSHOP CS4

1

NEU IN PHOTOSHOP CS4

1

Neu in Photoshop CS4

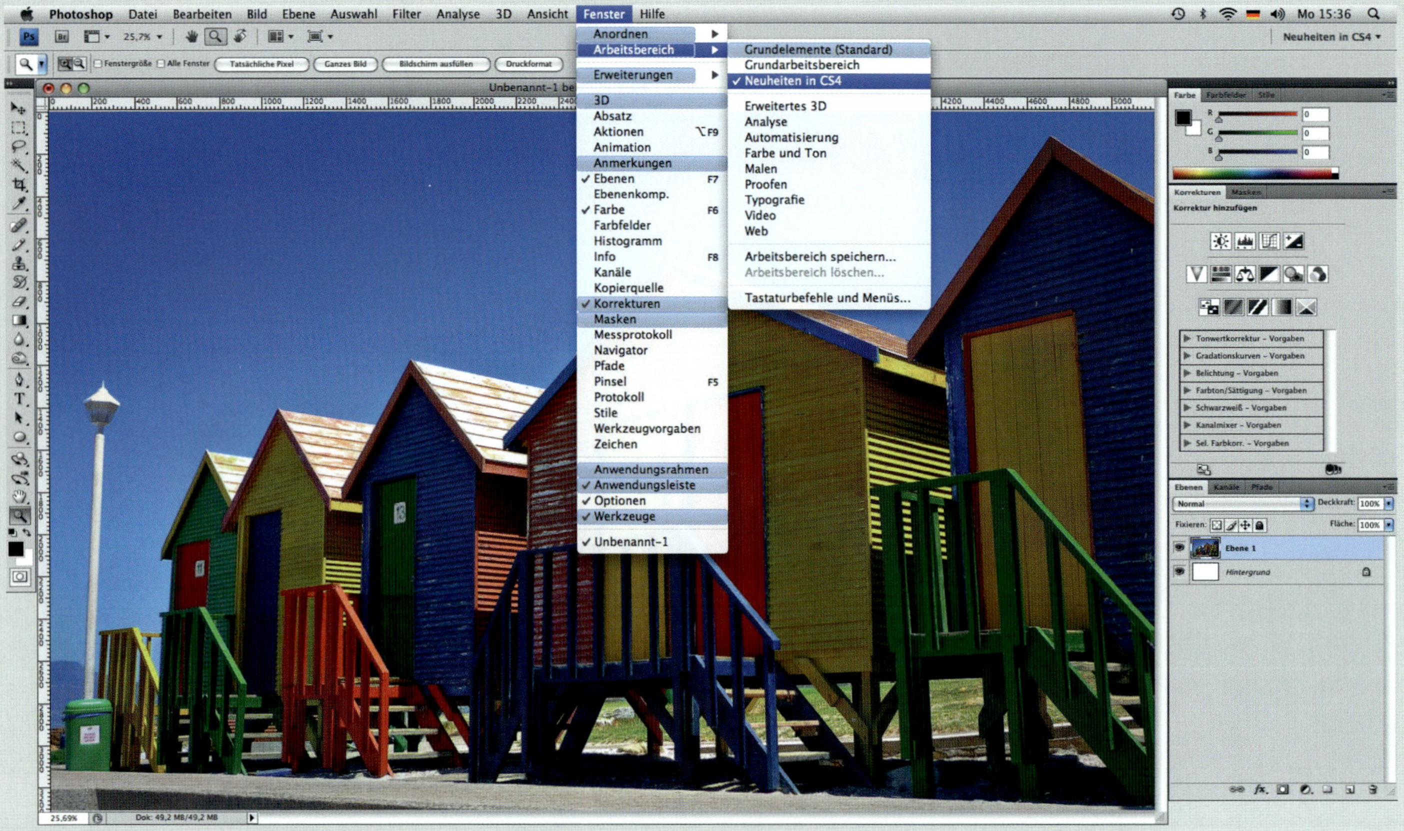

Perfekt für den Einstieg in Photoshop CS4: Mit dem Arbeitsbereich **Neuheiten in CS4** *werden alle neue Funktionen hervorgehoben dargestellt.*

Neu in Photoshop CS4

Lohnt sich der Umstieg von CS3 auf CS4? Für den professionellen Anwender, der Wert auf schnellere Abläufe, eine verbesserte Darstellung und verfeinerte Funktionen legt, auf jeden Fall. Für den gelegentlichen Anwender, der nur eine begrenzte Anzahl von Funktionen überhaupt nutzt, wird die Vorgängerversion CS3 möglicherweise noch einige Zeit ausreichen. Die eingeführten Verbesserungen sind bei einigen Funktionen jedoch deutlich zu bemerken und werden sich auf die damit mögliche Bildqualität sichtbar auswirken. Auch mit dem neuen CS4 hat Adobe wieder einmal das aktuell ultimative Werkzeug in der digitalen Bildbearbeitung vorgestellt.

Zu den weiteren Verbesserungen neben den nachfolgend genannten zählt die engere Zusammenarbeit von Adobe Photoshop CS4 mit Adobe Lightroom 2. Fotos aus Lightroom können automatisch in Photoshop geöffnet, bearbeitet und anschließend wieder nach Lightroom übertragen werden. Eine Kombination dieser beiden Programme ist speziell für den Fotografen und häufigen Bearbeiter von digitalen Fotos als optimal zu betrachten.

Neue Installationsroutine

Bereits bei der Installation sind einige spezielle Neuerungen zu beachten, so kann CS4 auf dem Rechner nur mit Administratorzugang installiert werden. Nach der Installation sollte der erste Programmstart ebenfalls als Administrator erfolgen, um eventuell erforderliche weitere Aktualisierungen vorzunehmen. Das Besondere an CS4 dabei ist, dass das neue Programm erstmals zur Beschleunigung der Bildschirmaktualisierung nicht den Hauptprozessor (CPU) des Computers, sondern die GPU (Grafikprozessor) der Grafikkarte nutzt. Sie werden deshalb beim Start mittels eines Fensters aufgefordert, zunächst Ihren Grafikkartentreiber zu überprüfen und sich gegebenenfalls einen aktuelleren Grafikkartentreiber von der Webseite des Herstellers herunterzuladen.

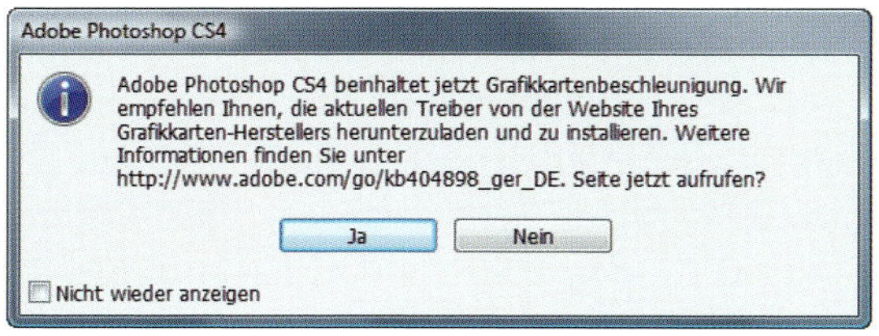

Photoshop empfiehlt, die Grafikkartentreiber zu aktualisieren.

Nach Bestätigung dieser Meldung mit *Ja* wird die Adobe-Webseite aufgerufen, auf der Sie weitere Informationen erhalten. Wird die von Ihnen verwendete Grafikkarte unterstützt, nehmen Sie auf jeden Fall eine Aktualisierung des Treibers vor. Diese Aktualisierung ist unbedingt empfehlenswert, damit Adobe CS4 direkt auf den Grafikkartenspeicher zugreifen kann und dadurch eine schnellere Anzeige und die Unterstützung der neuen Funktionen auf OpenGL-Basis ermöglicht wird.

Bevor Sie sich nun in die Arbeit mit dem neuen Photoshop stürzen, laden und installieren Sie noch etwaige Photoshop CS4-Updates und -Patches von der Adobe-Webseite. Danach passen Sie im Menü *Bearbeiten* die Photoshop-*Voreinstellungen* Ihren Wünschen entsprechend an. Dabei sind insbesondere die Leistungseinstellungen wichtig.

Absolut neu in den *Voreinstellungen* ist die Option *OpenGL aktivieren* – zu finden im Feld *GPU-Einstellungen* mit Anzeige der erkannten Grafikkarte. Die Option ermöglicht viele der neuen erweiterten Funktionen der Benutzeroberfläche wie das *Ansichtdrehung-Werkzeug*. Die Optionen *Animierter Zoom*, mit stufenlosem Zoomen sowie dem Zoomen aus der Vogelperspektive, und *Zentrierung auf den angeklickten Punkt* sind weitere Highlights des Programms. Mit der Option *Ziehschwenken aktivieren* können Sie das Bild mit dem *Hand-Werkzeug* in die gewünschte Richtung schubsen.

Über die Schaltfläche *Erweiterte Einstellungen* im Menü *Leistung/GPU-Einstellungen* können zudem Anpassungen bei Problemen mit den neuen Funktionen vorgenommen werden. Gegebenenfalls können Sie OpenGL hier auch deaktivieren.

Zusätzlich zu den bereits genannten Neuerungen sind noch mehr Erweiterungen, so z. B. unter der Option *Benutzeroberfläche* die Darstellung von *Schlagschatten* für den Arbeitsflächenrand, und die Einstellungen für *Bedienfelder* und *Dokumente* hinzugekommen. Unter *Dateihandhabung/Datenkompatibilität* lassen sich nun auch die Voreinstellungen für das Camera Raw-Modul festlegen. Die geänderten Voreinstellungen werden dann nach dem Neustart des Programms übernommen.

[i]

ANFORDERUNGEN AN DIE GRAFIKKARTE

Die verwendete Grafikkarte muss über eine GPU mit mindestens 128 MByte RAM verfügen, und der aktuelle Treiber muss OpenGL 2.0 und Shader Model 3.0 unterstützen. Andernfalls sind einige neue Funktionen nicht verfügbar, und es kann sogar zu Fehlermeldungen und Abstürzen von Photoshop CS4 kommen.

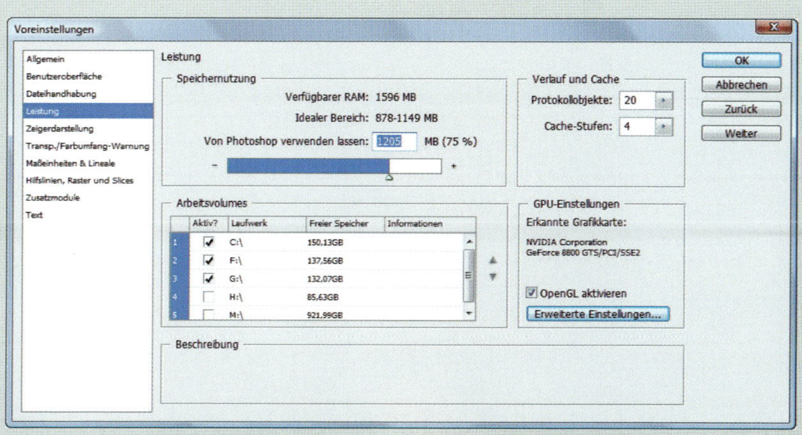

Voreinstellungen *in Photoshop festlegen.*

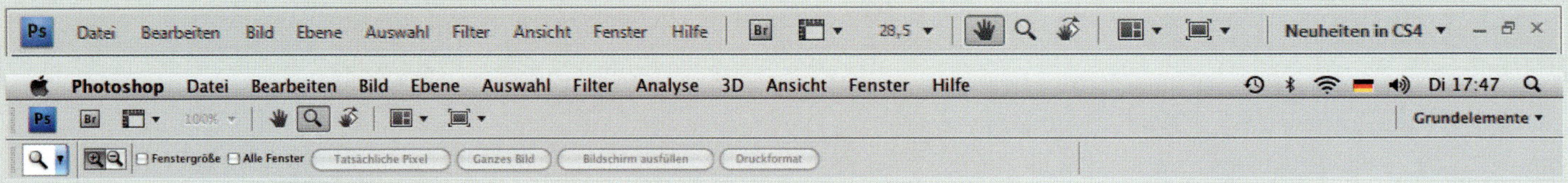

Anwahl der **Neuheiten in CS4** *über die Windows-Menüleiste (oben) und die Mac OS X-Menüleiste (unten).*

Neue Programmfunktionen

Einen ersten Überblick über die neuen CS4-Funktionen erhalten Sie, wenn Sie im Menü *Fenster/ Arbeitsbereich* die *Neuheiten in CS4* auswählen. Damit werden die wesentlichen neuen Funktionen in den Menüs mit blauer Farbe markiert und sind so leichter zu finden. Einige weitere Veränderungen in den Bearbeitungsmöglichkeiten sind jedoch erst bei der Anwendung bestimmter Funktionen zu entdecken.

Metadaten für die Bildausgabe

So findet sich beispielsweise im Menü *Datei* unter *Für Web und Geräte speichern* eine neue Möglichkeit, die Metadaten für diese spezielle Bildausgabe festzulegen. Sie können nun vollständig entfernt oder auf bestimmte Informationen wie z. B. das Copyright beschränkt werden.

Anordnung geöffneter Fenster

Völlig neu für den Anwender bisheriger Photoshop-Versionen ist die Anordnung von geöffneten Fenstern mit links sitzenden Registerkarten. Werden mehrere Bilder gleichzeitig geöffnet, ist ein einfacher Wechsel durch Anklicken der jeweiligen Registerkarte möglich. Darüber hinaus ermöglicht ein neues Tool in der ebenfalls neu gestalteten Menüleiste mit der Bezeichnung *Dokumente anordnen* die Ansicht mehrerer Dokumente nach auswählbaren Mustern.

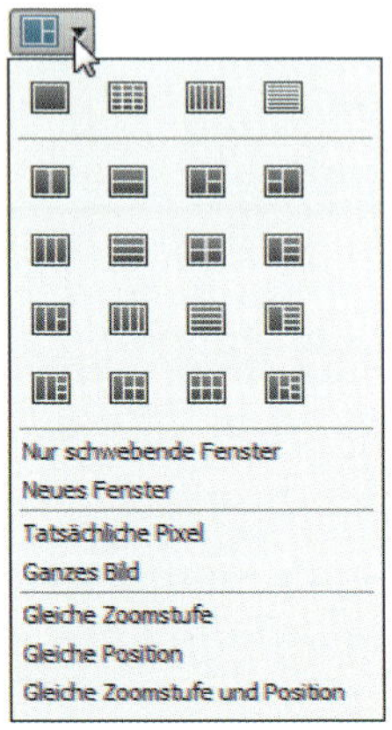

Auswahl eines Ansichtsmusters im Pop-up-Fenster **Dokumente anordnen.**

Mit *Nur schwebende Fenster* kann auch die bisherige Anordnung und Bildschirmansicht wieder eingestellt werden. Besonders nützlich und sinnvoll in diesem Menü sind die Optionen *Gleiche Zoomstufe* und *Gleiche Position,* wenn Bilder direkt miteinander verglichen werden sollen. Direkt neben dieser Neuheit befindet sich auf der rechten Seite der Menüleiste noch ein weiterer Schalter für den Bildschirmmodus zur Vollbildansicht des geöffneten Dokuments.

Bildansichten für die Bearbeitung drehen

Ebenfalls neu in der Menüleiste ist das bereits genannte *Ansichtdrehung-Werkzeug.* Beim freien Drehen des Bildes mit der Maus wird in der Bildmitte eine Kompassnadel eingeblendet, die in der Optionsleiste den Drehwinkel anzeigt. Möchten Sie die Bildansicht in einem vorgegebenen Winkel drehen, geben Sie den Wert in das Eingabefeld *Drehwinkel* ein. So können mit *Alle Fenster drehen* auch mehrere geöffnete Fenster gleichzeitig gedreht werden, und mit *Ansicht zurücksetzen* wird die vorherige Ansicht wiederhergestellt. Die Drehung erfolgt dabei nur in der Bildschirmansicht und hat keine Auswirkungen auf das geöffnete Dokument. Es soll lediglich die Bearbeitung erleichtert werden.

Das **Ansichtdrehung-Werkzeug** *in Aktion: Das Motiv wird mit der Maus gedreht.*

Mehr Funktionen für das Zoom-Werkzeug

Das bereits erwähnte *Zoom-Werkzeug* mit seinen neuen Funktionen, basierend auf OpenGL, wurde in der Menüleiste um die Option *Bildschirm ausfüllen* erweitert. Damit erfolgt eine Ansichtsanpassung nach Bildbreite oder Bildhöhe, je nach Format. Wesentlich interessanter ist jedoch die Verwendung des *Zoom-Werkzeugs* in Kombination mit *Angeklickten Punkt zentrieren* und *Stufenlose Anpassung* durch Festhalten der Maustaste. Dazu müssen in den *Voreinstellungen* im Menü *Bearbeiten/Allgemein* diese Funktionen jedoch zuvor aktiviert werden.

Ganz neu ist auch der kurzzeitige Überblick aus der Vogelperspektive. Bei einer vergrößerten Bildansicht drücken Sie die [H]-Taste und wechseln damit zum *Hand-Werkzeug*. Dabei wird das Bild kurzfristig auf die Gesamtansicht verkleinert, und die aktuelle Position wird durch einen Rahmen gekennzeichnet. Eine Ausschnittsverschiebung kann somit direkt mit der Maus erfolgen. Lassen Sie danach die [H]-Taste wieder los, kehren Sie zum *Zoom-Werkzeug* zurück, und der durch den angezeigten Rahmen festgelegte Bildausschnitt wird in der aktuellen Zoomstufe angezeigt.

Eine weitere Neuheit wird sichtbar bei einer Bildschirmdarstellung mit einem Zoomfaktor zwischen 600 und 3200 % durch ein nun angezeigtes Pixelmuster. Dieses ermöglicht beispielsweise eine präzisere Farbauswahl einzelner Bildpixel mit dem *Pipetten-Werkzeug*. Auch ein rechteckiges Auswahlwerkzeug kann damit präziser positioniert werden. Bei Bildmontagen können damit ebenfalls noch genauere Anpassungen vorgenommen werden.

Ab einem Zoomfaktor von 600 % wird ein Pixelmuster angezeigt.

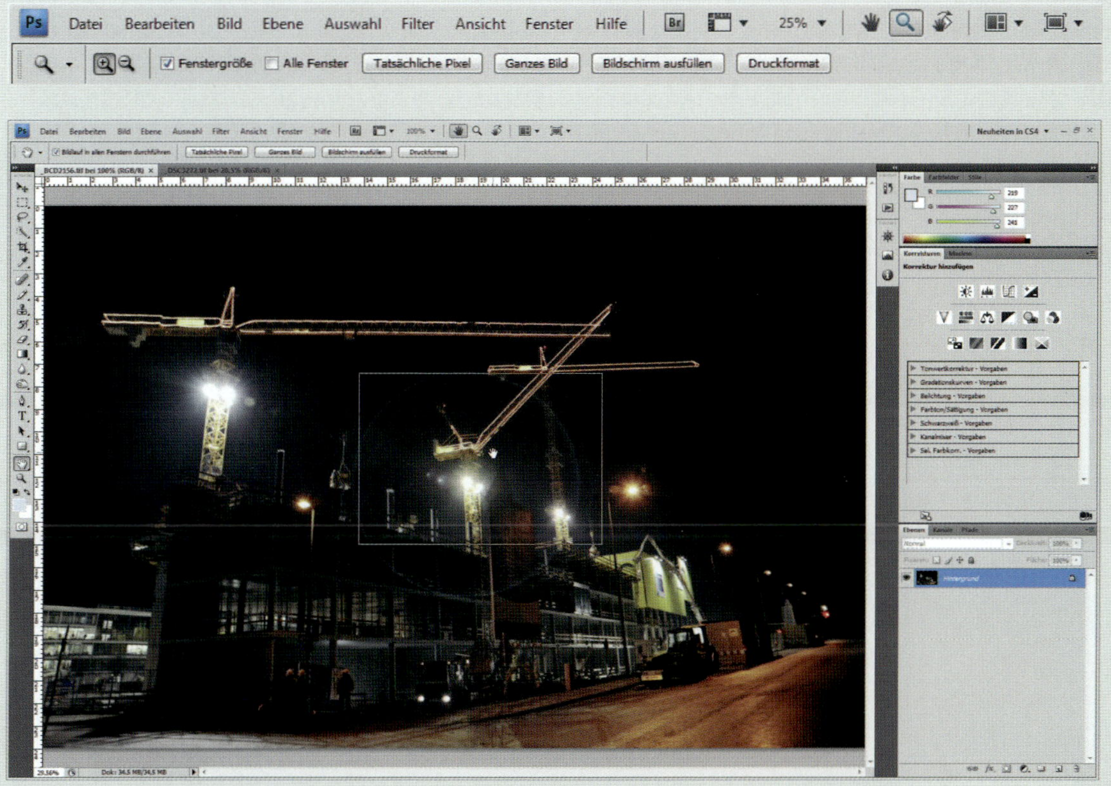

Übersicht aus der Vogelperspektive mit dem neuen verschiebbaren Zoombereich. Siehe rechteckiger Rahmen in der Bildmitte.

Neue Bedienfelder und Werkzeuge

Die hinzugekommenen Bedienfelder auf der rechten Seite über den Ebenen sind eine weitere Neuerung in Photoshop CS4. Das Bedienfeld *Korrekturen* ermöglicht den schnellen Zugriff auf alle wichtigen Tools zur Bildoptimierung von Farbbereich und Farbton. Neben den mithilfe grafischer Symbole angezeigten Optionen wird darunter eine weitere Liste unterschiedlicher Vorgaben angezeigt. Das Aufrufen einer Vorgabe oder eines der grafischen Symbole erzeugt zugleich eine entsprechende Einstellungsebene im Ebenenmenü. Durch diese Bildbearbeitung im Ebenenmodus ist eine verlust- und zerstörungsfreie Anwendung möglich, da das darunterliegende Ausgangsbild nicht angegriffen wird.

Das Bedienfeld Korrekturen

Völlig neu im Bedienfeld *Korrekturen* ist auch die Einstellungsebene *Dynamik*, mit der Sie Farbdynamik und Farbsättigung Ihrer Bilder verbessern. Das Werkzeug für *Helligkeit und Kontrast* wurde ebenfalls deutlich verbessert und kann nun auch direkt angewendet werden, ohne dass man extreme Qualitätsverluste wie in den vorherigen Programmversionen befürchten müsste. Die Anwendung jeglicher Korrekturen auf einer Einstellungsebene ist jedoch immer einer direkten Anwendung am Bild zu vorzuziehen. Nur dadurch wird auch noch eine spätere Anpassung der verwendeten Korrekturen ohne Beeinflussung des Originals ermöglicht.

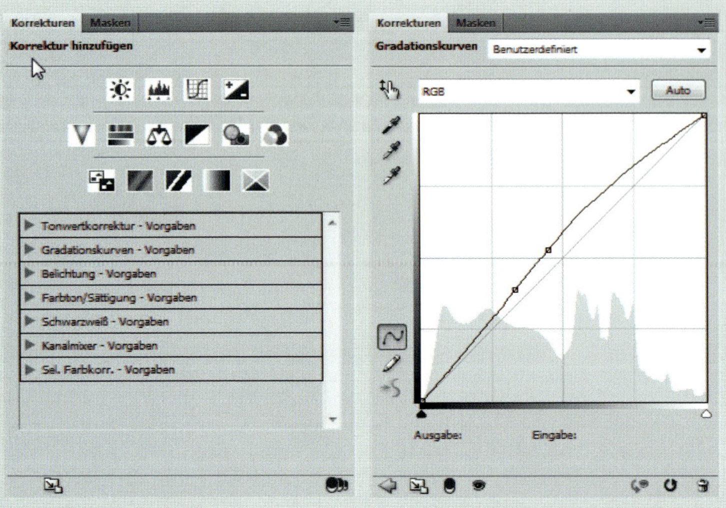

Bedienfeld für Anpassungen, rechts nach dem Aufruf der **Gradationskurve**.

Die Anwendungen des *Korrekturen*-Bedienfelds selbst sind mit weiteren Optionen versehen, die durch einige neue Symbole gekennzeichnet sind. So finden sich am unteren Rand des jeweils geöffneten Bedienfelds die folgenden Funktionen:

Symbol	Funktion
	Zurück zur Korrekturliste.
	Ansichtswechsel des Bedienfelds zwischen normaler und erweiterter Ansicht.
	Korrekturerweiterung auf alle darunterliegenden Ebenen und Wechsel zurück zur einzelnen Ebene.
	Ein-/Ausschaltoption zur Ebenensichtbarkeit.
	Anzeigeoption des vorherigen Status.
	Zurücksetzen auf den Korrektur-Standardwert.
	Löschen der Einstellungsebene.

Hinzu kommen spezielle Anwendungen, je nach Bedienfeld und Korrektur. Bei einigen Optionen findet sich ein Symbol, das eine genauere Darstellung des angezeigten Histogramms durch Neuberechnung ermöglicht. Nach der Ausführung verschwindet das Symbol wieder.
Um im jeweiligen Bild bestimmte Details auszuwählen und spezifisch zu bearbeiten, dienen diese Zeichen. Die Pfeile zeigen dabei die Arbeitsrichtung an, und der Mauszeiger verwandelt sich in eine Pipette. Nach der Auswahl kann nun die Korrektur mit der Maus direkt im Bild an der gewünschten Stelle vorgenommen werden. Die mögliche Anwendungsrichtung durch Ziehen mit gedrückter linker Maustaste wird dabei durch die Pfeile im jeweiligen Symbol angezeigt.

Das Bedienfeld Masken

Das Bedienfeld *Masken* ist ebenfalls neu. Dabei kann wahlweise eine pixelbasierte oder vektorbasierte Maske erstellt werden. Die Optionen unter *Verbessern* dienen der Verfeinerung von Maskenanwendungen. Unter *Maskenkante* kann zur weiteren Anpassung ein bereits aus CS3 bekanntes Modul geöffnet werden, das auch noch unter dem Menü *Auswahl/Kante verbessern* zu finden ist.

Farbbereich öffnet das *Farbauswahl-Werkzeug*, und *Umkehren* passt die Auswahl entsprechend an. Beide Funktionen sind ebenfalls bereits bekannt, lediglich beim *Farbauswahl-Werkzeug* wurde eine neue Option mit der Bezeichnung *Lokalisierte Farbgruppen* hinzugefügt. Damit kann der ausgewählte Bereich mit dem Regler in der Distanz zu den gewählten Ausgangspunkten in Prozent eingegrenzt werden, um damit die Genauigkeit der Auswahl zu verbessern.

Intelligente Skalierung

Im Menü *Bearbeiten/Skalieren (Inhalt bewahren)* findet sich ein neues Werkzeug, das eine unproportionale Skalierung von Bildern mit gleichzeitigem Erhalt bestimmter Bilddetails ermöglicht. Damit wird eine Verzerrung möglich, bei der bestimmte Bilddetails nicht ebenfalls in gleicher Weise verzerrt, sondern vielmehr verschoben werden. Das Programm erkennt dabei einzelne Strukturen und ermöglicht so eine realistischere Wiedergabe. Eine optimale Funktion ist allerdings immer auch vom jeweiligen Motiv und dem Grad der Verzerrung abhängig.

Zum Anwenden benötigen Sie eine Auswahl, oder Sie duplizieren zuvor die zu bearbeitende Hintergrundebene. Als Alphakanäle gespeicherte Auswahlen können im Menü unter der Option *Bewahren* zuvor ausgewählt werden, um bestimmte Bereiche zu schützen. Mit Klick auf das Symbol *Figur* wird versucht, diejenigen Bildbereiche, die Hauttöne enthalten, vor einer Verzerrung zu schützen. Mit dem Regler *Stärke* lässt sich der Anteil der Skalierung mit Inhaltsberücksichtigung im Vergleich zur normalen Skalierung in Prozent einstellen.

Der Referenzpunkt im Bild bestimmt die Position, um die herum die Skalierung stattfindet. Dieser ist standardmäßig in der Mitte des Bildes, kann jedoch durch Anklicken eines Eckpunkts im Symbol in der Menüleiste versetzt werden. Alternativ lässt sich der Referenzpunkt auch innerhalb des Bildes mit der Maus verschieben, oder seine genaue Position in Pixeln wird als x- bzw. y-Wert in der Menüleiste eingegeben.

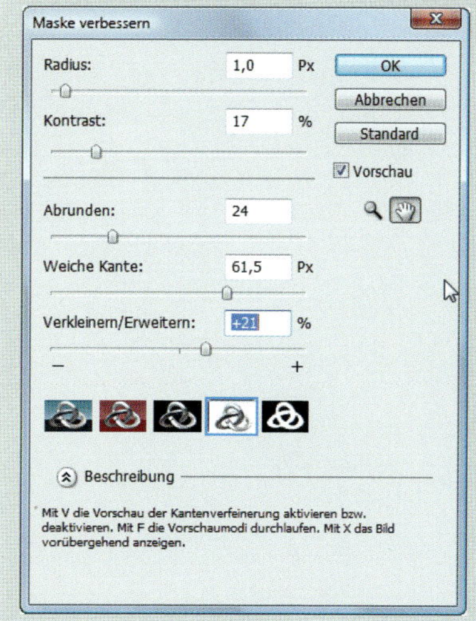

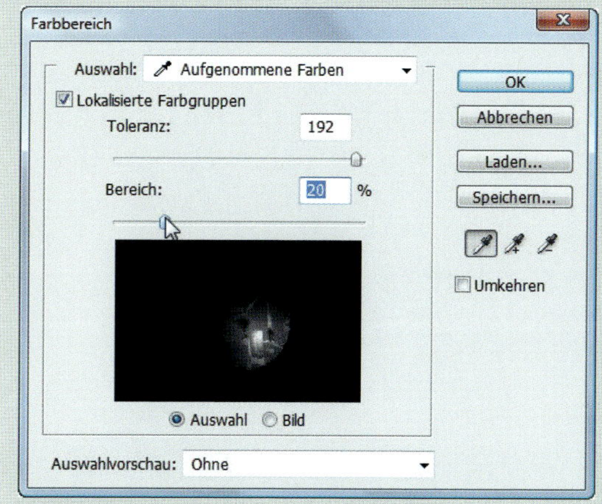

Bearbeitungsmodule **Maske verbessern** *und* **Farbbereich.**

Das Bedienfeld **Masken** *und die neuen Symbole von links nach rechts:* **Auswahl aus Maske laden, Maske anwenden, Maske aktivieren/deaktivieren** *und* **Maske löschen.**

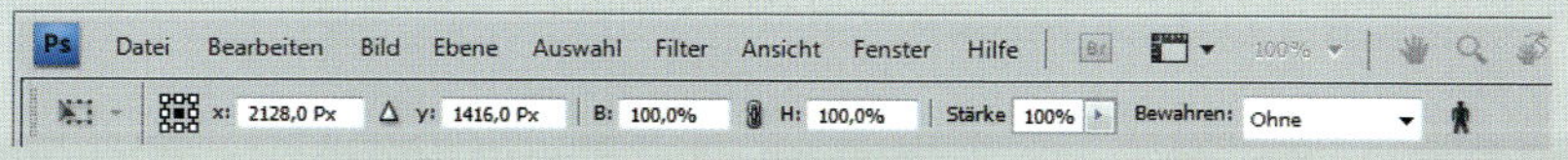

Menüleiste zur Anwendung von **Skalieren (Inhalt bewahren).**

Originalaufnahme ohne Skalierung.

Das Bild nach der normalen Skalierung.

Das Bild mit intelligenter Skalierung, dabei wurde das Motorrad durch eine zuvor erstellte Alphamaske erhalten.

Das Bild mit intelligenter Skalierung, diesmal ohne Alphakanal, jedoch mit Schutz der Hauttöne und einem anderen Referenzpunkt.

Die Skalierung kann auch direkt als Prozentsatz unter *B:* und *H:* eingegeben werden. Zwischen den Eingabestellen befindet sich ebenfalls ein Schalter für die Erhaltung des Seitenverhältnisses. Die übliche Anwendung erfolgt durch Ziehen der Eckpunkte oder der seitlichen Punkte am Bildrand mit der Maus. Um die Proportionen zu erhalten und eine Skalierung ohne Verzerrung zu ermöglichen, ziehen Sie an einer Ecke und halten dabei die [Umschalt]-Taste gedrückt.
Um die eingestellte Skalierung anzuwenden, klicken Sie auf das Häkchen in der Menüleiste oder doppelklicken in die Auswahl. Zum Abbruch benutzen Sie das entsprechende Symbol in der Menüleiste oder drücken die [Esc]-Taste.

Neue Ebenenfunktionen

Im Menü *Bearbeiten* sind neue Ebenenfunktionen dazugekommen. Damit lassen sich Bildmontagen, beispielsweise Panoramen, unter Verwendung der automatischen Funktionen perfekt ausrichten und überblenden. Zur Anwendung benötigen Sie die zu bearbeitenden Bilder jeweils als Ebenen im selben Dokument. In Adobe Bridge lassen sich die zu verwendenden Teilbilder auch direkt auswählen und über das Menü *Werkzeuge/Photoshop/Dateien in Photoshop-Ebenen laden* direkt in Photoshop zur weiteren Bearbeitung öffnen.
Zu diesem Zweck kann auch in Photoshop der Befehl *Skripten/Dateien in Stapel laden* aus dem Menü *Datei* gewählt werden. Eine weitere Alternative zur Erstellung von Panoramabildern und Montagen ist die bereits aus Version CS3 bekannte Funktion *Photomerge*, die ebenfalls weiter verbessert wurde. Alle diese Werkzeuge eignen sich auch zur direkten Verarbeitung von RAW-Daten, ohne dass diese zuvor in ein anderes Format umgewandelt werden müssen.
Vor dem Einsatz der Funktionen *Ebenen automatisch ausrichten* und *Ebenen automatisch überblenden* müssen die Teilebenen zuvor ausgewählt sein. Dies geschieht entweder durch Auswählen der Ebenen bei gedrückter [Umschalt]-Taste oder im Menü *Auswahl/Alle Ebenen.* Bei einer eigenen, manuellen Zusammenstellung von Teilebenen ist darauf zu achten, dass die Hintergrundebene vor der Transformation durch einen Doppelklick in die *Ebene 0* umgewandelt wurde. Das für eine Panoramamontage verwendete Bildmaterial

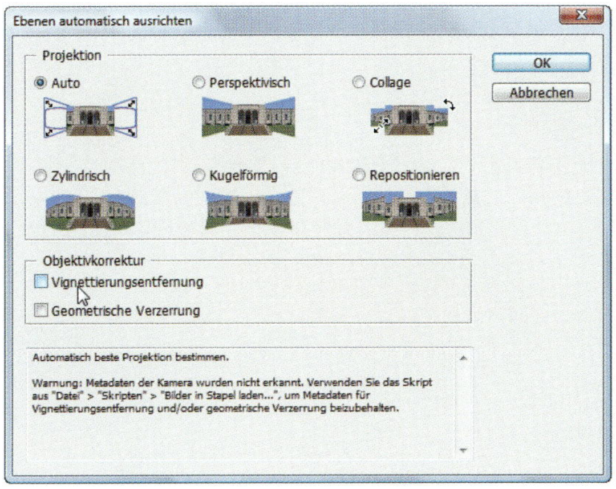

Die neuen Dialogfelder Ebenen automatisch ausrichten *und* Ebenen automatisch überblenden.

sollte zudem deutlich um ca. 40 % überlappen, um eine perfekte automatische Montage zu ermöglichen.

Die Funktion zur automatischen Ausrichtung enthält außerdem Optionen zur *Vignettierungsentfernung* und *Geometrischen Verzerrung*. Dazu werden auch die von der Kamera in die Bilder eingebetteten Metadaten gelesen und zur Korrektur verwendet. Beste Ergebnisse erzielen Sie, wenn Sie mit Stativ fotografieren - bei gleicher Blende, Auflösung, Brennweite und Fokussierung.

Nach der automatischen Ausrichtung Ihrer Teilbilder folgt zum Feinschliff die automatische Überblendung. Mit der Option *Nahtlose Töne und*

Beispiel einer Ebenenmontage mit automatischer Ausrichtung und Überblendung.

Beispiel einer Panoramamontage – hier der Walchensee in Oberbayern.

Die Teilbilder zur Schärfentiefemontage - jedes mit einer anderen Schärfenebene.

Farben werden noch störende Bildüberlappungen fein angepasst.
Das Werkzeug *Ebenen automatisch überblenden* ermöglicht noch eine weitere Anwendung mit der Option *Bilder stapeln*. Damit wird es möglich, aus

Nach dem automatischen Ausrichten folgt die automatische Überblendung im Stapel.

Das Beispiel als fertige Montage.

mehreren Aufnahmen desselben Objekts, jedoch mit unterschiedlichen Schärfeebenen, ein Bild mit erhöhter Schärfentiefe zu erstellen – und dies mit Optionen zum Erhalt von Farbton und Farbbereich.

Der Kuler – Farbschemata erstellen

Eine weitere interessante Neuerung findet sich im Menü *Fenster* unter *Erweiterungen*, der *Kuler*. Mit diesem lassen sich Farbschemata erstellen, bearbeiten und aus dem Internet abrufen, auch kann man eigene Schemata ins Internet stellen. Diese Verbindung ermöglicht es, eine Vielzahl von Farbschemata zu finden und zur weiteren Nutzung in das *Farbfelder*-Menü zu übernehmen.

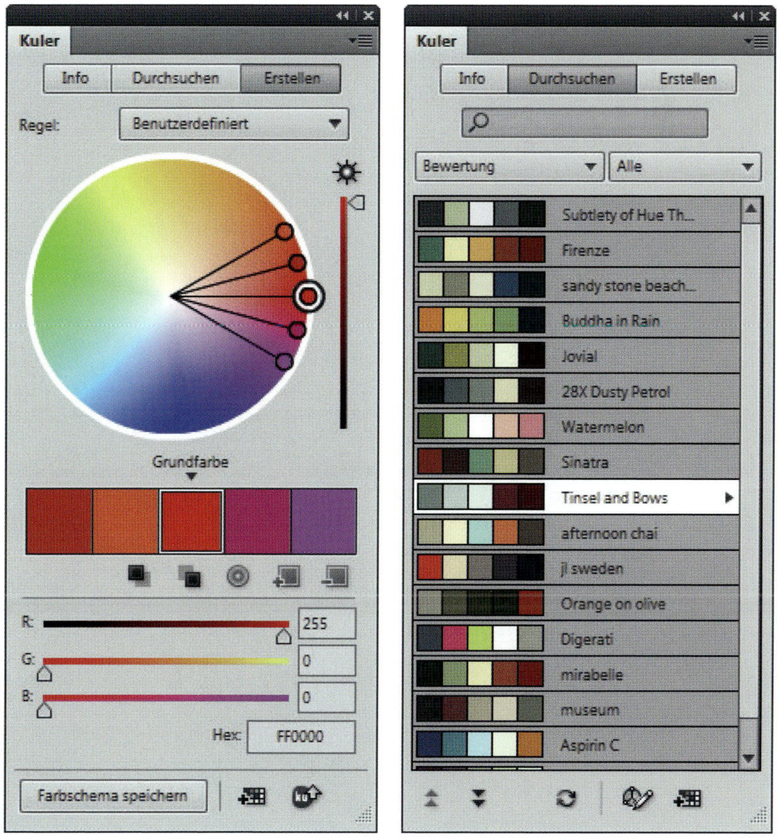

Rechts: *Per* **Kuler** *eigene Farbschemata erstellen oder aus dem Internet abrufen.*

Steckbrief der neuen Funktionen

Menü	Funktion	Kurzbeschreibung
Datei	In Bridge suchen	Wechselt zu Adobe Bridge.
	Meinen Bildschirm freigeben	Freigabe der Bildschirmansicht für bis zu zwei zusätzliche Personen über das Internet.
	Automatisieren/ Photomerge	Angepasste Funktionen mit Vignettierungskorrektur und Korrektur der geometrischen Verzerrung.
	Skripten (Automatisierung von Aufgaben)	Bildprozessor, automatische Verarbeitung von Bilddaten. Alle Ebeneneffekte reduzieren. Alle Masken reduzieren.
	Dateiinformationen	Überarbeitete Ansicht und Eingabe von Dateiinformationen (Metadaten).
	Drucken	Neues Druckausgabemenü mit erweiterten Funktionen.
Bearbeiten	Skalieren (Inhalt bewahren)	Intelligente Skalierungsfunktion.
	Ebenen automatisch ausrichten	Tool zur verbesserten automatischen Anpassung von Teilbildern bei Panoramamontagen.
	Ebenen automatisch überblenden	Verfeinerte Überblendfunktionen bei Bildmontagen.
	Voreinstellungen	Neue Einstellungsoptionen für die Registerkarten Allgemein und Benutzeroberfläche.
Bild	Korrekturen	Dynamik, neues Tool zur Verbesserung der Farbdynamik und Farbsättigung.
Ebene	Neue Einstellungsebene	Das Menü wurde um weitere Einstellungsebenen erweitert, die Funktionen wurden überarbeitet und verfeinert.
Auswahl	Farbbereich	Neue Funktion zur Lokalisierung des ausgewählten Farbbereichs.
	Kante verbessern	Verfeinerte Funktionen.
	Im Maskierungsmodus bearbeiten	Wechselt in den Maskierungsmodus.
Filter	Filter online durchsuchen	Link zur Adobe-Webseite mit Informationen von Drittanbietern von Filtern.
Ansicht	Proof einrichten	Farbenblindheit (Protanopie), Farbenblindheit (Deuteranopie) – Ansichten für die genannten Formen der Farbenblindheit.
	Einblenden	Wurde um die Option Pixelraster erweitert.
Fenster	Anordnen	Komplett überarbeitet mit neuen Funktionen.
	Arbeitsbereich	Angepasste Optionen.
	Erweiterungen	Kuler, Aufruf- und Erstellungsmöglichkeit von Farbschemata mit Internetverknüpfung. Verbindungen, Anmeldung bei Adobe zum Erhalt weiterer Dienste.
	Anmerkungen	Eingabe von Anmerkungen direkt in das Bild. Das Eingabewerkzeug befindet sich in der Werkzeugleiste bei den Pipetten.
	Korrekturen	Blendet das Bedienfeld Korrekturen ein.
	Masken	Blendet das Bedienfeld Masken ein.
	Werkzeuge	Neue Werkzeuge, neue Werkzeuganordnungen und verbesserte Funktionen.
Hilfe	Photoshop online	Link zur Adobe Webseite.

Neue mächtige Werkzeuge

Der schnelle Wechsel durch die Nutzung von Tastenkürzeln wurde in Version CS4 ebenfalls weiter verbessert. Wenn Sie zur Bildbearbeitung auch Tastenkürzel verwenden, ist jetzt ein schnellerer Wechsel zwischen den einzelnen Anwendungen möglich. Halten Sie dazu während eines Zwischenschritts lediglich die entsprechende Taste zu einem anderen Werkzeug gedrückt. Nach dem Loslassen arbeiten Sie mit dem vorherigen Werkzeug weiter.

Angenommen, Sie arbeiten mit dem *Pinsel-Werkzeug* und möchten zwischendurch den *Radiergummi* benutzen, dann halten Sie die [E]-Taste fest und radieren. Sobald Sie die Taste wieder loslassen, kehren Sie zum vorherigen Werkzeug zurück. Um die Werkzeuggröße zu verändern, drücken Sie zum Vergrößern die [#]-Taste und zum Verkleinern die [Ö]-Taste. Durch längeres Drücken der Taste passt sich die Größe des Werkzeugs dabei stufenlos an. Bei Anwendung des *Kopierstempel-Werkzeugs* mit weicher Kante können Sie auch durch längeren Druck auf die Maustaste den Kopierbereich stufenlos zwischen einer weichen und einer harten Kante verändern.

All diese Möglichkeiten sind bedeutend schneller, als immer mit der Maus in das jeweilige Menü zu wechseln. Eine Liste der verfügbaren Tastenkürzel und die Möglichkeit, eigene Tastaturbefehle zu erstellen und zu speichern, finden Sie im Menü *Bearbeiten/Tastaturbefehle*.

Änderungen im Werkzeugbedienfeld

Im Werkzeugbedienfeld wurden ebenfalls einige Änderungen vorgenommen, die nachfolgend kurz vorgestellt werden. So befindet sich die *Pipette* nun direkt unterhalb des *Freistellungswerkzeugs* und enthält außer den Werkzeugen *Farbaufnahme* und *Lineal* das Werkzeug *Anmerkungen*, mit dem textliche Anmerkungen direkt durch Mausklick im Bild eingefügt werden können. Dabei wird eine Markierung gesetzt, die mit dem Bild abgespeichert und nach dem Öffnen wieder aufgerufen werden kann.

Auch der *Kopierstempel* wurde neu überarbeitet und ermöglicht nun eine Voransicht des zu kopierenden Bereichs in der Größe der gewählten Werkzeugspitze bereits vor dem Einfügen durch einen Mausklick. Das dazugehörige Menü wurde zudem um die Funktion *Kopierquellenbedienfeld ein-/ausblenden* erweitert.

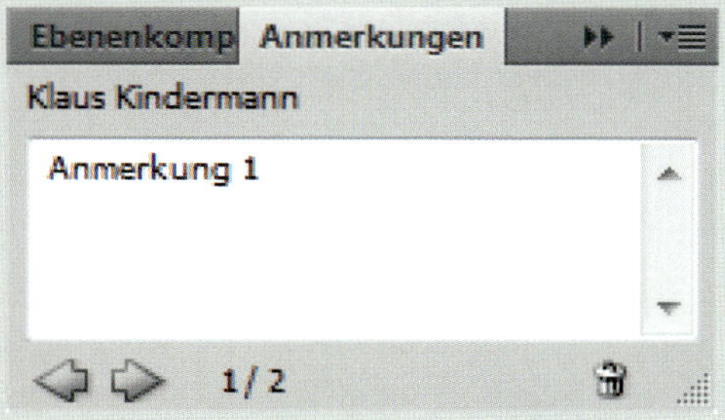

Das Menü zum Werkzeug **Anmerkungen** *und das Eingabefeld.*

Die neuen Kopierstempel-Optionen.

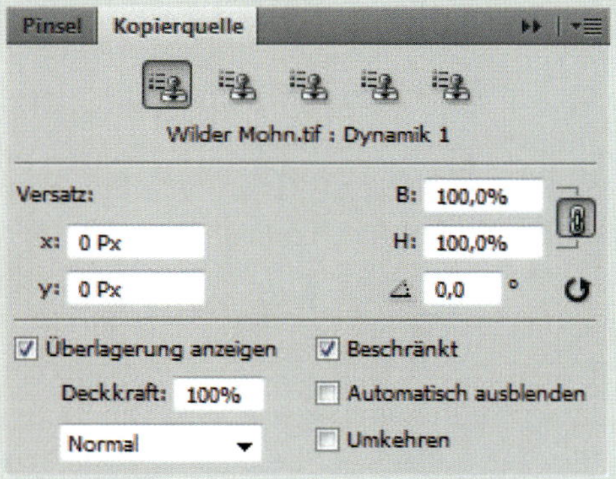

Einstellungsmöglichkeiten im Bedienfeld **Kopierquelle**.

Das Bedienfeld Kopierquelle

Das Bedienfeld *Kopierquelle* ermöglicht den direkten Zugriff auf bis zu fünf unterschiedliche Aufnahmequellen von verschiedenen Ebenen oder anderen geöffneten Dokumenten. Diese werden so lange gespeichert, bis das Dokument geschlossen wird. Dabei können weitere Funktionen zum Versatz, zur Größe und zur Drehung des zu erzeugenden Klons eingegeben werden. Die Option *Beschränkt* begrenzt die Kopierfläche auf die Größe der Werkzeugspitze, und um diese Voransicht wieder zu deaktivieren, entfernen Sie das Häkchen bei *Überlagerung anzeigen*. Um die Überlagerung während des Arbeitsvorgangs auszublenden, setzen Sie ein Häkchen bei *Automatisch ausblenden*. Weitere Optionen zur *Deckkraft*, zur *Füllmethode* und eine *Umkehren*-Funktion ergänzen dieses neue Bedienfeld.

Optimierte Werkzeuge für Farbkorrekturen

Die Werkzeuge für die Durchführung von Farbkorrekturen, *Abwedler, Nachbelichter* und *Schwamm*, wurden ebenfalls optimiert und sichern nun auch Details von Farbbereich und Farbton. Dazu aktivieren Sie beim *Nachbelichter- und Abwedler-Werkzeug* die Option *Tonwerte schützen.* Beim *Schwamm-Werkzeug* erhalten Sie eine verbesserte Anwendung durch die neue Option *Dynamik.*

Verbessertes Hand- und Zoom-Werkzeug

Das *Hand-Werkzeug* wurde um das darunter befindliche neue *Ansichtdrehung-Werkzeug* ergänzt, und das *Zoom-Werkzeug* mit seiner neuen stufenlosen Anpassung und der Pixeldarstellung ab 600 % bringt insgesamt auch eine verbesserte Bilddarstellung auf dem Monitor bei jeder Ansichtsgröße. *Hand-, Zoom-* und *Ansichtdrehung-Werkzeuge* befinden sich nun auch in der oberen Menüleiste. Um die Ansicht wie gewohnt durch Doppelklick auf das *Zoom-Werkzeug* auf 100 % zu setzen, eignet sich jedoch nur das *Zoom-Werkzeug* in der Werkzeugleiste. Die Doppelklickfunktion zum Zurücksetzen der Ansicht auf das *Hand-Werkzeug* ist ebenfalls nur im Werkzeugbedienfeld verfügbar.

Vielseitigere Druckausgabe

Verbesserte und vielseitigere Ausgabeoptionen zur Druckausgabe sind Bestandteile des neuen Druckmenüs. Das Menü wurde um die Optionen *Druckfarbe angleichen, Farbumfang-Warnung* und *Papierweiß anzeigen* erweitert. Dazu muss unter *Farbmanagement* die *Farbverwaltung durch Photoshop* ausgewählt werden. Zudem ist es nun möglich, eine Bilddatei auch direkt als PDF-Dokument auszugeben.

Zusatzmodule auf der CS4-Content-DVD

Wenn Sie z. B. im Menü *Datei/Automatisieren* einige bisher vorhandene Funktionen vermissen oder bestimmte Dateiformate zum Speichern Ihrer Bilddaten nicht mehr vorhanden sind, müssen Sie diese als optionale Zusatzmodule installieren. Dazu gehören beispielsweise: Bildpakete und Kontaktabzüge, Erstellung von Webfotogalerien, Extrahieren von Objekten aus dem Hintergrund, Erstellen eines Musters mit dem Mustergenerator und Importieren von Bildern über die Twain-Schnittstelle.

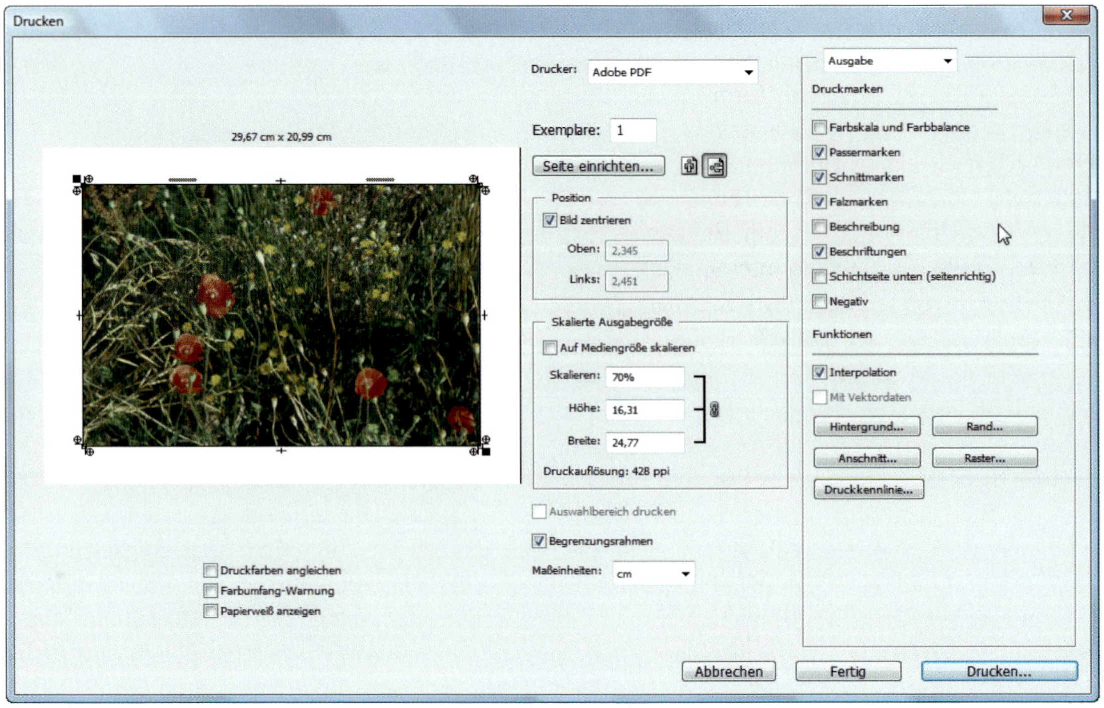

Der neue Drucken*-Dialog mit der Möglichkeit, eine Bilddatei direkt als PDF auszugeben.*

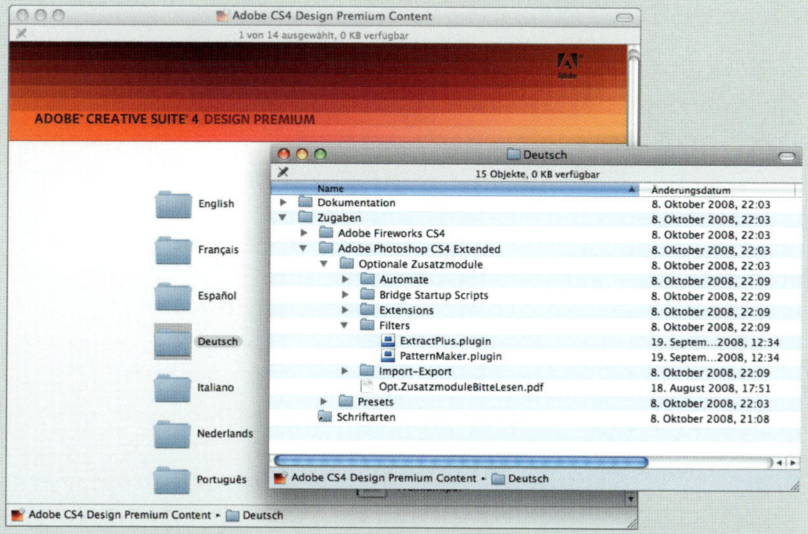

Auf der **Adobe CS4 Design Premium Content**-*DVD finden Sie optionale Zusatzmodule.*

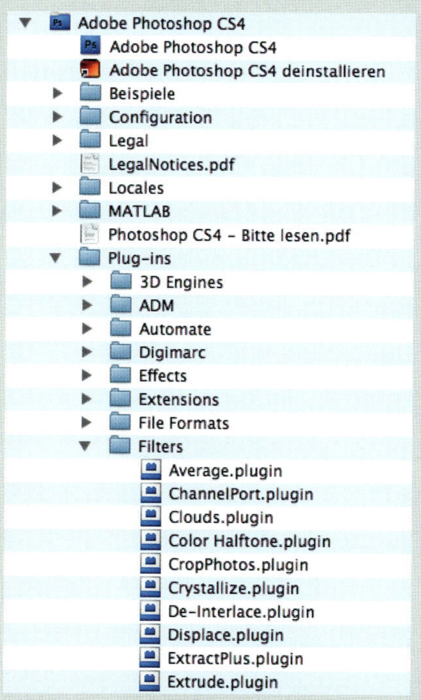

Der **Extrahieren**-*Filter wird einfach per Drag and Drop in den Ordner* **Adobe Photoshop CS4/Plug-ins** *kopiert. Beim nächsten Programmstart steht er dann im Menü* **Filter** *wieder zur Verfügung.*

Zusatzmodule installieren

Die Installation der gewünschten Zusatzmodule erfolgt im Windows-Explorer durch Ziehen mit der Maus in den Ordner */Adobe Photoshop CS4/ Plug-ins.* Achten Sie darauf, nur die zu der von Ihnen verwendeten Rechnerplattform – Mac OS X oder Windows – passenden Zusatzmodule zu kopieren. Nach dem Einfügen muss Photoshop neu gestartet werden. Informationen zur Installation und weitere Informationen zum Herunterladen von Zusatzmodulen aus dem Internet finden Sie ebenfalls auf der DVD im Ordner *Zugaben* unter *OptZusatzmoduleBitteLesen.pdf.*

Camera Raw stark wie nie

Das neue und verbesserte RAW-Modul, Adobe Camera Raw 5.x, ist mittlerweile kompatibel zu mehr als 190 Kameramodellen. Eine Aktualisierung auf die neueste Version mit Unterstützung der jeweils neuesten Kameramodelle ist über die Webseite von Adobe nach der Installation von Photoshop CS4 jederzeit möglich.

Der neue RAW-Konverter wurde komplett überarbeitet und mit einigen neuen Funktionen versehen. Im Modul *Objektivkorrekturen* wurden die Einstellungsoptionen um eine *Vignettierungsanpassung nach Freistellen* erweitert. Damit können Vignettierungen nach Wunsch nicht nur

Adobe Camera Raw 5.x wurde komplett überarbeitet – hier mit einer zu konvertierenden Nikon RAW-(NEF-)Datei.

entfernt, sondern auch erzeugt werden. Unter *Kamerakalibrierung* ist zudem eine erweiterte Auswahl an Kameraprofilen abrufbar, die eine Bildoptimierung wie in der Kamera selbst auch noch nachträglich ermöglichen.

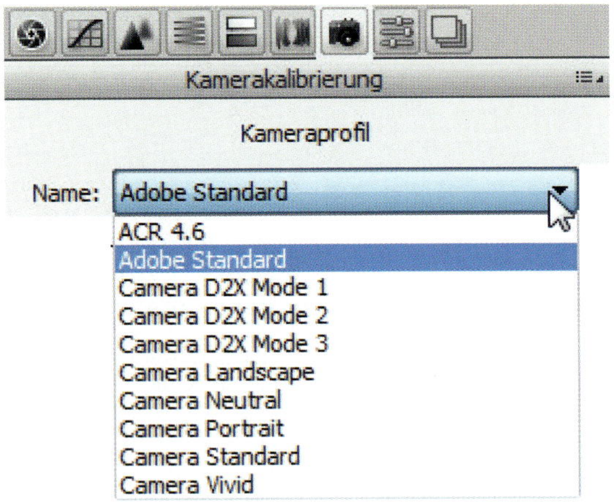

Anpassung des Kameraprofils.

Bearbeitungsmodul Schnappschüsse

Neu hinzugekommen ist auch das Bearbeitungsmodul *Schnappschüsse.* Damit können während des Bearbeitungsprozesses Momentaufnahmen erstellt und gespeichert werden. Diese Funktion war bisher nur im Protokoll verfügbar. Um zu einer so gespeicherten Bearbeitungsstufe zurückzukehren, muss lediglich der Schnappschuss erneut aufgerufen werden. Bei Schließen des geöffneten Dokuments wird die erstellte Schnappschussliste gelöscht.

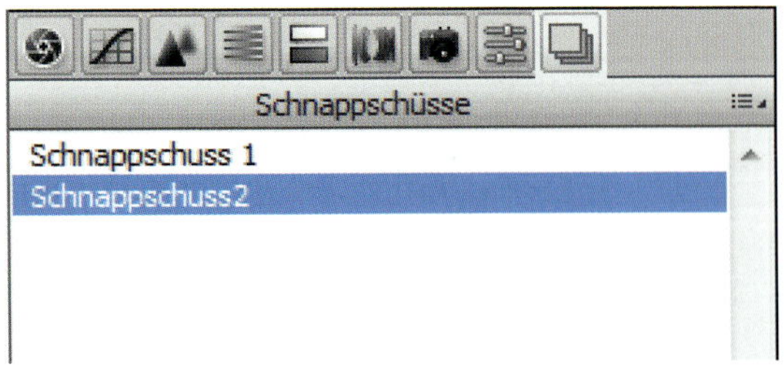

Das neue Bearbeitungsmodul Schnappschüsse.

Um einen neuen Schnappschuss zu erstellen, klicken Sie auf das Symbol am unteren Rand des Bearbeitungsmoduls. Zum Speichern vergeben Sie eine entsprechende Bezeichnung. Um einen Schnappschuss zu löschen, markieren Sie ihn und klicken auf das Papierkorbsymbol. Mit Abbrechen und Schließen des bearbeiteten Dokuments gehen auch die gespeicherten Schnappschüsse verloren.

Neue Funktionen in der Werkzeugleiste

In der Werkzeugleiste am oberen Bildrand sind ebenfalls neue Funktionen zu entdecken. Das Werkzeug *Selektive Anpassung* ermöglicht nach Auswahl und Klick auf die zu bearbeitende Stelle im Bild eine Anpassung der Tonwertkurve (Gradationskurve) direkt im Bild durch Ziehen mit der Maus nach links oder rechts. Dabei wird die angeklickte Position als Ausgangspunkt verwendet. Durch Öffnen der *Parametrischen Gradationskurve* wird die Anpassung auch im Diagramm sichtbar. Auf *Punktkurven* wirkt sich dieses Werkzeug jedoch nicht aus.

Die neue Werkzeugleiste von Camera Raw.

Der *Anpassungs-* oder auch *Korrekturpinsel* ermöglicht die selektive Anpassung bestimmter Bereiche innerhalb des geöffneten Bildes. Auf der rechten Seite wird dazu das Menü *Anpassungspinsel* eingeblendet, in dem Sie die gewünschte Korrekturart auswählen. Durch die Einstellung der entsprechenden Regler legen Sie die anwendbaren Werte fest. Pinselgröße und Optionen werden in dem darunterliegenden Feld eingestellt. Die zu bearbeitenden Stellen werden nun mit dem Pinsel übermalt. Nach Abschluss der Anwendung wird für diese Aktion im Bild ein Pin gesetzt. Die einzelnen Pins können durch Anklicken erneut aufgerufen werden, und eine weitere Anpassung der jeweiligen Auswahl ist über die Schieberegler im Menü möglich.
Das ebenfalls neue Tool *Verlaufsfilter* ermöglicht eine partielle Bildanpassung durch einen selbst bestimmten Verlaufsbereich. Dazu wird mit gedrückter Maustaste ein Bereich bestimmt, der durch grüne Markierungen am Anfang und durch rote Markierungen am Ende begrenzt wird. Dieser Bereich kann auch noch nachträglich durch Verschieben der angezeigten Linien verändert werden. Im dazugehörenden Menü können die weiteren Anpassungen über die Schieberegler vorgenommen werden.

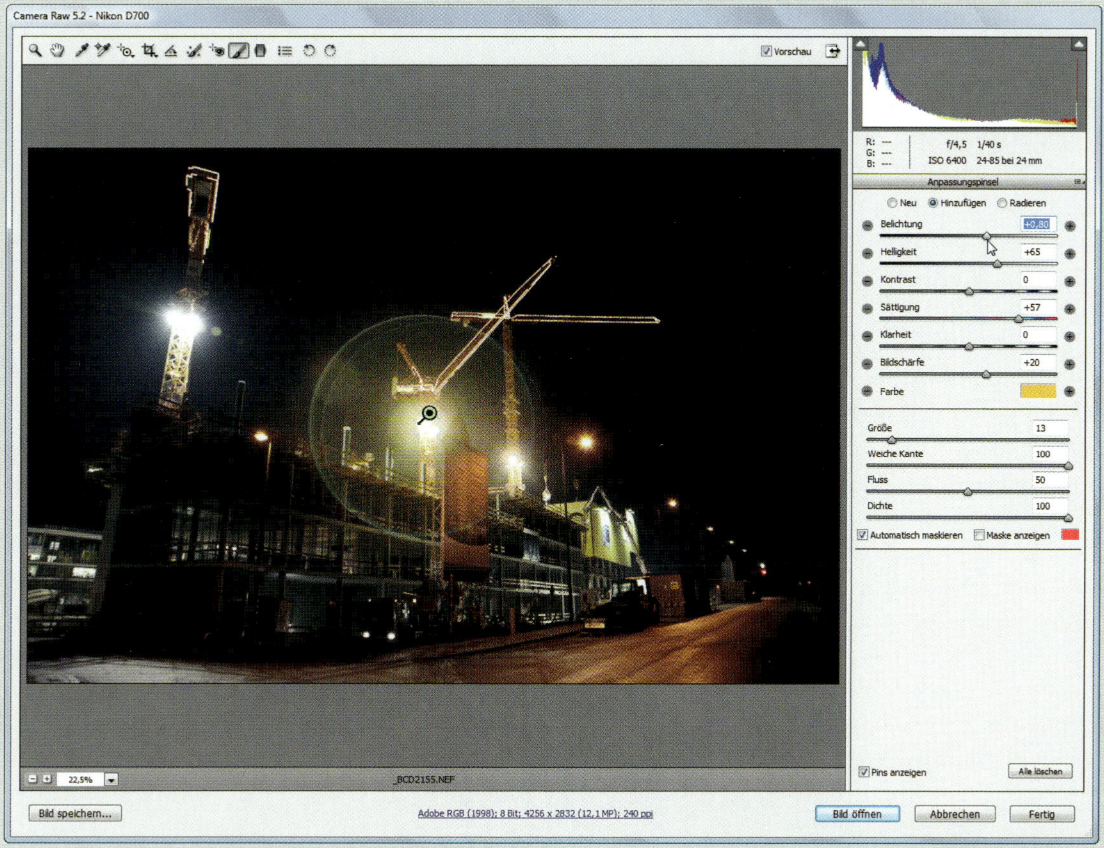

Bildbearbeitung mit dem **Anpassungspinsel.**

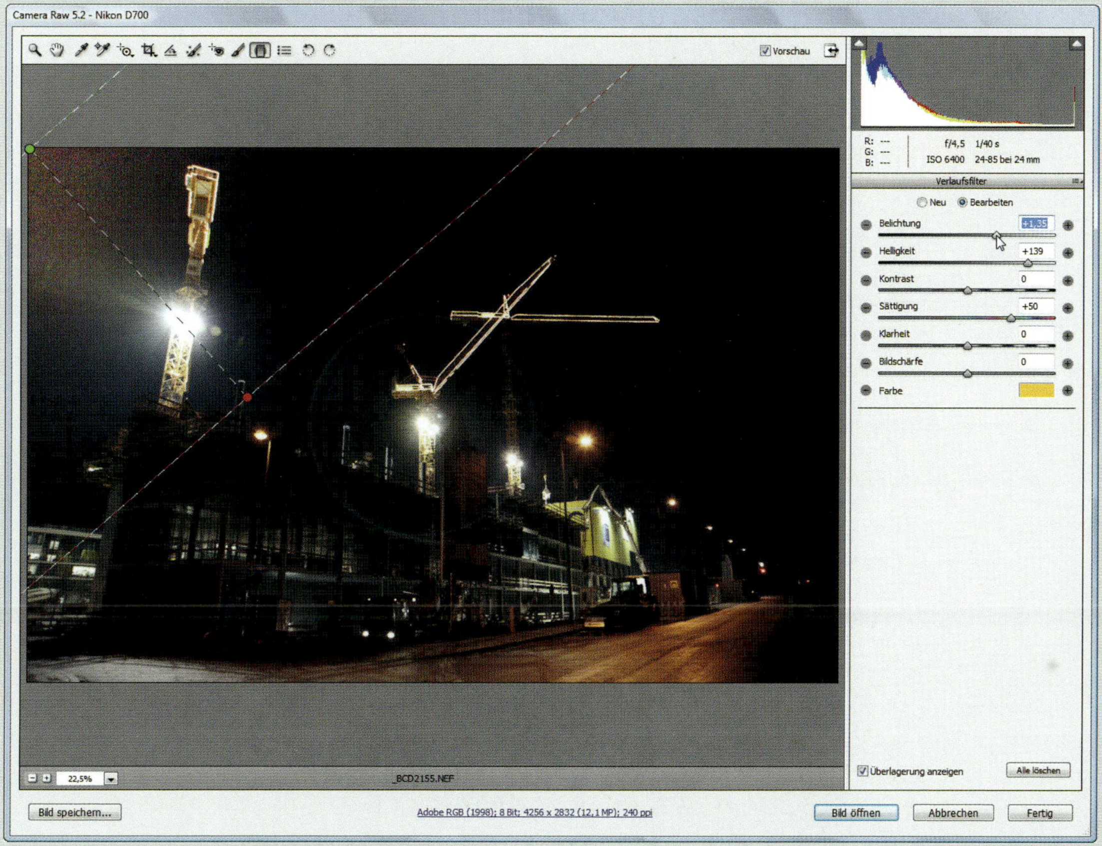

Bearbeitung von Bildteilen mit dem **Verlaufsfilter.**

Neues von der Bridge

Weitere Neuheiten betreffen Adobe Bridge als optimale Ergänzung zur Bildauswahl und Bilddatenverwaltung. So zeichnet sich dieses Bildsortierungs- und Auswahlprogramm insbesondere durch einen schnelleren Aufruf und einige neue Arbeitsbereiche sowie neue Tools zur Erstellung von Onlinegalerien und Kontaktabzügen auch im PDF-Format aus. Im Menü *Stapel* findet sich die neue Funktion *Automatische Stapelanordnung für Panorama/HDR*, und unter *Werkzeuge/Photoshop* gibt es weitere Möglichkeiten zur Stapelverarbeitung.

Sehr attraktiv und vielseitig ist auch der neue Überprüfungsmodus, den Sie im Menü unter *Ansicht* aufrufen können. Dabei kann auch eine Lupe zur Detailansicht eingeblendet und mit der Maus verschoben werden. Um die verfügbaren Bearbeitungsoptionen mit Tastaturbefehlen einzublenden, drücken Sie die [H]-Taste, zum Ausblenden drücken Sie diese Taste erneut.

Die jeweils gewünschte Bildschirmansicht kann in der Bearbeitungsleiste oben rechts zwischen den Optionen *Grundlagen, Filmstreifen, Metadaten* und *Ausgabe* ausgewählt werden. Direkt oberhalb des Ansichtsbereichs wird nun der jeweilige Dateipfad angezeigt, der auch zur direkten Auswahl durch Anklicken genutzt werden kann.

Das links angeordnete neue Feld *Filter* ermöglicht eine zielgerichtete Selektion von Bilddateien anhand der Metadaten. So können durch Klick auf den jeweiligen Filter bestimmte Bilder schnell ausgewählt und angezeigt werden. Um zur Ansicht aller Bilder zurückzukehren, kann der Filter durch einen weiteren Mausklick darauf auch wieder deaktiviert werden. Um alle Filter zu entfernen, klicken Sie auf das Symbol *Filter löschen* unten in diesem Menü.

Im ebenfalls neuen Menü *Kollektionen* lassen sich eigene Bildauswahlen auch aus verschiedenen Ordnern zusammenstellen, unter einem eigenen Namen speichern und bei Bedarf wieder aufrufen. Werden Bilder aus einer Kollektion angezeigt, wird in der jeweiligen Ansicht nach der Bildauswahl auch ein Feld zur Entfernung aus der Kollektion, *Aus Kollektion entfernen*, angezeigt. Eine Kollektion beinhaltet immer nur den Verweis auf ein gespeichertes Bild. Sind eines oder mehrere der Bilder zwischenzeitlich gelöscht oder vom Speicherplatz auf dem Computer entfernt worden, wird eine entsprechende Meldung angezeigt. Wird eine Kollektion gelöscht, hat dies keinen Einfluss auf die darin enthaltenen Bilder.

In der Ansicht *Metadaten* kann durch Anklicken der Spaltenbezeichnung eine weitere Sortierung

Ansicht im Überprüfungsmodus mit eingeblendeter Lupe. So können Sie sich schon hier einzelne Bilddetails genau anschauen.

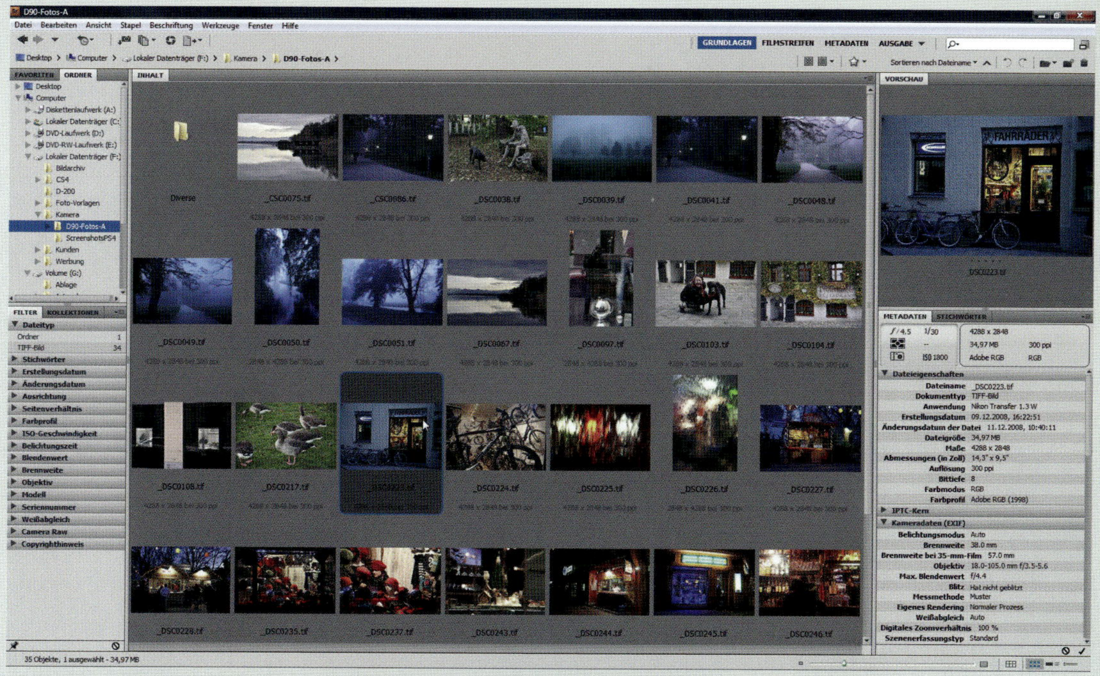

Die Bridge in der Ansicht **Grundlagen.**

Die Bildleiste unten besteht aus einer selbst festgelegten Bildauswahl, die **Kollektion** *genannt wird.*

und Auswahl vorgenommen werden. Der daneben befindliche Pfeil ermöglicht eine auf- oder absteigende Sortierung. Das bereits von der Vorgängerversion bekannte *Metadatenfeld* ist in dieser Ansicht auf die linke Seite gerückt und kann wie gewohnt genutzt werden.

Die Adobe Bridge-Ausgabe

Der Bereich *Ausgabe* wurde mit besonderen Funktionen versehen, die Adobe Bridge noch effektiver und vielseitiger machen. Er teilt sich auf in die Hauptoptionen *PDF* und *WEB-Ausgabe*. Beide Einstellungsbereiche enthalten vorgefertigte Vorlagen, beispielsweise zur Kontakt-

Sortierung und Auswahl einer Kollektion in der Ansicht **Metadaten**.

Der Ausgabebereich mit den PDF-Einstellungsoptionen.

bogenerstellung oder zur Anfertigung einer Kunstmappe, und eine Vielzahl von Anpassungsoptionen. Nach Auswahl und Bearbeitung der Bilder muss zur Ansicht und Aktivierung jeweils die Vorschau aktualisiert werden.

Ausgabe als PDF

Nach Auswahl der gewünschten Vorlage erfolgen die weiteren Einstellungen unter *Layout* zur Bildplatzierung und Darstellung in Spalten, Zeilen und nach Maßangaben. Bei *Überlagerungen* kann der Dateiname in verschiedenen Schriftarten, Schriftgrößen und Farben in den Ausdruck eingesetzt werden. Weitere Optionen sind das Hinzufügen und die Eingabe von Informationen in eine *Kopf-* und eine *Fußzeile*. *Wiedergabe* ermöglicht Einstellungen zur Darstellung der PDF-Datei auf einem Bildschirm und enthält Optionen zum zeitlichen Ablauf und zur Anzeige in einer Diashow. Auch die Eingabe eines Bildschutzes durch *Wasserzeichen* wird ermöglicht. Vor dem Speichern muss die jeweilige Anpassung noch aktualisiert werden. Danach kann das neue Dokument gespeichert und zur weiteren Verwendung wie z. B. zum Ausdruck genutzt werden.

Ausgabe als Webgalerie

Unter *Vorlage* finden sich acht Voreinstellungen auf Adobe Flash-Basis und eine HTML-Galerie. *Site-Einstellungen* ermöglicht die Eingabe und Anzeige von Texten und das Bedienfeld *Farbe* das optische Anpassen der Bestandteile in dieser Webseite. Bei *Erscheinungsbild* kann die Größe der Bilddarstellung, die Größe der Miniaturen und die Anzeigedauer sowie der Übergangseffekt ausgewählt werden. *Galerie erstellen* dient der Speicherung der erstellten Webseite und kann auch zum direkten Hochladen der Datei auf Ihren Server verwendet werden. Dabei ist darauf zu achten, dass die Ausgabe zuvor aktualisiert wurde. Auch eine Vorschau im Browser ist zur weiteren Kontrolle möglich.

Ausgabe eines Bilder-Ordners als Web-Galerie im Adobe Flash-Format.

2
SCHALTZENTRALE BRIDGE

14

2

Schaltzentrale Bridge

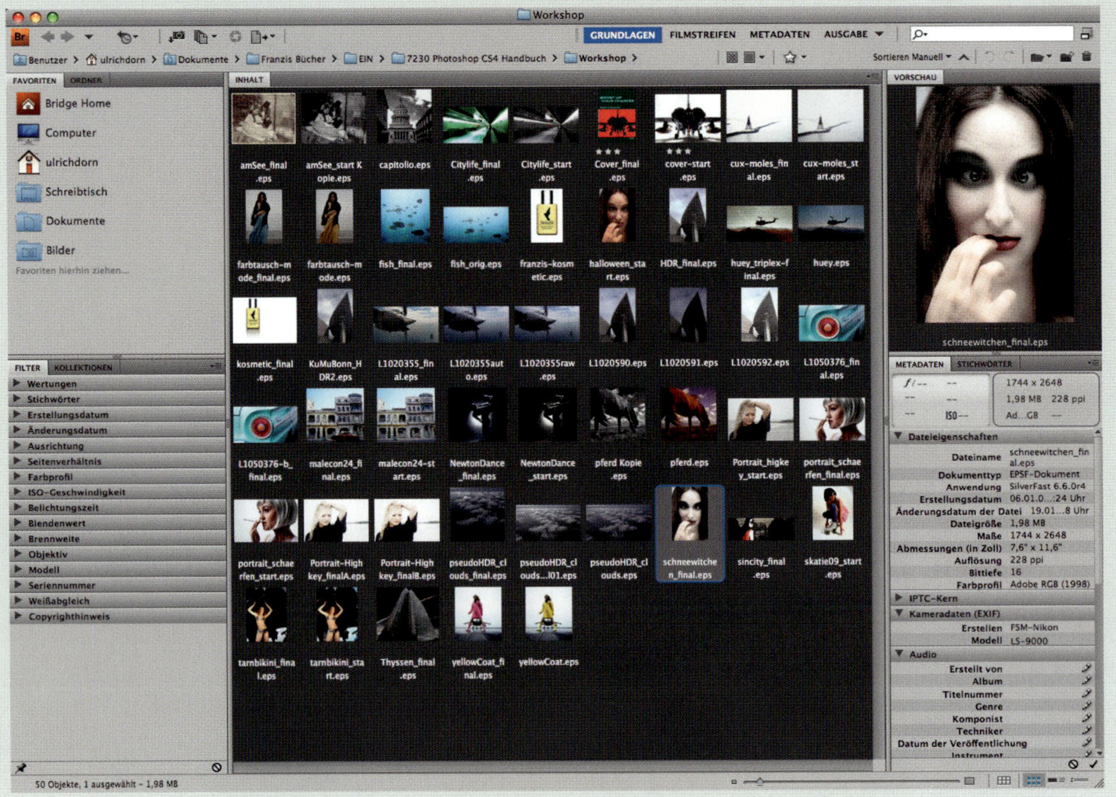

Die Bridge mit einem geöffneten Bilderordner.

2 Schaltzentrale Bridge

Zusammen mit Adobe Photoshop CS4 erhalten Sie das Programm Adobe Bridge CS4, das wir im weiteren Verlauf des Buchs als „Bridge" bezeichnen. Die Bridge ist zugleich zentrales Verwaltungsinstrument und Leuchttisch für Ihre digitalen Bilder. Sie arbeitet unabhängig oder in Verbindung mit Photoshop und anderen Anwendungen der Adobe Creative Suite 4 und ist als Dreh- und Angelpunkt für den Workflow nahezu unverzichtbar. Besondere Dienste leistet die Bridge im Umgang mit RAW-Daten. Diese können, ohne dass Photoshop dazu geöffnet werden muss, mit dem Adobe Camera Raw-Plug-in sofort betrachtet, bearbeitet und konvertiert werden.

Bridge einrichten

Was kann ich damit alles machen? Wie kann ich das Programm für meine Zwecke einsetzen? Im folgenden Kapitel erfahren Sie alles, was mit der Bridge möglich ist und wie Sie sie für Ihre Anwendungen anpassen. Nach einer kurzen Einarbeitung werden Sie dieses großartige Tool zur Ansicht, Bewertung und Verwaltung Ihrer Bilder nicht mehr missen wollen.

Auch ein einheitliches Farbmanagement durch die Synchronisierung mehrerer Anwendungen ist mit der Bridge möglich. Speziell bei der Nutzung durch mehrere Anwender in einem Netzwerk und bei der Arbeit mit Version Cue zeigen sich weitere Stärken des Programms. Für Nutzer von Bilddatenbanken ist zudem der Zugriff auf Adobe Stock Photos interessant. Hier können entsprechende Bibliotheken nach Bildern durchsucht und diese direkt heruntergeladen und gekauft werden. Wie bereits erwähnt, leistet die Bridge besondere Dienste im Umgang mit proprietären RAW-Dateien. Diese können sofort betrachtet, ausgewählt, bearbeitet und in einem anderen

Format gespeichert werden, ohne dass Photoshop dazu geöffnet werden muss. Beim Öffnen dieser Dateien legt die Bridge zusätzliche Informationen in einem speziellen Cache ab, um anschließend schneller darauf zugreifen zu können.

Bridge-Voreinstellungen anpassen

Bevor Sie sich mit den Möglichkeiten und Funktionen der Bridge auseinandersetzen, passen Sie zunächst die Voreinstellungen Ihren individuellen Erfordernissen an. Nicht immer ist die Grundeinstellung für die jeweilige Anwendung die richtige. Nach dem Start der Bridge erhalten Sie eine Ansicht entsprechend den Grundeinstellungen des Programms. Einige Einstellungen erklären sich dabei von selbst und werden deshalb in dieser Beschreibung nicht berücksichtigt.

Voreinstellung	Beschreibung
Allgemein	Mit den Schiebereglern regeln Sie die Helligkeit der Benutzeroberfläche und den Bildhintergrund zwischen Schwarz und Weiß. Die Akzentfarbe bewirkt eine farbliche Anpassung der Bildinformationen. Durch das Setzen des Häkchens bei *Camera Raw-Einstellungen in Bridge per Doppelklick bearbeiten* können RAW-Dateien direkt in der Bridge angepasst werden. Ohne diese Markierung wird zur Bearbeitung der Auswahl Photoshop geöffnet. Unter *Favoriten* werden die im linken Fensterbereich angezeigten Zugriffsmöglichkeiten festgelegt.
Miniaturen	Vorzugsweise Adobe Camera Raw für JPEG- und TIFF-Dateien zu verwenden, ermöglicht die Umwandlung dieser Formate in das Adobe-DNG-Format. Beim Erstellen von Miniaturen kann eine Anpassung aktiviert werden. Diese wird nach dem Leeren des Caches wirksam. Empfohlene Einstellung ist hier *Bei Vorschau zu hoher Qualität konvertieren.* Um die Leistung Ihres Rechners nicht übermäßig zu beanspruchen, lässt sich die Größe der zu verarbeitenden Dateien begrenzen. Bei *Weitere Zeilen für Miniatur-Metadaten* können Sie festlegen, welche zusätzlichen Infos zu einem Bild angezeigt werden sollen. *QuickInfos anzeigen* bewirkt, dass bei Mausplatzierung auf ein Bild für kurze Zeit dessen Grundinformationen wie Dateiname, Art, Größe, Erstellungsdatum etc. in einem gelben Infofeld eingeblendet werden.
Metadaten	Durch Aktivieren der Kontrollfelder können die bevorzugten Metadatenfelder im Metadatenfenster über das Menü *Ansicht/Metadaten-Fenster* aufgelistet oder auch entfernt werden. *Leere Felder verbergen* bewirkt, dass nur Metadatenfelder mit Inhalt aufgelistet werden. *Metadaten-Placard anzeigen* zeigt eine Zusammenfassung der wichtigsten Metadaten am oberen Rand des Metadatenfensters.
Beschriftungen	Hier können Tastaturbefehle zur Wertung mit Farben aktiviert werden.
Dateityp-zuordnungen	Zuweisungsmöglichkeit zur Verarbeitung bestimmter Dateitypen mit dem entsprechenden Programm.
Inspektor	Dient der Verwaltung von Version Cue-Objekten, diese können hier aufgelistet und Informationen zur Verarbeitung können angezeigt werden.
Startskripten	Auswahl von Skripten, die beim Programmstart ausgeführt werden sollen. Nicht benötigte Skripten sollten zur Verbesserung der Leistung deaktiviert werden. Mit *Einblenden* können vorhandene Skripten im Explorer angezeigt werden.
Erweitert	*Farbmanagement in Bridge aktivieren* ermöglicht die Verwendung des Farbmanagements. Bilddaten aus den Adobe Creative Suite-Anwendungen können dadurch synchronisiert werden. Dies gewährleistet, dass die Bilder in allen Anwendungen gleich dargestellt werden. *Cache* steht für die Zuteilung und Bestimmung des Speicherorts der verwendeten Cache-Dateien. *Cache leeren* löscht die Miniaturbilder aus dem zentralen Cache.

Arbeitsbereich und Ansichten

Nachdem Sie nun die grundlegenden Einstellungen zu Adobe Bridge vorgenommen haben, wenden wir uns dem Arbeitsbereich des Programms zu. Dabei spielen insbesondere die verschiedenen Ansichten eine wesentliche Rolle.

Die Ansicht *Kompaktmodus* ermöglicht es, ein verkleinertes Fenster mit reduzierten Optionen bei der Verwendung mit anderen Programmen, wie z. B. Photoshop, immer im Vordergrund zu halten. In der Leiste am oberen Fensterrand rechts befindet sich neben dem Papierkorb sowie dem Symbol für einen neuen Ordner und den Drehoptionen auch ein Symbol für den Kompaktmodus. Mittels Drag and Drop (Ziehen und Fallenlassen) lassen sich im Kompaktmodus Bilder aus der Bridge direkt in andere Anwendungen ziehen.

Mit dem ersten Aufruf einer Präsentation startet Adobe Bridge diese mit den jeweiligen Voreinstellungen. Zur Anpassung des Ablaufs und der Anzeige öffnen Sie das Menü *Ansicht/Präsentationsoptionen*. Um die für eine Präsentation zur Verfügung stehenden Befehle aufzurufen, drücken Sie die Taste [H] nach dem Präsentationsstart.

Mittels Tastaturbefehl oder direkt im Menü *Beschriftung* können jedem Bild Bewertungen in Form von bis zu fünf Sternen sowie Beschriftungen in fünf möglichen Farben zugewiesen werden. Nach diesen Kriterien kann die Bildauswahl auch über das Menü *Ansicht/Sortieren* geordnet werden.

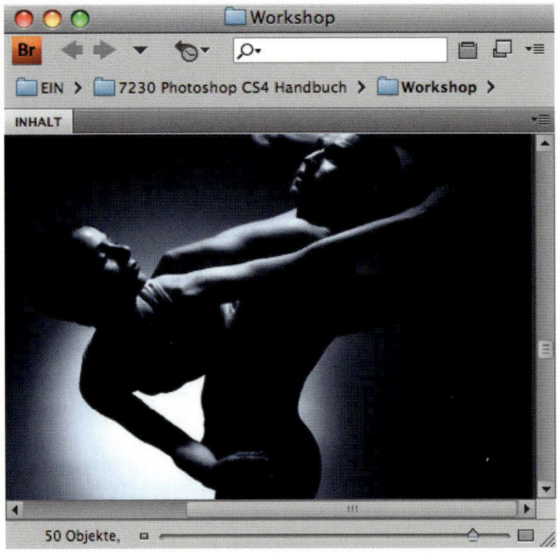

Anzeige im **Kompaktmodus**.

Arbeiten in der Standardansicht

Nach dem Start erhalten Sie zunächst eine Standardansicht ähnlich der Abbildung zu Beginn des Kapitels. Das Programmfenster der Bridge erscheint in dieser Ansicht dreigeteilt: Links sehen Sie den Informationsbereich, in der Mitte den Hauptanzeigebereich, rechts befindet sich der Bildbereich. Sollen einige der genannten Fenster nicht angezeigt werden, deaktivieren Sie diese im Menü *Fenster*.

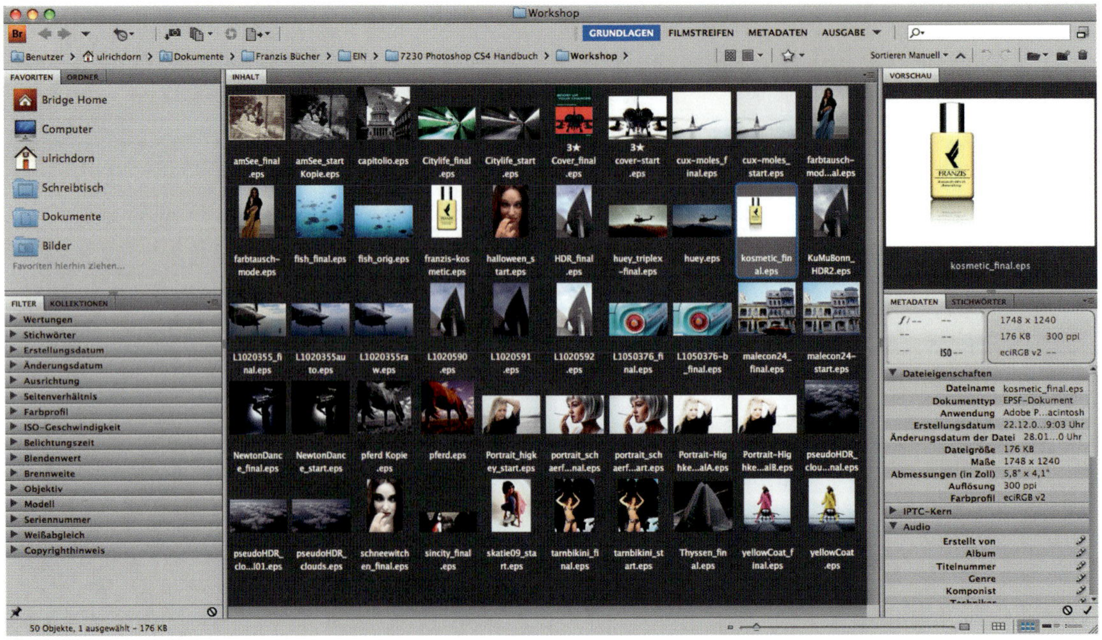

Die **Standardansicht** *der Bridge. Links der Zugriff auf Ordner und Daten, in der Mitte die Übersicht der Bilder, rechts Detailinfos zum ausgewählten Bild.*

Im Fenster *Ordner* navigieren Sie zu dem Laufwerk und dem Ordner, in dem sich die anzuzeigenden Dateien befinden. Die darin enthaltenen Objekte werden in der Mitte des Bildschirms auf dem von Ihnen in den Voreinstellungen gewählten Hintergrund angezeigt. Im Fenster *Filter* können Sie die Dateien nach bestimmten Vorgaben sortieren und anzeigen lassen.

Die *Vorschau* zeigt eine verkleinerte Version des im Hauptfenster markierten Fotos. Um mehrere Bilder gleichzeitig auszuwählen, halten Sie beim Klicken die [Strg]- oder [Umschalt]-Taste gedrückt. Im Fenster *Metadaten* können Metadaten markierter Objekte angezeigt und bearbeitet werden. Welche Metadaten gelistet werden, legen Sie in den *Voreinstellungen* fest. Je nach verwendeter Anwendung können unterschiedliche Eigenschaften eingeblendet werden. Objekteigene Stichwörter oder ganze Stichwortsets legen Sie im Fenster *Stichwörter* fest. Stichwörter können auch als Kriterien zur Bildsuche verwendet werden.

Die Anzahl der angezeigten, ausgeblendeten und markierten Objekte wird in der Statusleiste am unteren Bildrand links angezeigt. Wollen Sie auf die ausgeblendeten Objekte ebenfalls einen Blick werfen, lassen sich diese über das Menü *Ansicht/Verborgene Dateien anzeigen* aktivieren und auch wieder deaktivieren. Mit Klick auf den Doppelpfeil links der Informationen auf dieser unteren Leiste lassen sich die Dateien ohne den Informationsbereich anzeigen.

Mit dem *Miniaturen*-Schieberegler regeln Sie die Abbildungsgröße der angezeigten Bilder. Über die rechts davon befindlichen Symbole lassen sich weitere Ansichtseinstellungen vornehmen: *Miniaturraster durch Klicken sperren, Inhalt als Miniaturen anzeigen, Inhalt als Details anzeigen* und *Inhalt als Liste anzeigen.* Alternativ können Sie die Einstellungen zur Darstellung auch über das Menü *Fenster/Arbeitsbereich* vornehmen.

Wichtige Bridge-Werkzeuge

Im Menü *Werkzeuge* finden Sie wesentliche Möglichkeiten zur Verarbeitung einzelner ausgewählter Bilder oder gleich ganzer Bildstapel. Mit der Funktion *Stapel-Umbenennung* können Sie die Bilder eines gesamten Ordners oder auch ausgewählte Bilder automatisch umbenennen, in einen anderen Ordner verschieben oder kopieren. Hierzu stehen Ihnen verschiedene Benennungs- oder Nummerierungsmöglichkeiten zur Verfügung.

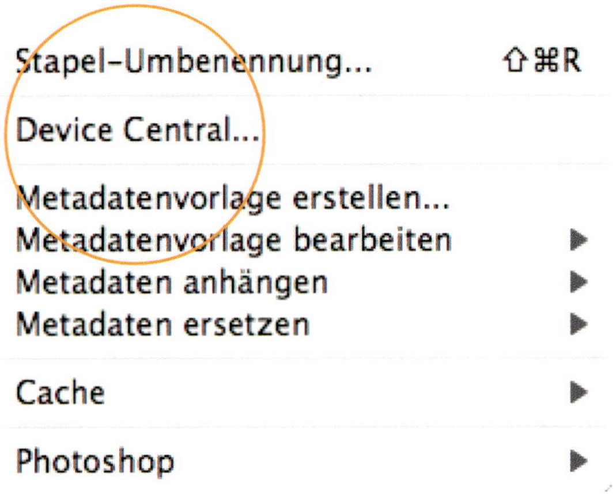

Device Central ist ein interessantes Werkzeug zur Bearbeitung von Bildern für den Einsatz in Mobiltelefonen. Aus einer Gerätebibliothek lassen sich unterschiedliche Vorlagen (Skins) auswählen. Unterstützt werden die wichtigsten Medienformate, wie z. B. Flash-, Bitmap-, Video- und Webformate. Um eine Vorlage auf ihre Eignung und Darstellung zu testen, öffnen Sie im Menü *Datei* die Funktion *In Device Central testen.* So sehen Sie das zuvor markierte Bild im Emulator und können mögliche Änderungen am Bild vornehmen.

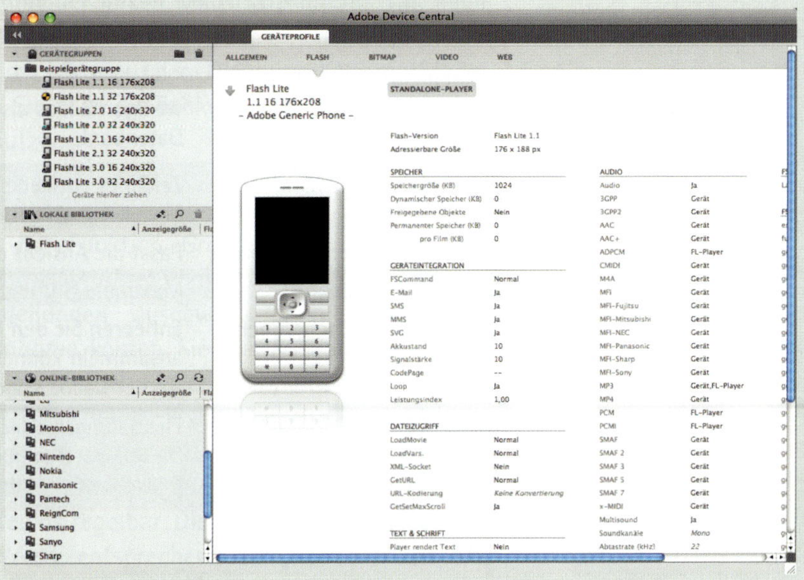

Device Central: *Hier können Sie simulieren, wie Ihre Bilder auf den wichtigsten Mobiltelefontypen aussehen.*

Im Stapel: einer für alle, alle für einen

Vorbei die Zeiten, da Filme noch limitiert waren auf 12, 24 oder 36 Bilder. Mit entsprechender Speicherkarte kommen bei einem Shooting schnell mehrere Hundert Fotos zusammen. Dabei die Übersicht zu behalten, ist schon eine Kunst, alle Dateien einzeln nachzubearbeiten, wäre Wahnsinn. Helfen Sie sich mit den Möglichkeiten der Stapelbearbeitung und eigenen Vorgaben.

Fotografentipp: Ähnlich wie beim Filmdreh am Anfang die Setklappe ins Bild gehalten wird, sollten Sie beim ersten Foto einer Serie eine Graukarte oder sogar einen standardisierten Farbstreifen ins Bild halten.

Stapelbearbeitung einer Bilderserie

Erfahren Sie im Folgenden, wie Sie ein Bild bearbeiten und alle anderen aus der Serie mit den gleichen Einstellungen versehen. Damit die Sache noch einfacher wird, halten Sie beim ersten Foto einer Serie eine Graukarte ins Bild.

[1] Bilder auf dem Leuchttisch bewerten

Nachdem Sie Ihre Favoriten auf dem virtuellen Leuchttisch der Bridge gefunden haben, werden die zu bearbeitenden Fotos sowie das Foto mit dem Graustreifen markiert und ausgewählt. Mehrere nicht aufeinanderfolgende Bilder können Sie mit gedrückter [Befehlstaste] (Mac) oder gedrückter [Strg]-Taste (PC) auswählen.

[2] Bilder am Camera Raw übergeben

Klicken Sie eines der markierten Bilder mit der rechten Maustaste an und starten Sie aus dem Kontextmenü mit *In Camera Raw öffnen* den Adobe-RAW-Konverter. Haben Sie mehrere Bilder für die Stapelbearbeitung an Camera Raw übergeben, werden alle in einer Vorschau links vom Arbeitsfenster angezeigt. Wählen Sie für die Bearbeitung das Bild mit der Graukarte aus und kontrollieren Sie als Erstes in den *Arbeitsablauf-Optionen* die Bildparameter.

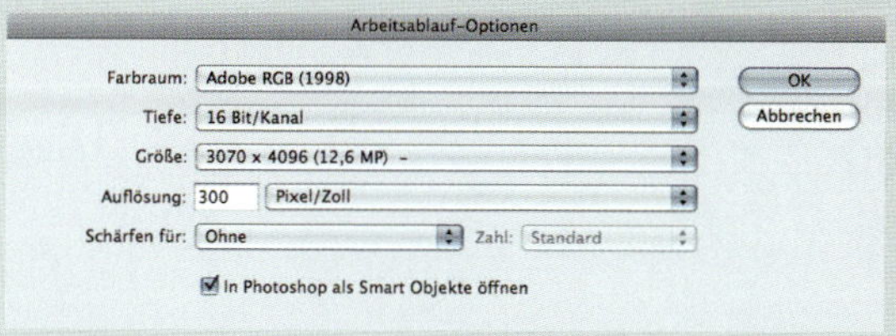

[3] **Neutrales Grau justieren**
Mit der standardisierten Graukarte ist es ein Kinderspiel, den richtigen Weißabgleich zu finden. Greifen Sie im Werkzeugbedienfeld zum *Weißabgleich-Werkzeug*, und mit nur einem Klick auf die Karte ist das Bild eingeeicht.

[4] **Hellen Hautton anlegen**
Führen Sie nun die RAW-Bearbeitung der Reihenfolge nach durch. Achten Sie darauf, dass die optischen Clipping-Warnungen im Histogramm aktiviert sind. Für das Porträt wird eine helle Hautfärbung gewünscht. Somit werden auf der Registerkarte *HSL/Graustufen* die Gelbtöne und Orangetöne im Register *Luminanz* hochgesetzt.

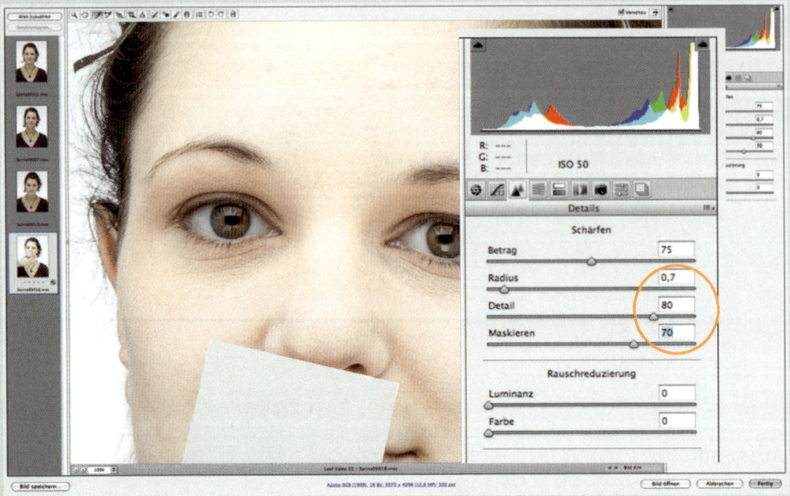

Da keine weitere Nachbearbeitung in Photoshop vorgesehen ist, wird das Porträt auf der Registerkarte *Details/Schärfen* endgültig geschärft. Die Schärfung steuern Sie mit den Reglern *Betrag* und *Radius*. Je schärfer die RAW-Aufnahme ist, desto geringer sollte der *Radius* ausfallen. Auf dieser Basisschärfung setzt der Regler *Detail* auf, der den Schärfegrad in den Bilddetails weiter anhebt. Mit dem Regler *Maskieren* schützen Sie glattere Bildstellen vor der Detailschärfung.

[5] Einstellungen auf andere Bilder übertragen

Nun bearbeiten Sie die übrigen in der Vorschauleiste befindlichen Bilder. Mit Klick auf die Schaltfläche *Synchronisieren* übertragen Sie die bereits durchgeführten Einstellungen. Bereits aktualisierte Bilder weisen anschließend ein Bearbeitungssymbol auf. Für den Fall, dass Sie die vorgenommenen Bildeinstellungen zu einem späteren Zeitpunkt nochmals benötigen, speichern Sie diese Werte im nächsten Schritt als Voreinstellung ab.

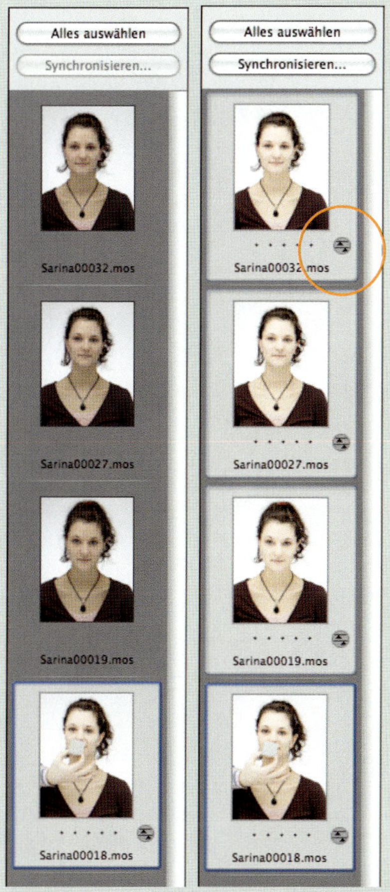

[6] Durchgeführte Einstellungen speichern

Wählen Sie im Kontextmenü der Registerkarten den Eintrag *Einstellungen speichern*. In der großen Übersichtstafel der Optimiermöglichkeiten in Camera Raw können Sie explizit auswählen, welche Einstellungen abgespeichert werden sollen; doch es spricht nichts dagegen, alle Konvertierungen zu sichern. Speichern Sie Ihre Einstellungen im Dialogfeld *Einstellungen speichern* unter einem aussagekräftigen Namen ab.

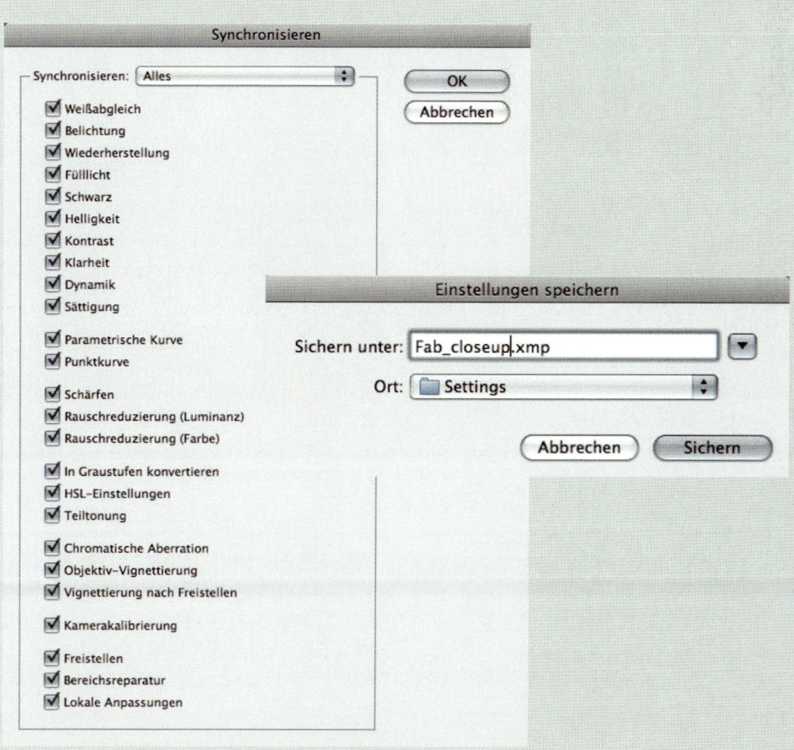

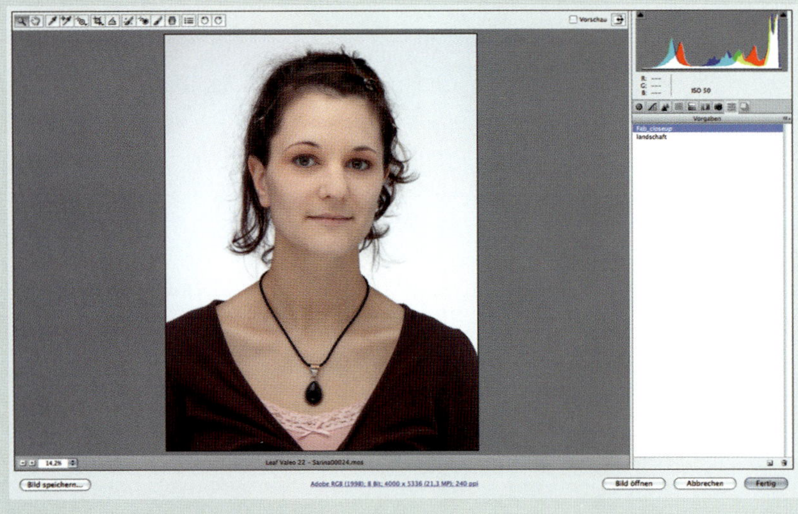

[7] Abgespeicherte Voreinstellungen finden

Alle abgespeicherten Voreinstellungen finden Sie auf der Registerkarte *Vorgaben*. Markieren Sie eine der abgespeicherten Vorgaben, werden die Änderungen sofort ins Vorschaufenster übernommen. Gelungene Versuchsoptimierungen an Ihrem geöffneten Foto können auf der letzten Registerkarte temporär als Schnappschuss zwischengespeichert werden.

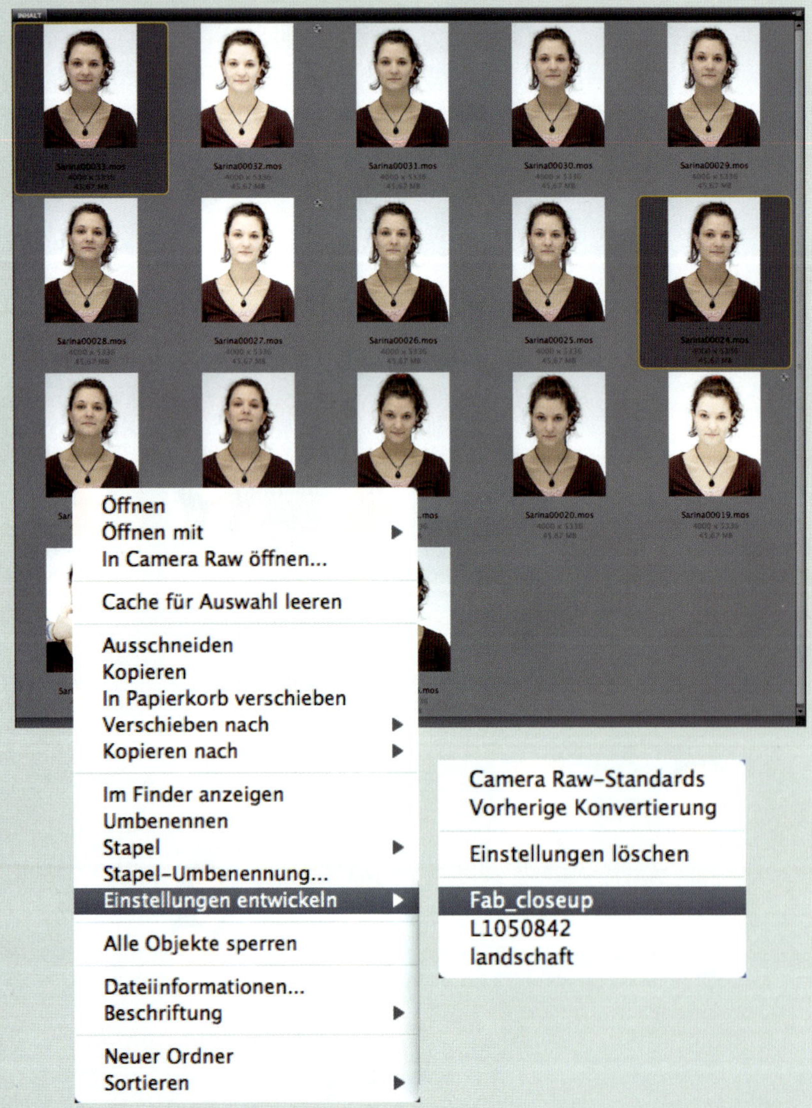

[8] Zugriff auf die Voreinstellungen in der Bridge

Auch in der Bridge haben Sie direkten Zugriff auf die Voreinstellungen. Wählen Sie zuerst eine oder mehrere Dateien auf dem virtuellen Leuchttisch aus. Im Menü *Bearbeiten/Einstellungen entwickeln* werden alle abgespeicherten Voreinstellungen namentlich angezeigt. Sie finden hier auch die Möglichkeit, einmal zugewiesene Konvertierungsoptionen mit *Einstellungen löschen* wieder auf die Standardwerte zurückzusetzen.

[9] Einfügen von Voreinstellungen

Sollten Sie nicht alle abgespeicherten RAW-Konvertierungen nutzen wollen, können Sie in der Bridge mit rechtem Mausklick auf die RAW-Datei die gewünschten Funktionen mit *Kameraspezifische Einstellungen einfügen* aufrufen. Wählen Sie die passenden Einstellungen aus. Mit *OK* wenden Sie die Vorgaben auf die RAW-Datei an.

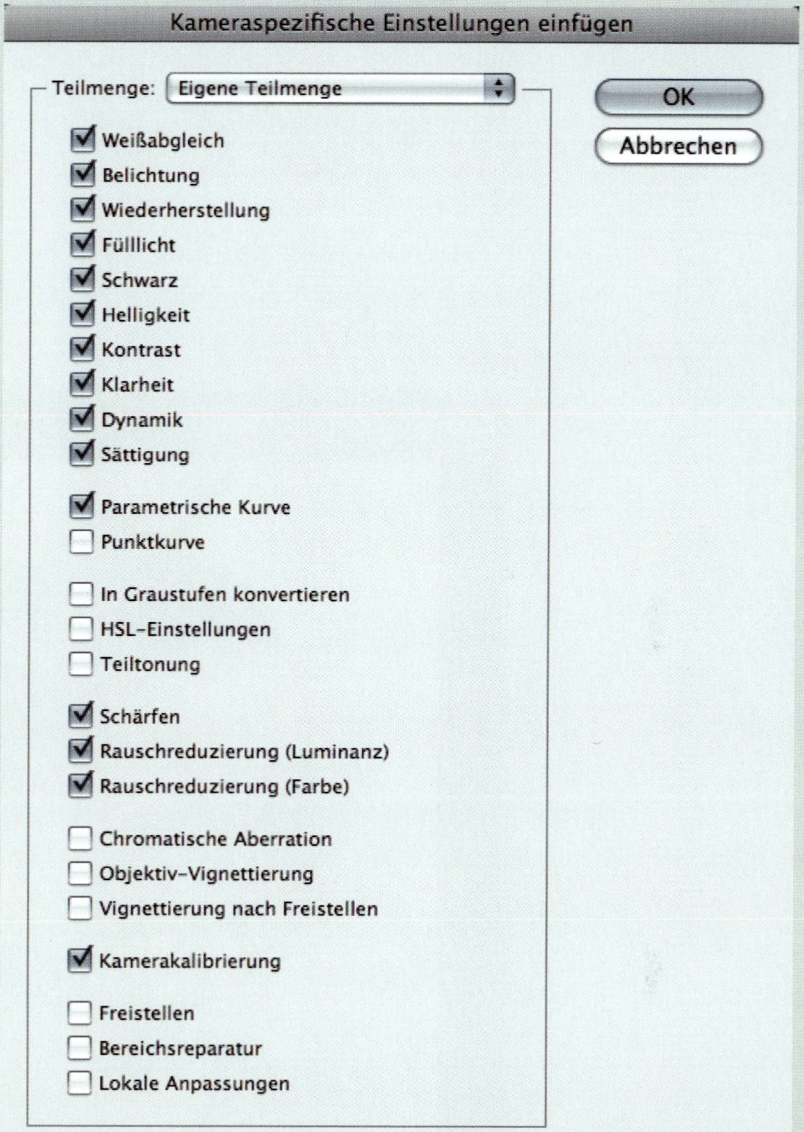

Bilder für die Weitergabe beschreiben

Bei der Weitergabe von Bildern, die einem Verlag oder einer Agentur angeboten werden, sollte eine sinnvolle und aussagekräftige Beschreibung ebenso selbstverständlich sein wie die Beschriftung von Dias oder Papierabzügen – eine recht unbeliebte Aufgabe, wenn aber auch eine der wichtigsten. Wie sonst wollen Sie in den unendlichen Bilderfluten der Stock-Agenturen gefunden werden und Ihre Bilder vermarkten? Bildagenturen benutzen von jeher die IPTC-Verschlagwortung bei digitalen Fotos, um ihre Datenbanken mit den Bildbeschreibungen zu füttern.

Ein vollständig verschlagwortetes und beschriebenes Bild. Ideal zur Arbeit mit Bildagenturen.

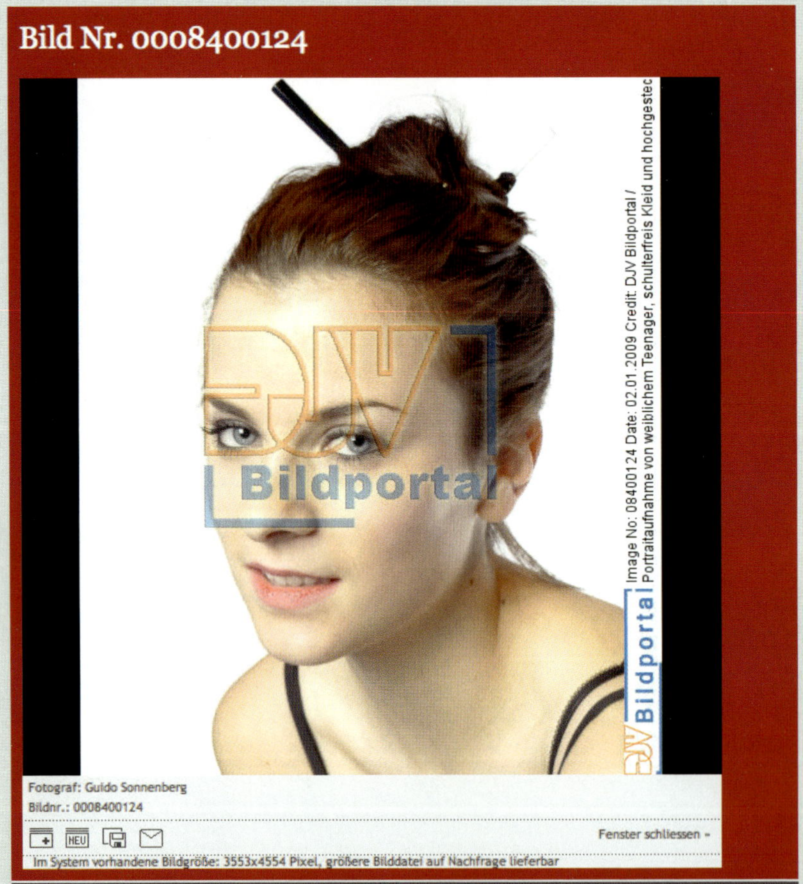

Headline:	Teenager Portrait
Aufnahmedatum:	02.01.2009
Caption:	Portraitaufnahme von weiblichem Teenager, schulterfreis Kleid und hochgesteckten Haaren
Bildnummer:	0008400124
Urheber:	Guido Sonnenberg Credit (Inhaber der Nutzungsrechte):
Dieses Bild hat folgende Schlagwörter:	DEU, Augen, Beauty, Frau, Hochsteckfrisur, Mund, Nase, Portrait, Teenager, weiblich Nach anderen Bildern mit den angekreuzten Schlagwörtern suchen »
Besondere Anweisungen:	Es gelten die AGB des DJV. Bildhonorar gem. MFM. Deutsche Bank BLZ_30070024 Konto_380005900

EXIF und IPTC stehen für die Möglichkeit, Ihren Bildern Informationen zu entlocken bzw. mit Metadaten für die Archivierung und den Datenaustausch zu versehen. So nutzen Fotografen und Nachrichtenagenturen von jeher IPTC-Metadaten, um beispielsweise Kontaktinfos, Inhalte sowie Angaben zu Ort und Zeit der Aufnahmen in ihre Digitalfotos und Scans zu integrieren. Um diese Informationen in Mediendateien jeglicher Art – Text, Bild, Grafik, Audio, Video – aufzunehmen, hat das International Press and Telecommunication Council (IPTC) einen Standard für die genormte inhaltliche Beschreibung geschaffen. Ein getrenntes Speichern wie das XMP-Textdokument einer RAW-Datei ist nicht zulässig.

Beispiel einer IPTC-Verschlagwortung

Eingebürgert hat sich der Begriff IPTC-Verschlagwortung; diese kann in Photoshop und Bridge stattfinden. IPTC-Daten können unter Windows nur in JPEG- oder TIFF-Dateien gespeichert werden, sind dann jedoch plattformübergreifend lesbar.

[1] Metadaten auflisten

Unter den Voreinstellungen von Bridge können Sie festlegen, welche Metadaten ausgelesen und angezeigt werden sollen. Die bekanntesten Metadaten sind die EXIF-Daten der Kamera, die bei der Aufnahme mit aufgezeichnet wurden. Sie sind der Bilddatei fest zugewiesen und können nicht verändert werden.

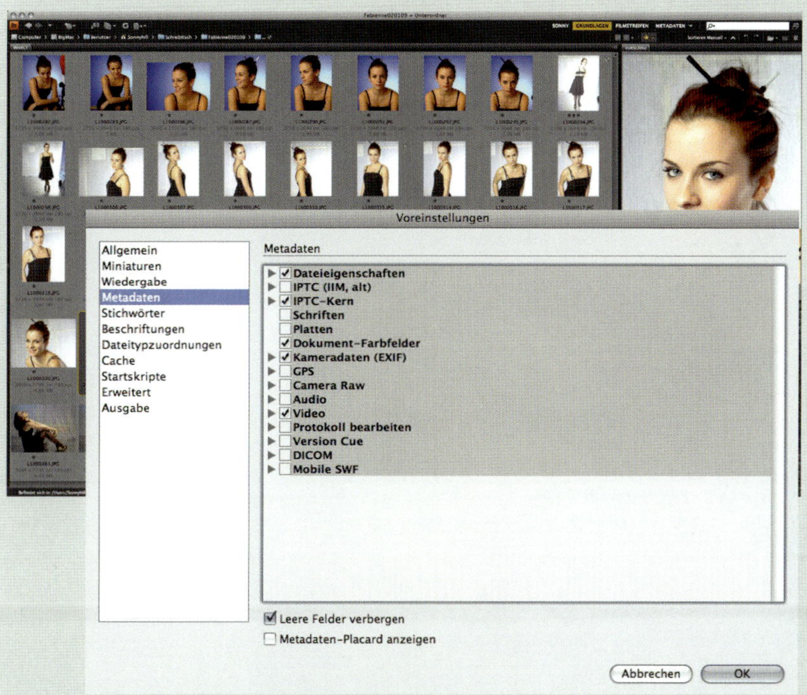

[2] **Dateiinformationen**

Diese EXIF-Daten werden Ihnen in Photoshop und Bridge im Menü *Datei/ Dateiinformationen* im Register *Kameradaten* aufgelistet. In den anderen Registern können viele weitere Informationen hinzugefügt werden. Pflichtfelder für eine Bilddatei sind *Zuweisung zu Kategorien*, *Verschlagwortung*, *Erstellungsdatum*, *Ort*, *Urheber*, *Credit*, *Information zum Umfang der Nutzungsrechte*, *Headline* und *Caption* (Beschreibung bzw. Geschichte zum Bild).

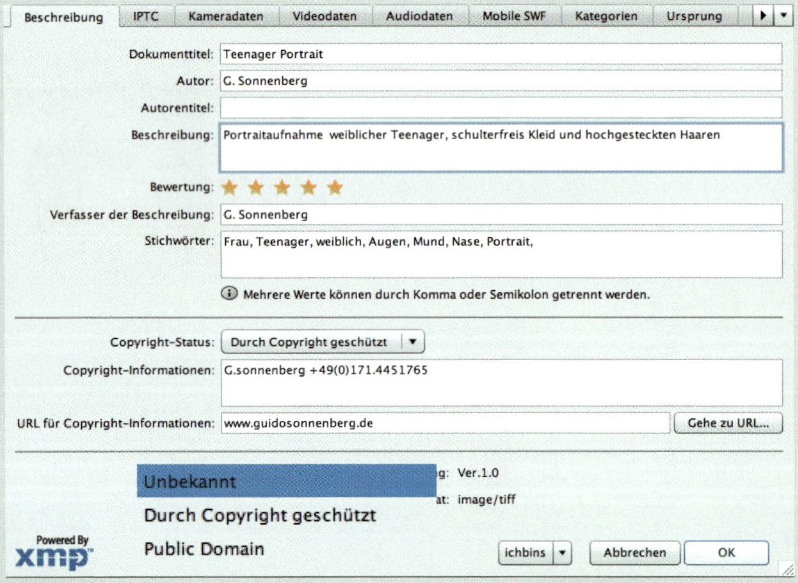

[3] **Copyright-Angaben**

Beginnen Sie mit der Registerkarte *Beschreibung*. Bekennen Sie sich als Urheber und weisen Sie sich als Copyright-Besitzer aus. Interessenten können sich dann leichter mit Ihnen in Verbindung setzen, oder, anders ausgedrückt, eine unerlaubte Verwendung kann durch diesen Eintrag richtig teuer werden.

[4] Kategorien angeben

Bisher wurden 17 Themen definiert, die mit dreistelligen Kürzeln bezeichnet werden:

1. ACE – Kunst, Kultur & Unterhaltung
2. CLJ – Kriminalität, Gesetz & Justiz
3. DIS – Katastrophen & Unglücke
4. FIN – Wirtschaft & Finanzen
5. EDU – Erziehung, Ausbildung
6. ENV – Umweltfragen
7. HTH – Medizin, Gesundheit
8. HUM – Menschen, Tiere & Vermischtes
9. LAB – Arbeit
10. LIF – Lifestyle & Freizeit
11. POL – Politik
12. REL – Religion & Weltanschauung
13. SCI – Wissenschaft & Technologie
14. SOI – Soziale Fragen
15. SPO – Sport
16. WAR – Krisen, Konflikte & Kriege
17. WEA – Wetter

Ordnen Sie Ihr Bildmotiv inhaltlich mindestens einer Kategorie zu.

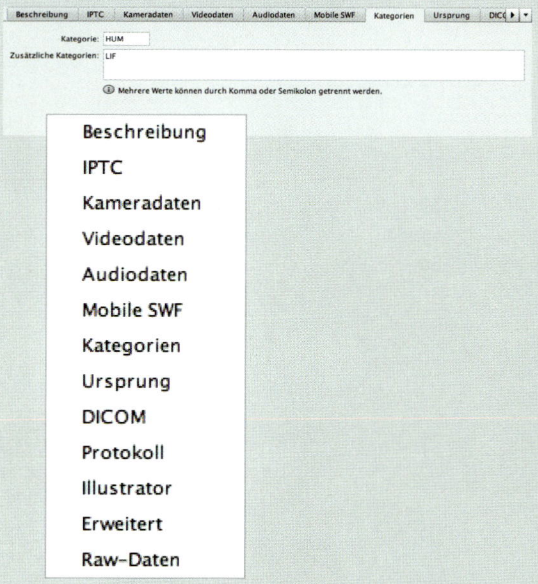

[5] IPTC-Formular ausfüllen

Die Eingabemaske der Registerkarte *IPTC* ist umfangreich, aber viele Angaben sind schon von der Beschreibung übernommen worden. Sie müssen nur die Pflichtangaben vervollständigen: *Erstellungsdatum* und *Landescode* im Feld *IPTC-Bild*.

Der dreistellige Landescode bezieht sich auf den Aufnahmeort (Staat/Kürzel nach ISO 3166) und kann unter *www.iptc.org* – Country Codes – recherchiert werden (DEU steht für Germany, etwas seltener anzutreffen ist der Code XSP für Outer Space).

Wer Bilder digital vertreibt, sollte den Hinweis auf seine allgemeinen Geschäftsbedingungen vorsichtshalber auch in den IPTC-Feldern *Anmerkungen* bzw. *Nutzungsbedingungen* unterbringen. Als Mindeststandard für einen solchen Hinweis ist ein Text nach diesem Muster erforderlich: „Für alle Bildnutzungen gelten meine AGB. Alle Nutzungen nur nach vorheriger Vereinbarung, ohne ausdrückliche Absprache gelten Honorare entsprechend der Übersicht Bilderhonorare der MFM als vereinbart."

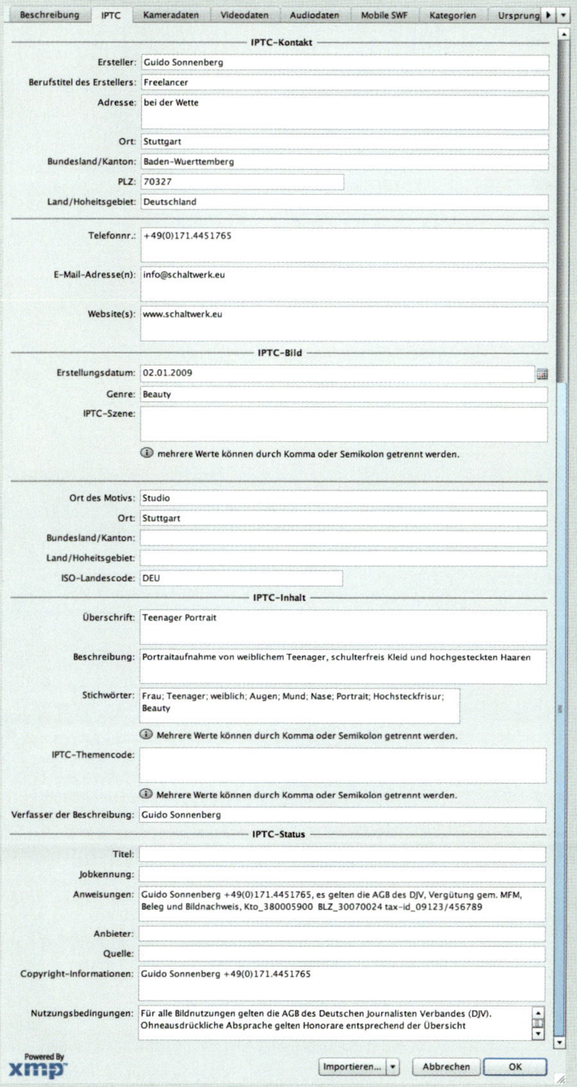

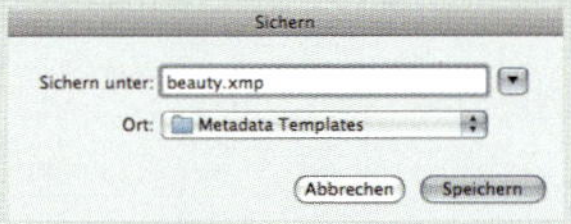

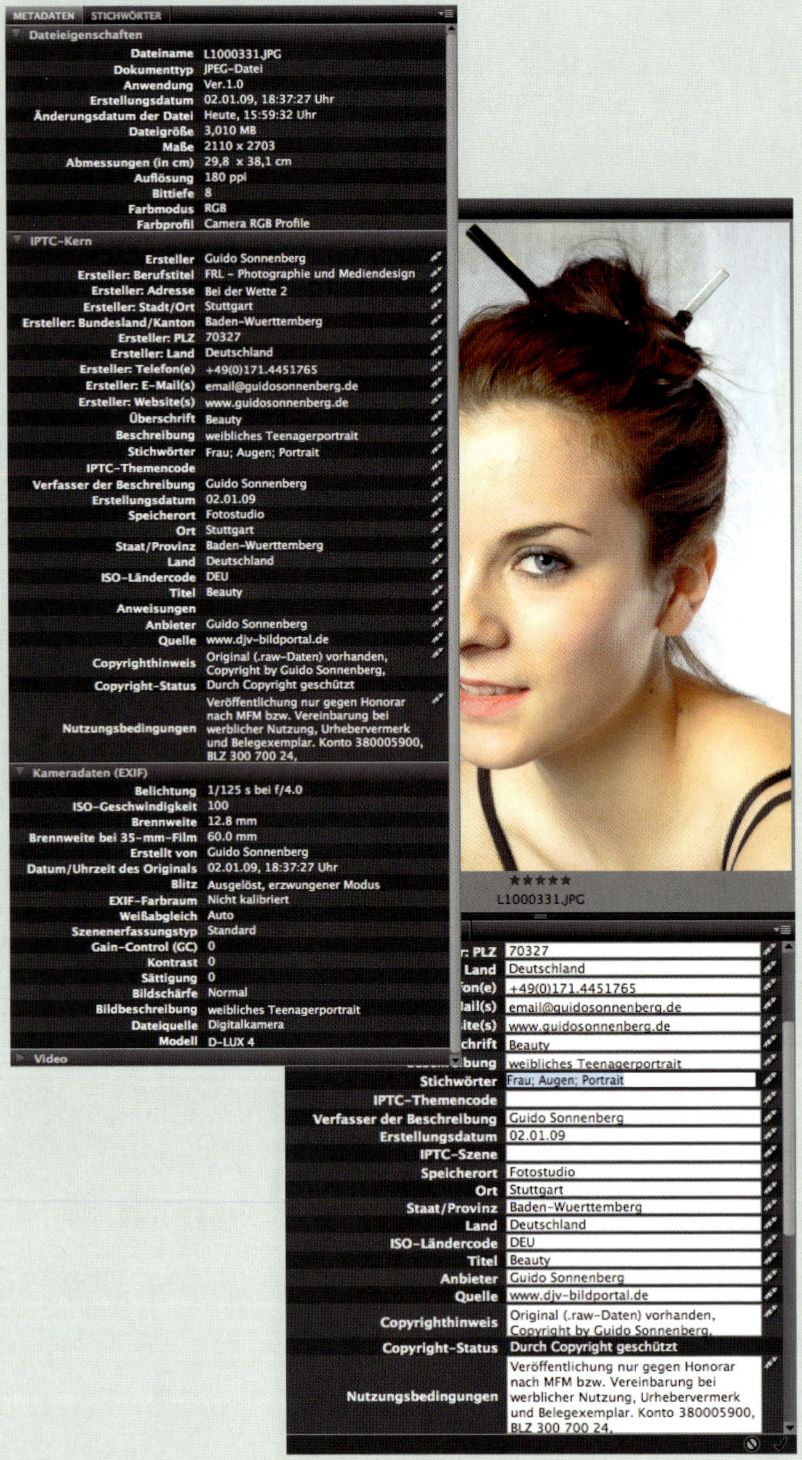

[6] Vorlage anlegen

Das Ausfüllen der IPTC-Registerkarten nimmt viel Zeit in Anspruch. Speichern Sie sich daher eine Vorlage mit Ihren persönlichen Daten ab, die Sie allen Bildern schon beim Download zuweisen können, und ergänzen Sie sie dann entsprechend. Wählen Sie im Listenfeld ganz unten den Eintrag *Exportieren* aus und speichern Sie die Angaben ab. Sie können dann diese Angaben auch in der Bridge nutzen.

[7] Dateiinformationen ändern

Alle Dateiinformationen werden Ihnen jetzt unter der Registerkarte *Metadaten* angezeigt und können darüber hinaus, ohne die Datei zu öffnen, verändert und ergänzt werden.

Auch in der Bridge haben Sie die Möglichkeit, Vorlagen zu erstellen und an Dateien zu verteilen. Öffnen Sie das Menü *Werkzeuge* und wählen Sie den entsprechenden Metadaten-Workflow aus.

[8] Paperwork

Die alten Dateiinformationen finden Sie dann unter den Metadaten wieder. Schnell sind diese bearbeitet und berichtigt. Eine Vorlage zum Ergänzen finden Sie ebenfalls im Menü *Werkzeuge*. Auch wenn Sie detaillierte Angaben machen, übernommen werden nur die markierten Eigenschaften. Die ausgefüllten Vorlagen können Sie abspeichern, um damit auch zu einem späteren Zeitpunkt die Metadaten ausgewählter Dateien zu ergänzen.

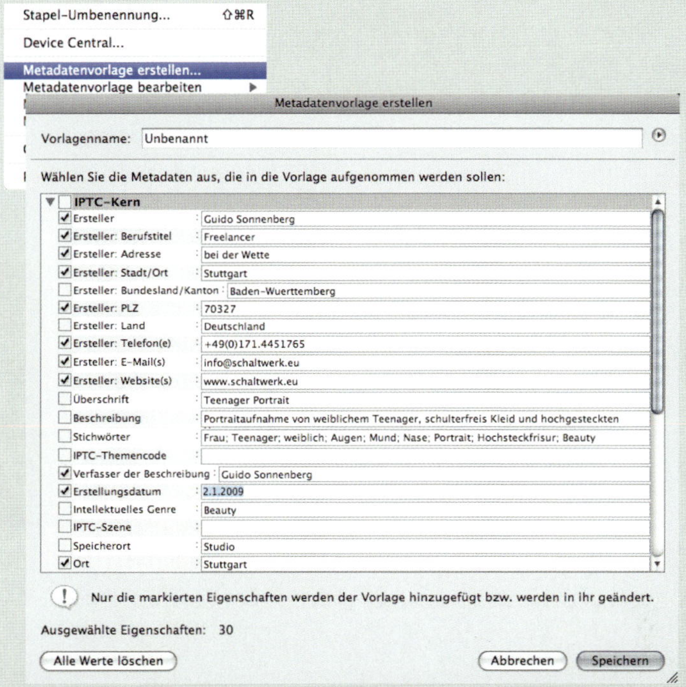

[9] Metadaten übertragen

Vorlagen können in der Bridge zeitsparend auf alle markierten Bilder übertragen oder ihnen hinzugefügt werden. Hierzu wählen Sie die infrage kommenden Bilder sowie eine abgespeicherte Vorlage aus.

[10] Beweis Ihres Urheberanspruchs

In der Kopfleiste Ihrer Datei finden Sie als sichtbaren Beweis Ihres Urheberanspruchs das Copyright-Zeichen wieder. Leider lesen nicht alle Datenbanken alle mitgelieferten Metadaten aus – und es kann noch schlimmer kommen: Dateiinformationen werden gelöscht. Dies ist abhängig von der verantwortungsvollen Programmierarbeit der Datenbankanbieter und wie mit persönlichen Daten der Kunden umgegangen wird.

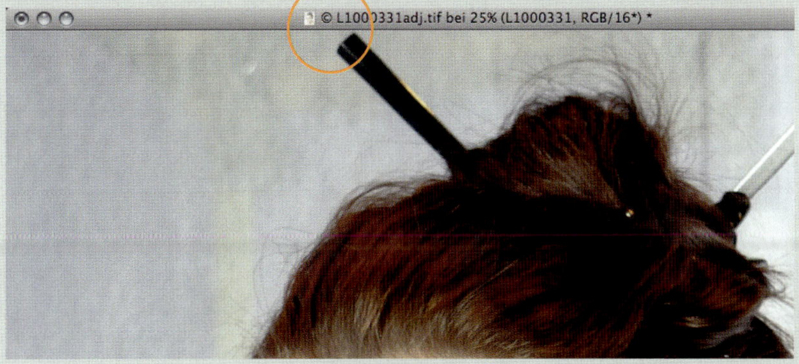

3

PHOTOSHOP-BASICS

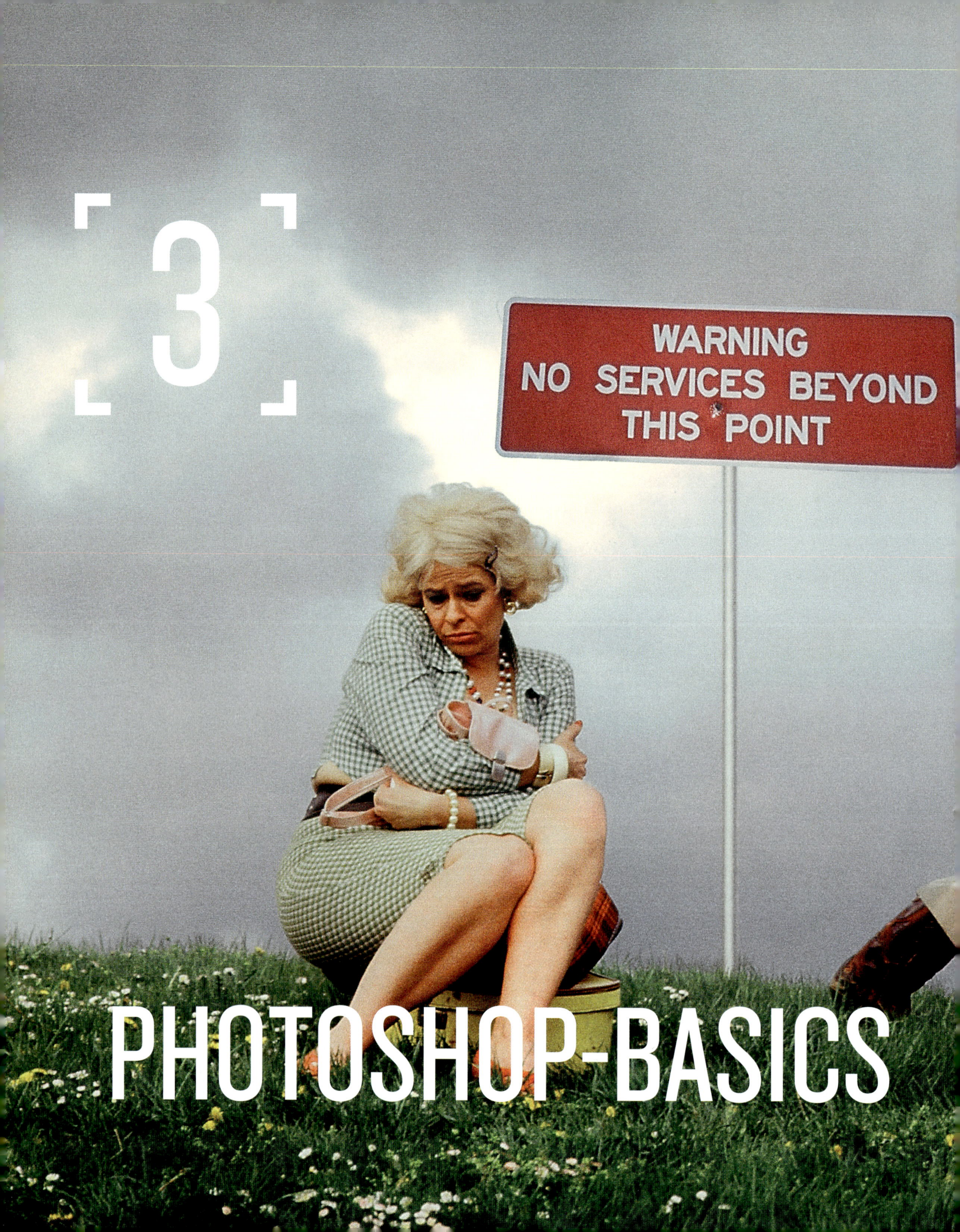

R 352 H

3

Photoshop-Basics

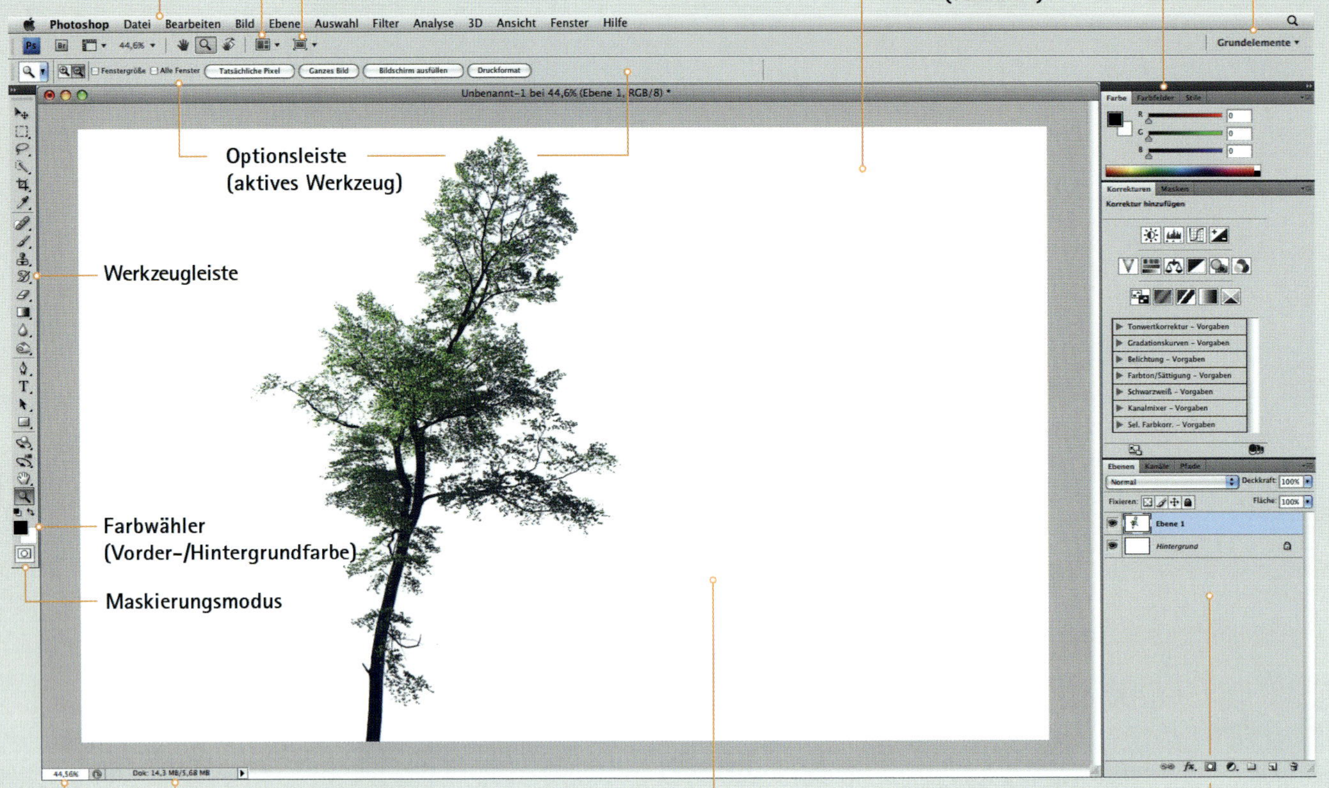

3 Photoshop-Basics

Adobe Photoshop CS4 ist wie alle seine Vorgänger-Versionen die ultimative Software für professionelle Fotografen und kreative Bildbearbeiter. Egal ob unter Windows oder auf dem Mac – kein anderes Programm bietet diese enorme Vielfalt an Funktionen und Möglichkeiten. Für die erfolgreiche Arbeit mit Photoshop CS4 sind zwei Dinge entscheidend: erstens die routinierte Handhabung der Werkzeuge und Funktionen und zweitens das zielorientierte Know-how zur Lösung unterschiedlichster Aufgaben in Sachen Foto- und kreativer Bildbearbeitung. Und genau dafür ist dieses Buch gedacht. Lernen Sie zunächst den grundlegenden Photoshop-Workflow kennen und setzen Sie danach das erlangte Wissen anhand praxiserprobter Beispiele für Ihre eigene Arbeit nachhaltig und nutzbringend ein.

Arbeitsumgebung einrichten

Wie kann ich Adobe Photoshop CS4 für meine Anwendungen effektiv einrichten? Welche Möglichkeiten habe ich? Worauf sollte ich besonders achten? Lassen Sie sich von den vielen Möglichkeiten nicht abschrecken. In diesem Kapitel finden Sie alle erforderlichen Informationen, um die Grundeinstellungen des Programms an Ihre Bedürfnisse anzupassen. Mit dem ersten Start von Adobe Photoshop CS4 präsentiert sich das Programm mit dem Standardarbeitsbereich. Wenn Sie bereits mit früheren Photoshop-Versionen gearbeitet haben, werden Sie sich auch in CS4 verhältnismäßig schnell zurechtfinden. Lesen Sie zunächst alles Wissenswerte über die grundlegenden Einstellungen, Menüs und Werkzeuge des neuen Photoshop. Auch noch unerfahrene Benutzer werden sich mit den folgenden Beschreibungen schnell in den Photoshop-Workflow eindenken können.

Wichtige Voreinstellungen

Bevor Sie mit der Nutzung des Programms beginnen, passen Sie zunächst die wichtigsten Photoshop-Voreinstellungen an, um Ihre Arbeit

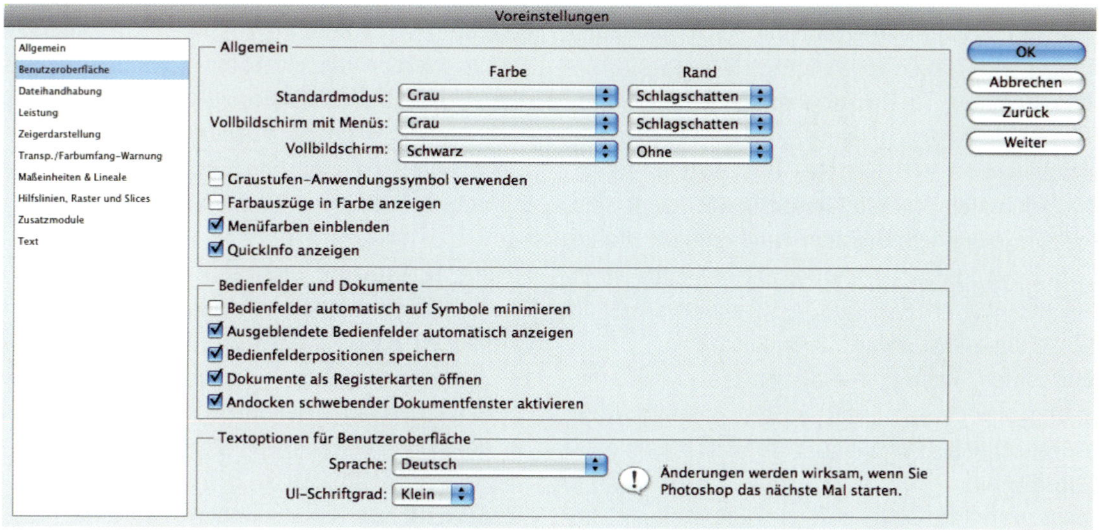

Im Dialog **Voreinstellungen** *legen Sie sämtliche Grundeinstellungen für die weitere Arbeit mit Adobe Photoshop fest.*

effektiv zu gestalten und um vor unliebsamen Überraschungen sicher zu sein. Welche die von Ihnen bevorzugten Einstellungen sein sollten, wird in erster Linie von der weiteren Verwendung Ihrer Bilder bestimmt. Beachten Sie, dass die geänderten Voreinstellungen erst nach dem Neustart des Programms wirksam werden.

Allgemein: Beabsichtigen Sie, aus Ihren Fotos hochwertige Drucke oder Fotoabzüge zu erstellen, geben Sie unter *Farbwähler* der Einstellung *Adobe* den Vorzug. Werden Ihre Arbeiten speziell im Internet verwendet, passt auch *Windows* bzw. *Apple*. Im Listenfeld *Bildinterpolation* empfiehlt sich die Voreinstellung *Bikubisch*, da diese Methode der Größenberechnung im Allgemeinen die besten Ergebnisse bringt. *Bikubisch glatter* ist bei einer Vergrößerung empfehlenswert. *Bikubisch schärfer* kann bei Verkleinerungen des Bildes die besseren Ergebnisse bringen. *Pixelwiederholung* erzeugt harte Kanten und ist von minderer Qualität. *Bilinear* erzeugt neue Pixel aus benachbarten Farbwerten und liegt qualitativ im mittleren Bereich.

Benutzeroberfläche: Hier legen Sie grundlegende Ansichts- und Bedienfeldeinstellungen fest. Die Option *Farbauszüge in Farbe anzeigen* bewirkt die farbige Darstellung der Kanäle im Bedienfeld *Kanäle*. Für eine bessere Beurteilung der Abstufungen sollten Sie diese Funktion deaktivieren.

Dateihandhabung: Mit der Option *EXIF-Profilerkennung* bestimmen Sie, ob Photoshop in Bildern eingebettete Profile, zum Beispiel durch eine Digitalkamera eingefügte Farbmanagementdaten, berücksichtigen soll. Die Option *Kompatibilität von PSD- und PSB-Dateien maximieren* ist nur erforderlich, wenn Sie diese Dateien auch in anderen Programmen als Photoshop verwenden. *Version Cue aktivieren* ist lediglich sinnvoll, wenn Sie mit der Creative Suite und mit anderen Anwendern an denselben Projekten arbeiten.

Leistung: Mit *Speichernutzung* legen Sie die für Photoshop nutzbare Arbeitsspeichergröße in MByte fest. Arbeiten Sie häufig mit großen Bilddateien, ohne dabei gleichzeitig andere Programme gestartet zu haben, stellen Sie einen möglichst hohen Prozentwert ein. Empfehlenswert sind *85* bis *90 %*. Arbeiten Sie vorzugsweise mit mehreren Programmen gleichzeitig, stellen Sie *50* bis *70 %* ein. Im Bereich *Arbeitsvolumes* wählen Sie die Festplatte oder die Festplattenpartition aus, die von Photoshop als primäres Arbeitslaufwerk genutzt werden soll. Bestimmen Sie als erstes Laufwerk immer Ihre größte und schnellste Festplatte, um so ein Maximum an Performance zu erzielen. Die Einstellung *Protokollobjekte* bestimmt die Anzahl der im Protokoll aufgezeichneten Arbeitsschritte. Mit *Verlauf und Cache* stellen Sie die Cache-Stufen von *1* bis *8* ein. Je höher der Wert ist, umso besser wird die Geschwindigkeit Ihrer Bildschirmdarstellung – benötigt aber mehr Speicher.

Zeigerdarstellung: Hier legen Sie die Einstellung zur Darstellung Ihrer Mal- und anderer Werkzeuge während der Arbeit in Photoshop fest. Für ein präziseres Arbeiten empfiehlt es sich, die Darstellung in der Größe der Spitze sowie die Option *Fadenkreuz* bei *Andere Werkzeuge* einzustellen.

Transp./Farbumfang-Warnung: Anpassungsmöglichkeit für die verwendeten Muster und Farben. Behalten Sie hier im Normalfall die Grundeinstellungen bei.

Maßeinheiten & Lineale: Hier legen Sie die Maßeinheiten fest. In Deutschland üblich sind: Lineale in cm, Text in Punkt, Spaltenmaße in mm, Druck- und Bildschirmauflösung in Pixel/Zoll. Im Bereich *Punkt-/Pica-Größe* verwenden Sie die Einstellung *PostScript (72 Punkt/Zoll)*.

Hilfslinien, Raster und Slices: Positionierungshilfen sowie Farb- und Abstandsanpassungen. Anpassungen sind nur in besonderen Fällen erforderlich.

Zusatzmodule: Aktivierungsmöglichkeit bei der Verwendung von Zusatzmodulen. Möchten Sie z. B. den als Zusatzmodul auf der Programm-DVD mitgelieferten Filter *Extrahieren* auch in Photoshop CS4 nutzen, tragen Sie den Pfad zum Ordner der Zusatzmodule hier ein.

Text: Hier legen Sie grundlegende Voreinstellungen zur Verwendung des *Textwerkzeugs* fest.

Wichtige Farbeinstellungen

Die Farbmanagementzentrale für Ihre Bildbearbeitung finden Sie im Menü *Bearbeiten/Farbeinstellungen*. Die hier festgelegten Einstellungen sind enorm wichtig für die Farbwiedergabe Ihrer Fotos. Durch die Verwendung unterschiedlicher Farbsysteme oder Farbräume muss bei systemübergreifenden Arbeiten ebenfalls eine Verrechnung der unterschiedlichen Farbinformationen stattfinden. Da diese Systeme jedoch nicht identisch sind, müssen hier viele Kompromisse geschlossen werden, um eine Annäherung zu erreichen. Computerbildschirme arbeiten im RGB-Farbraum. Bei einer Einstellung auf 32 Millionen Farben werden die einzelnen Farbnuancen aus diesen drei Grundfarben erzeugt. Die Größe des Farbraums bzw. dessen Umfang ist von Gerät zu Gerät verschieden und wird deshalb auf bestimmte Farbumfänge begrenzt.

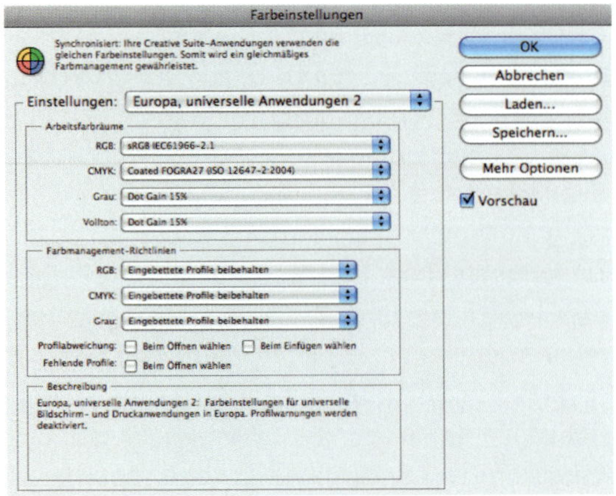

Arbeitsfarbräume festlegen

Je nach Verwendungszweck können Sie aus der Drop-down-Liste *Einstellungen* die für Sie beste Einstellung auswählen oder selbst definierte Einstellungen laden. Nehmen Sie Veränderungen an den Einstellungen vor, ändert sich die Einstellung automatisch zu *Benutzerdefiniert*. Um wiederkehrende Einstellungen zu verwenden, sollten Sie einmal vorgenommene Anpassungen speichern. Farbräume unterscheiden sich durch ihren jeweiligen Umfang und die Sättigung der Farben. Diese Farbräume werden in den jeweiligen Darstellungsmedien (Monitor, Druck, Foto) unterschiedlich dargestellt.

RGB legt den verwendeten Farbraum in diesem Modus fest. *Adobe RGB (1998)* ist ein umfangreicher Farbraum, der bestens für die spätere Wiedergabe im Druck geeignet ist. *sRGB* ist der Standard für die Wiedergabe auf einem Bildschirm (Web) oder auch als Foto.

CMYK ist die Farbraumeinstellung für den professionellen Druckprozess und nur wichtig, wenn Sie Ihre Bilder im CMYK-Modus anlegen, um sie auf einer Druckmaschine ausgeben zu lassen – nicht jedoch auf einem Tintenstrahl- oder Laserdrucker, diese verwenden den RGB-Farbraum! Dieser Farbraum ist ausgabespezifisch, und seine Verwendung sollte bereits im Vorfeld mit dem Drucker abgestimmt werden. Empfohlene Einstellung ist *Coated FOGRA27* für hochwertige, glatte Papiere.

Grau legt den Tonwertzuwachs im Druck fest. Falls Sie nicht für die Druckvorstufe arbeiten, sollten Sie *Gray Gamma 2,2* wählen. Dadurch erzeugen Sie die feinsten Abstufungen in den Verläufen.

Vollton ist nur wichtig für spezielle Farben zusätzlich zum CMYK-Druckprozess. Standardeinstellung ist hier *Dot Gain 15 %*.

Farbmanagement-Richtlinien

Für den jeweiligen Farbraum gibt es drei Einstellungsmöglichkeiten: *Aus*, *Eingebettete Pro-*

file beibehalten sowie *In RGB-Arbeitsfarbraum konvertieren*. Es sind die gleichen Optionen, die auch für *Profilabweichung* und *Fehlende Profile* verwendet werden.

RGB: In der Regel wählen Sie hier die Option *In RGB-Farbraum konvertieren*. Dadurch werden fremde RGB-Farbräume an den von Ihnen verwendeten Farbraum angepasst. *Eingebettete Profile verwenden* verhindert diese Anpassung. *Aus* schaltet Ihr Farbmanagement ab.

CMYK: Hier lautet die Empfehlung *Eingebettete Profile beibehalten*. CMYK-Daten stammen zumeist aus dem professionellen Druckvorstufenbereich und sollten keinesfalls umgewandelt werden.

Grau: Hier wird wieder die Konvertierung empfohlen – außer bei Arbeiten mit professionellen Scans aus der Druckvorstufe.

Profilfehlerwarnungen

Die folgenden Meldungen erscheinen, wenn Sie die in den Farbeinstellungen im Bereich der *Farbmanagement-Richtlinien* aufgeführten Kontrollkästchen aktiviert haben. Dies ist auf jeden Fall empfehlenswert.

Eingebettetes Profil verwenden: Hierbei wird der dem Bild beigefügte Farbraum beibehalten.

i

NUTZEN SIE FARBMANAGEMENT AUF JEDEN FALL

Verwenden Sie auf jeden Fall das Farbmanagement und fügen Sie fehlende Profile in Ihre Bilddaten der Herstellung und dem Verwendungszweck entsprechend ein. Dadurch ist bei einer Weiterverarbeitung Ihrer Bilder durch Dritte eine bessere Darstellung entsprechend Ihren Einstellungen möglich. Für eine optimale Kommunikation mit anderen Rechnern oder Ausgabegeräten ist eine Kalibrierung Ihres Monitors erforderlich. Dazu gibt es im Fachhandel entsprechende Messgeräte und Hilfsmittel.

i

MEHR OPTIONEN

Aktivieren Sie alle darunterliegenden Kontrollkästchen, können Sie auch noch später beim Öffnen einer Datei entscheiden, ob Sie diese Anpassungen vornehmen wollen oder nicht. Hinter der Schaltfläche *Mehr Optionen* verbergen sich weitere Anpassungsmöglichkeiten für Ihre Farbeinstellungen.

Photoshop wird dadurch vorübergehend an diesen Farbraum angepasst. Wollen Sie das ursprüngliche Profil nicht verändern, ist dies die richtige Option.

Dokumentfarben in den Arbeitsfarbraum konvertieren: Der im Bild befindliche Arbeitsfarbraum wird in den derzeit aktuellen Farbraum von Photoshop umgewandelt. Angenommen, Sie arbeiten im Farbraum Adobe RGB, um dessen größeren Farbumfang zu nutzen, das Bild liegt aber im Profil sRGB vor, dann sollten Sie diese Option wählen.

Eingebettetes Profil verwerfen: Dabei wird das eingebettete Profil entfernt. Diese Option sollten Sie nur verwenden, wenn Sie absolut sicher sind, dass das eingebettete Profil falsch ist. Nach dem Entfernen können Sie der Datei ein neues Profil zuweisen. Öffnen Sie beispielsweise das Bild einer Digitalkamera, die keine Profile einbettet, erscheint diese Meldung. Photoshop hat dann keine Anhaltspunkte, wie die Farben im Bild interpretiert werden sollen.

Beibehalten (kein Farbmanagement): Wählen Sie diese Option, wird dieser Zustand beibehalten. Die Farben können jedoch auf einem anderen Gerät völlig anders erscheinen. Photoshop öffnet anschließend diese Datei im aktuellen Arbeitsfarbraum und stellt die Farben diesem gemäß dar, egal, ob sie stimmen oder nicht.

RGB-Arbeitsfarbraum zuweisen: Hier wird dem Bild der aktuelle Arbeitsfarbraum einfach übergestülpt. Diese Option ist nur zu empfehlen, wenn Sie genau wissen, dass dieses Bild ursprünglich in diesem Arbeitsfarbraum erstellt wurde.

Profil zuweisen: Mit dieser Option können Sie selbst ein bestimmtes Profil auswählen, dem Bild zuweisen und dieses anschließend in den Arbeitsfarbraum konvertieren. Wenn Sie vermuten, dass Ihr Bild z. B. mit dem Farbraum sRGB gute Ergebnisse liefert, sollten Sie diesen zuweisen. Außerdem können Sie hier auch mit den diversen Farbräumen experimentieren, um herauszufinden, welcher Farbraum den von dieser Kamera erzeugten Bildern am nächsten kommt. Mit dem Unterpunkt und *Dokument anschließend in RGB-Arbeitsfarbraum konvertieren* weisen Sie der jetzt neu profilierten Datei den derzeitig benutzten Arbeitsfarbraum zu.

Bildschirm kalibrieren

Um Bildfarbe, Kontrast und Helligkeit am Monitor verbindlich darstellen und Anpassungen in Photoshop vornehmen zu können, ist eine Bildschirmkalibrierung unbedingt erforderlich. Durch die Kalibrierung wird Ihr Bildschirm an einen vordefinierten Standard angepasst, wie er beispielsweise in der Druckvorstufe verwendet wird. Dadurch ist es möglich, dass bei der Datenweitergabe und Datenausgabe eine zumindest ähnliche Darstellung erreicht werden kann. Damit Ihr Bildschirm in seiner Darstellung charakterisiert werden kann, wird ein Profil des von Ihnen verwendeten Geräts erstellt, in dem beschrieben wird, wie dieses die Farben darstellt. Dazu benötigen Sie eine entsprechende Analysesoftware und ein Messgerät.

i

CRT- UND LCD-/TFT-BILDSCHIRME

Ein guter Bildschirm ist die Voraussetzung für eine zuverlässige Farbbeurteilung. CRT-Bildschirme liefern hierbei durch ein besseres Kontrastverhalten meist zuverlässigere Ergebnisse als LCD-/TFT-Monitore. Je größer der Kontrastumfang eines Bildschirms ist, desto mehr Tonwerte können auf diesem dargestellt werden.

i

DIGITAL QUALITY TOOL

Im Internet erhalten Sie z. B. das „Digital Quality Tool" des Photoindustrie-Verbands e.V. (www.photoindustrie-verband.de) zum kostenlosen Download. Es enthält Referenzdateien zur Anpassung von Kontrast und Helligkeit Ihres Bildschirms sowie ein Referenzbild im Format 13 x 18 zur Ausgabe bei Ihrem Fotohändler. Dadurch können Sie im direkten Vergleich Ihren Bildschirm zur besseren Bildausgabe optimieren.

Bei der Anwendung werden die Grundeinstellungen von Helligkeit und Kontrast sowie Gamma, das die Helligkeit der mittleren Tonwerte in Form einer Kurve bestimmt, überprüft und eingestellt. Bei CRT-Bildschirmen (Röhrenmonitoren) wird zudem der Phosphor überprüft – die Substanzen, die in den verschiedenen Bildschirmen verwendet werden, haben unterschiedliche Farbeigenschaften –, und Korrekturen werden vorgegeben. Dazu muss der Weißpunkt in einer bestimmten Farbtemperatur (z. B. 5.000 Kelvin) festgelegt werden. Ziel dieser Anpassungen ist eine optimierte Farb- und Grauwertdarstellung auf Ihrem Bildschirm.

In den weiteren Messungen nach diesen Anpassungen werden das Verhalten und die Darstellungsoptionen des Bildschirms in einer Tabelle als Profil festgelegt. Das erstellte Profil wird dann auf dem Rechner gespeichert und zur Bilddarstellung verwendet. Damit diese Daten mit den Daten eines weiteren Ausgabegeräts – z. B. eines anderen Bildschirms, Druckers oder einer Belichtungseinheit – verglichen und verrechnet werden können, müssen diese Informationen in das jeweilige bearbeitete Bild eingebettet werden. Diese ganzen Operationen laufen unter dem Begriff Farbmanagement. Die Profile der einzelnen Geräte werden dabei nach einem bestimmten Standard (ICC-Profile) gespeichert und verarbeitet.

Vorbereiten der Bildschirmkalibrierung

Bildschirm	Der Bildschirm sollte sauber und mindestens eine halbe Stunde eingeschaltet sein. Dadurch stabilisiert sich die Farbwiedergabe.
Grafikkarte	Die Farbeinstellung Ihrer Grafikkarte sollte mindestens 24 Bit betragen bzw. Millionen von Farben darstellen.
Desktopanzeige	Die Desktopanzeige sollte auf ein neutrales Grau und ohne Muster eingestellt werden. Muster und Farben im Hintergrund beeinflussen die Farbwahrnehmung und erschweren eine korrekte Beurteilung.
Umgebungslicht	Das Umgebungslicht und die unmittelbare Umgebung an Ihrem Arbeitsplatz können in Farbe und Helligkeit Ihre Wahrnehmung stark beeinflussen. Deshalb sind sie möglichst gleichmäßig und neutral zu halten.
Arbeitsplatzbeleuchtung	Um eine gedruckte Vorlage oder ein Foto richtig beurteilen zu können, ist die Arbeitsplatzbeleuchtung ausschlaggebend. In Druckereien und Fachbetrieben wird deshalb ein genormtes Licht (z. B. Normlicht 5.000) verwendet.
Farbtemperatur	Die Farbtemperatur von ca. 5.400 Kelvin entspricht in etwa der mittleren Tageslichtfarbe. Der Weißpunkt Ihres Bildschirms sollte entsprechend eingestellt werden. In der Praxis hat sich ein Weißpunkt von 6.000 oder 6.500 Kelvin besser bewährt, da eine Farbtemperatur von 5.000 Kelvin allgemein als etwas zu dunkel und zu gelblich empfunden wird.

Einfache Bildschirmkalibrierung

Programme zur Bildschirmkalibrierung erhalten Sie normalerweise mit dem Kauf eines Messgeräts. Im Handel erhältlich sind Geräte und Software z. B. von Firmen wie GretagMacbeth oder Colorvision. Sollte Ihnen diese Ausgabe nicht erforderlich erscheinen, gibt es noch die Möglichkeit, eine allein hardwareseitige Anpassung Ihres Bildschirms vorzunehmen, die für den professionellen Bereich jedoch nicht ausreicht. Bei dieser vereinfachten Anpassung werden Kontrast und Helligkeit eingestellt, und es wird, sofern möglich, auch eine Farbanpassung vorgenommen. Mithilfe von Musterbildern, Farb- und Graustufenkeilen wird ein Vergleich zwischen den Vorlagen und der Darstellung auf Ihrem Bildschirm angestellt. Einige Beispielanwendungen und Tipps zur Anpassung dazu finden Sie auch im Internet.

Bildschirmkalibrierung mit Eye-One Match

Bei Röhrenbildschirmen wird das Messgerät mit Saugnäpfen am Bildschirm befestigt. Bei LCD-/TFT-Bildschirmen darf das Messgerät nur leicht aufgelegt werden, da ein Andruck die Farben verfälschen könnte. Seitlich einfallendes Licht ist hierbei unbedingt zu vermeiden. Die zugehörige Software ermittelt dann durch Darstellung und Vergleichsmessungen von Farbfeldern die zur Bildverrechnung erforderlichen Werte und speichert diese als neues Standardprofil auf Ihrem Computer ab.

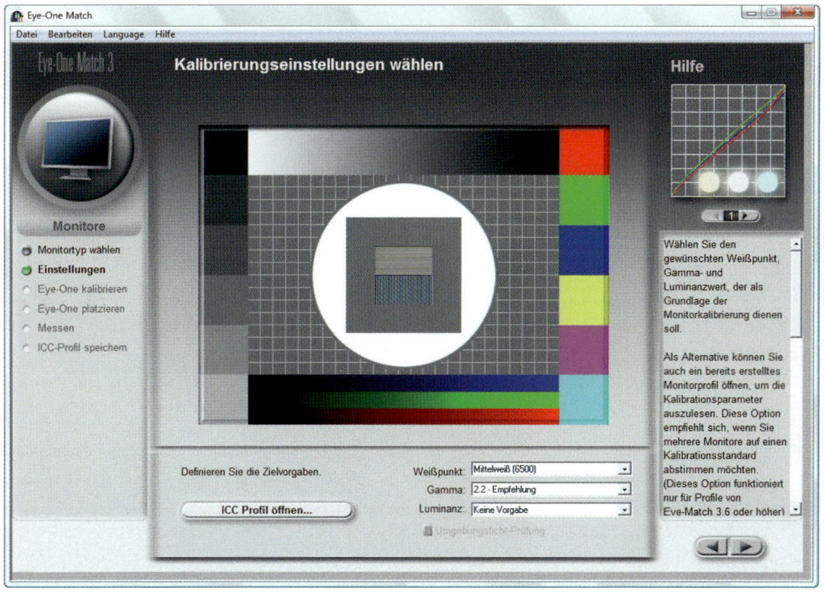

Da sich die farbliche Darstellung eines Bildschirms mit zunehmendem Gebrauch verändert, sind wiederholte Messungen und Anpassungen unbedingt erforderlich. Hardwareseitig vorgenommene Anpassungen sind ohne weitere Veränderungen bis zur nächsten Messung beizubehalten. Bei LCD-/TFT-Bildschirmen ist zudem,

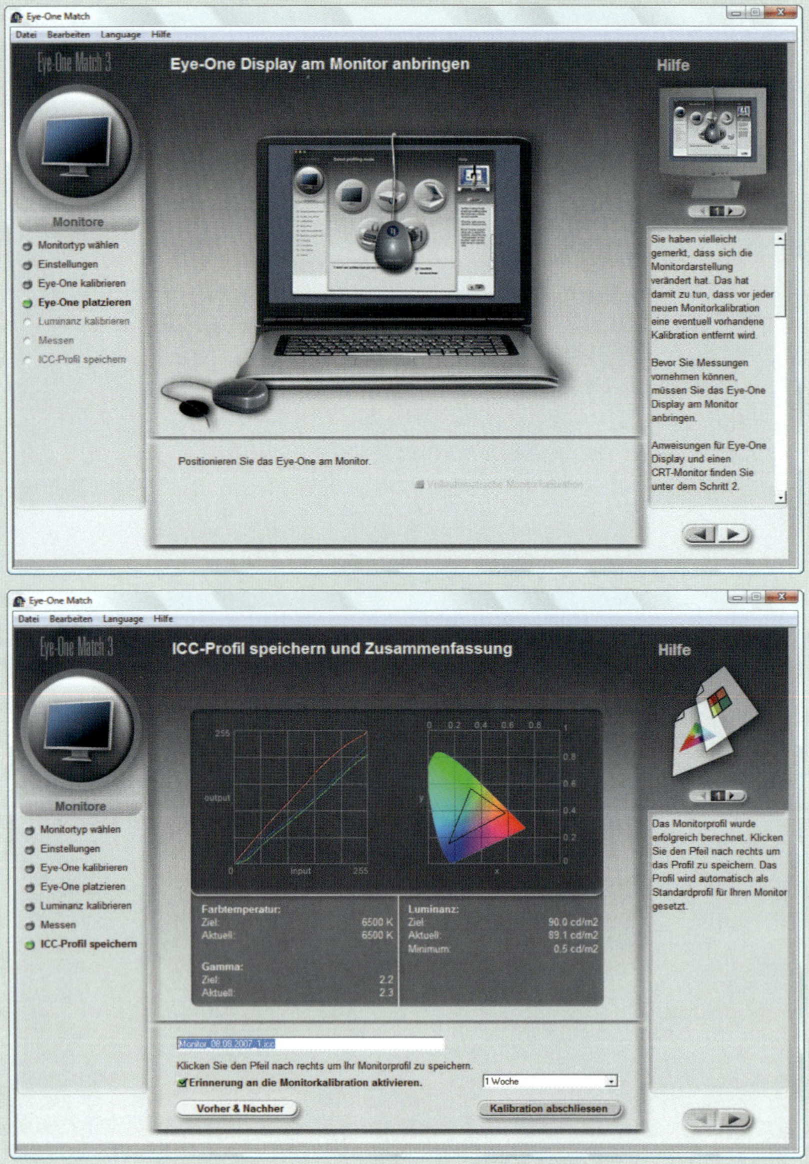

Abschluss der Messungen und Speicherung der ermittelten Einstellungen.

wie bereits erwähnt, der Blickwinkel zu beachten. Das folgende Beispiel zeigt die Anwendung mit Eye-One Match der Firma GretagMacbeth.

[1] Nach der Installation der mitgelieferten Software schließen Sie das Messgerät am USB-Anschluss Ihres Computers an und starten das Programm – es führt Sie Schritt für Schritt durch die Anwendung.

[2] Wählen Sie zunächst Ihren Bildschirmtyp und die gewünschten Einstellungen aus: *Weißpunkt*, *Gamma* und *Luminanz*. Danach werden Sie aufgefordert, das Messgerät zu kalibrieren. Dazu legen Sie es auf eine glatte, dunkle Fläche. Nach der Einstellung des Messgeräts beginnt die Messung des Bildschirms.

[3] Passen Sie nun Kontrast und Helligkeit des Bildschirms hardwareseitig an. Dabei werden Ihre Werte von der Kalibrierungssoftware mit den Sollwerten verglichen. Ist die Anpassung erreicht, geht es weiter zum nächsten Schritt.

[4] Unter dem Messgerät werden jetzt verschiedene Farben und Helligkeiten eingeblendet und gemessen. Je nach zuvor gewählter Option *Basiseinstellung* oder *Erweiterte Einstellung* kann der Durchlauf der unter dem Messgerät eingeblendeten Farben längere Zeit andauern. Nach Abschluss der Messungen wird das neue Bildschirmprofil in Ihrem Betriebssystem in der Farbverwaltung gespeichert.

i

FARBPROFIL EINBETTEN

Sofern Ihr zu bearbeitendes Bild bereits über ein eingebettetes Profil verfügt, wird dieses entsprechend Ihren Voreinstellungen beim Öffnen übernommen, oder es wird die Meldung für ein fehlendes Profil bzw. ein anderes Profil angezeigt. Sie müssen dann über das weitere Vorgehen entscheiden. Nach der digitalen Bearbeitung Ihres Bildes sollten Sie das erstellte oder geänderte Profil in Ihr Bild einbetten. Im Dialogfeld *Speichern unter* aktivieren Sie im Bereich *Farbe* die Option *Farbprofil einbetten: Adobe RGB (1998)*. Damit ist Ihr Farbmanagement zur Bildweitergabe oder weiteren Verarbeitung abgeschlossen.

Werkzeuge und Bedienfelder

Welches Werkzeug für welche Anwendung? Wie gehe ich damit um? Was für Möglichkeiten bieten die Bedienfelder? Klicken Sie sich parallel zu diesen Informationen durch die Werkzeuge und Bedienfelder des Programms. Sie werden die Funktionen und Möglichkeiten schnell verstehen, und einer optimalen Anwendung steht nichts mehr im Wege. Das Photoshop-Werkzeugbedienfeld enthält neben den direkt sichtbaren noch einige weitere Werkzeuge, die erst durch Anklicken des kleinen schwarzen Dreiecks aufgerufen werden können.

Werkzeug und Optionsleiste

Sobald Sie in der Werkzeugleiste ein Werkzeug aufrufen, startet ebenfalls die mit dem Werkzeug verknüpfte Optionsleiste, über die Sie auf entsprechende Werkzeugvorgaben und Attribute zugreifen können. Wählen Sie z. B. das *Textwerkzeug* an, meldet sich die Optionsleiste zum *Textwerkzeug*, mit der Sie sämtliche Textformatierungen durchführen können.
Erfahren Sie jetzt, wie Sie die Photoshop-Werkzeuge praktisch einsetzen. Das Werkzeugbedienfeld gliedert sich in sieben Werkzeuggruppen:

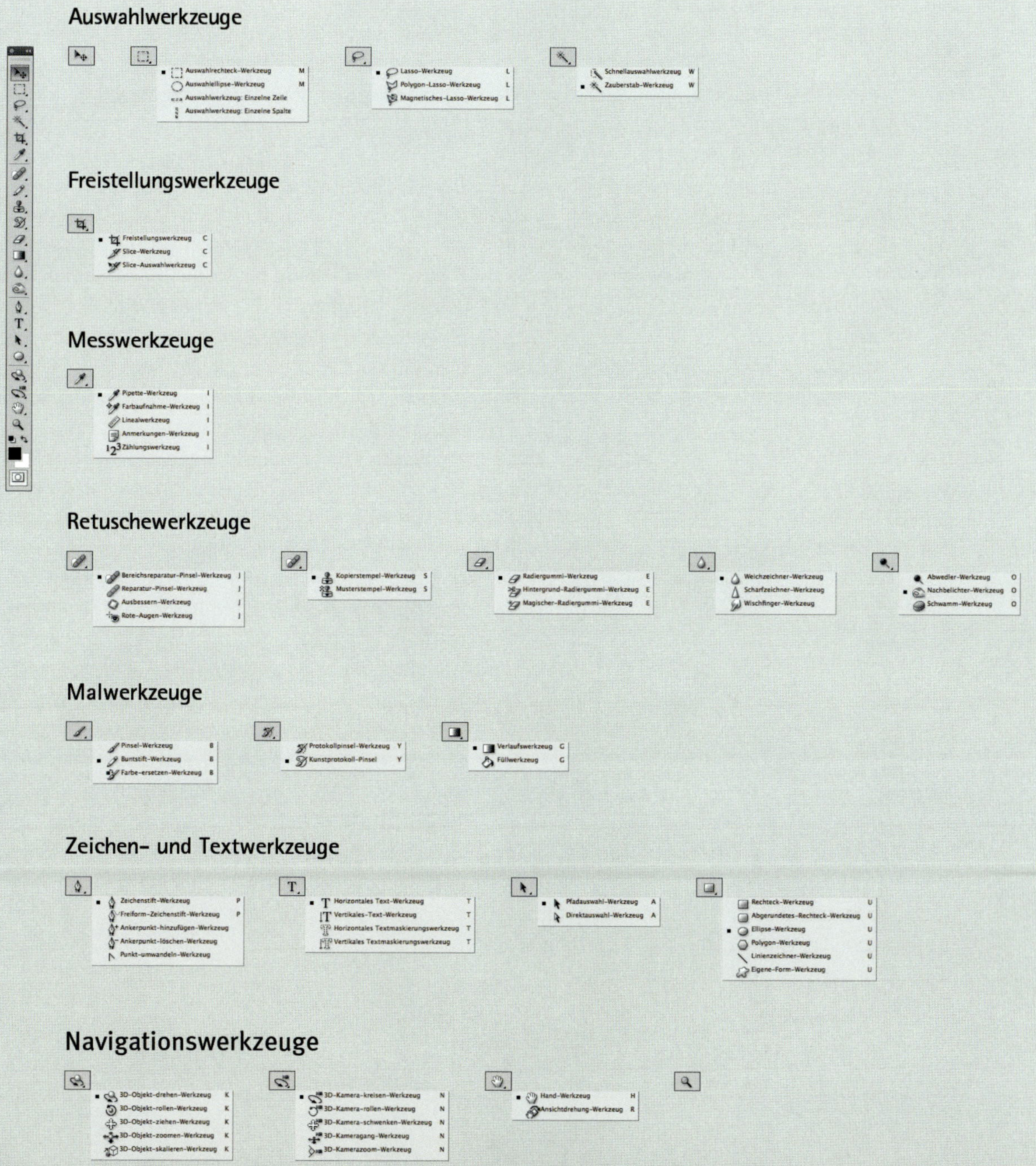

Auswahlwerkzeuge, Freistellungswerkzeuge, Messwerkzeuge, Retuschierwerkzeuge, Malwerkzeuge, Zeichen- und Textwerkzeuge, Navigationswerkzeuge.

Verschieben

Mit diesem Werkzeug können Sie ausgewählte Bereiche im Bildfenster verschieben und mit Drag and Drop in ein anderes Bildfenster ziehen.

Auswahlrechteck, Auswahlellipse, Auswahl Einzelne Zeile, Auswahl Einzelne Spalte

Ein *Auswahlrechteck* kann auch ein Quadrat sein, wenn Sie beim Klicken und Ziehen mit der Maus die [Umschalt]-Taste gedrückt halten. Genauso wird aus einer beliebigen *Auswahlellipse* ein Kreis. *Einzelne Zeile* und *Einzelne Spalte* erzeugen beim Klick in das Bild nur eine gerade Linie. Solange Sie das Werkzeug nicht wechseln, lässt sich die Auswahl im Bild noch verschieben.

Lasso, Polygon-Lasso, Magnetisches Lasso

Das Auswahlobjekt wird mit gedrückter linker Maustaste umfahren. Ist der Anfangspunkt wieder erreicht, lassen Sie die Taste los. Dies ermöglicht eine Umfahrung mit geraden Abschnitten. Benutzen Sie das *Magnetische Lasso*, passt sich die Auswahl wie magnetisch an kontrastreiche Kanten im Bild an.

Schnellauswahl, Zauberstab

Hiermit erweitert sich der ausgewählte Bereich beim Ziehen mit der Maus und passt sich an die im Bild vorhandenen Kanten an. Die Größe der Pinselspitze kann eingestellt werden. Mit dem *Zauberstab* werden mittels Mausklick farblich abgegrenzte Bereiche ausgewählt. Der Toleranzwert bestimmt hierbei die Empfindlichkeit des Werkzeugs.

Freistellen

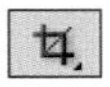

Dieses Werkzeug ermöglicht rechteckige Bildbeschneidungen. Ein Doppelklick führt den Vorgang aus, die Taste [Esc] bricht den Vorgang ab.

Slice, Slice-Auswahl

Dieses Werkzeug ermöglicht es, Bilder und Bildbereiche für die Verwendung im Internet auszuwählen und in einzelne Bilder zu unterteilen bzw. zu zerschneiden.

Pipette, Farbaufnehmer, Lineal, Anmerkungen, Zählungswerkzeug

Der durchschnittliche Aufnahmebereich der *Pipette* kann optional ab 1 Pixel oder auf 3 x 3 Pixel, 5 x 5 Pixel etc. eingestellt werden. Die empfohlene Einstellung für normale Anwendungen sind 3 x 3 Pixel. Klickt man mit der *Pipette* in einen Bildbereich, wird die entsprechende Farbe als Vordergrundfarbe übernommen. Bei gedrückter [Alt]-Taste wird die Hintergrundfarbe übernommen. Das *Farbaufnahme-Werkzeug* ermöglicht es, bis zu vier Farbinformationen in das Bedienfeld *Info* zu übernehmen. Mit dem *Lineal-Werkzeug* erzeugen Sie durch Ziehen im Bild eine Messlinie. Die Position, die Abmessungen und der Winkel können in der dazugehörigen Informationsleiste abgelesen und wieder gelöscht werden.
Das *Anmerkungs-Werkzeug* ermöglicht es, Notizen im Bild einzufügen. Diese werden nach dem Schließen als kleines Symbol dargestellt. Wenn Sie mit der Maus darauf klicken, wird der Text angezeigt. Mit dem neuen *Zählungswerkzeug* zählen Sie die Objekte in einer Bilddatei. Das *Zählungswerkzeug* steht nur in der Photoshop Extended-Version zur Verfügung.

Bereichsreparatur-Pinsel, Reparatur-Pinsel, Ausbessern, Rote Augen

Der *Bereichsreparatur-Pinsel* nimmt Pixel aus seiner Umgebung auf und platziert diese in seinem Zentrum – bestens geeignet für kleinere Fehlstellen im Bild. Der *Reparatur-Pinsel* malt mit Pixeln, die an einer anderen Stelle im Bild mittels Mausklick bei gedrückter [Alt]-Taste aufgenommen werden. Dabei werden vorhandene Struktur, Beleuchtung, Transparenz und Schattierung an die Gegebenheiten der Einfügestelle angepasst. Mit *Ausbessern* erstellen Sie eine Auswahl des Quell- oder Zielbereichs, den Sie bearbeiten wollen. Das *Rote-Augen-Werkzeug* dient dem Ausbessern der durch Blitzlicht erzeugten roten Augen.

Kopierstempel, Musterstempel

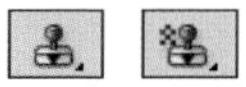

Der *Kopierstempel* transportiert bzw. dupliziert Bildinhalte mit Farbe und Struktur an eine beliebige andere Stelle im Bild. Mittels gedrückter [Alt]-Taste und Mausklick legen Sie den Aufnahmebereich fest und lassen die [Alt]-Taste anschließend wieder los. Der nächste Mausklick bestimmt die Stelle, an der die Kopie eingefügt wird. *Musterstempel* enthält die gleichen Optionen, verwendet jedoch ein zuvor auswählbares Muster.

Radiergummi, Hintergrund-Radiergummi, Magischer Radiergummi

Radiert mit den gewählten Optionen. Darunter kommt die jeweilige Hintergrundfarbe zum Vorschein. Der *Hintergrund-Radiergummi* entfernt die jeweilige Hintergrundfarbe und erzeugt somit einen transparenten Hintergrund. Dabei kann die Vordergrundfarbe geschützt werden. Mit dem *Magischen Radiergummi* lassen sich ganze Bildbereiche an Kanten auswählen.

Weichzeichnen, Scharfzeichnen, Wischfinger

Das *Weichzeichnen-Werkzeug* kann mit der ausgewählten Pinselgröße sowie Modus und Stärke bestimmte Bereiche, insbesondere bei Kanten, durch Darüberwischen mit gedrückter Maustaste weich erscheinen lassen bzw. eine Unschärfe erzeugen. Das *Scharfzeichnen-Werkzeug* schärft die bearbeiteten Stellen im Bild. Dabei findet eine Kontrasterhöhung statt. Mit dem *Wischfinger* lassen sich Übergänge verwischen.

Abwedler, Nachbelichter, Schwamm

Mit dem *Abwedler* lassen sich Tiefen, Mittel-

töne und Lichter in der gewählten prozentualen Belichtung aufhellen. Der *Nachbelichter* funktioniert identisch, dunkelt diese jedoch ab. Der *Schwamm* bearbeitet die Farbsättigung im Bild. Der Modus ist frei wählbar.

Pinsel, Buntstift, Farbe ersetzen

Der *Pinsel* ist ein in Größe, Form und Randbereich anpassbares Malwerkzeug. Der Modus bestimmt die Art der Anwendung. Der *Buntstift* ist wie der *Pinsel* anzuwenden. Als Farbe wird jeweils die gewählte Vordergrundfarbe verwendet. Weitere Einstellungsmöglichkeiten bietet das Bedienfeld *Pinsel*. Mit dem Werkzeug *Farbe ersetzen* lässt sich ein bestimmter Farbbereich mit einer anderen, zuvor gewählten Farbe (Vordergrundfarbe) übermalen.

Protokollpinsel, Kunstprotokoll-Pinsel

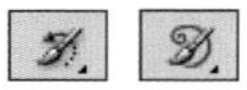

Der *Protokollpinsel* malt mit dem aktuellen Protokollobjekt aus dem Bedienfeld *Protokoll*. Dies bedeutet, dass vorhergehende Arbeiten im Pinselbereich rückgängig gemacht werden können. Der *Kunstprotokoll-Pinsel* verwendet einen festgelegten Stil und erzeugt dadurch Muster.

Verlauf, Füllwerkzeug

Das *Verlaufswerkzeug* dient dem Erstellen von Farbverläufen. Mit dem *Füllwerkzeug* füllen Sie ausgewählte Bereiche mit der Vordergrundfarbe oder mit einem gewählten Muster. Die Anwendung lässt sich mittels Toleranz anpassen. Die zuvor gewählte Deckkraft bestimmt den Farbauftrag.

Zeichenstift, Freiform-Zeichenstift, Ankerpunkt hinzufügen/löschen, Punkt-umwandeln

Der *Zeichenstift* dient dem Erstellen eines Pfads, einer Form oder von Linien im Bild. Pfade können zum Erstellen eines Umrisses oder zur Erstellung von pixelgenauen Auswahlen benutzt werden. Nach Auswahl des Werkzeugs klicken Sie sich Punkt für Punkt um das gewünschte Bildelement. Wollen Sie dabei auch Kurven erzeugen, ziehen Sie mit Klick und gedrückter Maustaste in die Richtung, in die es weitergehen soll. Diese Ausleger bestimmen die Form einer Kurve und deren Richtung. Um den Pfad zu schließen, müssen Sie zum Ausgangspunkt zurückkehren und diesen anklicken.

Der *Freiform-Zeichenstift* arbeitet ähnlich wie das *Lasso* und ist nur für grobe Umrisse geeignet. *Ankerpunkt hinzufügen* und *Ankerpunkt löschen* werden durch Anklicken der jeweiligen Stelle aktiv. Das *Punkt-umwandeln-Werkzeug* wandelt damit angeklickte Punkte in Kurven oder Geraden um. Der jeweils erzeugte Pfad wird als Arbeitspfad im Bedienfeld *Pfade* angezeigt und kann hier nach dem Aktivieren mittels Klick auf das Symbol im Bedienfeld oben rechts weiterverarbeitet werden.

Horizontaler Text, Vertikaler Text, Horizontale/Vertikale Textmaske

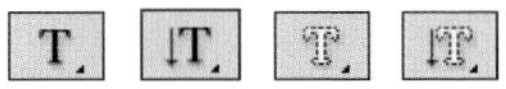

Text-Werkzeuge erzeugen durch Klick in das Bild eine neue Textebene, die als Bezeichnung den erstellten Text verwendet. Der auf dieser Ebene befindliche Text kann nach dem Beenden der Eingabe mittels des *Verschieben-Werkzeugs* platziert werden. Zur Anwendung bestimmter Vorgänge und Effekte kann es erforderlich sein, die Textebene zu rastern. Dabei wird der vektorbasierte Text in ein pixelbasiertes Bild umgewandelt und ist dadurch auch so zu behandeln. Eine Rückwandlung ist nicht möglich.

Pfadauswahl, Direktauswahl

Bezieht sich auf einen auszuwählenden Pfad, der mit der Option *Begrenzungsrahmen einblenden* auch in der Größe angepasst werden kann. Mit diesem Werkzeug wird der gesamte Pfad verschoben. Mehrere Pfade können mit gedrückter [Umschalt]-Taste ausgewählt und angeordnet werden. Die *Direktauswahl* ermöglicht das Verschieben und genaue Positionieren von einzelnen Ankerpunkten im Pfad.

Rechteck, Abgerundetes Rechteck, Ellipse, Polygon, Linie, Eigene Form

Mit den *Formen-Werkzeugen* wie *Rechteck*, *Ellipse* und *Linie* werden ebenfalls Pfade erzeugt. Sollen die jeweiligen Ankerpunkte bearbeitet werden, müssen Sie in das *Pfade-* bzw. *Zeichenstift*-Werkzeugmenü wechseln. Wie bei der Erstellung von Pfaden mit dem Zeichenstift sind mehrere Optionen auswählbar.

3-D-Objekt drehen/rollen/ziehen/zoomen/skalieren

Arbeiten Sie mit Adobe Photoshop CS4 Extended, finden Sie in der Werkzeugleiste neue Werkzeuge für die Erstellung und Bearbeitung von 3-D-Objekten, beispielsweise das Ändern oder Skalieren von 3-D-Modellen.

3-D-Kamera kreisen/rollen/schwenken, 3-D-Kameragang, 3-D-Kamerazoom

Mit den neuen 3-D-Kamerawerkzeugen bearbeiten und ändern Sie die Ansichten von 3-D-Szenen. Kurze Infos zum Handling der 3-D-Werkzeuge erhalten Sie im Bedienfeld *Info*. Klicken Sie einfach auf eines der Werkzeuge und wählen Sie danach im Bedienfeld *Info* die Funktion *Quick-Infos anzeigen*.

Hand, Ansichtdrehung

Mit dem *Hand-Werkzeug* navigieren Sie innerhalb des Arbeitsfensters zu einem anderen Bildausschnitt.

Zoom

Das *Zoom-Werkzeug* vergrößert oder verkleinert die Ansicht durch Anklicken des entsprechenden Symbols.

Vorder- und Hintergrundfarbe

Mit den beiden Farbflächen im unteren Bereich der Werkzeugleiste stellen Sie die Vordergrund- und die Hintergrundfarbe ein. Der kleine schwarze Doppelpfeil ermöglicht das Umschalten zwischen der jeweiligen Vorder- und Hintergrundfarbe. Ein Klick auf das Schwarz-Weiß-Symbol stellt die Standardfarben wieder her.
Ein Doppelklick auf eine der Farbflächen öffnet das Dialogfeld *Farbwähler*. Die gewünschte Farbe lässt sich durch Klicken in das Farbfeld oder durch Eingabe der Farbnummer des gewünschten Farbmodells bzw. der Prozentangabe auswählen. Mit dem Schieben des Reglers am Farbspektrum lässt sich auch ein Farbbereich als Farbfeld anzeigen.

Bedienfelder

Bedienfelder und Werkzeuge blenden Sie über das Menü *Fenster* ein oder aus. Standardmäßig werden aktive Bedienfelder auf der rechten Seite des Bildschirms angezeigt. Dort können sie durch Anklicken des kleinen Doppelpfeilsymbols oben rechts als Miniatur dargestellt und wieder vergrößert werden. Darüber hinaus können Sie alle Bedienfelder auf dem Bildschirm beliebig anordnen. Mit einem Klick auf das gestrichelte Symbol oben rechts im Bedienfeld blenden Sie weitere Bedienfeldoptionen ein. In der Praxis bewährte Bedienfeldanordnungen können Sie über das Menü *Fenster/Arbeitsbereich/Arbeitsbereich speichern* als Ihren individuellen Arbeitsbereich speichern. Möchten Sie wieder zum Standardarbeitsbereich zurückkehren, wählen Sie ebenfalls im Menü *Fenster* den Eintrag *Arbeitsbereich/Grundelemente (Standard).*

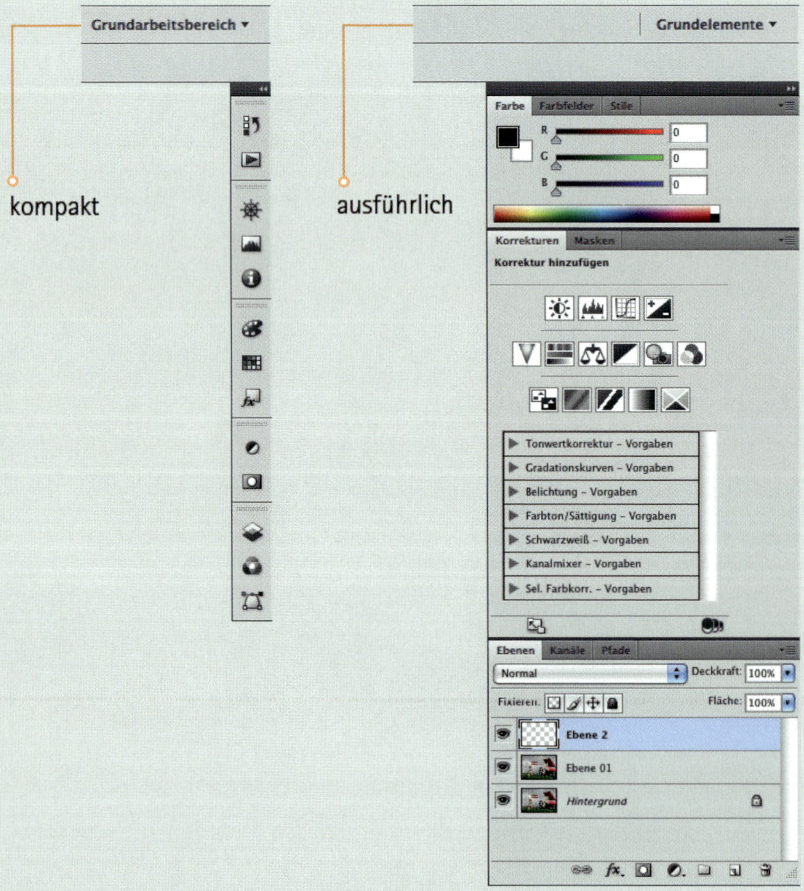

Kompakt gegen ausführlich: Die Ansicht **Grundarbeitsbereich** *zeigt die Details der Bedienfelder erst beim Klick auf das entsprechende Icon. So bleibt mehr Platz fürs Bild.*

Bedienfeld Protokoll

Über das Bedienfeld *Protokoll* können Sie jederzeit zu einem beliebigen Arbeitsschritt innerhalb Ihrer aktuellen Arbeitssitzung zurückkehren. Jede Änderung an Ihrem Bild wird als Arbeitsschritt in das Bedienfeld *Protokoll* eingefügt. Das gestrichelte Symbol oben rechts im Bedienfeld blendet weitere Optionen ein. Hier können Sie unter anderem das Dialogfeld *Protokolloptionen* öffnen. Über das Menü *Bearbeiten/Entleeren/Protokolle* löschen Sie das Protokoll, ohne eine Änderung am Bild vorzunehmen. Dadurch wird verwendeter Arbeitsspeicher ebenfalls wieder freigegeben. Auch mit *Schließen* des bearbeiteten Bildes wird stets das jeweilige Protokoll gelöscht.

i

ARBEITSSCHRITTE WIEDER RÜCKGÄNGIG MACHEN

Das Bedienfeld *Protokoll* in Verbindung mit dem *Protokollpinsel* eignet sich hervorragend dazu, vorgenommene Arbeitsschritte an einzelnen Bildteilen wieder rückgängig zu machen. Wählen Sie dazu die entsprechende Pinselspitze sowie den zu bearbeitenden Status oder Schnappschuss aus und übermalen Sie die entsprechenden Bildbereiche damit.

Bedienfeld Aktionen

Aktionen sind zuvor aufgezeichnete Arbeitsschritte, die auf ein oder mehrere Bilder angewendet werden können. Photoshop stellt bereits eine Auswahl solcher Aktionen zur Verfügung, die Sie zur Anwendung lediglich aufrufen und abspielen müssen. Sie können aber auch eigene Aktionen erstellen, indem Sie die Arbeiten, die Sie an einem Bild vornehmen, aufzeichnen und später auf ein anderes Bild wieder anwenden. Hierzu wählen Sie im Optionenmenü des Bedienfelds *Aktionen* die Funktion *Neue Aktion*. Besonders interessant ist diese Möglichkeit für sich immer wiederholende Arbeiten an einer größeren Anzahl von Bildern. Damit kann der Computer einen Großteil dieser Arbeiten für Sie übernehmen.

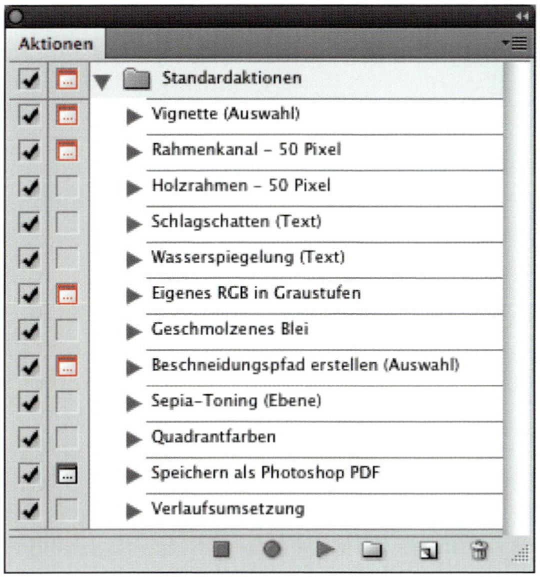

Bedienfeld Ebenen

Jedes neue Bild besteht zunächst aus nur einer Ebene, der Hintergrundebene. Jede neue Ebene, die Sie erzeugen, ist transparent und liegt wie eine Folie über der jeweils darunterliegenden Ebene. Sie können Ebenen bearbeiten, duplizieren, im Bild verschieben sowie gruppieren und neu anordnen, wieder löschen oder nur auf die Hintergrundebene reduzieren. Die Anzahl der Ebenen ist nur durch die Leistung Ihres Computers beschränkt. Ebenengruppen können auch gemeinsam bearbeitet werden.

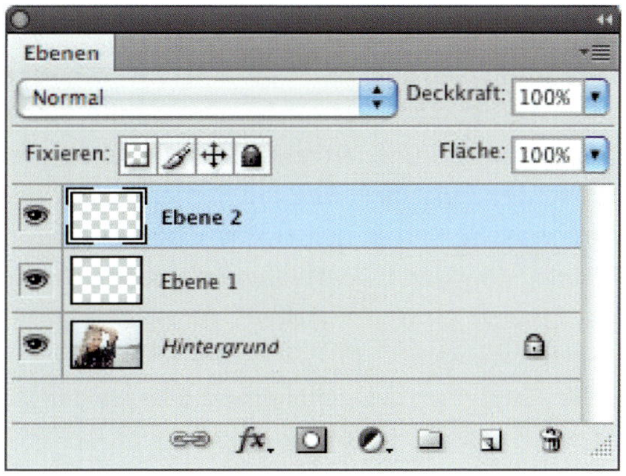

Bedienfeld Kanäle

Im Bedienfeld *Kanäle* werden je nach verwendetem Bildmodus die einzelnen Farbkanäle aufgelistet und können getrennt angezeigt und auch bearbeitet werden. Sie können erzeugte Auswahlen als Alphakanäle speichern und nach Bedarf über das Menü *Auswahl/Auswahl speichern und laden* bearbeiten und wieder neu laden.

Vorhandene Farbkanäle können als Auswahl geladen werden, um beispielsweise teiltransparente Masken zu erstellen. Ziehen Sie dazu den gewählten Farbkanal auf das Symbol *Kanal als Auswahl laden* – das linke Symbol am unteren Rand des Bedienfelds – und wechseln Sie zur weiteren Bearbeitung wieder zurück in den Ebenenmodus. Sie können für ein Bild bis zu 56 Kanäle anlegen. Die Dateigröße eines Bildes wird jedoch durch zusätzliche Kanäle stark aufgebläht. Alphakanäle bleiben genauso wie Ebenen nicht in allen Dateiformaten beim Speichern erhalten.

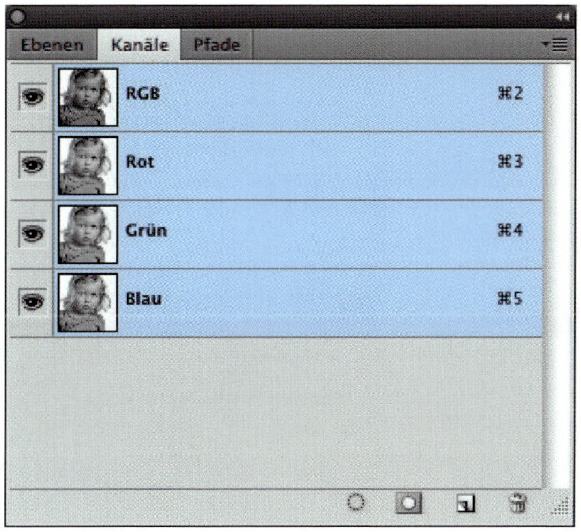

Werkzeugvorgaben

Photoshop verfügt über eine Reihe vorgefertigter Objekte wie Pinselspitzen, Verläufe, Konturen, Formen und Werkzeugvorgaben, die Sie zur Anwendung im jeweiligen Bedienfeld, in der Optionsleiste und in den Dialogfeldern aufrufen können. Im Menü *Bearbeiten/Vorgaben-Manager* können diese ausgewählt, gespeichert und geladen werden.

Daneben können diese Bibliotheken im jeweiligen Werkzeugmenü aufgerufen und angepasst werden. Wird eine solche Vorlage aufgerufen und für eige Zwecke abgewandelt, kann sie auch in der Bibliothek für künftige Verwendungszwecke bereitgestellt werden.

Pfade und Formen erstellen

Benötigen Sie eine neue Form, erstellen Sie diese zunächst als Pfad. Im Menü *Bearbeiten/Eigene Form festlegen* speichern Sie sie dann für weitere Anwendungen. Bereits vorgefertigte Formen aus der Bibliothek können durch Anpassen des Pfads auch abgewandelt und danach unter einem neuen Namen gespeichert werden.

[1] Wollen Sie eine eigene Vorlagenbibliothek anlegen, markieren Sie die entsprechende Auswahl und klicken im *Vorgaben-Manager* auf *Speichern*. Der Vorlagenordner öffnet sich, und Sie können einen neuen Ordner anlegen. Der einfachste Weg zum *Vorgaben-Manager* führt über das Bedienfeld *Werkzeugvorgaben*, das Sie im Menü *Fenster* finden.

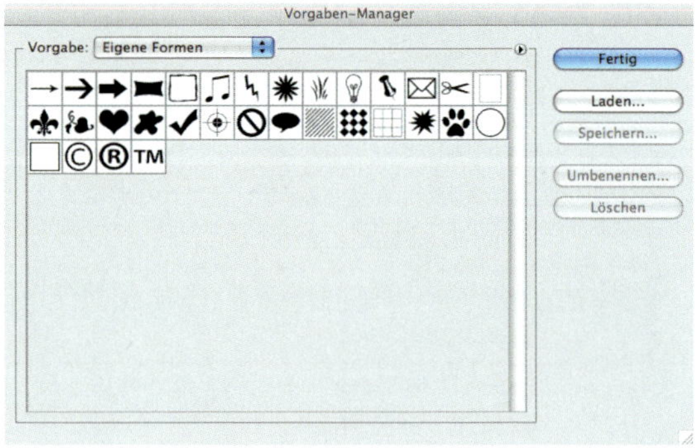

[2] Zur Anwendung der neu erstellten Form öffnen Sie eine Datei und klicken auf das Werkzeug *Eigene Form*. In der zugehörigen Optionsleiste wählen Sie Ihre neue Form aus und fügen diese mit gedrückter linker Maustaste in Ihr Bild ein.

Farbverläufe anpassen

Ähnlich wie Formen können Sie auch eigene Pinsel, Verläufe oder Farbfelder bearbeiten und der jeweiligen Bibliothek zuordnen bzw. in einem neuen Verzeichnis speichern. Dafür gibt es zwei mögliche Wege, hier am Beispiel eines Verlaufs gezeigt.

Per *Verlaufswerkzeug*

[1] Aktivieren Sie das *Verlaufswerkzeug*. Die Optionsleiste zeigt eine Verlaufsmöglichkeit

[i]

WERKZEUG UND OPTIONSLEISTE

Sobald Sie in der Werkzeugleiste ein Werkzeug aufrufen, startet auch die mit dem Werkzeug verknüpfte Optionsleiste, über die Sie auf die entsprechenden Vorgaben und Attribute zugreifen können.

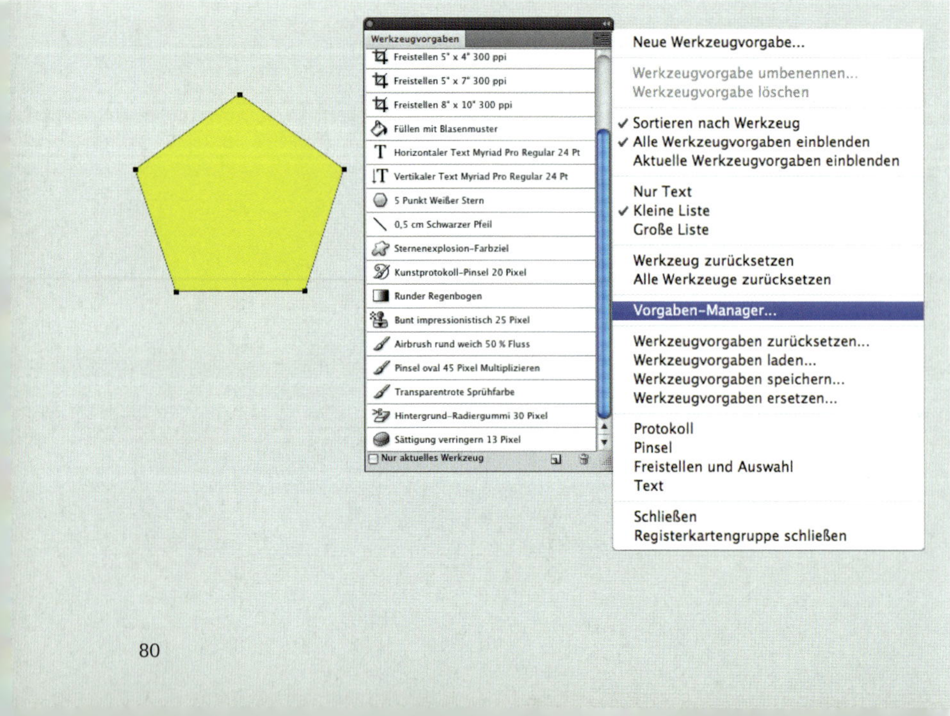

entsprechend der eingestellten Vorder- und Hintergrundfarbe an.

[2] Um den Verlauf zu bearbeiten, klicken Sie auf das Verlaufssymbol in der Werkzeug-Optionsleiste. Es öffnet sich das Dialogfeld *Verläufe bearbeiten*, in dem Sie den gewählten Farbverlauf nach Wunsch anpassen können.

[3] Zum Speichern Ihrer Vorgabe klicken Sie auf *Speichern*.

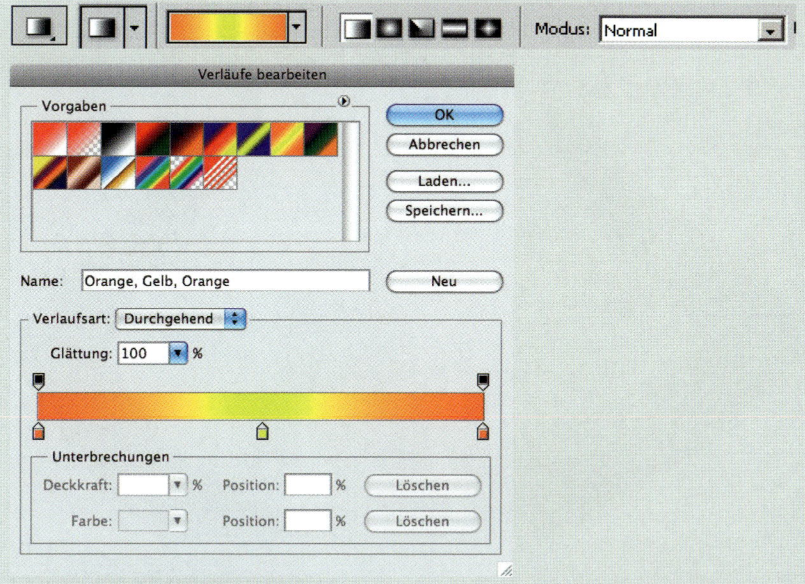

Über das Bedienfeld *Korrekturen*

[1] Öffnen Sie das Bedienfeld *Korrekturen*.

[2] Klicken Sie auf das Symbol *Verlaufsumsetzung*. Dort können Sie Farbverläufe auswählen, verändern und abspeichern.

Pinselspitzen bearbeiten

Für die Anpassung von Pinselspitzen stehen gleich mehrere Möglichkeiten zur Verfügung, zum einen die Optionsleiste zum Werkzeug *Pinsel*, in der die geladene Auswahl angezeigt wird. Zugleich findet sich hier eine vereinfachte Anpassungsmöglichkeit für den Hauptdurchmesser und die Kantenschärfe des jeweils gewählten Pinsels.

Über das Menü *Fenster/Pinsel* öffnen Sie das Bedienfeld *Pinsel*. Hier finden sich noch spezifischere Anpassungsmöglichkeiten. Legen Sie eine neue Kollektion von Pinselspitzen an, wird der Bibliotheksname beim nächsten Start des Programms im *Vorgaben-Manager* angezeigt und kann dort ausgewählt werden.

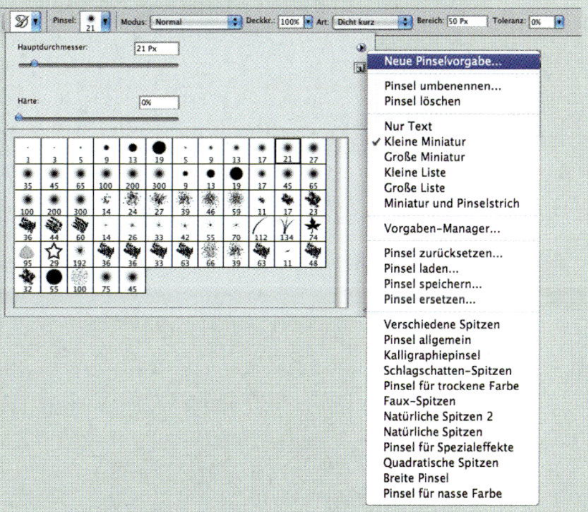

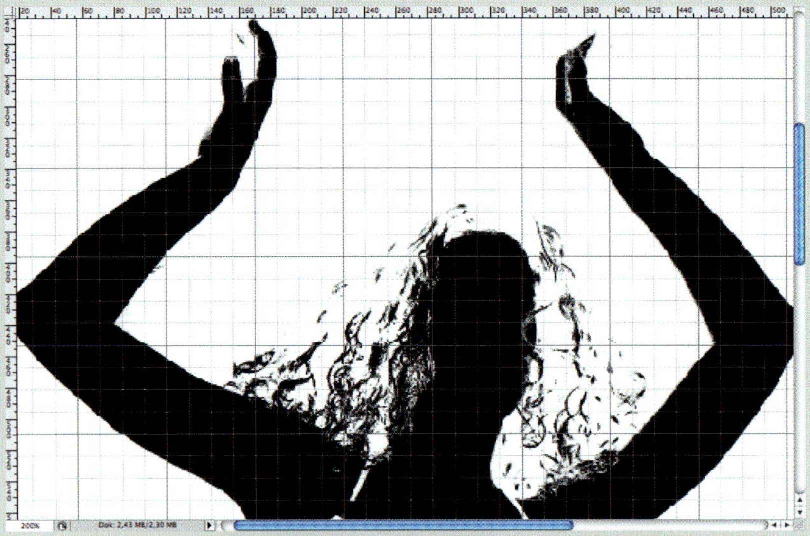

Bild mit aktiviertem Raster und Lineal.

Mit dem **Linealwerkzeug** *können Sie genaue Abstände und Winkel z. B. zwischen zwei Hilfslinien ausmessen.*

Lineale, Hilfslinien und Raster

Lineale, Hilfslinien und Raster dienen der Orientierung und Ausrichtung und unterstützen Sie bei der präzisen Anpassung von Bildern und Objekten. Hilfslinien und Raster sind nicht druckbare Elemente, die jederzeit ein- oder ausgeblendet werden können. Das Lineal rufen Sie im Menü *Ansicht/Lineale* auf. Die Maßangabe und weitere Einstellungen für Hilfslinien und Raster legen Sie in den *Voreinstellungen* fest. Im Normalfall können Sie die dort vorgegebenen Standards ohne weitere Änderung übernehmen.

Hilfslinien und Raster wirken magnetisch. Wenn Sie ein Objekt bis auf 8 Bildschirmpixel an eine Linie heranziehen, wird es daran ausgerichtet. Ein weiteres Hilfsmittel, das in erster Linie zum Vermessen von Distanzen und Winkeln im Bild benutzt wird, kann auch bei der Anpassung Ihrer Bilder nützlich sein – das *Lineal-Werkzeug.* Ein Doppelklick auf das Lineal öffnet die *Voreinstellungen* ohne Umweg über das Menü.

Objekte präzise bemaßen

[1] Greifen Sie im Werkzeugbedienfeld zum *Lineal-Werkzeug* und ziehen Sie mit gedrückter Maustaste eine Positionslinie vom Anfangspunkt *X* zum Endpunkt *Y.* In der Optionsleiste des *Lineal-Werkzeugs* werden die Position *X* und *Y,* der horizontale Abstand *B* sowie der vertikale Abstand *H* angezeigt, außerdem der relativ zur Achse gemessene Winkel *W* und der gesamte Abstand *L1.*

[2] Um den Winkelmesser zu verwenden, halten Sie die [Alt]-Taste gedrückt und ziehen vom Anfangs- oder Endpunkt Ihrer Messlinie eine weitere Linie in die gewünschte Richtung. Unter *W* wird jetzt der Winkel angezeigt. Um den Winkel in 45-Grad-Schritten zu verändern, halten Sie beim Ziehen des Endpunkts in die gewünschte Richtung die [Umschalt]-Taste gedrückt.

Auflösung, Größe und Dateiformat

Was sollte ich unbedingt darüber wissen? Wodurch unterscheiden sich die jeweiligen Angaben? Wie kann ich eine Bild- oder Ausgabegröße optimal einstellen? Welchen Farbraum sollte ich verwenden? Was tun bei einer Profilfehlerwarnung? Wichtige Fragen mit eindeutigen und verständlichen Erklärungen finden Sie hier.

Über Pixel und Vektoren

Zunächst ein kleiner Exkurs in die Welt der Pixel und Vektoren. Computergrafiken und digitale Bilder werden in zwei Kategorien unterteilt: Bitmaps und Vektorgrafiken. Eine Photoshop-Datei kann beide Kategorien enthalten. Bitmaps sind Bilder auf Rasterbasis, die zur Darstellung Bildpunkte verwenden. Die Anzahl dieser Bildpunkte (ppi), auch als Auflösung bezeichnet, wird bereits bei der digitalen Aufnahme oder beim Scannen eines Bildes – der Bitmap – festgelegt. Beim Anpassen der Größe bzw. Skalieren eines solchen Bildes werden die Bildpunkte vergrößert oder verkleinert, wodurch die Detailgenauigkeit des Bildes nachlässt. Es können Unschärfen und Treppeneffekte entstehen, die auf genau diese Anpassung der Bildpunkte zurückzuführen ist. Bei einer Neuberechnung zur Vergrößerung eines Bildes werden weitere, ähnliche Pixel hinzugefügt – es wird interpoliert. Bei einer Neuberechnung zur Verkleinerung wird die Anzahl der Pixel dagegen reduziert. Da diese Pixel jedoch rein rechnerisch erzeugt werden, können sie sich dem Original lediglich annähern, sind also den tatsächlich bei der Aufnahme erzeugten Pixeln nicht gleichwertig.

Vektorgrafiken hingegen bestehen aus mathematisch definierten Linien und Kurven, den Vektoren. Bei einer Verschiebung, Skalierung oder Farbänderung werden diese ohne Qualitätsverlust angepasst. Die Buchstaben eines Textes bestehen in der Regel aus Vektorgrafiken und erscheinen dadurch in jeder Größe scharf. Ein weiterer Vorteil besteht in der geringen Dateigröße, die für eine Vektorgrafik verwendet werden muss. Auf einem Bildschirm werden jedoch beide Grafikarten als Bildpunkte dargestellt.

Die Detailgenauigkeit der Darstellung eines Bildes im Druck und auf dem Bildschirm ist abhängig von den Pixelmaßen. Die Anzahl der Pixel pro Zoll oder auch Inch (ppi) bestimmt die Bildauflösung. Durch eine Änderung der Bildgröße in cm ohne Änderung der Bildmaße in Pixel – ohne Neuberechnung – wird nur die Ausgabegröße des Bildes für den Druck verändert. Das Bild selbst und damit auch seine Dateigröße bleiben gleich.

Pixelmaß = Dokumentgröße x Auflösung

Bildschirm- und Druckauflösung

Bilder mit hoher Auflösung werden mit mehr und kleineren Pixeln als Bilder mit geringer Auflösung gedruckt. Die Darstellung hochaufgelöster Bilder ist daher feiner und genauer. Die Dateigröße eines Bildes in KByte oder MByte ist proportional abhängig von den Pixelmaßen. Hochaufgelöste Bilder benötigen mehr Speicherplatz und gegebenenfalls längere Berechnungszeiten als niedriger aufgelöste. Der Verwendungszweck bestimmt die erforderliche Auflösung. Bilder für den Druck müssen je nach Ausgabegerät, Papierart und erwünschter Qualität feiner aufgelöst werden als Bilder, die lediglich auf dem Bildschirm dargestellt werden.

Bildschirmauflösung

Die Darstellung eines Bildes auf dem Monitor liegt in der Regel bei 72 ppi, unabhängig von der eigentlichen Auflösung des Bildes. Ein hochaufgelöstes Bild wird daher bei einer Zoomeinstellung von 100 % größer dargestellt als ein Bild mit geringerer Auflösung. Bilder, die lediglich auf dem Bildschirm angezeigt werden sollen, benötigen also nur eine geringe Auflösung. Die Darstellung auf dem Monitor ist wiederum abhängig von dessen eingestellter Auflösung. Größere Bildschirme verwenden in der Regel auch eine größere Auflösungseinstellung. So weist z. B. ein 20-Zoll-Bildschirm üblicherweise eine Größe von 1.280 x 800 Pixeln oder 1.680 x 1.050 Pixeln auf, kleinere Bildschirme dagegen weniger.

Druckauflösung

Im Druck wird die Anzahl der verwendeten Bildpunkte in Dots per Inch (dpi) angegeben. Die Art der Darstellung der einzelnen Druckpunkte in professionellen Druckverfahren weicht dabei stark von der Druckdarstellung eines üblichen Tintenstrahldruckers ab. Auch die Verwendung

PPI, DPI UND LPI

Beim Bild spricht man von ppi (Pixel per Inch), im Druck spricht man von dpi (Dots per Inch). Diese Maßeinheiten sind nicht identisch. Im professionellen Druckbereich verwendet man die Rastermaße lpi (Lines per Inch) oder lpcm (Linien pro cm). Eine hochwertige Ausgabe im Rastermaß lpi setzt etwa das Doppelte an Bildpixeln voraus. Als Faustregel könnte gelten: Für ein Raster mit 150 lpi bzw. 60 lpcm (umgangssprachlich ein 60er-Raster) ist also eine Bildauflösung mit ca. 300 ppi erforderlich.

des Farbraums ist unterschiedlich. Im professionellen Druck wird mit CMYK-Daten gearbeitet, der Bildschirm und auch die üblichen Tintenstrahldrucker verwenden hingegen den RGB-Farbraum. Im professionellen Druck spricht man auch von der Rasterweite lpi (Linien pro Inch/Zoll). Sie entspricht der Anzahl von Druckpunkten oder Rasterzeilen pro Zoll, die zur Ausgabe verwendet werden.

Das Verhältnis zwischen der Bildauflösung in ppi und der verwendeten Rasterweite bestimmt die Druckqualität. Für eine optimale Ausgabequalität wird in der Regel eine Bildauflösung verwendet, die 1,5- bis 2-mal so groß ist wie die verwendete Rasterweite. Je nach Druckverfahren und verwendetem Material kann dies jedoch stark variieren. Sollen Ihre Bilder auf einer professionellen Druckmaschine ausgegeben werden, sollten Sie die erforderlichen Einstellungen zuvor mit dem weiterverarbeitenden Betrieb absprechen.

Bildgrößen neu berechnen

Bevor Sie die Größe eines Bildes neu berechnen, zunächst ein Hinweis zu den möglichen Darstellungsmodi auf dem Bildschirm: Die bei der Aktivierung des *Zoom-Werkzeugs* erscheinende Optionsleiste beinhaltet folgende Bildschirmansichten: *Tatsächliche Pixel* (Ansicht bei 100 %), dabei wird das Bild in seiner Pixelgröße entsprechend der eingestellten Bildschirmauflösung dargestellt, *Ganzes Bild* zeigt das gesamte Bild in Fenstergröße, *Bildschirm ausfüllen* zeigt das Bild in der maximal darstellbaren Vollbildgröße auf dem Bildschirm an, und *Druckformat* entspricht der tatsächlichen Bildgröße im Druck. Das bedeutet, 1 cm auf dem Bildschirm entspricht auch der Ausgabegröße von 1 cm im Druck.

Nun geht's zur Neuberechnung der Bildgröße. Über das Menü *Bild* nehmen Sie mit der Funktion *Bildgröße* unterschiedliche Größenanpassungen vor. Mit der Schaltfläche *Auto* öffnen Sie das Dialogfeld *Auto-Auflösung*, das die präzise Umrechnung der vorliegenden Bildgröße in das Rastermaß *Linien/Zoll* oder *Linien/cm* ermöglicht. Es stehen dabei drei Qualitätsstufen zur Verfügung, nämlich *Entwurf*, *Gut* und *Sehr gut*, wobei *Sehr gut* der maximalen Qualität entspricht.

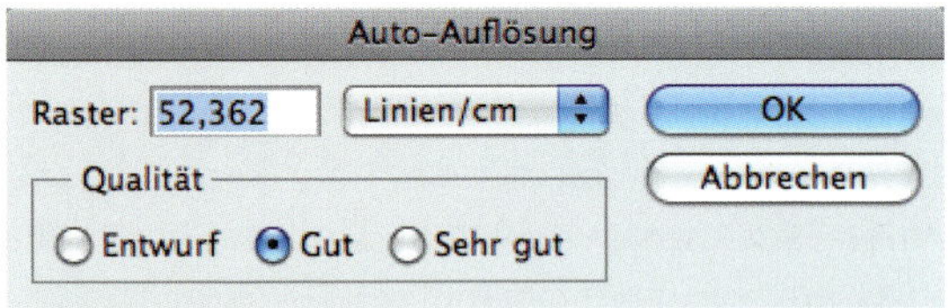

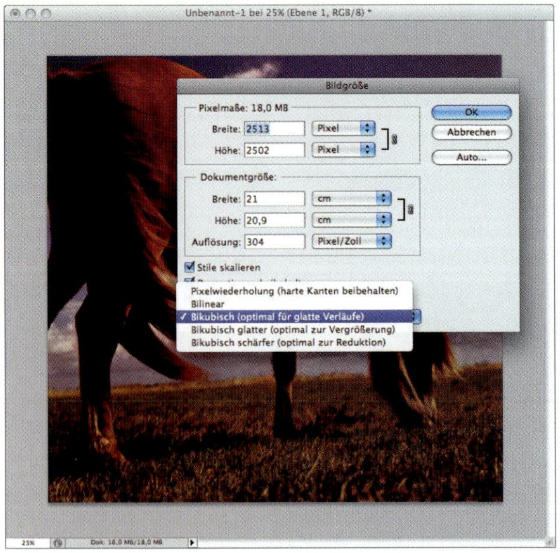

Interpolationsmethoden

Welche der Interpolationsmethoden – *Pixelwiederholung, Bilinear, Bikubisch, Bikubisch glatter* und *Bikubisch schärfer* – Sie verwenden, ist abhängig vom geplanten Workflow. Im Allgemeinen erzielt die Methode *Bikubisch* die besten Ergebnisse. Bei einer Vergrößerung ist *Bikubisch glatter* von Vorteil, bei einer Verkleinerung hingegen die Methode *Bikubisch schärfer.* Deaktivieren Sie die *Option Neu berechnen mit*, werden die Bildmaße nur in der Ausgabegröße angepasst, die Pixelmaße und damit auch die Dateigröße bleiben gleich. Somit findet auch kein Qualitätsverlust statt.

Qualitätsfaktor Dateiformat

Ein weiterer Faktor, der sich auf die Qualität eines Bildes auswirken kann, ist das verwendete Dateiformat. Durch unterschiedliche Komprimierungsverfahren können die Dateigrößen bei identischen Pixelmaßen sehr stark variieren. Auch die Farbtiefe sowie die verwendete Anzahl von Ebenen und Kanälen wirken sich auf die Dateigröße aus. Dateiformate mit Endungen wie *.tif* oder *.psd*, das Photoshop-eigene Format, verwenden nur geringe Dateikomprimierungen und erhalten somit auch die vorhandene Bildqualität. Dateiformate mit Endungen wie *.jpg*, bei denen der Komprimierungsfaktor einstellbar ist, erzielen zwar einen geringeren Speicherplatz, jedoch je nach eingestellter Komprimierungsstufe auf Kosten der ursprünglich im Bild vorhandenen Qualität. Besonders bei wiederholter Anwendung bzw. erneuten Speicherungen treten hier massive Qualitätsverluste auf.
Je nach Kamera und Hersteller werden die digital erzeugten Aufnahmen in unterschiedlichen Formaten gespeichert. Die Qualität und die Weiterverarbeitungsmöglichkeiten digitaler Bilder in Photoshop sind nicht nur von deren Auflösung, also der Anzahl der zur Aufnahme verwendeten Bildpixel, sondern auch sehr stark von den verwendeten Formaten abhängig. Im Folgenden sehen Sie eine Auflistung der üblichen Formate bei der Arbeit mit Photoshop.

PSD-Format

Das PSD-Format ist das Standardformat für Photoshop-Arbeitsdateien. Beim Speichern einer PSD-Datei können Sie eine Voreinstellung für die optimale Kompatibilität wählen. Dadurch wird eine unseparierte Version eines aus Ebenen bestehenden Bildes in der Datei gespeichert, sodass das Bild auch in anderen Anwendungen, u. a. in früheren Versionen von Photoshop, lesbar ist. Bilder mit 16 Bit pro Kanal und Bilder mit 32 Bit pro Kanal mit HDR (High Dynamic Range) können als PSD-Dateien gespeichert werden.

JPEG-Format

Am meisten verbreitet und auf nahezu allen Kameras zu finden ist das JPEG-Format, das meist in verschiedenen Kompressionsstufen eingestellt werden kann. „Niedrig" bedeutet eine geringe Auflösung mit erheblichen Qualitätsverlusten. Dabei werden ähnliche Pixel zu einer Bildinformation zusammengefasst, um dadurch die Dateigröße zu verringern. Je höher die Einstellung, desto mehr Informationen bleiben erhalten. Besonders negativ wirkt sich dieses Format bei wiederholter Speicherung, z. B. nach einer Bildbearbeitung oder Größenanpassung, aus, da dabei die bildrelevanten Informationen jedes Mal wieder neu komprimiert werden – Bildmodus: 8 bis 16 Bit.

TIFF-Format

Das TIFF-Format ist mit einer geringen oder ohne Kompressionsstufe einstellbar. Alle Bildinformationen bleiben in der Beschreibung erhalten. Die eigentliche Aufnahme wird jedoch bereits durch die Berechnung in der Kamera beschnitten. Das Format ist verlustfrei auch wiederholt speicherbar. Im grafischen Bereich und in der Druckvorstufe wird das TIFF-Format sehr häufig verwendet – Bildmodus: 8 bis 16 Bit.

RAW-Format

Digitale Spiegelreflexkameras können die Bilddaten im RAW-Format speichern. Dabei werden die Rohdaten des CCD- oder CMOS-Bildwandlers aufgezeichnet. Dieses „digitale Negativ" enthält alle aufnahmerelevanten Informationen, ohne diese bereits rechnerisch anzuwenden, wie dies bei den anderen Speicherformaten wie z. B. TIFF oder JPEG geschieht. Das bedeutet, der Fotograf ist in der Lage, noch nach der Aufnahme am Computer die Bildparameter für Belichtung, Weißabgleich, Schärfe etc. zu justieren.

[i]

FÜR BESTE BILDQUALITÄT

Um die beste Bildqualität zu erreichen, ist die Möglichkeit der nachträglichen Bearbeitung von großer Bedeutung. Die Aufnahme sollte dennoch bereits mit der optimalen Kameraeinstellung erfolgen, da völlig falsche Einstellungen in Bezug auf Belichtung und Schärfe auch im Nachhinein kaum mehr korrigiert werden können.

Da die RAW-Formate der verschiedenen Kamerahersteller nicht einheitlich sind, benötigen Sie zur weiteren Verarbeitung ein entsprechendes Softwaremodul des Herstellers oder die Möglichkeit, die Dateien mittels eines Plug-ins in Ihrer jeweiligen Bildbearbeitungssoftware zu bearbeiten. Mit dem RAW-Konverter Adobe Camera Raw hat Adobe Photoshop ein erstklassiges Werkzeug mit an Bord, das beim Öffnen einer beliebigen RAW-Datei automatisch startet.

Mit Ebenen arbeiten

Die Ebenentechnik ist in der professionellen Bildbearbeitung unverzichtbar. Ebenen gleichen übereinandergestapelten Containern. Jeder dieser Container beinhaltet einen ganz bestimmten Arbeitsablauf an der Bilddatei. Die Zusammenfassung aller Arbeitsabläufe zeigt das Ergebnis. Eine Ebene kann in sich abgeschlossen oder bis zu einem bestimmten Grad transparent sein, sodass Bereiche der darunterliegenden Ebene sichtbar werden.

Ebenen anlegen und benennen

[1] Öffnen Sie in Photoshop ein neues Bild, besteht dieses nur aus einer einzigen Ebene, der Hintergrundebene. Wie viele Ebenen und Ebeneneffekte Sie letztendlich bei der weiteren Bearbeitung eines Bildes erstellen, hängt ausschließlich vom Bearbeitungsziel selbst ab. Nur der Arbeitsspeicher Ihres Rechners setzt mögliche Grenzen.

[2] Eine neue Ebene erstellen Sie mit Klick auf das Symbol *Neue Ebene erstellen* in der Funktionsleiste des *Ebenen*-Bedienfelds. Die neue Ebene wird über der Hintergrundebene eingefügt. Nun können Sie beispielsweise die neue Ebene mit einer Farbe füllen. Wählen Sie hierzu einen Farbton und füllen Sie die Ebene mit *Fläche füllen* aus dem Menü *Bearbeiten*. Noch wird das Bild von der Füllfarbe komplett überdeckt. Machen Sie es wieder sichtbar, indem Sie mit dem Regler *Deckkraft* im Kopfbereich des *Ebenen*-Bedienfelds die Transparenz der neuen Ebene auf z. B. *40 %* einstellen.

[3] Jede Ebene kann in den *Ebeneneigenschaften* mit einem neuen Namen versehen werden. Markieren Sie die entsprechende Ebene, öffnen Sie das Kontextmenü der rechten Maustaste und wählen Sie hier den Eintrag *Ebeneneigenschaften*. Oder wählen Sie im Menü des *Ebenen*-Bedienfelds die *Ebeneneigenschaften*. Im gleichnamigen Dialogfeld geben Sie nun den neuen Namen der Ebene ein.

Ebenen anordnen und gruppieren

Je mehr Ebenen eine Photoshop-Datei enthält, umso unübersichtlicher wird die Anordnung der Ebenen. Für eine bessere Übersicht im Ebenenstapel besteht die Möglichkeit, Ebenen in logischen Gruppen zusammenzufassen.

[1] Möchten Sie eine neue Ebenengruppe erstellen, wählen Sie im Kontextmenü des *Ebenen*-Bedienfelds den Eintrag *Neue Gruppe* oder den Eintrag *Neue Gruppe aus Ebenen*, falls Sie bereits bestehende Ebenen zu einer Gruppe zusammenfassen wollen.

[2] Darüber hinaus können Sie Ebenengruppen miteinander verschachteln oder die Reihenfolge einzelner Ebenen oder Gruppen im Ebenenstapel per Drag and Drop verändern. Markieren Sie die zu verschiebende Ebene, halten Sie die linke Maustaste gedrückt und ziehen Sie die Ebene an die gewünschte Position im Ebenenstapel.

i

EBENENKOMPOSITIONEN

Ebenenkompositionen sind Schnappschüsse der Darstellung eines bearbeiteten Bildes bei unterschiedlichen Ebenen. Damit können verschiedene Darstellungsformen mit ein- oder ausgeblendeten Ebenen aufgerufen werden. Mit *Letzter Dokumentstatus* stellen Sie die zuletzt erstellte Ansicht wieder her. Sollte während der Benutzung ein Warnsymbol erscheinen, lässt sich diese Ansicht eventuell nicht mehr herstellen, z. B. weil eine Ebene nach der Aufzeichnung gelöscht wurde.

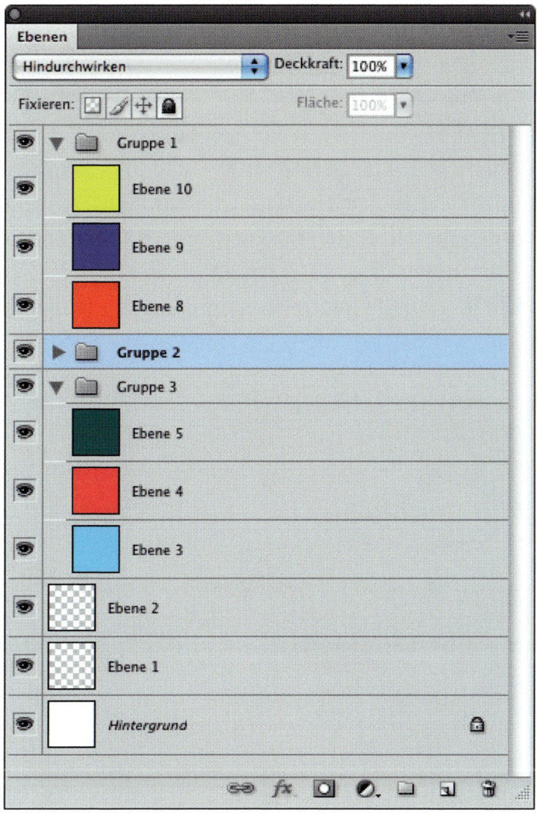

Auf Ebenenfunktionen zugreifen

Über das Menü *Ebene* haben Sie Zugriff auf alle Ebenenfunktionen. Das Optionenmenü, aufzurufen über das Strichsymbol oben rechts, ermöglicht den schnellen Zugriff auf die wichtigsten Optionen. Im Bedienfeld werden die Ebenen übereinanderliegend angezeigt und durch Anklicken ausgewählt.

Markierte Ebenen können in der *Deckkraft* individuell angepasst und mittels der *Füllmethoden* für unterschiedlichste Aufgaben und Effekte eingesetzt werden. Am unteren Rand des Bedienfelds greifen Sie direkt auf die wichtigsten Ebenenfunktionen zu. Hervorzuheben sind hier die Funktionen *Neue Füllebene* und *Neue Einstellungsebene*, mit denen Sie spezielle Bildbearbeitungsschritte ausführen, ohne dabei das Originalbild zu verändern.

Möchten Sie zur besseren Übersicht eine oder mehrere Ebenen vorübergehend ausblenden, klicken Sie auf das Augensymbol links von jeder Ebene. Ausgeblendete Ebenen werden nicht gedruckt, nur jeweils markierte Ebene können bearbeitet werden.

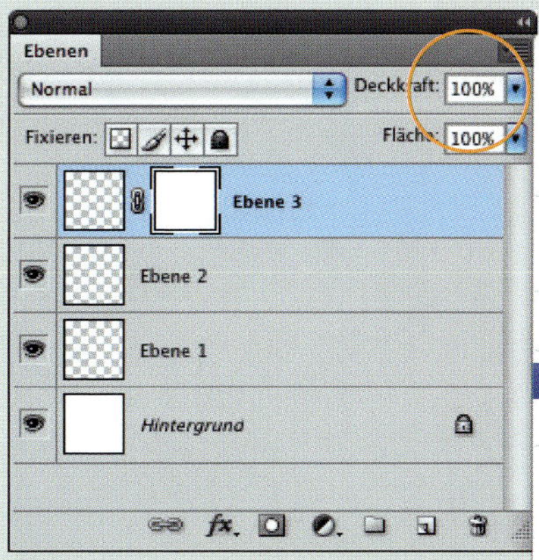

Das Ebenen-Optionsmenü bietet die wichtigsten Einstellmöglichkeiten im Schnellzugriff.

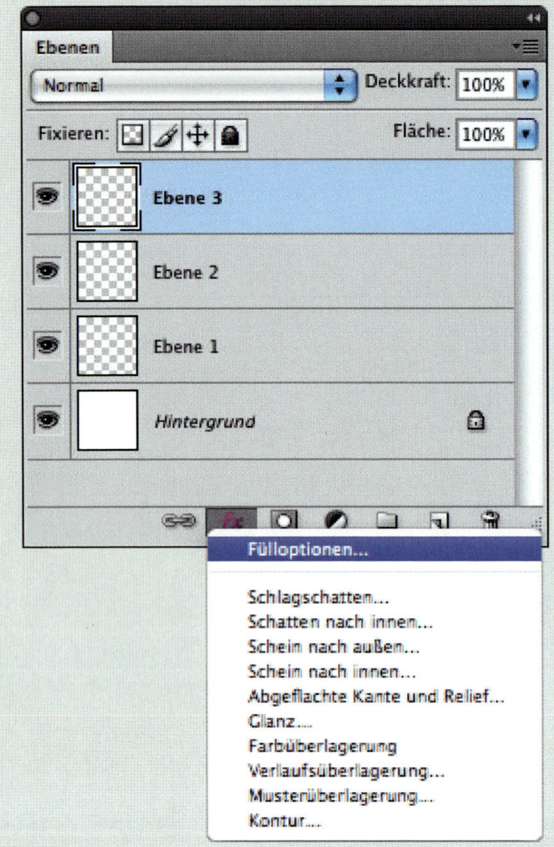

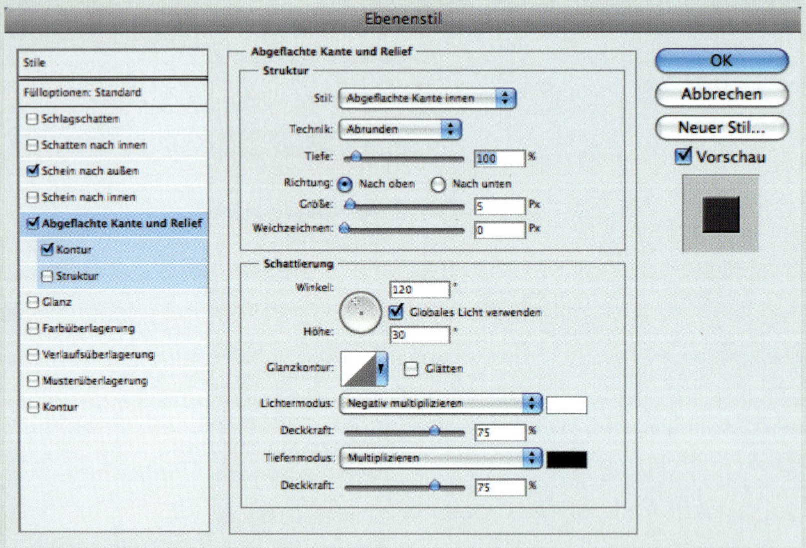

Kreative Spielwiese: Ebenenstile erlauben vielfältige Effekte. Und jeder einzelne Effekt kann auch noch individuell feinjustiert werden. Viel Spaß!

Ebenenstile

Über die *Ebenenstile*, das *fx*-Symbol am unteren Rand des Bedienfelds, haben Sie die Möglichkeit, vielfältige Effekte auf Ihr Bild anzuwenden. Bilder, die Sie als Kopie in ein anderes Bild einfügen, z. B. bei einer Fotomontage, werden automatisch als neue Ebene eingesetzt und sind mit dem Werkzeug *Verschieben* oder mittels der Pfeiltasten frei positionierbar.
Das Dialogfeld *Ebenenstil* ermöglicht das Erzeugen besonderer Effekte in Verbindung mit der jeweils verwendeten oder der darunterliegenden Ebene. Sie können jeden Effekt einzeln auswählen und individuell anpassen. Durch Kombinationen verschiedener Ebenenstile bietet sich Ihnen eine Vielzahl von kreativen Möglichkeiten. Darüber hinaus können Sie Ebenenstile jederzeit modifizieren, ohne das Originalbild zu verändern.

Hintergrundebene entsperren

Die Hintergrundebene ist von Haus aus für alle Aktionen gesperrt. Möchten Sie dennoch bestimmte Aktionen auf die Hintergrundebene anwenden, markieren Sie sie und führen einen Doppelklick aus. Daraufhin meldet sich das Dialogfeld *Neue Ebene*. Hier übernehmen Sie den vorgegebenen Ebenennamen *Ebene 0* oder vergeben einen Namen Ihrer Wahl. Bestätigen Sie mit *OK*, und die Hintergrundebene kann wie jede andere Ebene bearbeitet werden.

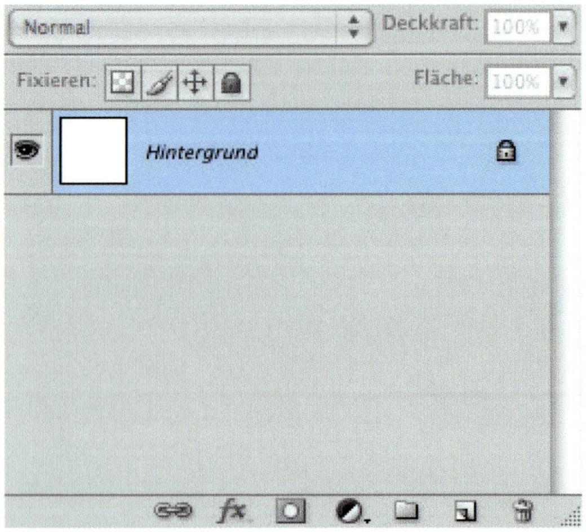

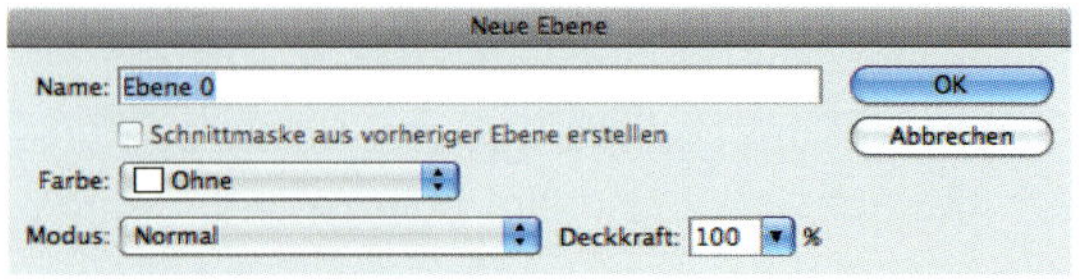

Die neuen Einstellungsebenen in CS4 ermöglichen die Arbeit am Bild ohne das Original zu verändern.

Arbeiten mit Einstellungsebenen

[1] Möchten Sie zum Beispiel die Tonwerte eines Fotos korrigieren, ohne dabei das Original zu verändern, arbeiten Sie mit einer Einstellungsebene. Laden Sie ein zu bearbeitendes Bild. Es wird im Bedienfeld *Ebenen* als Hintergrundebene eingefügt. Klicken Sie in die Funktionsleiste am Fuß des *Ebenen*-Bedienfelds auf das Symbol *Neue Füll- oder Einstellungsebene erstellen.*

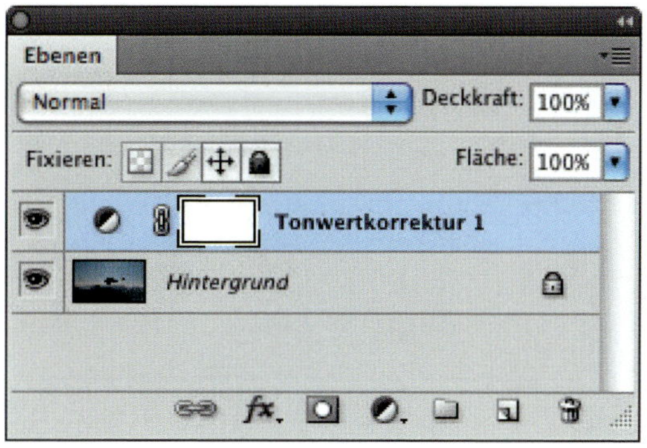

[2] In einem Pop-up-Menü stehen nun unterschiedlichste Bildbearbeitungsfunktionen zur Verfügung. Wählen Sie hier die *Tonwertkorrektur.* Daraufhin wird im Bedienfeld *Ebenen* eine für die Tonwertkorrektur separate Einstellungsebene erzeugt.

[3] Bestätigen Sie die Bildbearbeitung mit *OK.* Eine deutliche Verbesserung der Aufnahme ist erreicht, ohne dabei das auf der Hintergrundebene liegende Originalbild zu zerstören.

Erstellen Sie eine Rechteck-Auswahl.

Klicken Sie auf das Icon für den Maskierungsmodus am unteren Ende der Werkzeugleiste.

Der rote Bereich des Bildes ist nicht maskiert. Sie können ihn frei bearbeiten, der Inhalt der Maske bleibt dabei geschützt.

Masken und Ebenenstile

Sie können mit einer Auswahl markierte Bildbereiche bearbeiten, während Sie nicht ausgewählte Bereiche mit einer Maske vor Änderungen schützen. Im Maskierungsmodus lässt sich diese Maske als teildurchlässige Farbe – Standardfarbe der Maske ist Rot – anzeigen und mit den verschiedensten Werkzeugen auch bearbeiten. Zur Anwendung einer Maske wechseln Sie zurück in den Standardmodus. Hier wird die Maske als Auswahl angezeigt und kann auf diese Weise auch als Alphakanal gespeichert werden. Masken werden in der Hauptsache dazu eingesetzt, bestimmte Bildbereiche freizustellen, oder auch zum Verstärken oder Reduzieren von Bildteilen mittels einer Teiltransparenz. Masken und Alphakanäle können in Grauabstufungen für weiche Konturen und Verläufe oder als Vektormaske zur scharfkantigen Auswahl angelegt werden.

[1] Öffnen Sie ein Bild und erstellen Sie zunächst eine beliebige Auswahl mit dem *Auswahlrechteck*.

[2] Wechseln Sie in den Maskierungsmodus, indem Sie im Werkzeugbedienfeld ganz unten auf das Symbol *Im Maskierungsmodus bearbeiten* klicken. Der nicht ausgewählte Bereich wird in Form einer roten Maskierung angezeigt. Diese Maske kann nun mit einem der Pinsel bearbeitet werden.

[3] Vorder- und Hintergrundfarben haben in dieser Anwendung zu Schwarz und Weiß gewechselt. Verwenden Sie einen Pinsel mit der schwarzen Vordergrundfarbe, können Sie damit die unmaskierten Bereiche abdecken bzw. maskieren. Verwenden Sie die weiße Farbe als Vordergrundfarbe, kann dasselbe Werkzeug zum Entfernen der vorhandenen Maskierung verwendet werden.

[4] Nach dem Anpassen Ihrer Maskierung gehen Sie in den Standardmodus zurück und erhalten hier die neue, geänderte oder direkt mit dem Pinsel erstellte Auswahl. Bei der Einstellung einer entsprechenden Vergrößerung Ihres Bildes kann mit dieser Technik sehr präzise gearbeitet werden.

[5] Mit Klick auf den kleinen schwarzen Umschaltpfeil zwischen Vorder- und Hintergrundfarbe können Sie schnell zwischen Malen und Entfernen der Maske wechseln.

Arbeiten mit Ebenenmasken

Ebenenmasken ermöglichen das zerstörungsfreie Arbeiten an Bilddaten. Diese können entweder als vektorbasierte oder als pixelbasierte Masken erstellt werden. Vektorbasierte Masken werden dann verwendet, wenn eine genaue und scharfkantige Beschneidung erforderlich ist. Pixelbasierte Masken sind erforderlich, wenn es um weiche Übergänge oder das Ineinanderblenden von Fotos, Tonwerten oder Farben geht. Eine Ebenenmaske kann den gesamten Graustufenbereich von Weiß über diverse Graustufen bis zum absoluten Schwarz enthalten. Die Maskierungen werden jeweils als eine neue Ebene über das zu bearbeitende Bild gelegt.

Maskenfarben:
Weiß = durchlässig
Schwarz = abdeckend

Je dunkler also der Grauton ist, desto weniger wird das maskierte Bild an dieser Stelle durchscheinen. Um einer Ebene eine pixelbasierte Maske hinzuzufügen, müssen Sie zunächst eine Auswahl erstellen oder laden. Danach wählen Sie im Menü *Ebene/Ebenenmaske* die Funktion *Alles einblenden* für eine weiße, transparente Maske oder *Alles ausblenden* für eine schwarze, deckende Maske.

Für eine vektorbasierte Maske wählen Sie *Ebene/Vektormaske* und so weiter. Um eine vektorbasierte Maske zu erstellen, benötigen Sie zunächst einen Pfad, den Sie z. B. mit dem *Zeichenstift* erzeugen. Wenn Sie diesen Pfad beispielsweise direkt auf der untersten Ebene anlegen, ihn aktivieren und eine Vektormaske einfügen – *Aktueller Pfad* –, wird Ihr Objekt freigestellt.

[i]

HINTERGRUNDEBENE FÜR MASKEN DUPLIZIEREN

Die Hintergrundebene ist für Ebenenmasken gesperrt. Sie sollten also zunächst ein Duplikat der Hintergrundebene erstellen oder diese in eine normale Ebene umwandeln: Doppelklicken Sie auf die Hintergrundebene und vergeben Sie eine neue Bezeichnung.

Bildmontage mit Ebenenmaske

Bei einer Bildmontage legen Sie zunächst das Hintergrundbild fest und ziehen dann das zweite einzufügende Bild per Drag and Drop einfach als neue Ebene darüber. Möchten Sie für das eingefügte Bild eine Ebenenmaske erzeugen, wählen Sie die entsprechende Funktion im Menü *Ebene* aus. Durch Auswahl von *Alles einblenden* (weiße

Vorher: *Eine überdimensionale Weinflasche soll werbewirksam vor dem Eingang eines Weinkellers aufgestellt werden.*

Nachher: *Die Weinflasche steht freigestellt vor dem Eingang des Weinkellers und wird von einem Stück der Mauer überdeckt.*

Maske, transparent) geschieht scheinbar nichts. Wählen Sie die Option *Alles ausblenden* (schwarze Maske, undurchlässig), verschwindet dahinter Ihr eingefügtes Bild. Nach Wahl von *Ebenenmaske/Alles einblenden* bzw. *Alles ausblenden* können Sie diese weiterbearbeiten.

Bei pixelbasierten Masken verwenden Sie Auswahlen und/oder den Pinsel, um Ihre Maskierung anzupassen. Für eine vektorbasierte Maske greifen Sie zum *Zeichenstift*. Jede Ebene kann sowohl eine vektor- als auch eine pixelbasierte Maske enthalten.

[1] Laden Sie die zur Bildmontage nötigen Bilder, hier als Hintergrund das Motiv eines Weinkellers und als einzufügendes Motiv eine Rotweinflasche. Im ersten Arbeitsschritt wird das Bild der Flasche ausgewählt und mit dem *Verschieben-Werkzeug* per Drag and Drop in das Bild mit dem Hintergrund kopiert – also die Aufnahme des Weinkellers. Werfen Sie einen Blick auf das Bedienfeld *Ebenen*. Die Weinflasche präsentiert sich nach dem Verschieben als neue *Ebene 1* über der Ebene *Hintergrund*.

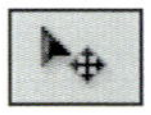

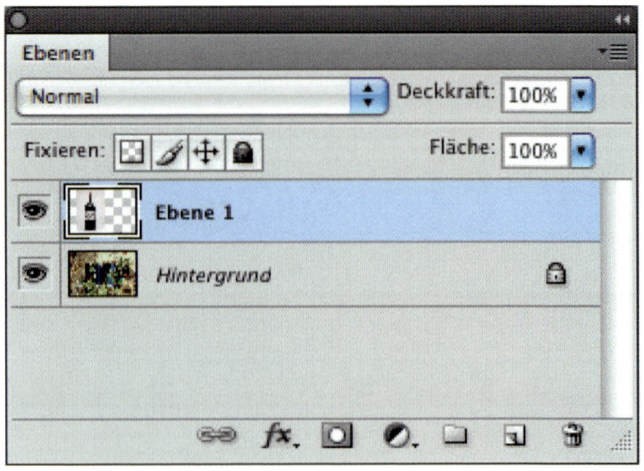

[2] Stellen Sie die Weinflasche jetzt vom hellblauen Hintergrund frei. Hierzu bietet sich vorzugsweise das *Zauberstab-Werkzeug* an.

Optimale Zauberstab-Einstellungen festlegen

In der Optionsleiste stellen Sie als *Toleranz* den Wert *32* ein und aktivieren die Optionen *Glätten* und *Benachbart*.

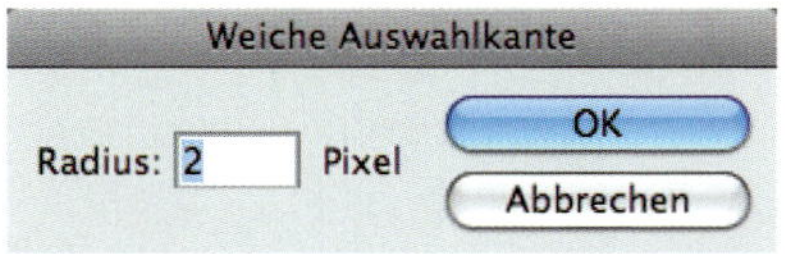

[3] Steht die Auswahl, erhält sie über das Menü *Auswahl/Auswahl verändern/Weiche Kante* eine etwas weichere Auswahlkante mit dem *Radius 2 Pixel*.

[4] Wählen Sie jetzt im Menü *Ebene/Ebenenmaske/Auswahl ausblenden*, und die Flasche steht als freigestelltes Objekt vor dem Weinkeller.

Die freigestellte Flasche einblenden

[5] Erzeugen Sie nun eine Kopie der Ebene *Hintergrund* und schieben Sie sie im Ebenenstapel an oberste Stelle. Danach wählen Sie im Menü *Ebenen/Ebenenmaske/Alle ausblenden.*

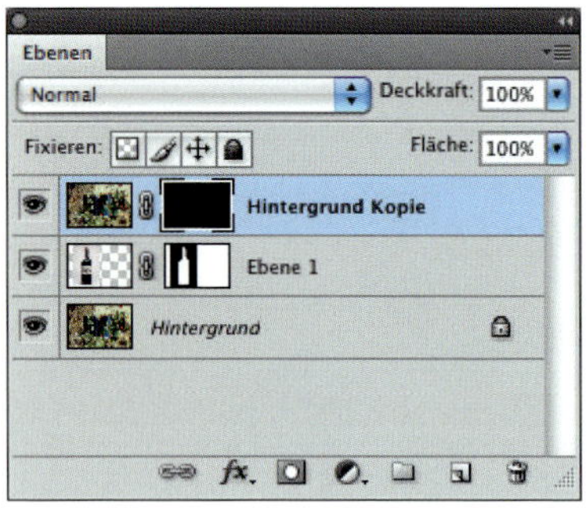

[6] Wählen Sie in der Werkzeugleiste das *Pinsel-Werkzeug* aus und übermalen Sie mit einer weichen Pinselspitze den Teil der Mauer, der vor der Flasche erscheinen soll. Bevor Sie mit dem Übermalen beginnen, stellen Sie in der Optionsleiste für den Pinsel einen Wert von *17* ein und legen als Modus *Löschen* fest. Auf diese Weise wird die hinter der Flasche befindliche Mauerecke wieder sichtbar.

Reflexionen im oberen Flaschenbereich können Sie mit dem *Nachbelichter-Werkzeug* auf *Ebene 1* – der Weinflasche – bearbeiten. Besonders die Randbereiche müssen dabei abgedunkelt werden, um den in dieser Umgebung unnatürlichen Reflex zu beseitigen.

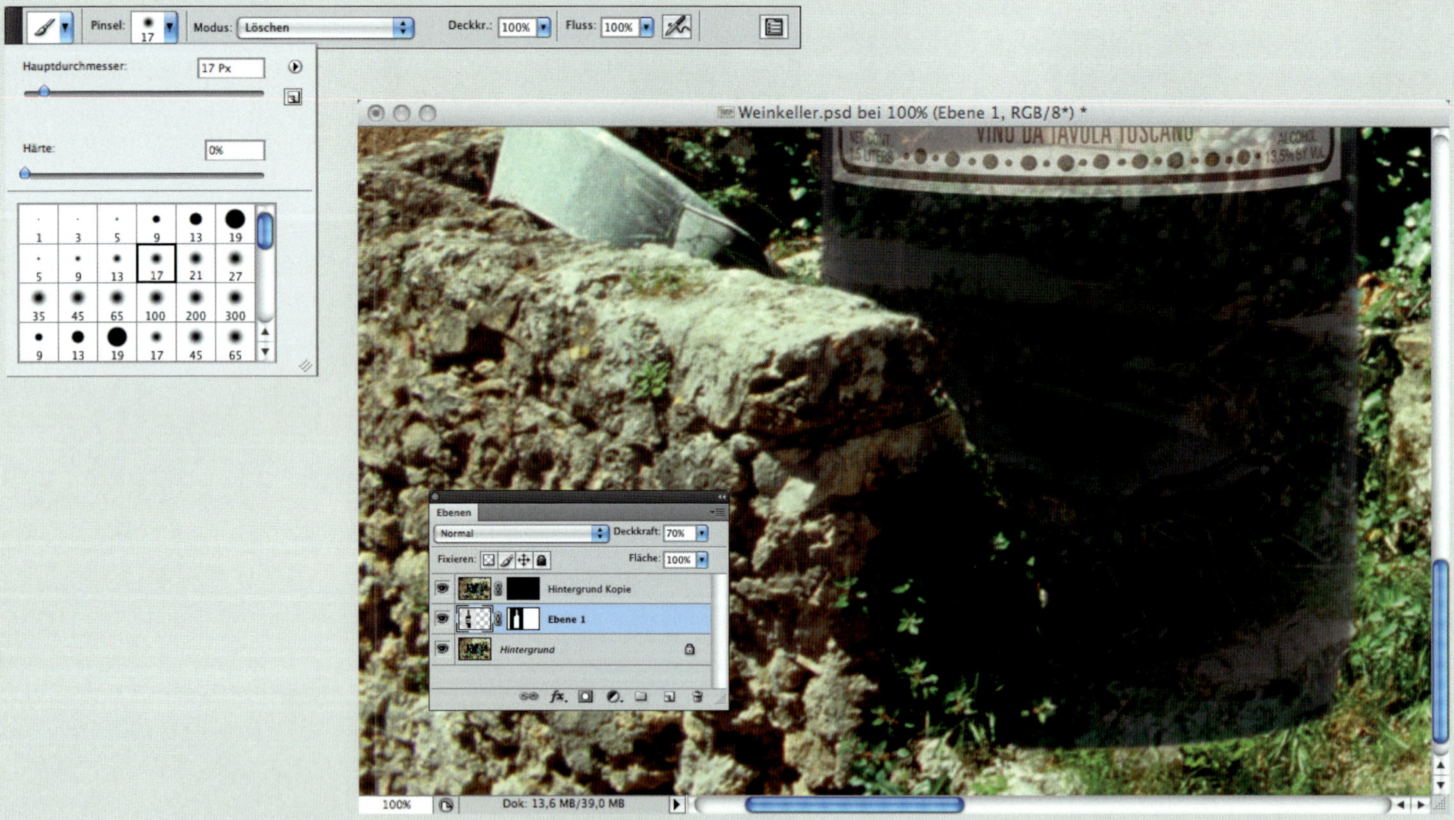

Mit dem Pinsel "malen" Sie die Mauer vor die Weinflasche.

Arbeiten mit Ebenenstilen

Um ein Objekt mit einem Schatten zu belegen, muss es sich im Bedienfeld *Ebenen* als freigestelltes Objekt in einer eigenen Ebene über der Hintergrundebene befinden. Mit dem Ebenenstil *Schlagschatten* lässt sich dann sehr leicht ein entsprechender Schatten erzeugen.

[1] Laden Sie ein entsprechendes Bild und stellen Sie das Objekt, das mit einem Schatten belegt werden soll, mit dem *Zauberstab-Werkzeug* frei, hier die schon bekannte Weinflasche. Vor dem Freistellen müssen Sie die Hintergrundebene mit einem Doppelklick auf die Ebene entsperren. Sie erhält danach automatisch die Bezeichnung *Ebene 0*.

[2] Erstellen Sie eine neue Ebene, die automatisch die Bezeichnung *Ebene 1* erhält. Markieren Sie *Ebene 0* und schieben Sie sie mit dem *Verschieben-Werkzeug* im Bedienfeld *Ebenen* an die oberste Position. Wählen Sie im Menü *Ebene/Ebenenstil/Schlagschatten* aus oder klicken Sie im Bedienfeld *Ebenen* auf das Symbol *fx*, *Ebenenstil hinzufügen*.

[3] Im Dialogfeld *Ebenenstil* aktivieren Sie in der Liste der *Fülloptionen* den Ebenenstil *Schlagschatten*. Mit der Füllmethode *Multiplizieren* und reduzierter *Deckkraft* passt sich der Schatten perfekt dem jeweiligen Hintergrund an. Bei *Winkel* legen Sie die Lichtrichtung für den Schattenwurf fest. Geben Sie hier den Wert *130* an. Die Funktion *Globales Licht verwenden* bezieht sich auf eine vorhergehende Einstellung im Menü *Ebene/Ebenenstil/Globaler Lichteinfall*. Die Schattenfarbe ändern Sie durch Klick auf das noch schwarze Farbfeld. Die Größe des Schattens stellen Sie mit den Reglern *Abstand*, *Überfüllen* und *Größe* ein.

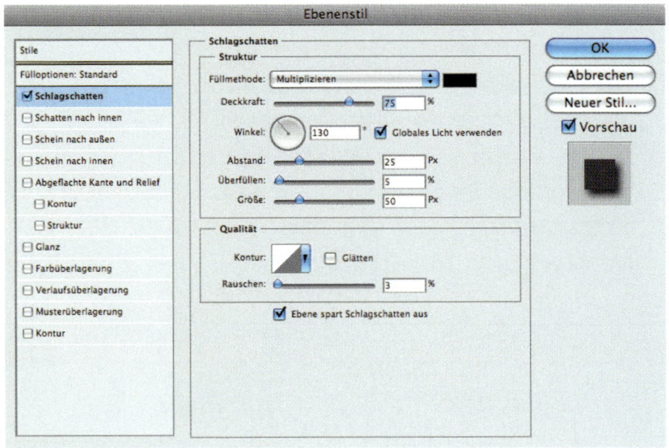

[4] Die Kontur der Weinflasche ist noch zu hart. Das lässt sich leicht ändern, indem Sie einen weiteren Ebenenstil einstellen. Aktivieren Sie im Dialogfeld den Stil *Abgeflachte Kante und Relief*. Übernehmen Sie alle Voreinstellungen und bestätigen Sie mit *OK*. Diese Art von Schlagschatten eignet sich besonders gut für Schriften und „liegende" Objekte.

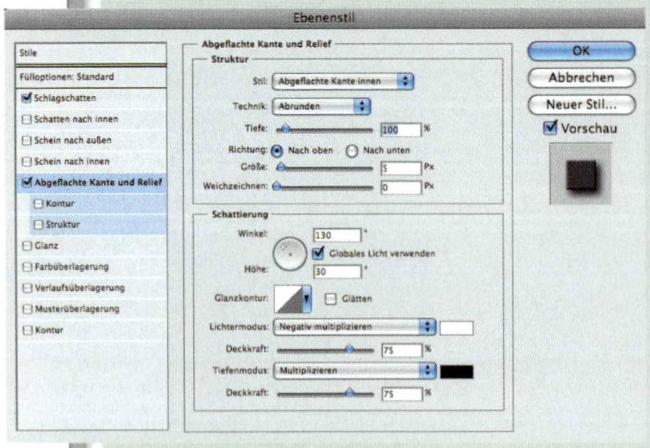

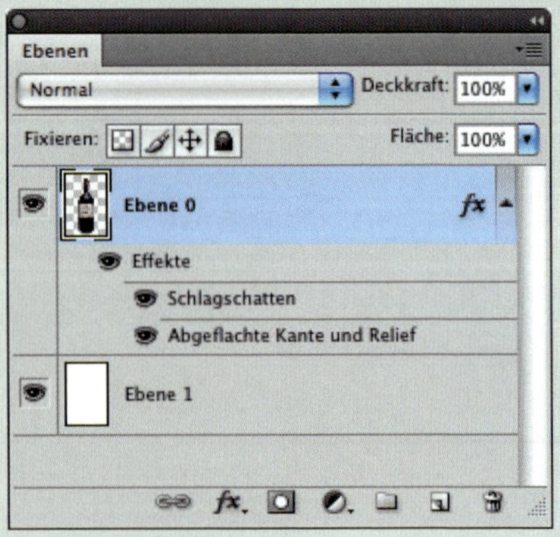

Per Ebenenstil **Abgeflachte Kante und Relief** *nehmen Sie etwas Härte aus der Kontur der Flasche.*

Freistellen und montieren

Wie kann ich mein Bildmotiv vom Hintergrund trennen? Mit welcher Methode kann ich einzelne Bereiche in meinem Bild am besten auswählen und bearbeiten? Wie montiere ich einzelne Bildteile in ein anderes Bild? Hier erfahren Sie alles über Auswahlwerkzeuge und ihre Anwendung. Bilder oder Bildteile auszuwählen, um sie später individuell zu bearbeiten oder freizustellen, gehört zu den häufigsten Aufgaben in Adobe Photoshop. Das Programm bietet deshalb eine große Anzahl von Möglichkeiten für diese Art der Bearbeitung. Je nach Motiv und der erforderlichen Genauigkeit ist die eine oder andere Vorgehensweise von Vorteil.

Objekte freistellen

Im Menü *Auswahl* finden Sie vielfältige Möglichkeiten zum Erstellen und Bearbeiten, wie *Alles auswählen*, *Auswahl aufheben* und *Auswahl umkehren*. Hier lassen sich Auswahlen auch transformieren, verändern, mit einer weichen Auswahlkante versehen, speichern und gespeicherte wieder aufrufen etc. Das nächste Beispiel zeigt Ihnen einige der grundlegenden Arbeitstechniken zur Erstellung und Bearbeitung von Auswahlen sowie zur Freistellung und Montage einfacher Objekte. Die beiden Seiten einer kanadischen Goldmünze sollen mit unterschiedlichen Methoden freigestellt und nebeneinandermontiert werden.

Methode 1

[1] Mit dem *Zauberstab-Werkzeug* wählen Sie den relativ gleichmäßigen Hintergrund aus. Mithilfe der Optionen *Toleranz*, *Glätten* und *Benachbart* passen Sie den Auswahlbereich an.

[2] Zur Kontrolle und der Feinanpassung wechseln Sie anschließend in den Maskierungsmodus. Mit dem *Pinsel* entfernen Sie schnell und einfach eventuelle Fehlstellen im Bild. Die Vordergrundfarbe Weiß entfernt die Maskierung. Die Vordergrundfarbe Schwarz fügt Maskenfarbe hinzu. Mit dem kleinen schwarzen Doppelpfeil zwischen Vorder- und Hintergrundfarbe im Werkzeugbedien-

Freistellen per Zauberstab

[i]

FÜR MEHR PLATZ AUF DEM BILDSCHIRM

Möchten Sie störende Bedienfelder vorübergehend ausblenden, drücken Sie bei festgehaltener [Umschalt]-Taste die [Tab]-Taste. Mit dem erneuten Drücken dieser Tastenkombination blenden Sie alle Bedienfelder wieder ein. Drücken Sie nur die [Tab]-Taste, werden auch die Werkzeuge mit der Optionsleiste ausgeblendet.

[6] Ist die Anordnung zufriedenstellend, reduzieren Sie alle Ebenen auf eine Ebene. Blenden Sie dazu mit Klick auf das Augensymbol die Hintergrundseite aus und wählen Sie unter den Ebenenoptionen die Funktion *Sichtbare auf eine Ebene reduzieren.* Danach blenden Sie den Hintergrund wieder ein.

[7] Mit dem Freistellungswerkzeug können Sie anschließend das Gesamtbild noch beschneiden. Wollen Sie die zusätzliche Ebene behalten, speichern Sie Ihre Datei entweder im PSD- oder im TIFF-Dateiformat. Um Speicherplatz zu sparen, können Sie jedoch auch die restlichen Ebenen auf die Hintergrundebene reduzieren. Speichern Sie in einem anderen als den hier angegebenen Formaten, z. B. als JPEG, reduziert Photoshop alle Ebenen auf die Hintergrundebene und erstellt eine Kopie.

Auswahl über einen Farbbereich

Eine weitere interessante Auswahlfunktion ist die Funktion *Farbbereich.* Über das gleichnamige Dialogfeld besteht die Möglichkeit, bestimmte Farbbereiche mithilfe von Pipetten als Auswahlbereiche zu definieren. Mit der Pipette *Aufgenommene Farben* nehmen Sie bestimmte Farbtöne im Bild auf. Der Regler *Toleranz* steuert den Auswahlbereich. Die Farbauswahlen können als Datei gespeichert und wieder geladen werden. Auswahlen, die im Menü *Auswahl* gespeichert werden, werden als *Alphakanal* im Bedienfeld *Kanäle* abgelegt.
In diesem Beispiel wird die Farbe des gestreiften Pullovers mithilfe der Funktion *Farbbereich* geändert.

Ausgangsbild für für eine komplexe Farbauswahl.

[1] Im Menü *Auswahl* wählen Sie die Funktion *Farbbereich*. Im gleichnamigen Dialogfeld klicken Sie mit der Pipette *Aufgenommene Farben* auf den Pullover. Die *Toleranz* wird in diesem Beispiel auf den Wert *112* festgelegt und die Einstellung mit *OK* abgeschlossen.

[2] Der Pullover wird nun als Auswahlbereich dargestellt. Wählen Sie jetzt den neuen Farbton, hier ein dunkles Rot, im Bedienfeld *Farbe* aus und füllen Sie die Auswahl über *Bearbeiten/Fläche füllen* mit dem neuen Farbton.

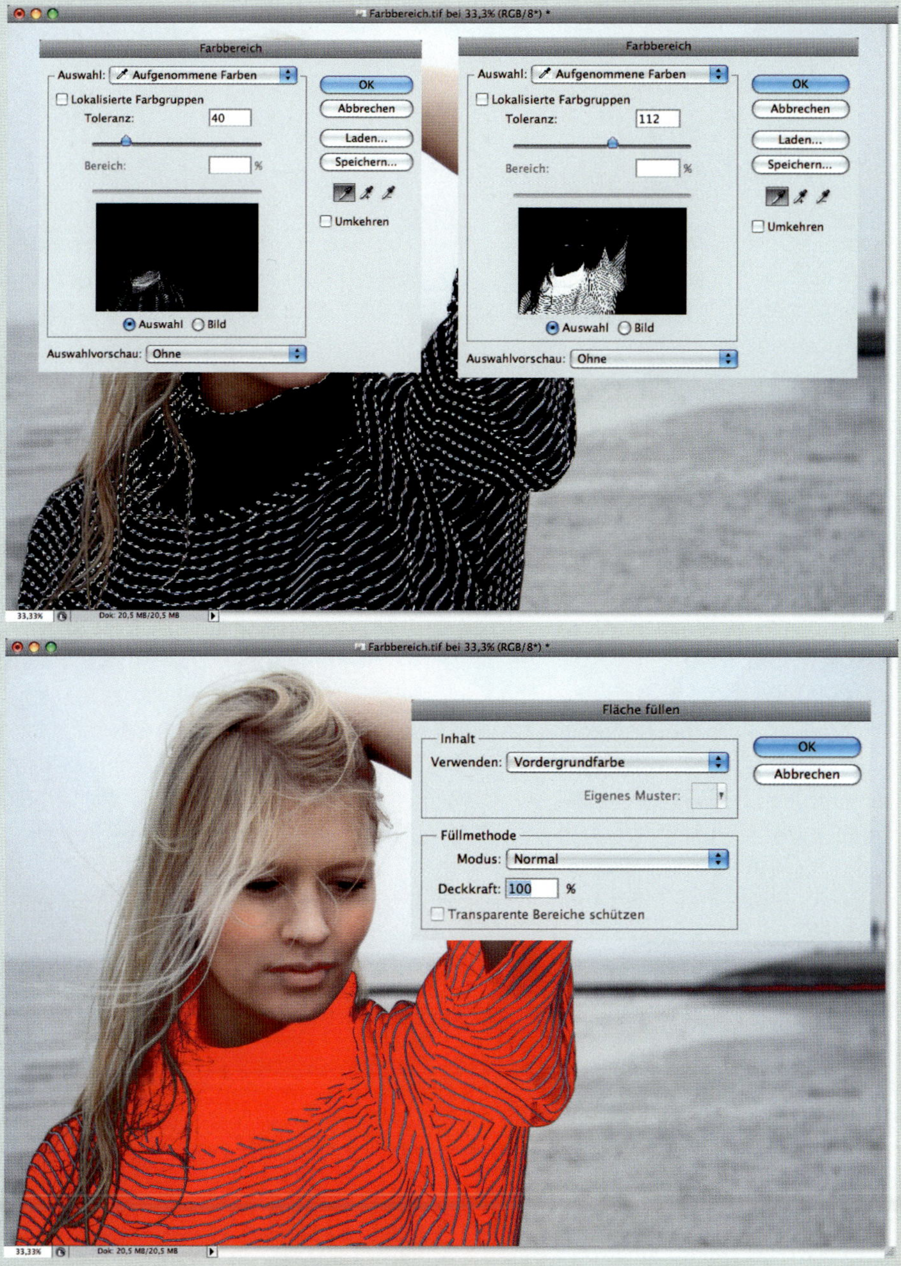

Steht die Auswahl, können Sie die Farbe beliebig verändern.

AUSWAHLBEREICHE SKALIEREN

Möchten Sie eine Auswahl proportional skalieren, halten Sie beim Ziehen an einem Eckpunkt die [Umschalt]-Taste gedrückt. Soll nur eine Ecke verzerrt werden, halten Sie die [Strg]-Taste gedrückt. Die gedrückte [Alt]-Taste unterstützt eine proportionale zentrische Skalierung.

Die Aufgabe: Stellen Sie die Gebäudefassade per Zeichenstift frei.

Freistellen per Arbeitspfad

An einem weiteren Beispielfoto lernen Sie jetzt den Umgang mit dem *Zeichenstift* kennen. Der *Zeichenstift* eignet sich perfekt zum Erstellen präziser Auswahlen mit glatten Kanten, insbesondere in Bereichen, die mit den anderen Auswahlwerkzeugen nicht problemlos bearbeitet werden können. Dabei wird zunächst ein sogenannter Arbeitspfad erstellt, dieser ist speicherbar und kann auch in eine Auswahl umgewandelt werden.

Der *Zeichenstift* ist ein vektorbasiertes Werkzeug und erzeugt sehr viel glattere Umrisslinien als ein pixelbasiertes Werkzeug wie beispielsweise der *Zauberstab*. Besonders geeignet sind Vorlagen mit geraden Kanten, aber auch Rundungen lassen sich mit etwas Übung perfekt nachziehen. Mit seinen Möglichkeiten der Anpassung eines erstellten Pfads ist dies das perfekte Werkzeug für hochwertige Umrisslinien oder Flächenbegrenzungen.

[1] Stellen Sie zunächst die zum Werkzeug gehörenden Optionen ein. Hier sollten Pfade gewählt werden, da Sie ansonsten Formebenen erhalten, die das Bild beschneiden. Aktivieren Sie *Automatisch hinzufügen/löschen* und wählen Sie zudem die Option *Überlappende Pfadbereiche ausschließen.*

[2] Zum Bearbeiten wählen Sie eine Zoomeinstellung, bei der Sie das Objekt möglichst groß, aber noch vollständig sehen können.

[3] Öffnen Sie die zu bearbeitende Datei und beginnen Sie mit dem Nachzeichnen des Umrisses. Setzen Sie den ersten Ankerpunkt an einer beliebigen Stelle am Rand des Objekts. Benötigen Sie eine gerade Linie, setzen Sie den nächsten Punkt am Ende der folgenden Geraden. Soll eine Rundung oder Kurve erzeugt werden, ziehen Sie beim Klicken immer in die Richtung, in die es weitergehen soll. Dabei entstehen an den Ankerpunkten Ausleger, an denen sich später die Kurve noch weiter anpassen lässt. Achten Sie zunächst nur darauf, dass diese Ausleger möglichst nicht länger als die halbe Distanz der Kurve zum vorherigen Ankerpunkt betragen. Mit etwas Geschick wird die neue Kurve bereits einigermaßen passen.

[4] Sollten Sie sich verklickt haben, können Sie den letzten Schritt einfach über *Bearbeiten/Rückgängig* oder den Tastenbefehl [Strg]+[Z] rückgängig machen. Um einen Ankerpunkt zu löschen, können Sie jedoch auch mit der rechten Maustaste das Kontextmenü aufrufen. Sollte der nächste Ankerpunkt nach einer Kurve bei der Umrundung Ihres Objekts wieder eine Gerade erzeugen, werden Sie vermutlich eine unerwünschte Kurve erhalten. Lassen Sie sich davon nicht aufhalten, Sie können diese fehlerhaften Stellen später korrigieren. Sie können so viele Ankerpunkte setzen, wie Sie wollen, sollten sich aber eher auf wenige beschränken.

[5] Nach der Umrundung Ihres Objekts setzen Sie den letzten Ankerpunkt auf den ersten, um den Pfad zu schließen. Neben dem ersten Ankerpunkt erscheint bei Annäherung mit dem Mauszeiger ein kleiner Kreis. Im Bedienfeld *Pfade* wird nun der erstellte Arbeitspfad angezeigt.

[6] Zur Bearbeitung der Ankerpunkte wählen Sie das Werkzeug *Direktauswahl*. Mit dem Werkzeug *Pfadauswahl* können Sie den Pfad lediglich insgesamt verschieben. Um präziser arbeiten zu können, empfiehlt es sich, die Ansicht auf Zoomstufe *200 %* bis *300 %* zu vergrößern.

[7] Durch Anklicken eines Ankerpunkts oder eines Pfadsegments mit der *Direktauswahl* lässt sich dieser oder dieses auf die gewünschte Position verschieben. Bei zu korrigierenden Kurven klicken Sie zuerst auf die Seite des fehlerhaften Bereichs und dann auf den zugehörigen Ausleger, um diese Kurve durch Langziehen oder Zusammenschieben anzupassen. Vorsicht, die Gegenseite dieser Kurve kann sich ebenfalls bei der Aktion verändern. Um eine Kurve nur einseitig zu bearbeiten, wählen Sie den Ausleger auf der zu bearbeitenden Seite bei gedrückter [Strg]+[Alt]-Tastenkombination aus.

[8] Fehlende Ankerpunkte erstellen Sie mit dem Werkzeug *Ankerpunkt hinzufügen*, überflüssige löschen Sie mit dem Werkzeug *Ankerpunkt löschen*, und zu ändernde Ankerpunkte bearbeiten Sie mit dem *Punktumwandeln-Werkzeug*. Achten Sie darauf, immer ungefähr eine Pixelbreite innerhalb des freizustellenden Objekts zu bleiben.

[9] Sind Sie mit Ihrer Arbeit zufrieden, speichern Sie den Arbeitspfad im Bedienfeld *Pfade* mit der Option *Pfad speichern* ab. Als *Name* verwenden Sie beispielsweise *Umriss*.

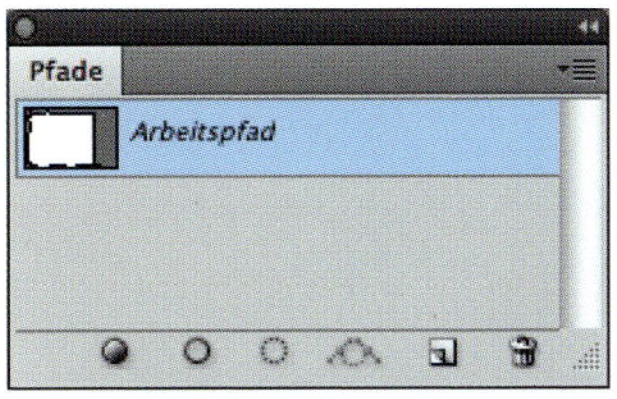

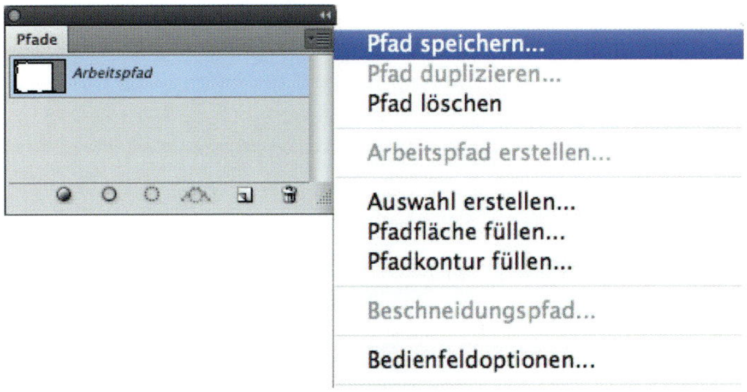

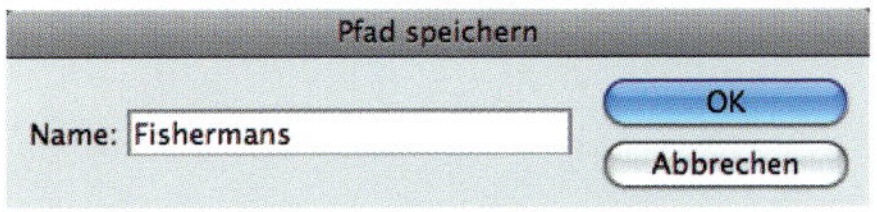

Pfade transformieren

[10] Um einen fertiggestellten Pfad zu transformieren, wählen Sie ihn mit dem Werkzeug *Pfadauswahl* aus und öffnen das Menü *Bearbeiten/Pfad transformieren* bzw. *Frei transformieren*. Wenn Sie lediglich einige Bildpunkte transformieren möchten, wählen Sie diese zuvor mit dem *Direktauswahl-Werkzeug* aus.

[11] Mit dem *Freiform-Zeichenstift-Werkzeug* können Sie Ihr Objekt ähnlich wie mit dem *Lasso-Werkzeug* umfahren und später die einzelnen Ankerpunkte korrigieren. Für einige Aufgaben mit deutlichen Bildkanten empfiehlt sich dabei die Option *Magnetisch*. Dabei passt sich der Pfad beim Annähern und Klicken der jeweiligen Bildkante an. Weitere Feineinstellungen nehmen Sie in der entsprechenden Optionsleiste vor.

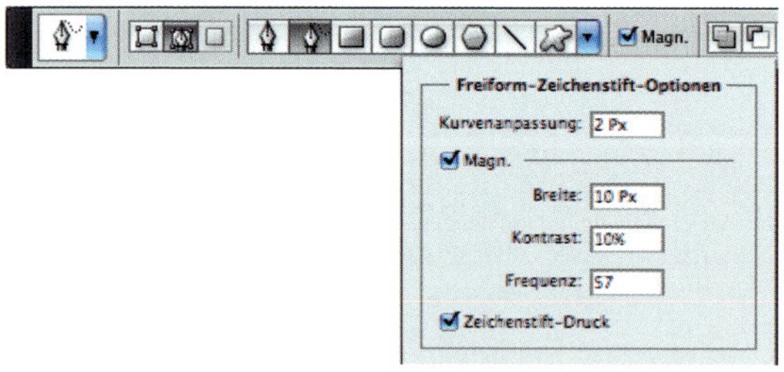

Pfad in eine Auswahl umwandeln

[12] Der Arbeitspfad bzw. ein gespeicherter, ausgewählter Pfad, wie in unserem Beispiel der Umriss des Bleistifts, kann durch Aufrufen der Option *Auswahl erstellen* im Bedienfeld *Pfade* in eine Auswahl umgewandelt werden. Dabei öffnet sich ein Fenster, in dem unter *Rendern* der Radius für eine weiche Auswahlkante bestimmt werden kann. Diese weiche Auswahlkante erzeugt am Auswahlrand entsprechend der angegebenen Pixelbreite einen weichen Verlauf, der einen fließenden Übergang zum Umfeld möglich macht. Bei der Einstellung *0 Pixel* bleibt die Auswahl scharfkantig. Die Option *Glätten* begradigt die Auswahl.

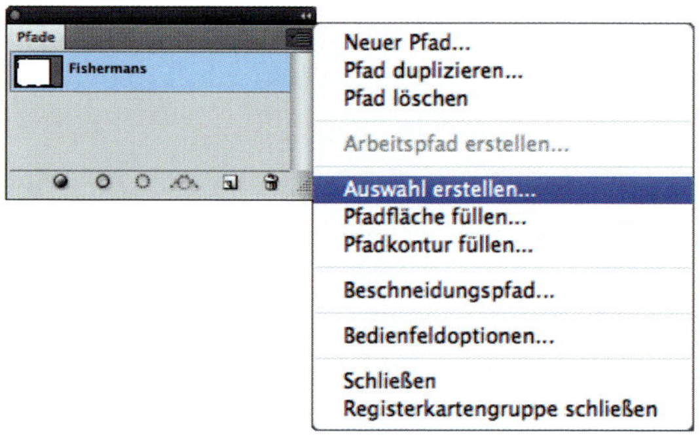

Komplexe Freisteller

Bisher haben wir uns nur auf Freistellarbeiten mit relativ deutlichen Abgrenzungen beschränkt. Ein Problem, das vielen „Photoshoppern" früher oder später einmal begegnen wird, ist das problematische Freistellen von strukturierten oder farblich ähnlichen Objekten. Doch gerade für die diffizileren Freistellungsaufgaben ist der Photoshop-Filter *Extrahieren* ein hilfreicher Assistent.

[1] Ebene duplizieren

Der Filter *Extrahieren* ist ein destruktives Werkzeug. Er löscht unwiederbringlich Pixel. Kopieren Sie deshalb, bevor Sie loslegen, die Hintergrundebene und blenden Sie das Original aus.

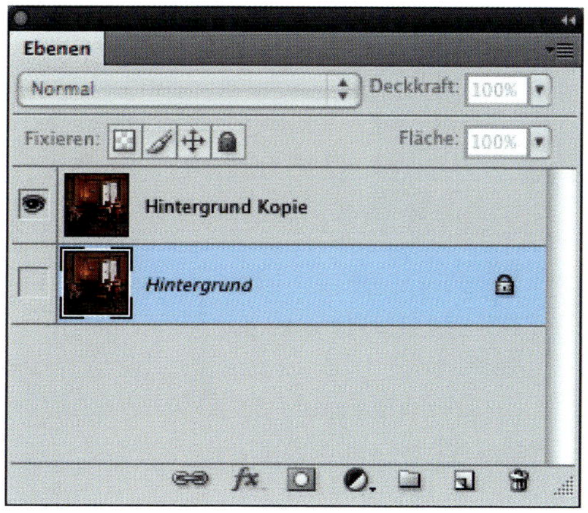

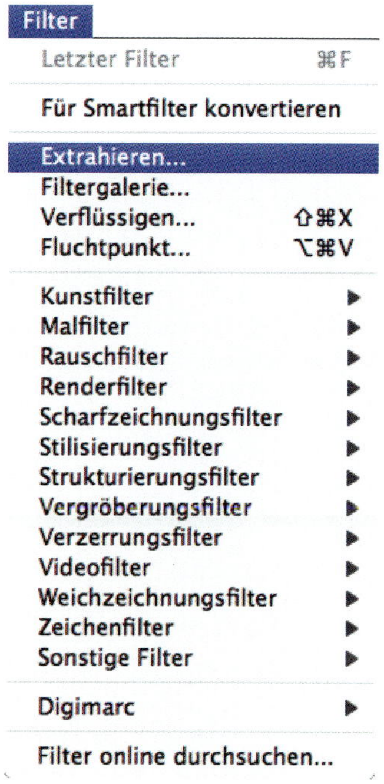

Vorher: *In der Aufnahme findet sich ein strukturierter Hintergrund, der keine schnelle Freistellung von Objekten zulässt. Auch die Auswahl von Farbflächen würde zu keiner schnellen Objektisolierung führen.*

Nachher: *Die zwei Musikerinnen wurden mit dem* **Extrahieren-Filter** *freigestellt und anschließend verfremdet.*

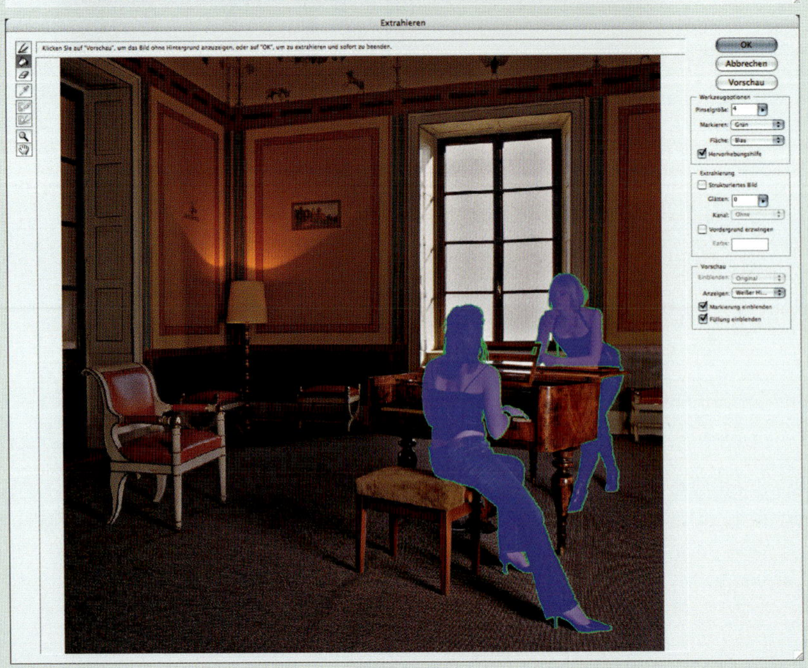

[2] Extrahieren-Filter aufrufen

Im Dialogfeld *Extrahieren* können Sie Ihre Objekte Schritt für Schritt vorbereiten. Als Erstes muss dem Filter gezeigt werden, wo die Grenze zwischen Freistellobjekt und zu löschendem Bereich zu suchen ist.

Aktivieren Sie zur Unterstützung im Bereich *Werkzeugoptionen* die Option *Hervorhebungshilfe*. Beim Nachzeichnen der Konturen werden die Kanten wie magnetisch sein.

[3] Konturen nachzeichnen

Aktivieren Sie in der Werkzeugleiste des Dialogfelds den *Kantenmarker*. Zeichnen Sie mit diesem eine Linie um die Freistellobjekte herum. Sie können dabei jederzeit absetzen und an anderer Stelle weitermalen. Aber achten Sie darauf, dass keine Lücken entstehen.

An klaren Kanten darf die Linie sehr dünn sein, an schlecht differenzierbaren sollte sie etwas stärker ausfallen. Je kleiner die Werkzeugspitze des *Kantenmarker* ist, desto sauberer wird die Freistellung werden. In haarigen Zonen setzen Sie den Marker großflächig ein, damit die Filterfunktion alle Details erfassen kann.

[4] Geschlossene Bereiche schützen

Wählen Sie anschließend in der Werkzeugleiste des Dialogfelds das *Füllwerkzeug* und klicken Sie damit in den geschlossenen Bildbereich. So erkennt der Freistellfilter, welcher Teil des Bildes erhalten bleiben soll. Läuft die Tinte nicht über das ganze Bild aus, haben Sie sauber gearbeitet und keine Lücke offen gelassen. Ansonsten müssten Sie die offene Stelle suchen und mit dem Marker schließen.

[5] **Freistellung in der Vorschau prüfen**
Um die spätere Endversion der Freistellung zu überprüfen, klicken Sie die *Vorschau*-Schaltfläche an. Überprüfen Sie die Details auf verschiedenen Hintergrundfarben.

[6] **Unsaubere Kanten bereinigen**
Unsaubere Freistellkanten weisen auf einen schwachen Bildkontrast hin oder auf zu dicke Markierungskanten. Wählen Sie im Bereich *Vorschau* unter dem Pop-up-Menü *Einblenden* die Option *Original* aus und aktivieren Sie das eckige Kontrollfeld *Markierung einblenden.*

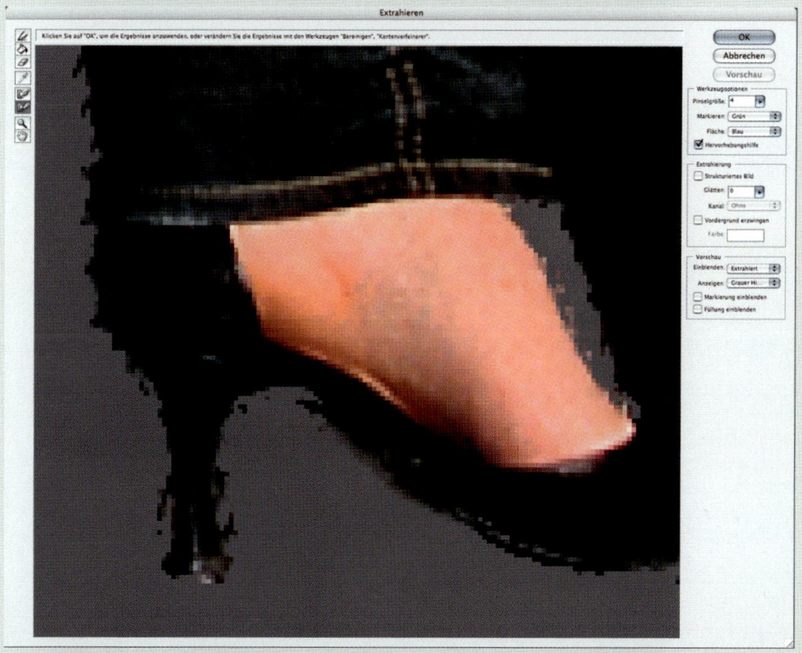

Aktivieren Sie im Bereich *Extrahierung* das Kontrollfeld *Strukturiertes Bild*, wenn Sie ein Bild ohne klaren Hintergrund haben. Glattere Freistellkanten erhalten Sie auch, wenn Sie die Glättung hochsetzen. Bei besonders komplizierten Objekten, die keinen klaren Innenbereich besitzen, aktivieren Sie *Vordergrund erzwingen.* Denken Sie daran, für die neue Freistellberechnung erst noch einmal das *Füllwerkzeug* einzusetzen.
Freigestellte Kanten, die ungewünschte transparente Bereiche aufweisen, können mit dem Werkzeug *Bereinigen* korrigiert werden. Damit können Sie die Deckkraft der Pixel verringern. Mit gedrückter [Alt]-Taste stellen Sie die volle Deckkraft wieder her.
Malen Sie über unsaubere Kanten mit dem *Kantenverfeinerer*, werden die Freistellungsübergänge kontrastreicher und deutlicher, bis daraus eine klare Kante resultiert. Drücken Sie dabei die [Alt]-Taste, erzielen Sie genau das Gegenteil.

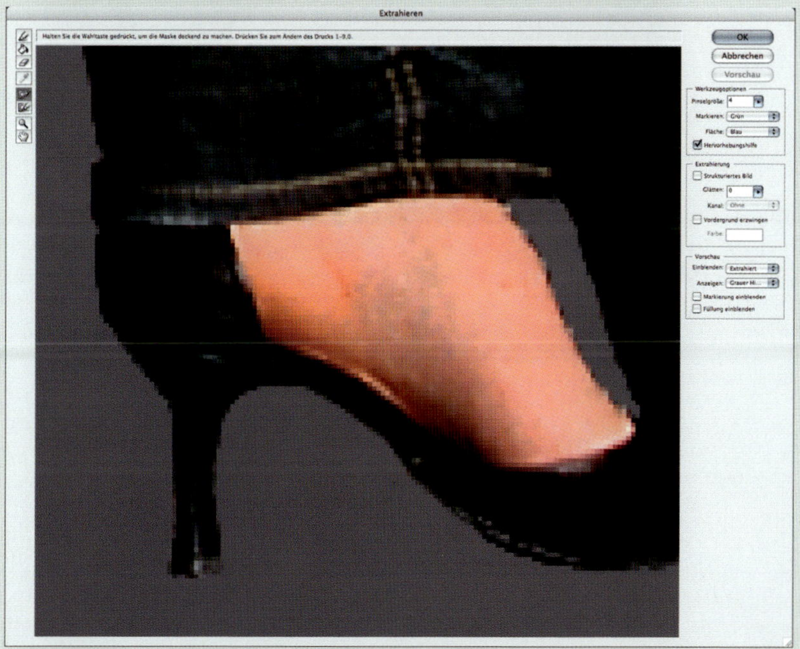

[7] Destruktives Freistellen

Bestätigen Sie die Filtereinstellungen mit *OK*, und das Ergebnis wird auf transparentem Hintergrund angezeigt. Spätere Korrekturen sind jetzt leider ausgeschlossen, da alle übrigen Pixel gelöscht worden sind. Um nicht ganz von vorne anfangen zu müssen, hier ein kleiner Trick.

Duplizieren Sie erneut die Ebene *Hintergrund*. Um den freigestellten Inhalt als Auswahl zu aktivieren, halten Sie die [Strg]-Taste gedrückt und klicken auf das Ebenensymbol. Wechseln Sie auf die Motivebene und weisen Sie dieser eine Ebenenmaske zu.

Beide Freistellergebnisse sind identisch bis auf den gravierenden Unterschied, dass Sie jetzt jederzeit durch eine Korrektur der Maske die Freistellung nachträglich beeinflussen können.

[8] Konturen nachzeichnen

Bei der destruktiv freigestellten Ebene bietet es sich an, mit dem Filter *Konturen nachzeichnen* zu experimentieren.

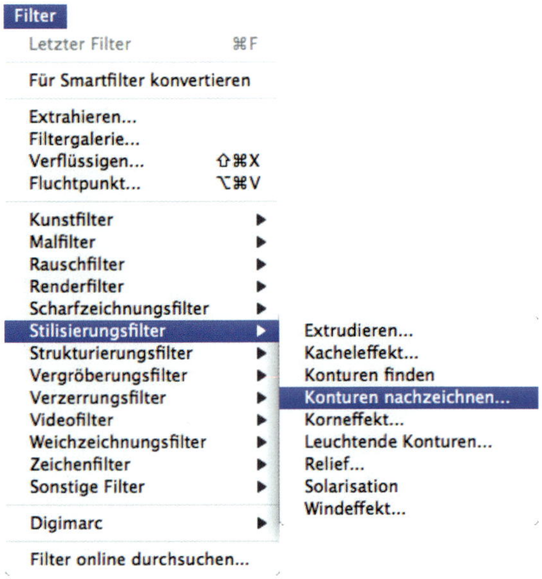

Über das Menü *Filter/Stilisierungsfilter* wählen Sie die Funktion *Konturen nachzeichnen*. Experimentieren Sie, um herauszufinden, welche Werte Ihre Kanten im Bild am besten herausarbeiten. *Kante obere* arbeitet die Konturen an Farbwerten heraus, die oberhalb des angegebenen Werts liegen.

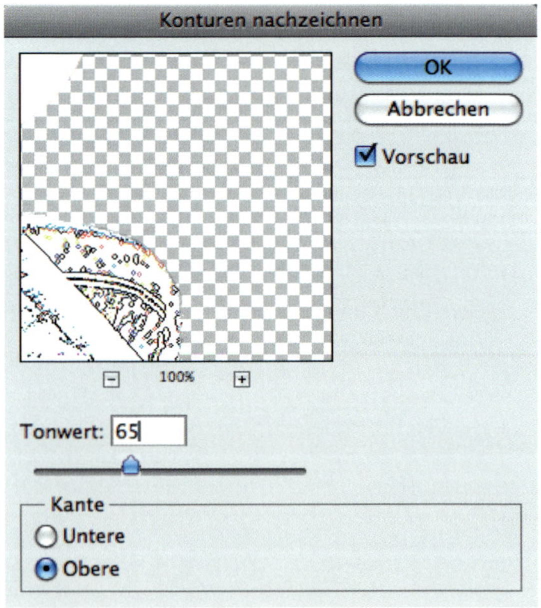

[9] Farbe entziehen

Die bunten Konturen können Sie über *Bild/Anpassungen/Sättigung verringern* in Schwarz-Weiß umwandeln. Das identische Ergebnis erhalten Sie auch über *Farbton/ Sättigung* mit dem Sättigungswert *–100.*

[10] Smart-Objekt-Lösung

Wenn Sie die flexiblere Lösung bevorzugen, wandeln Sie die freigestellte Ebene erst in ein Smart-Objekt um und wenden darauf den Filter an. Die Funktion *Sättigung verringern* steht dem Smart-Objekt nicht zur Verfügung, sodass hier für eine Graustufenumsetzung nur der Weg über die Einstellungsebene *Farbton/Sättigung* oder *Schwarz-Weiß* führt.

Um die Konturen anzupassen, können Sie mit dem Gammaregler der *Tonwertkorrektur* noch die Intensität anpassen.

4 SCHARFZEICHNEN

4

Scharfzeichnen

Gezieltes Scharfzeichnen spielt in der Beautyretusche eine große Rolle. Wie beim Makeup können Sie Stärken betonen und kleine Makel beheben.

(Foto: Julia Schill)

4 Scharfzeichnen

Wie kann ich mein Bild schärfen? Welche Methoden bietet Photoshop CS4, und wie gehe ich damit um? Kann ich eine Scharfzeichnung vornehmen, ohne die im Bild vorhandenen Flächen anzugreifen? Sie können! In diesem Kapitel werden die Scharfzeichnungswerkzeuge und verschiedene Profitricks mit Bildbeispielen vorgestellt.

Schärfe ist ein relativer Begriff und in erster Linie vom Ausgabemedium und der Bildgröße abhängig. Je stärker Sie ein Bild vergrößern, desto unschärfer werden die Details darin erscheinen. Auf einem glatten, glänzenden Papier erhalten Sie einen anderen Schärfeeindruck als auf einem matten oder strukturierten Medium. Ein Bild gilt in der Regel dann als scharf, wenn die Konturen darin deutlich zu unterscheiden sind. Je stärker dabei der Kontrast, desto deutlicher, also schärfer, wirkt die Kontur.

Basis zum guten Schärfen

In der digitalen Fotografie oder bei der Übernahme analoger Bilder mit dem Scanner lösen Sie die Bildvorlage in Pixel auf. Je mehr Pixel auf kleinstem Raum vorhanden sind – je feiner aufgelöst also –, desto schärfer wirkt das Bild. Mit zunehmender Vergrößerung werden diese Pixel wieder größer, und eine ansteigende Unschärfe tritt ein. Dazu kommt noch die bei einer fotografischen Aufnahme vorhandene reale Schärfe durch die Fokussierung des Objektivs. Kurz gesagt, eine Aufnahme, die deutlich unscharf erstellt wurde,

ist auch durch Nachschärfen kaum mehr zu verbessern.
Wenn Sie Größenanpassungen durch digitale Umrechnung an einem Bild vornehmen, es also vergrößern oder verkleinern, ist dies immer mit einer ansteigenden Unschärfe verbunden. Eine Scharfzeichnung am PC erfolgt prinzipiell als Kontrasterhöhung. Dadurch wirken die Kanten im Bild schärfer. Da die Scharfzeichnung jedoch auch von Ausgabeart und Größe abhängig ist, kann es erforderlich sein, je nach Verwendungszweck unterschiedliche Schärfungen vorzunehmen.
Die Basis zum guten Schärfen liegt im allgemeinen Verständnis der menschlichen Wahrnehmung. Die Evolution hat uns gelehrt, zuerst den Augenbereich zu scannen, dann Mund und Nase und schließlich die Gesichtsform. Wir Menschen konzentrieren uns bei der Verarbeitung von Sehinformationen auf die Kanten, die das Objekt vom Hintergrund trennen. Deshalb beurteilen wir dann ein Bild als scharf, wenn die Motivkanten gut akzentuiert sind. Die Flächen spielen nur eine untergeordnete Rolle.
Fazit 1: Flächen sollten nur minimal oder gar nicht scharfgezeichnet werden. Die Ecken und Kanten sind das Maß für unsere Augen, nicht die Farben.
Fazit 2: Bildschärfe ist eine Frage der Helligkeitsvariationen, nicht der Farbe. Betrachtet man sich die RGB-Kanäle eines Bildes, wird man erkennen, dass Farben und Bildmodulation verbunden sind.
Fazit 3: Die Kunst liegt darin, den richtigen Schärfungsgrad am Monitor zu finden. Ein Bild, das am Monitor überschärft wirkt, kann im Druck genau richtig erscheinen. So darf die Schärfeoptimierung für ein grobes Papier (Zeitung) kontrastreicher ausfallen als für einen Print auf Hochglanzpapier. Grundsätzlich soll das Scharfzeichnen immer der letzte Schritt einer Bildbearbeitung sein, da andere Bearbeitungen die Schärfe beeinflussen.

Schärfen im Lab-Modus

Bei einer normalen Nachschärfung im RGB-Modus werden nicht nur die Motivkontraste geschärft, sondern auch alle Farben, was ab einer bestimmten Stärke nicht mehr tragbar ist. Im Lab-Modus dagegen sind die Farbinformationen in eigenen Kanälen isoliert. Alle Farben von Magenta bis Grün sind im *a*-Kanal, der Farbbereich Gelb bis Blau im *b*-Kanal definiert. Auch bei einer CMYK-Datei finden Sie die Helligkeitsmodulation auf alle Kanäle verteilt, lediglich der Key-Kanal weist keine Farbwerte auf und bietet sich somit zur Nachschärfung an.

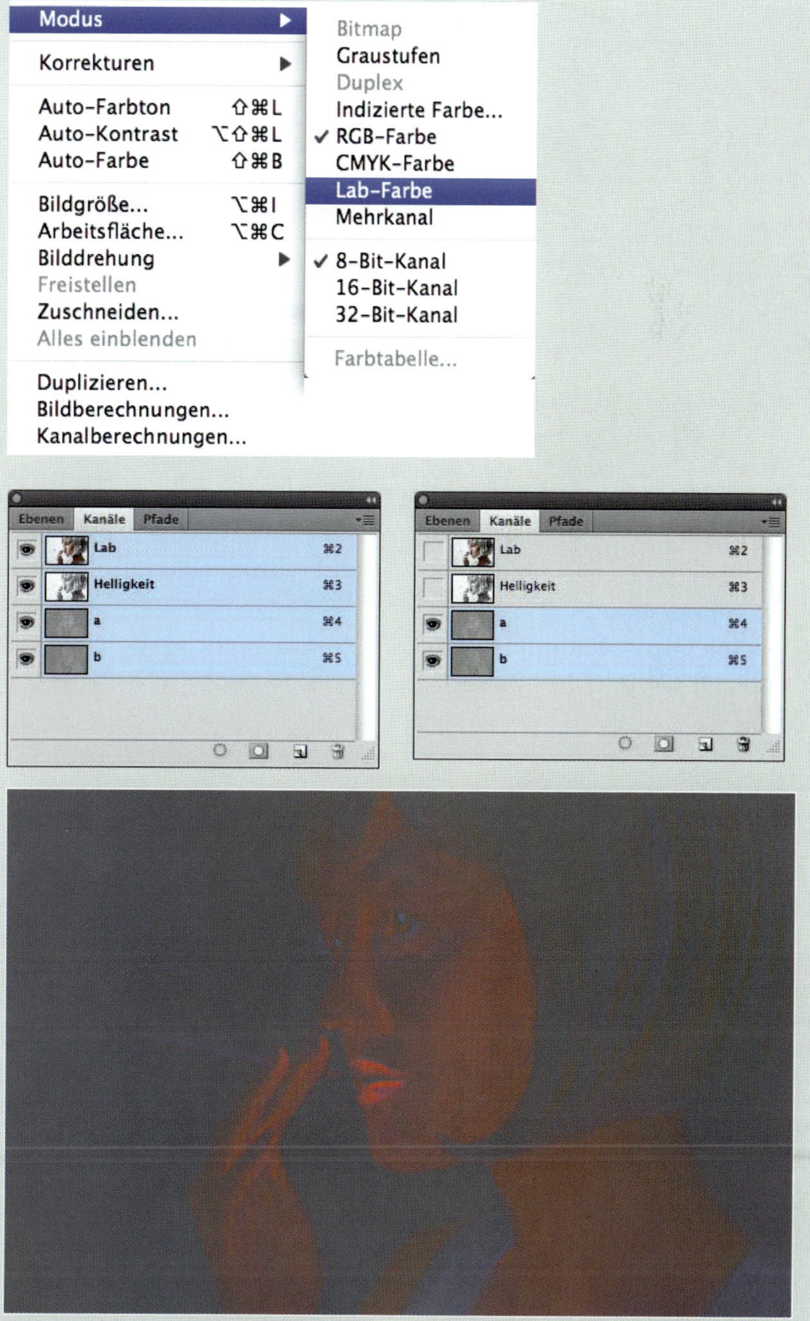

Im Lab-Modus können Sie nachschärfen, ohne die Farben eines Bildes zu beeinträchtigen. Ein klarer Vorteil im Vergleich zur Arbeit im RGB-Modus.

Hier können Sie im Luminanzkanal schärfen, ohne damit die Farben zu beeinflussen. Markieren Sie die Kanäle *Lab* und *Helligkeit*, um die folgenden Änderungen nur auf die Bildmodulation zu beziehen.

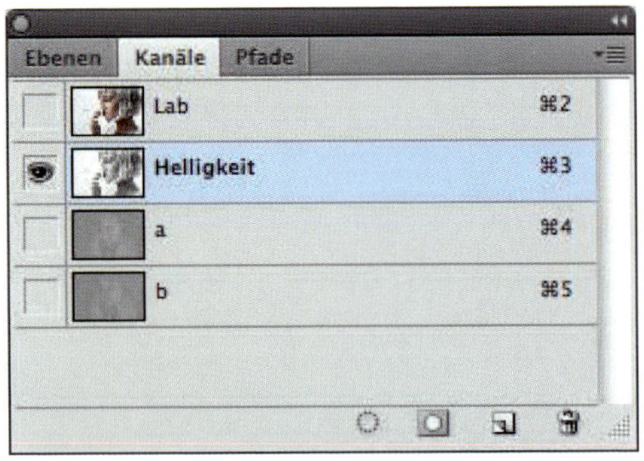

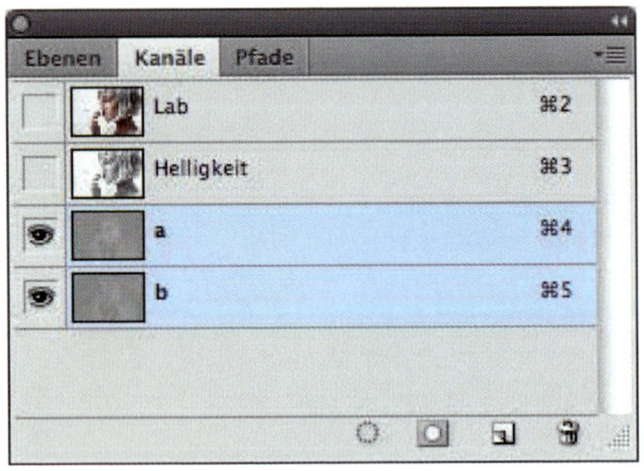

TATSÄCHLICHE PIXEL

Ein häufiger Fehler ist der Versuch, die Wirkung des Scharfzeichnens bei falscher Zoomstufe auf dem Monitor einzuschätzen. Zur Bewertung setzen Sie Ihr Foto am besten auf die 100-%-Darstellung (1:1). In Photoshop nennt sich diese Auflösung *Tatsächliche Pixel*.

Lab versus RGB

Gut im Bild erkennbar sind die Farbartefakte bei einer Schärfung in RGB (links) und bei einer mit gleichen Werten durchgeführte Schärfung auf der Helligkeitsebene im Lab-Modus (rechts). Um Artefakte in den Lab-Farbkanälen in den Griff zu bekommen, spricht nichts dagegen, diese unterschiedlichen Weichzeichnen-Behandlungen zu unterziehen. Das Bild wird dadurch nicht unscharf, da die Modulation ja ausschließlich im L-Kanal zu finden ist.

Links RGB, rechts Lab: Schärfen im RGB-Modus erzeugt in den hellen Bildbereichen schwache Farbartefakte, die im Lab-Modus nicht auftreten.

Die Unscharfmaskierung

Das klassische Verfahren des Nachschärfens ist die Unscharfmaskierung. Damit wurde im analogen Schwarz-Weiß-Fotolabor von einem Schwarz-Weiß-Negativ ein unscharfes Positiv erzeugt und dieses im Vergrößerer über das Negativ gelegt. Bei der Belichtung auf kontrastreichem Fotopapier entstand dann ein Abzug, der schärfer war als das Original.

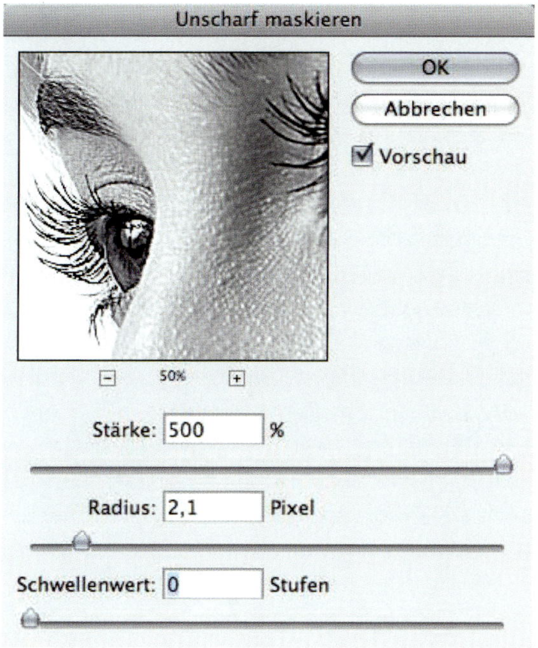

Üblicherweise wird beim Nachschärfen mit *Stärke*-Werten von *50* bis *150 %* gearbeitet. Höhere Werte führen schnell zu Verlusten von Tonwerten. Mit dem Regler *Radius* wird die Breite der Kontur bestimmt – grobe Faustregel: *0,5* bis *0,7 Pixel* pro 100 dpi Bildauflösung. Ein höherer Radius radiert Details aus.

Bei einer *Schwellenwert*-Angabe von *0 Stufen* werden alle Pixel im Bild scharf gezeichnet. Mit einem erhöhten Wert lässt sich die Differenz zweier benachbarter Tonwerte bestimmen, ab der eine Scharfzeichnung einsetzen soll. Hiermit kontrollieren Sie das Rauschen besonders bei Aufnahmen mit hoher Empfindlichkeit, und auch bei Porträts ist die Erhöhung des *Schwellenwerts* sinnvoll. Es erfolgt ein Schutz der kontrastarmen Bildbereiche (helleren Hautbereiche), begleitet von einem etwas höheren *Stärke*-Wert.

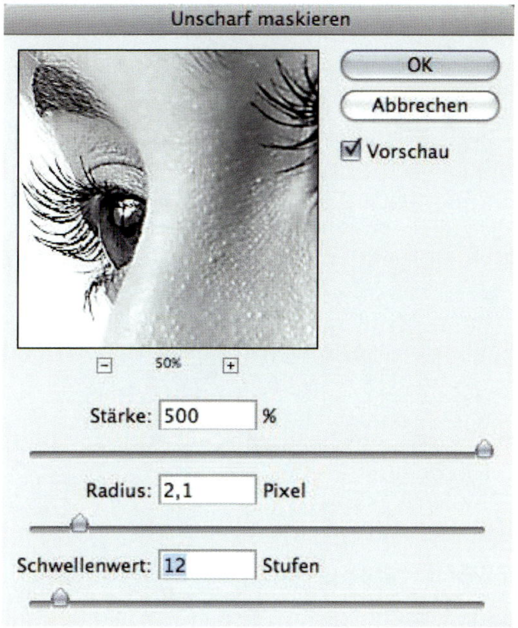

Individuelle Einstellwerte finden

Beginnen Sie mit dem Einstellwert für den *Radius*. Die Kontrastanhebung soll in einem engen Radius erfolgen, zu hohe Werte führen zu Artefakten und zu einem harten Kontrast. Finden Sie danach den passenden *Schwellenwert* bei einer überhöhten *Stärke*, die danach auf einen geeigneten Wert zurückgefahren wird (< *150 %*).

Eine extreme Schärfung wie in unseren Abbildungsbeispielen wird man in der Praxis eher nicht anwenden. Jede Kontur würde damit typische Überschärfungslichthöfe an den Kanten erhalten.

Vorsicht beim Schärfen per Unscharfmaskierung: Zu hohe Werte erzeugen unschöne Lichthöfe an den Kanten.

Selektives Scharfzeichnen ist ideal für helle Hauttöne, da Sie gezielt in Lichtern und Schatten schärfen können.

Selektives Scharfzeichnen

Vor allem bei Porträts wirkt eine Schärfung in den hellen Hauttönen destruktiv. Der selektive Scharfzeichungsfilter erlaubt Ihnen eine gesteuerte Einflussnahme auf die Tiefen und Lichter – ein perfektes Werkzeug, um die Scharfzeichnung für Beautyaufnahmen nur in den Tiefendetails wirken zu lassen. Besser ist es, die Schärfung auf einer eigenen Ebene wirken zu lassen. Wenn Sie sich dabei für eine Smart-Objekt-Ebene entscheiden, haben Sie die Vorteile der späteren Feinoptimierung der Schärfeparameter.

Im Menü *Filter/Selektiver Scharfzeichner* erhalten Sie mit den abgebildeten Einstellungen die gleiche Wirkung wie mit dem Filter *Unscharf maskieren*. Unter dem Listenfeld *Entfernen* ist *Gaußscher Weichzeichner* die Standardeinstellung, wie sie auch vom *Unscharf maskieren*-Filter verwendet wird.

Leichte Verwackler bei der Aufnahme können mit *Bewegungsunschärfe* kompensiert werden. *Tiefenschärfe abmildern* ermittelt die Kanten und Details und hebt die Mikrodetailzeichnung an. Die Option *Genauer* hebt die Detailschärfung noch weiter an, was auch vorhandenes Bildrauschen unangenehm mitschärft und sicherlich bei vielen Aufnahmen unerwünscht ist.

Sind die Werte in den Registern *Tiefen* und *Lichter* auf den kleinsten Wert eingestellt, wirkt sich die Scharfzeichnung voll aus. *Verblassen um* definiert also, wie weit sich die Maskierung auswirken soll. Der Wert *100 %* verhindert eine Schärfung vollständig. Wie groß dieser Bereich sein soll, wird mit der *Tonbreite* festgelegt. Eine Einstellung von *100 %* bedeutet hier eine Ausdehnung bis in den mittleren Tonwertbereich hinein.

Der Vorteil, auf einer eigenen Ebenenkopie zu schärfen, liegt auch in der nachträglichen Reduzierung der Ebenendeckkraft. So kann eine überschärfte Bildwirkung durch Ihre Einstellwerte in den Registerdialogen leicht zurückgenommen und mit dem Original verschmolzen werden.

Der direkte Vorher-Nachher-Vergleich im Anschnitt zeigt zum einen keine Farbveränderungen, die sonst mit einer Kontraststeigerung einhergehen. Zum anderen fällt eine bessere Detailzeichnung in den Wimpern, Augen und Augenbrauen sowie auf den Lippenhighlights auf.

Vergleich verschiedener Scharfzeichnungsmethoden

Unbearbeitetes Original

Die Aufnahme wurde mit einer Leica D-Lux 4 und angeschlossenem Softboxblitz im RAW-Format aufgenommen. Die anschließende Konvertierung in Adobe Camera Raw 5.2 erfolgte nur über den *Auto*-Button. Auf eine Scharfzeichnung im RAW-Konverter wurde verzichtet.
Dieses Ergebnis diente als Grundlage für die folgenden Beispiele der verschiedenen Nachschärfungsoptionen in Photoshop.

USM

Der *Unscharf maskieren*-Filter wurde mit den maximal empfohlenen Einstellwerten angewendet: *Stärke*: *150 %*, *Radius*: *2,1*. Eine Steuerung der Scharfzeichnung über den *Schwellenwert* fand nicht statt, deshalb die Einstellung hier auf *0* – somit sind alle Bildpixel von der Schärfung betroffen.

Selektives Nachschärfen

Die Einstellwerte der vorherigen Unscharfmaskierung wurden übernommen, die Wirkung in den Lichtern ist jedoch um 100 % verblasst.

Hochpass-Filter

Zum Schärfen mit dem *Hochpass*-Filter wurde die Hintergrundebene dupliziert und der Verrechnungsmodus auf *Ineinanderkopieren* umgestellt. Danach wurde der *Hochpass*-Filter mit einem vergleichbaren Wert von *2,1 %* angewendet.

Schärfen im Lab-Modus

Die Scharfzeichnungswerte von *150 % Stärke* und einem *Radius* von *2,1 Pixeln* wurden ausschließlich auf den Luminanzkanal angewendet.

Kantenmaske und Rauschen

Bei dieser Nachschärfung wurde die Hintergrundebene dupliziert, und die Unscharfmaskierung aus Punkt 2 wurde angewendet. Eine Maske, für die Flächen erstellt (Kantenmaske), bewahrt diese vor der Schärfung.

Über dem Gesamtbild wurde noch eine Störungsebene mit 4 % monochromatischen Rauschens angelegt und auf 50 % Deckkraft reduziert.

Highkey-Aufnahmen optimieren

Highkey-Aufnahmen sind zu hell belichtete Aufnahmen und wirken dadurch zart und reduziert. Leider findet sich durch die Überbelichtung kein echtes Schwarz, was fehlende Tiefe im Bild erzeugt. Mit dem Scharfzeichnungsfilter können Sie dieses Manko leicht beheben.

Vorher: *Leider findet sich durch die Überbelichtung einer Highkey-Aufnahme oft kein echtes Schwarz im Bild. Auch die Tiefenwirkung ist zu schwach ausgeprägt. Viele unnötige Bilddetails müssen noch ausgeblendet und die Farbintensität muss reduziert werden. (Foto: Guido Sonnenberg)*

Nachher: *Losgelöst von den unzähligen visuellen Informationen, die auf den Betrachter im wahren Leben einwirken, kann sich dieser der Stille und Ruhe einer Highkey-Aufnahme nicht entziehen. Ein zauberhafter Bann, der durch das Reduzieren auf das Wesentliche im weißen Nichts den Betrachter gefangen hält.*

[1] Kanalstudie
Um ein Foto aufzuhellen, sodass Weiß auch wirklich Weiß ist und keinen Farbstich aufweist, bietet sich die Gradationskurve an. Doch sollen nur die Lichter und nicht auch noch die Tiefen zusätzlich aufgehellt werden, schauen Sie sich einmal die Kanäle an. Welcher Kanal umfasst die Tiefenbereich am besten? Diesen gilt es zu isolieren und als Maske für die Gradationskurve zu nutzen.

[2] Tiefenmaske konstruieren
Über die *Kanalberechnungen* im Menü *Bild* geben Sie als *Quelle 1* den Kanal mit der besten Tiefenzeichnung an. Um eine gute, kontrastreiche Maske zu bekommen, bietet sich als *Füllmethode* die Option *Multiplizieren* oder zur Steigerung auch die Option *Farbig nachbelichten* an. Als *Quelle 2* sollten Sie, um die beste Kombination zu ermitteln, alle Kanäle nacheinander durchklicken.

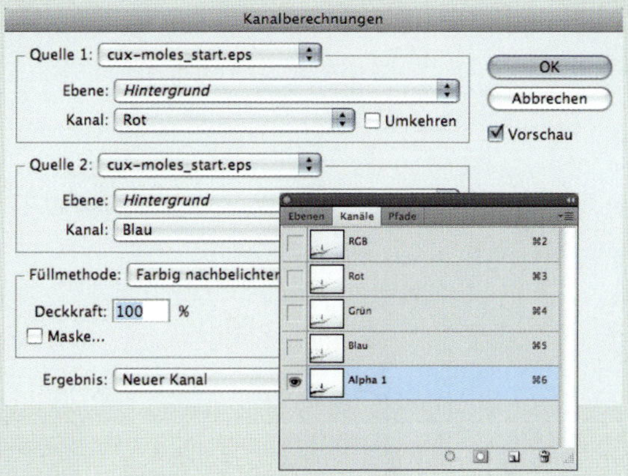

[3] Maske nachbearbeiten
Bearbeiten Sie den neuen Kanal – auch Alphakanal genannt – manuell nach. Mit dem *Nachbelichter* werden die Tiefenbereiche vergrößert und abgedunkelt, also die Bereiche, in denen sich Änderungen nicht auswirken sollen. Das *Abwedler-Werkzeug* reduziert die hellgrauen Bereiche. Je heller die Fläche, desto stärker wirkt sich die angewendete Korrektur aus.
Tipp: Beschränken Sie den Wirkungsbereich der Werkzeuge in der Optionsleiste auf *Tiefen* oder *Lichter.*

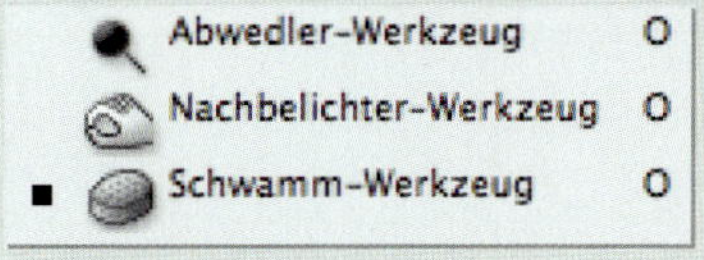

[4] Alphakanal als Auswahl laden

Mit dem neuen Bedienfeld *Masken* hat Photoshop den Workflow etwas vereinfacht, doch einen Alphakanal von dort direkt zu laden funktioniert noch nicht. So bleibt nur der übliche Weg über einen Klick auf das Ebenensymbol und die gedrückte [Strg]-Taste. Alternativ kann der gepunktete Kreis in der unteren Leiste des Bedienfelds *Kanäle* angeklickt werden.

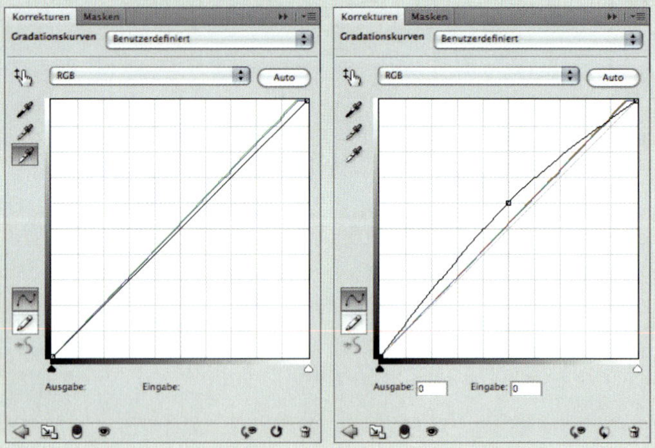

[5] Reinweiß bestimmen

Zurück im Bedienfeld *Ebenen*, wenden Sie im Bedienfeld *Korrekturen* eine Korrektur der *Gradationskurven* an. Einen Farbstich zu eliminieren ist mit einer der Pipetten recht einfach erledigt. Für die Definition eines rein weißen Bereichs wählen Sie die Pipette mit der weißen Spitze und klicken auf den Bereich im Bild, der wirklich als eine rein weiße Stelle dargestellt werden soll. Damit wird der hellste Punkt im Bilddokument definiert. Dieselbe Funktion finden Sie auch im Dialog *Tonwertkorrektur*. Für einen Highkey-Effekt heben Sie die Mitteltöne im Bild nach oben hin an.

[6] Alphamaske

Möchten Sie sehen, wie die Kurve ohne Maske wirkt, deaktivieren Sie die Alphamaske mit der [Umschalt]-Taste und Klick auf das Symbol. Ein erneutes Drücken der [Umschalt]-Taste und Klick auf das Maskensymbol aktiviert die Maskierung wieder. Mit der [Alt]-Taste und Symbolklick bekommen Sie den Alphakanal angezeigt.

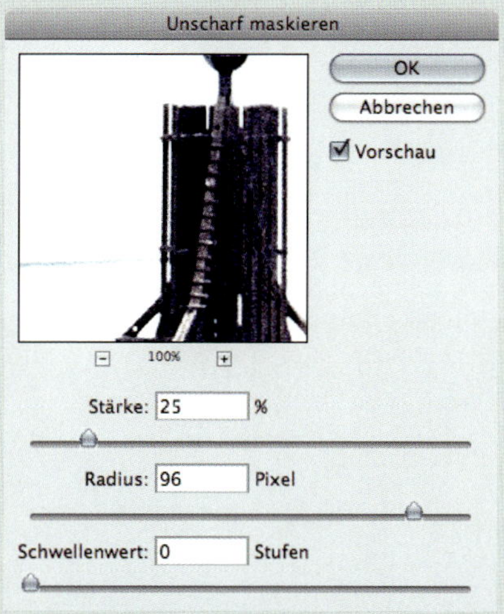

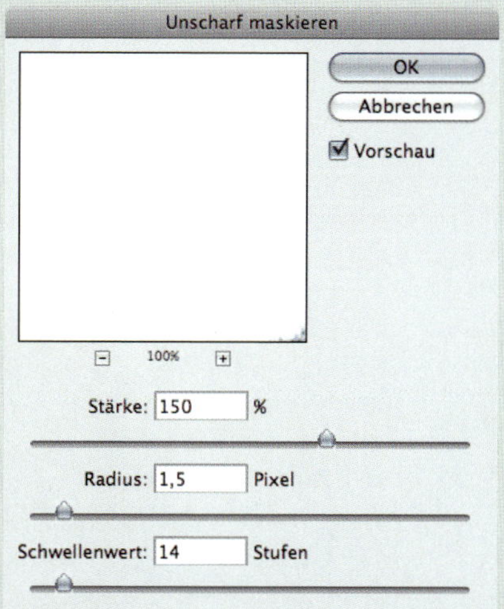

[7] Kontrast hervorheben

Die dunklen Bereiche im Bild heben Sie mit zwei Unscharfmaskierungen hervor.

Das sichtbare Arbeitsergebnis fassen Sie auf einer Ebene zusammen und konvertieren es in ein Smart-Objekt. Für das weitere Vorgehen wählen Sie im Dialogfeld *Unscharf maskieren* nach dem Prinzip „großer Radius und kleine Stärke" einen *Radius* von ca. *96 Pixeln* bei *Stärke 25 %* und *Schwellenwert 0 Stufen*.

Die weitere Unscharfmaskierung besteht aus Altbewährtem: *Stärke 150 %*, *Radius 1,5* bis *3 Pixel* und *Schwellenwert* ca. *8* bis *14 Stufen*.

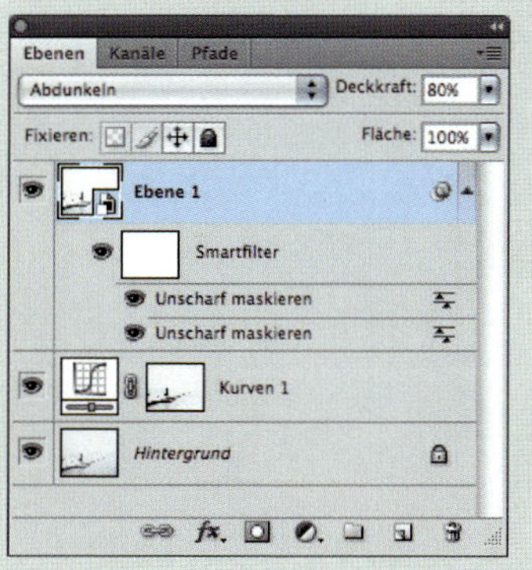

[8] Der Tiefentrick

Über die Smartfilter-Optionen haben Sie Zugriff auf die *Fülloptionen* der verwendeten Filter. Das Dialogfeld öffnen Sie mit einem Klick auf das rechts angeordnete Symbol der Filterauflistung (das Schiebereglersymbol).

Die Scharfzeichnung soll sich nicht auf die Farben, sondern nur auf die Luminanz im Bild auswirken. Deshalb wird vom Scharfzeichungsfilter der *Modus* auf *Luminanz* umgestellt. Auch die Deckkraft jeder Filteranwendung kann individuell über die *Fülloptionen* reguliert werden.

Den Füllmodus der gesamten Smart-Objekt-Ebene legen Sie jedoch auf *Abdunkeln* fest. So werden nur die dunklen Tonwerte durch das Scharfzeichnen mit dem Bild verrechnet. Die Deckkraft reduzieren Sie auf ca. *80 %*.

[9] Farbkorrektur

Die Farben in einer Highkey-Aufnahme werden entweder über *Bild/Korrekturen/Farbton/Sättigung* stark entsättigt oder individuell über die Farbbereiche gewichtet. Die Farbverstärkung wird dann mit der neuen Dynamikkorrektur durchgeführt.

Ecken und Kanten schärfen

Da die Ecken und Kanten das Maß für unsere Augen sind, möchten Sie vielleicht nur diesen Bildbereich scharf abbilden. Wie Sie mit einer Konturenmaske schnell zu diesem Ergebnis gelangen, soll Ihnen folgendes Verfahren zeigen.

Vorher: *Das Herausmodulieren der Kanten ist hier erforderlich, um den Schärfeeindruck zu steigern. (Foto: Guido Sonnenberg)*

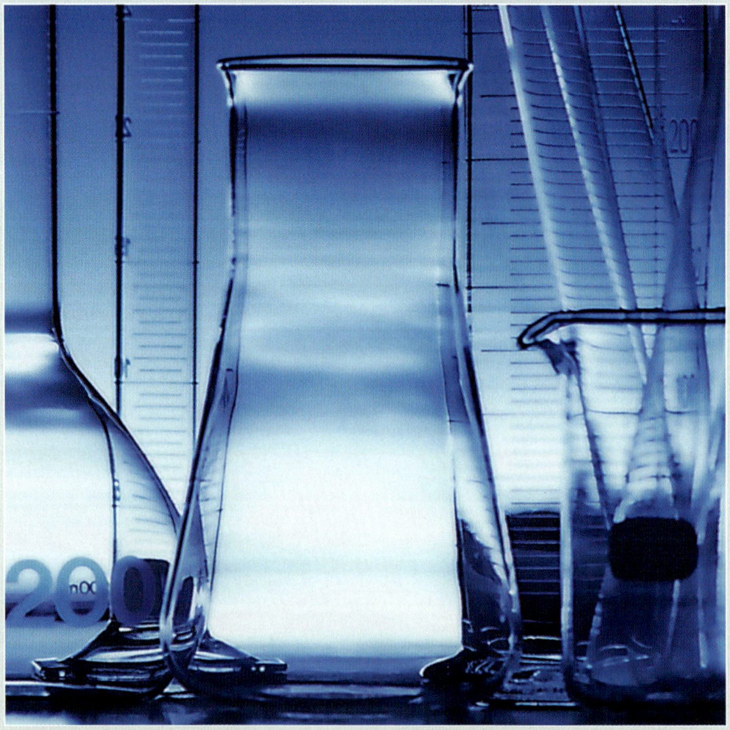

Nachher: *Durch eine modulierte Maske sind die Kanten des Motivs nachgeschärft worden. Das Luminanz- und Farbrauschen in den Flächen konnte dagegen durch Weichzeichnen abgemildert werden.*

[1] **Farbkanal auswählen**
Wechseln Sie von der Ebenenansicht zum Bedienfeld *Kanäle* und markieren Sie den Kanal, in dem Ihr Motiv am deutlichsten zu erkennen ist, hier der Kanal *Blau*.

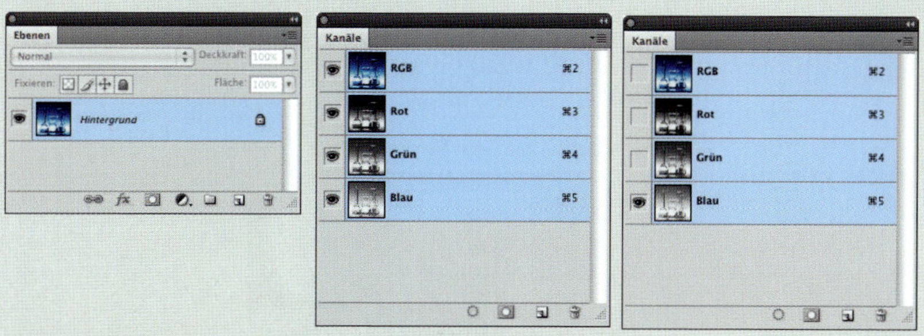

[2] **Kanalebene duplizieren**
Damit Sie diesen Kanal bearbeiten können, ohne Ihr eigentliches Bild zu manipulieren, müssen Sie eine Kopie der Kanalebene erstellen. Ziehen Sie hierzu die Kanalebene *Blau* per Drag and Drop auf das Symbol *Neuen Kanal erstellen.*

[3] **Konturen finden**
Mit einem Stilisierungsfilter reduzieren Sie das Graustufenbild im Bedienfeld *Kanäle* auf dessen Konturen. In den meisten Fällen reicht der Filter *Konturen finden* aus.
Ein weiterer Weg zur Erstellung einer Konturenmaske geht über den Filter *Leuchtende Konturen.* Hierbei haben Sie über drei Regler direkte Einflussmöglichkeiten auf die Konturenintensität.

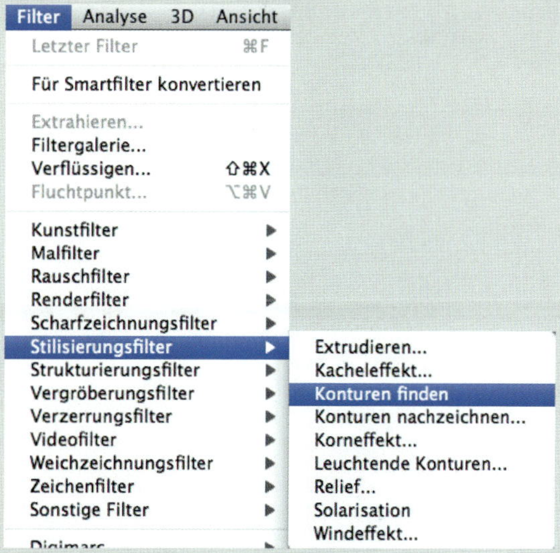

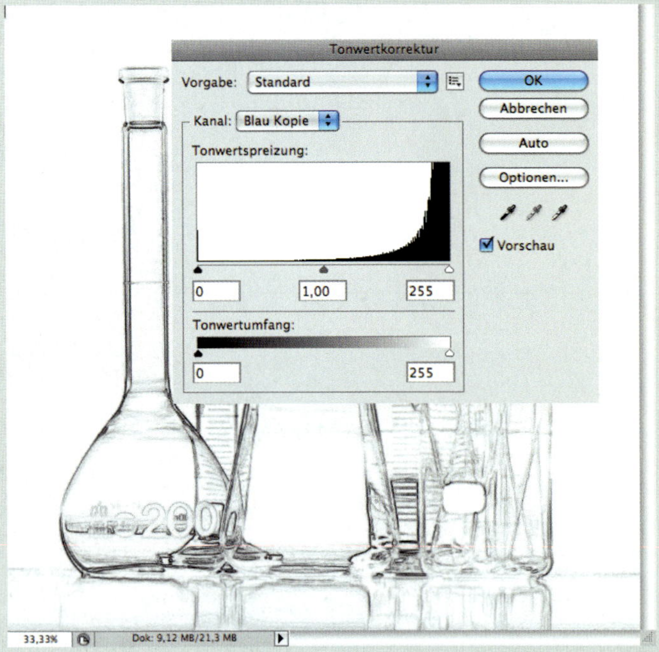

[4] **Kontrast leicht anheben**

Damit beim Ergebnis der Konturenmaske auch wirklich nur die Konturen ausgewählt sind, heben Sie den Kontrast mit der *Tonwertkorrektur*, Tastenkombination [Strg]+[L], leicht an.
Versuchen Sie, ein fast klares Schwarz-Weiß-Bild zu erstellen. Schieben Sie zuerst den Schwarzpunkt deutlich nach rechts, um die Konturen deutlich zu akzentuieren.

[5] **Farbbereich definieren**

Für einen weichen Übergang zwischen geschärftem und ungeschärftem Bereich nutzen Sie den Weichzeichnungsfilter *Gaußscher Weichzeichner*. Der *Radius* liegt zwischen *2* und *5 Pixeln*. Das ist jedoch von der aktuellen Bildauflösung abhängig.

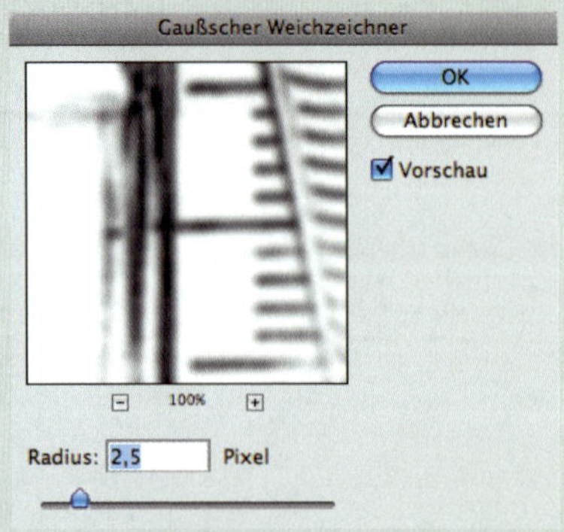

[6] **Auswahl erstellen**
Laden Sie den Kanal als Auswahl über das Kreissymbol in der Symbolleiste der *Kanal*-Palette.

[7] **Motivebene duplizieren**
Im Bedienfeld *Ebenen* duplizieren Sie die Motivebene. Durch Zuweisen einer Ebenenmaske wird der Inhalt der Auswahl übernommen und die Auswahl deaktiviert.

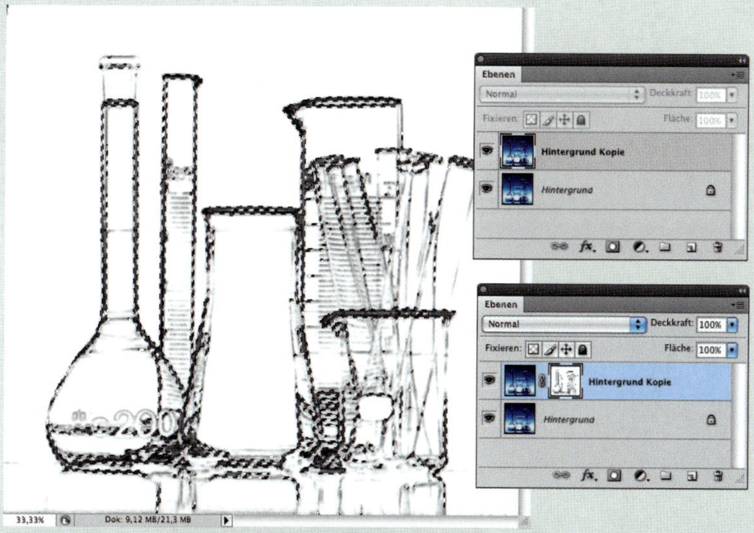

[8] **Schwarz-Weiß-Maske invertieren**
Noch sind in der Schwarz-Weiß-Maske die Kanten schwarz abgebildet. Schwarz bedeutet aber „nicht sichtbar“. Jedoch sollen genau die Kanten sichtbar und die Flächen abgedeckt sein. Also müssen Sie die Schwarz-Weiß-Maske invertieren. Nutzen Sie hierzu die Tastenkombination [Strg]+[I].

Knackige Kantenkontraste

Technische Produkte, hier ein typisches Beispiel eines Freistellers, fotografiert für Werbeinformationen, benötigen eine Akzentuierung der Kanten und weniger ein Nachschärfen der Fläche. Mit dem Hochpass-Filter können Sie die Kantenkontraste verstärken.

Vorher: *Bei dieser Aufnahme sind die Kanten zu weich und sollten durch eine Nachschärfung akzentuiert werden.*

Nachher: *Eine Kontrastanhebung an den Kanten, ohne die Flächen mit einzubeziehen, bewirkt ein knackigeres Aussehen dieses Chromartikels.*

[1] **Ebenenkopie erstellen**
Kopieren Sie als Erstes die Hintergrundebene. Ziehen Sie die zu kopierende Ebene innerhalb des *Ebenen*-Bedienfelds einfach per Drag and Drop auf das Symbol *Neue Ebene erstellen*.

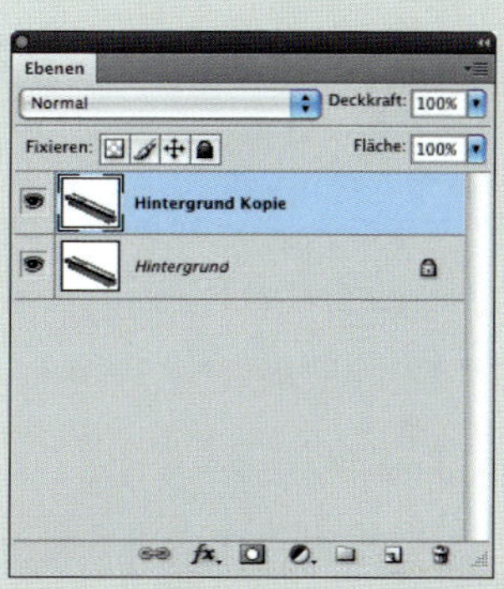

[2] **In Smart-Objekt konvertieren**
Mit einem Rechtsklick auf die neu kopierte Ebene öffnen Sie das Kontextmenü der Ebene. Hier wählen Sie den Eintrag *In Smart-Objekt konvertieren*.

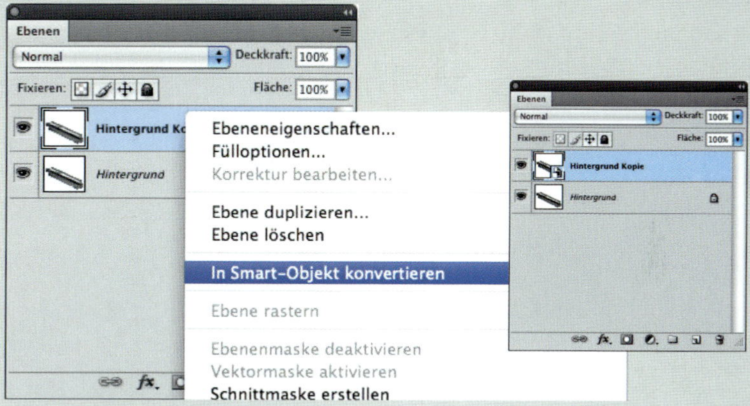

[3] **Hochpass-Filter wählen**
Öffnen Sie den Hochpass-Filter über das Menü *Filter* und die Funktion *Sonstige Filter/Hochpass*.

[4] **Hochpass-Einstellungen**
Reduzieren Sie die Bildmodulation auf ein einheitliches Grau. Durch Anheben des *Radius* bestimmen Sie im Dialogfeld *Hochpass*, in welchem Pixelbereich Kanten erkannt werden sollen. Finden Sie einen ungefähren Wert, der die Kanten wiedergibt, die verstärkt werden sollen.

[5] **Ebenen ineinanderkopieren**
Im Listenfeld *Füllmethode für die Ebene einstellen* stellen Sie den Ebenenverrechnungsmodus der Smart-Objekt-Ebene auf *Ineinanderkopieren* um.

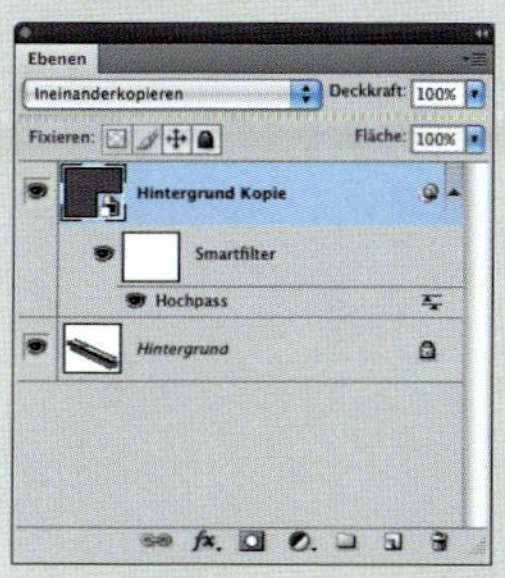

Schärfen mit Unscharfmaskierung

Das klassische Verfahren zur Scharfzeichnung ist die Unscharfmaskierung. Hierbei sucht Photoshop nach Bildpunkten, die sich von benachbarten Bildpunkten und dem eingestellten Schwellenwert unterscheiden. Bei diesen Bildpunkten wird dann die Kontraststärke um einen definierten Wert erhöht. Beachten Sie, dass die Auswirkung des Scharfzeichnungseffektes auf dem Bildschirm immer deutlicher zu sehen ist als später im Ausdruck.

Vorher: *Das gesamte Motiv benötigt eine Nachschärfung. Doch damit würden Sie bei Beautyaufnahmen niemanden glücklich machen.*

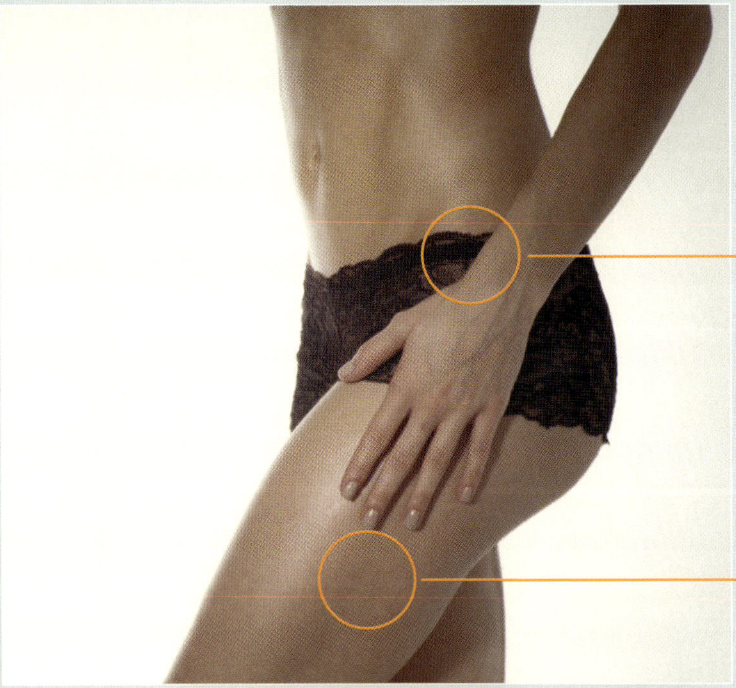

Nachher: *Nur die Motivbereiche mit deutlichen Tonwertunterschieden wurden nachgeschärft. Die Flächen mit eng beieinanderliegenden Tonwerten wurden von der Unscharfmaskierung ausgenommen.*

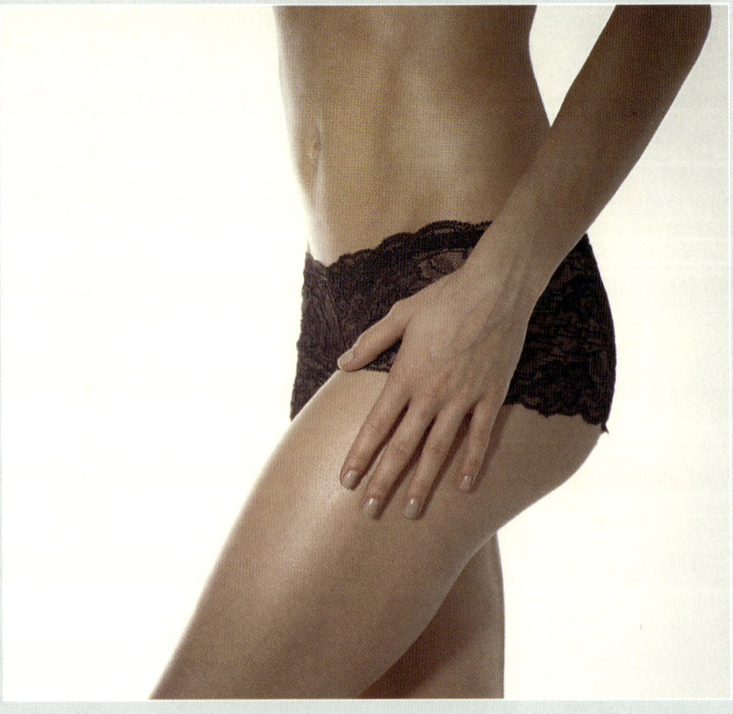

[1] Betrachtungsgröße anzoomen

Zur Bewertung der Scharfzeichnung am Monitor zoomen Sie Ihr Foto auf die 100-%-Darstellung. In Photoshop nennt sich diese Auflösungsgröße *Tatsächliche Pixel*. Sie finden diese im Menü *Ansicht* oder in der Optionsleiste des *Zoom-Werkzeugs*. Hierbei entspricht ein Pixel im Bild genau einem Monitorpixel.

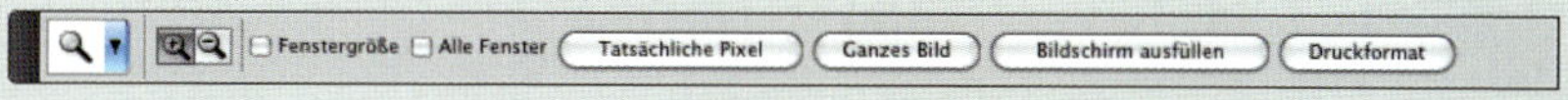

[2] Scharfzeichnungsfilter wählen

Photoshop bietet einige Scharfzeichnungsvarianten an, doch nur der Filter *Selektiver Scharfzeichner* und der Klassiker *Unscharf maskieren* bieten genau die Einstellungsmöglichkeiten für eine optimale Scharfzeichnung.

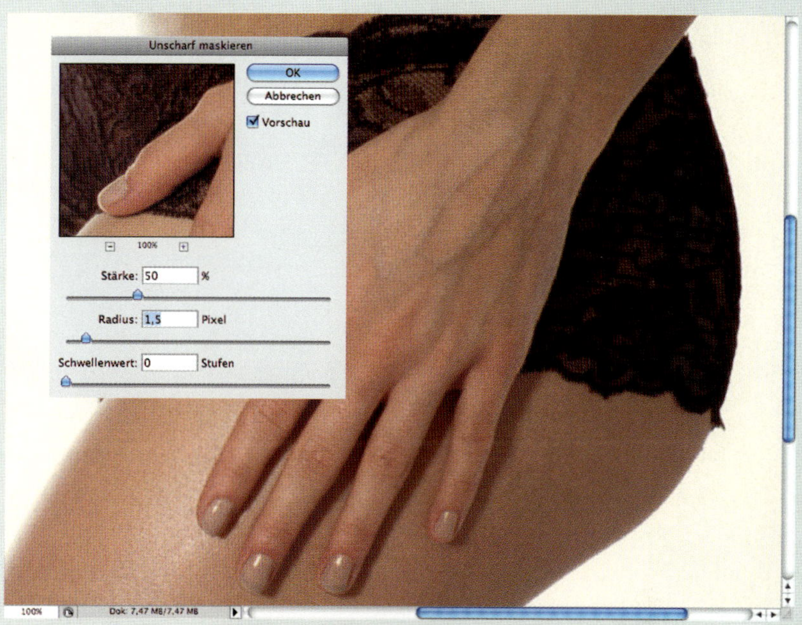

[3] Basis und Grenzen

Es gibt für das Schärfen leider keine universelle Lösung. Der Schärfeeffekt ist immer von der Bildauflösung abhängig sowie vom späteren Druckverfahren und dem Papier. Wählen Sie den Filter *Unscharf maskieren*. Ein guter Ausgangswert ist eine leichte *Stärke* von *50 %*, ein *Radius* von *1,5 Pixeln* und ein *Schwellenwert* von *0 Stufen*. Zum Vergleich sehen Sie eine *Stärke* von *500 %* bei einem *Radius* von *3 Pixeln* und einem *Schwellenwert* von *0 Stufen*.

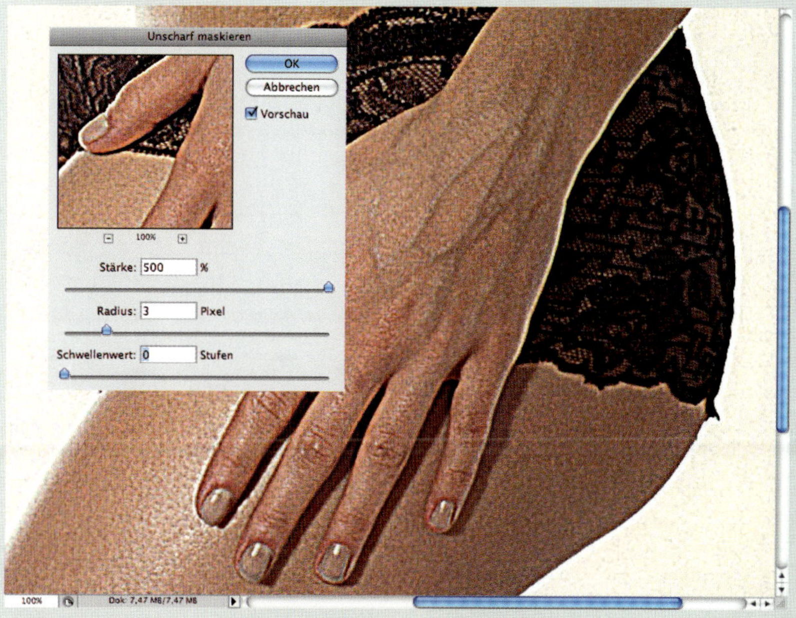

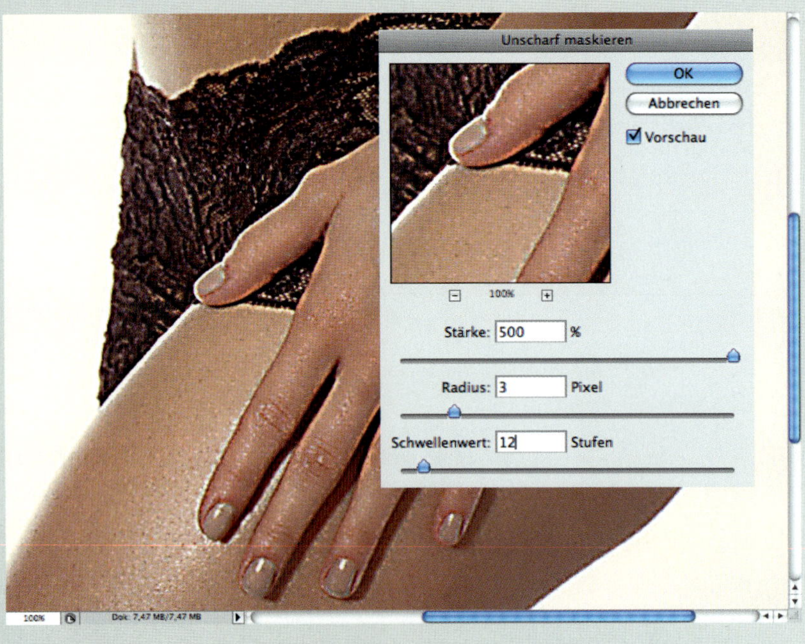

Der Weg zum guten Schärfen liegt im allgemeinen Verständnis der menschlichen Wahrnehmung. Das Wichtigste bei der Verarbeitung der Sehinformationen ist es, die Kanten zu finden, die das Objekt vom Hintergrund trennen. Deshalb beurteilen wir dann ein Bild als scharf, wenn die Motivkanten gut akzentuiert sind. Die Flächen dürfen daher weich und unscharf bleiben.

Stärke und *Radius* formen die Kanten, der *Schwellenwert* schützt die Flächen. Bei dieser extremen Darstellung sehen Sie, wie die Pixel in den Flächen bei einem hohen Wert mit geschärft werden. Durch Anheben des Schwellenwerts auf *12 Stufen* wird dem entgegengewirkt, ohne dass die Kontrastanhebung an den Kanten abgeschwächt wird.

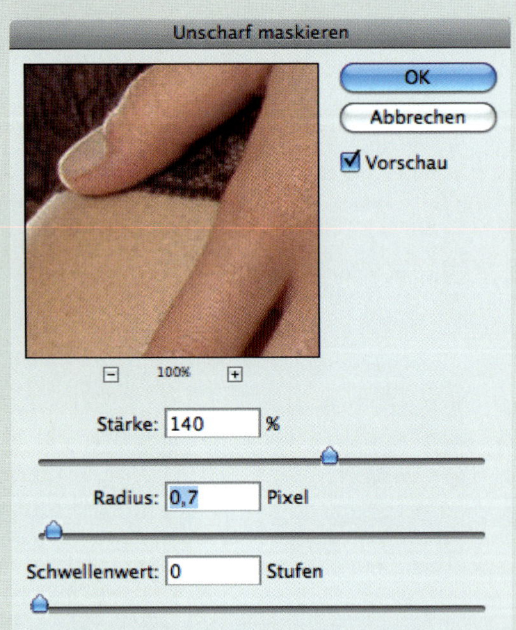

[4] Einstellwert Radius finden

Als Erstes sollten Sie den Einstellwert für den *Radius* finden. Fahren Sie die *Stärke* vorläufig auf ca. *100* bis *150 %* hoch, um die Wirkung beurteilen zu können. Die Kontrastanhebung soll in einem engen Radius erfolgen, zu hohe Werte führen zu Artefakten und zu einem harten Kontrast. Ein guter Anhaltspunkt ist die Faustregel *0,5* bis *0,7 Pixel* pro 100 dpi Bildauflösung.

[5] Stärke bestimmen

Als Nächstes passen Sie die *Stärke* des Filters an. Alles, was über *150 %* hinausgeht, führt in der Regel zu Detailverlusten und Lichthöfen an den Kanten.
Die optimalen Parameter zu finden ist stark abhängig von der Auflösung des Bildes. Je höher die Bildauflösung ist, desto größer kann der Einstellwert sein.

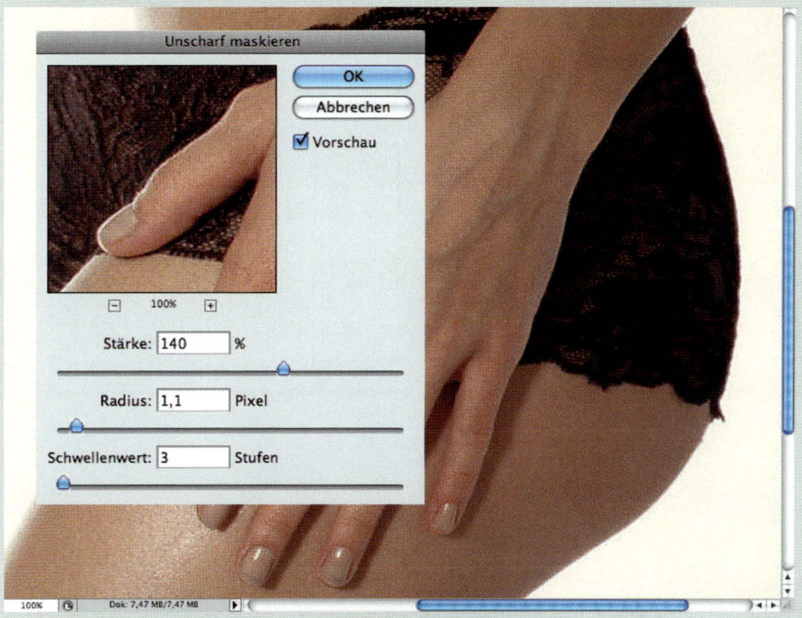

[6] Schwellenwert definieren

Der *Schwellenwert* definiert, wie hoch ein Tonwertunterschied zwischen zwei Pixeln sein muss (0 bis 255), damit dieser als Kante erkannt und scharf gezeichnet wird. Bei *0 Stufen* wird alles scharf gezeichnet. Damit Stellen mit kleinen Störungen nicht mitgeschärft werden, z. B. Hautpartien oder glatte Flächen mit Luminanzrauschen, reicht eine Anhebung von *3* bis *15 Stufen* völlig aus.

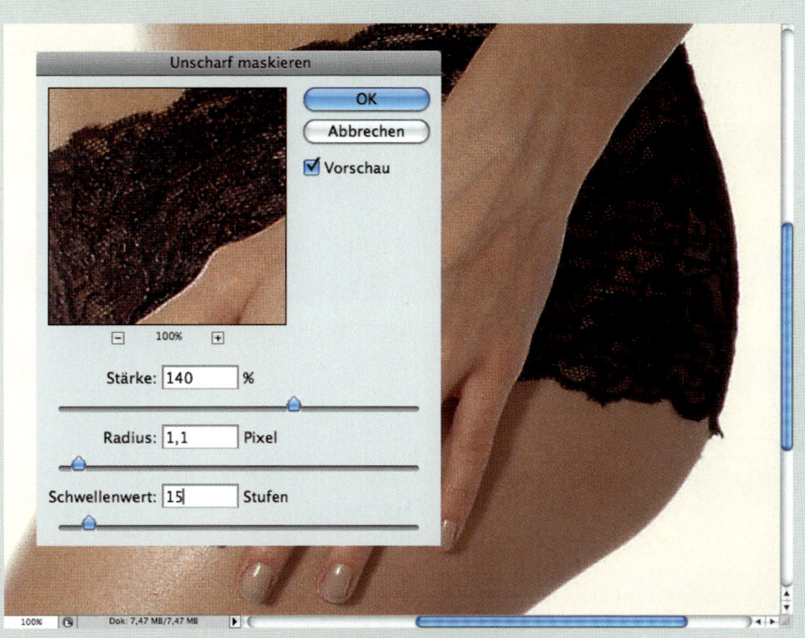

Helle und dunkle Tonwerte schärfen

Das Wichtigste an einem Porträt sind die Augen. Schon bei der Aufnahme sollten Sie darauf achten, dass Sie immer auf die Augen scharf stellen. Durch selektive Unschärfe und dem Nachbearbeiten der Augenpartien bei der Bearbeitung in Photoshop können Sie den Fokus des Betrachters leicht beeinflussen.

Vorher: *Der Fokus des Betrachters schwankt zwischen Augen und leuchtendem Mund. Die Bildgewichtung sollte eindeutiger auf die Augen gelegt werden. (Foto: Christine Anders)*

Nachher: *Durch das Absoften der Bereiche oberhalb und unterhalb der Augen konnte der Fokus eindeutig auf die Augen gelenkt werden.*

[1] Lab-Modus aktivieren

Beim Nachschärfen von Fotos müssen nicht die Farben im Kontrast gesteigert werden, sondern die Bildmodulation. Im RGB-Modus befinden sich in jedem der drei Kanäle sowohl Farbe als auch Bildmodulation – nicht so im Lab-Modus, hier sind Farben und Bild in getrennten Kanälen angelegt. Über das Menü *Bild* wählen Sie die Funktion *Modus/ Lab-Farbe*.

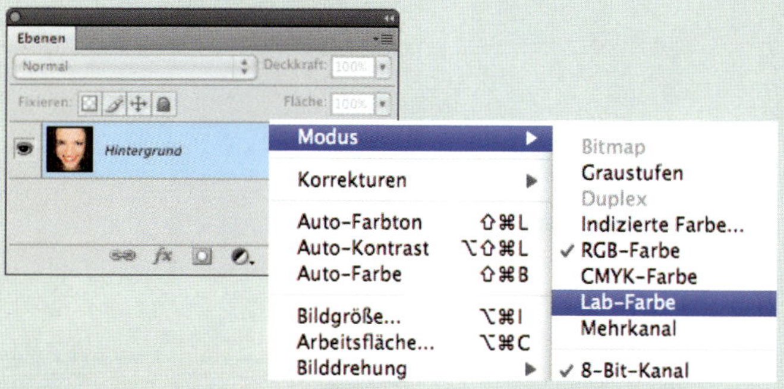

[2] Das Originalbild duplizieren

Um die Schärfung auf einer eigenen Ebene unabhängig vom Originalbild durchzuführen, erzeugen Sie ein Duplikat der Hintergrundebene. Wählen Sie hierzu im Kontextmenü der Ebene *Hintergrund* den Eintrag *Ebene duplizieren*.

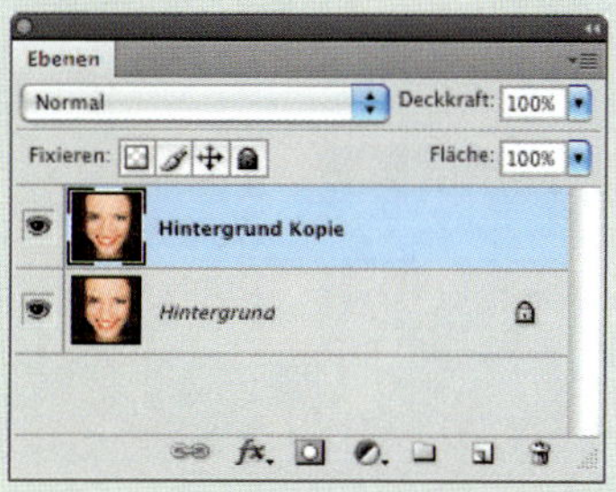

[3] Kanal wählen

Wechseln Sie nun vom Bedienfeld *Ebenen* zum Bedienfeld *Kanäle*. Im Kanal *Helligkeit* und im Kanal *Lab*, der Bildmodulation, sehen Sie ein Schwarz-Weiß-Bild, in den Kanälen *a* und *b* nur Farben. Wählen Sie zum Schärfen gezielt den Kanal *Helligkeit* aus.

[4] Schärfen im Helligkeitskanal

Bevor Sie über das Menü *Filter* die Funktion *Scharfzeichnungsfilter/Unscharf maskieren* starten, vergessen Sie nicht, Ihre Bildansicht auf 100 % zu stellen. Klicken Sie hierzu in der Werkzeugleiste auf das *Zoom-Werkzeug* und anschließend in der Optionsleiste auf den Schalter *Tatsächliche Pixel*.

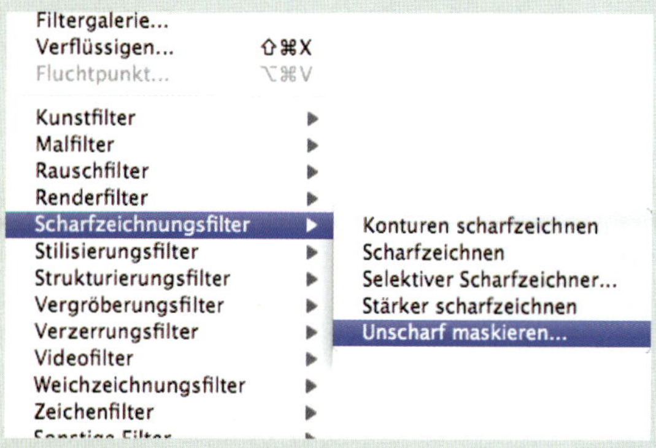

5 FARBEN OPTIMIEREN

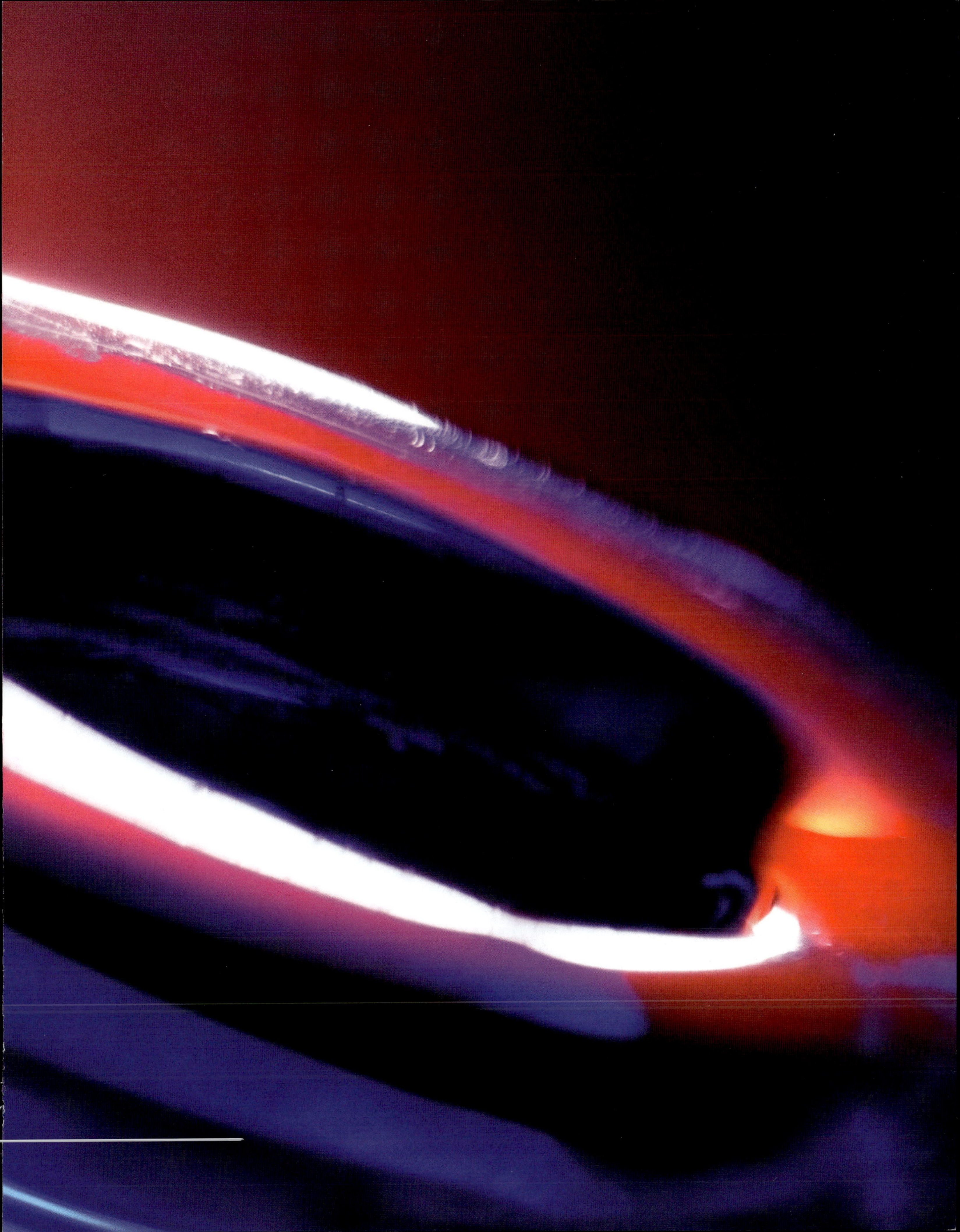

5

Farben optimieren

Links der Originalscan ohne Farbanpassung. Rechts das Bild nach der Farbanpassung. Die Farben erscheinen jetzt frischer und kontrastreicher.

5 Farben optimieren

Welche Möglichkeiten zur Anpassung von Farben habe ich mit Photoshop? Wie gehe ich damit um? Kann ich Farben auch individuell anpassen? Hier werden die wesentlichen Werkzeuge und Möglichkeiten vorgestellt. Mit wenigen eigenen Versuchen haben Sie das schnell im Griff!

Mit unterschiedlichen Werkzeugen lassen sich Farben anpassen bzw. Farbstiche entfernen. Eines der wichtigsten, die Tonwertkorrektur, wurde bereits behandelt. In diesem Abschnitt geht es nun um weitere Möglichkeiten und Optionen. Durch den bei Digitalkameras erfolgten Weißabgleich ist das Problem von Farbstichen bei den Aufnahmen zumeist eher gering. Bei gescannten Aufnahmen hingegen, die ursprünglich analog fotografiert wurden, sind Farbstiche jedoch häufig die Regel. Farbe im Bild ist aber auch ausschlaggebend für dessen Stimmung und kann nicht in jedem Fall einfach neutralisiert werden. Eine tendenzielle Anpassung kann demnach ein Bild verbessern, ohne die vorhandene Stimmung zu zerstören.
Bei digitalen Aufnahmen mit automatischem Weißabgleich wird diese Farbstimmung jedoch auch oft zu stark reduziert, und das gewisse Etwas geht dabei verloren. Hier kann eine gezielte Farbanpassung die Stimmung gelegentlich wieder herstellen oder verstärken.
Das Beispielbild wurde analog auf Diafilm aufgenommen und zur digitalen Bearbeitung gescannt. Es weist einen magentafarbenen Stich auf, der möglicherweise auch auf die untergehende Sonne zurückzuführen ist. Zudem wirkt es leicht flau und könnte demnach eine Kontrastanpassung vertragen. Es muss jedoch sehr vorsichtig vorgegangen werden, um die Stimmung zu erhalten.

Bildanpassung mit Variationen

Für noch ungeübte Anwender bietet Photoshop im Menü *Bild/Korrekturen* die Funktion *Variatio-*

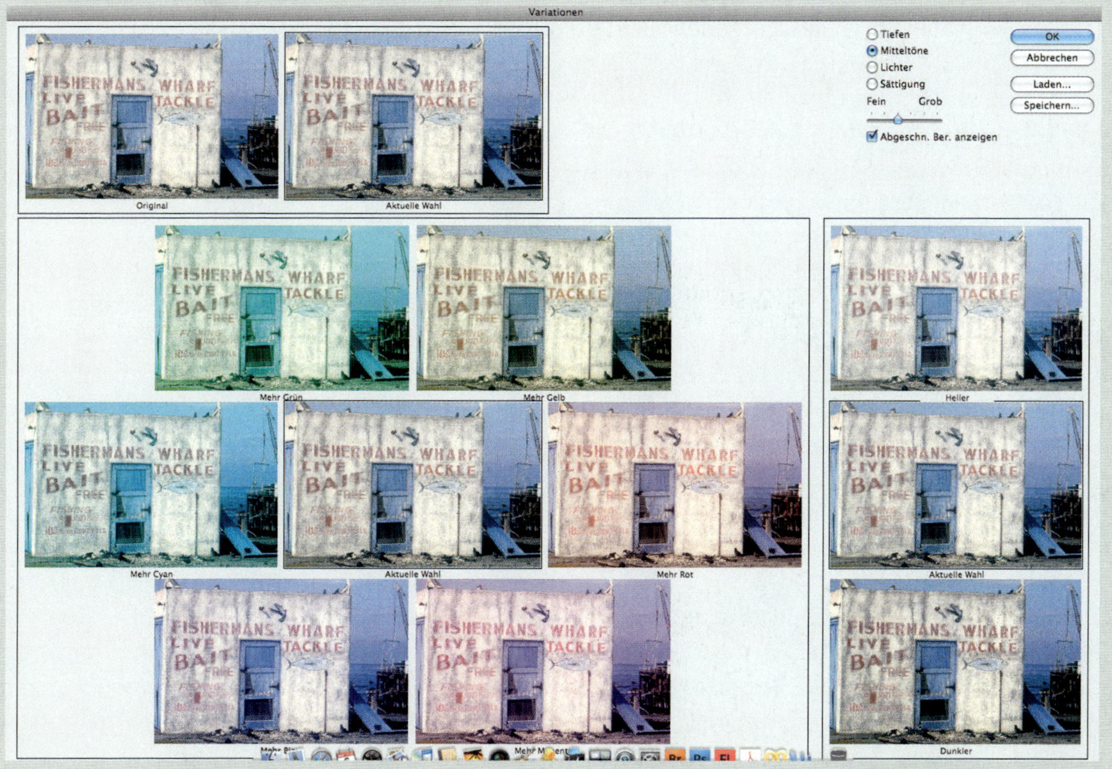

Einstellungsmöglichkeiten im Dialogfeld **Variationen**. *Hier können Sie bei Tiefen, Mitteltönen, Lichtern und Sättigung ohne die Eingabe von Werten Feintuning betreiben.*

nen an – eine Art Kombizange, in der die jeweilige Veränderung durch den direkten Vergleich abstimmbar ist. Wie mit der Funktion *Helligkeit/Kontrast* wird hier linear korrigiert, was zu erheblichen Beschneidungen eines Bildes führen kann. Links oben in diesem Fenster wird das Ausgangsbild angezeigt, daneben sehen Sie die veränderte Ansicht in einer Vorschau. Darunter werden in einer Art Farbstern die jeweiligen Abstufungen gezeigt. Um diese anzuwenden, müssen Sie nur darauf klicken. In der Mitte des Farbsterns sehen Sie nochmals die aktuelle Wahl.

Rechts daneben befinden sich die Vorlagen zur Anpassung der Helligkeit. Welchen Bereich Sie bearbeiten, bestimmen Sie durch die jeweilige Option für *Tiefen*, *Mitteltöne*, *Lichter* und *Sättigung*. Der Regler *Fein/Grob* passt die Intensität an. Mit der Option *Abgeschnittene Bereiche anzeigen* markiert das Programm stark veränderte Bereiche. Um Ihre momentane Wahl rückgängig zu machen, klicken Sie einfach auf Ihr Ausgangsbild.

i

VARIATIONEN – NUR FÜR KONTRASTREICHE FOTOS

Die Funktion Variationen ist durch ihre relativ grobe Methode der Anpassung nur für kontrastreiche Fotos zu empfehlen.

Farben korrigieren

Im Menü *Bild/Korrekturen* findet sich mit *Farbbalance* eine weitere Anpassungsmöglichkeit, die lediglich die Darstellung des Bildes auf dem Monitor als Kontrollinstrument verwendet. Ist dieser nicht perfekt kalibriert, kann eine Farbanpassung bei der Bildausgabe auch komplett danebengehen. Eine Kalibrierung des Monitors und die Verwendung des Farbmanagements mit ICC-Profilen ist natürlich für jede Art der professionellen Bildbearbeitung ein Muss.

Durch Ziehen der Regler in den komplementärfarbenen Bereich des jeweiligen Farbstichs kann dieser neutralisiert werden. *Tiefen*, *Mitteltöne* und *Lichter* sind gesondert anpassbar. Die Option *Luminanz erhalten* erhält dabei die Helligkeit, nur die Farbzusammensetzung wird geändert.
Die Funktion *Farbton/Sättigung* auch im Menü *Bild/Korrekturen* basiert auf dem Farbkreis und ermöglicht die Beeinflussung sämtlicher Farben in ihrem Zusammenspiel durch das ganze Spektrum oder gezielt auf bestimmte Bereiche hin – z. B. Rottöne. Anpassungen können dabei auch kombiniert werden. Es kann sowohl der einzelne *Farbton* sowie dessen *Sättigung* oder die *Helligkeit* als auch alles zugleich angepasst werden. Mittels der Option *Färben* können die Bilder sogar koloriert werden.
Die beiden Farbbalken unten im Fenster verdeutlichen die spektrale Farbverschiebung: oben das derzeitige Bild, darunter die Verschiebung. Wird die *Sättigung* auf *0* reduziert, wandelt sich Farbe zu Grau. Den gleichen Effekt erzielen Sie auch über *Bild/Korrekturen/Sättigung verringern*. Dabei werden alle vorhandenen Farben zu Grau umgewandelt.

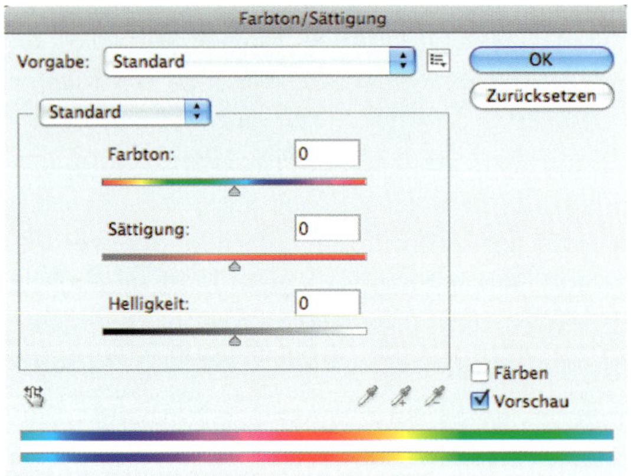

Einstellungen im Dialogfeld **Farbton/Sättigung**.

Sättigung von Farben

Bezüglich der Sättigung von Farben ist zu beachten, dass diese nicht unbegrenzt erhöht werden kann, ohne Probleme im Druck zu verursachen. Photoshop bietet deshalb auch mehrere Kontrollinstanzen im Menü *Ansicht* zur Überprüfung an: *Proof einrichten* und *Farbproof*. Dabei kann eine Vorschau im CMYK-Modus voreingestellt werden, die farbliche Veränderungen im Vergleich vom Bildschirm zum Druck simuliert. Im gleichen Menü findet sich auch die *Farbumfang-Warnung*, die zu leuchtende Farben vergraut darstellt. Durch eine Verringerung der Sättigung dieser Farben geht diese aufgesetzte Vergrauung zurück.

Selektive Farbkorrektur

Ein ausgezeichnetes Tool zur Feinabstimmung finden Sie ebenfalls im Menü *Bild/Korrekturen*, die *Selektive Farbkorrektur*. Zunächst bestimmen Sie die *Methode*, mit der Sie arbeiten möchten: *Relativ* oder *Absolut*, wobei *Absolut* der Vorzug zu geben ist. Damit fallen die Änderungen deutlicher aus. In diesem Dialogfeld lassen sich die ausgewählten Farben und sogar Weiß, Grautöne und Schwarz individuell bearbeiten, wobei bei den letztgenannten Werten immer das gesamte Bild betroffen ist. Um wiederkehrende Aufgaben zu erledigen, sind auch eine Speicherung und das erneute Laden der Einstellungen möglich.

Eine Aktion aufzeichnen

Um eine ganze Bildreihe mit wiederkehrenden Einstellungen zu bearbeiten, können Sie eine Aktion aufzeichnen, wobei die vorgenommenen Änderungen in der jeweiligen Anwendung gespeichert und dann zur Verwendung wieder geladen werden.

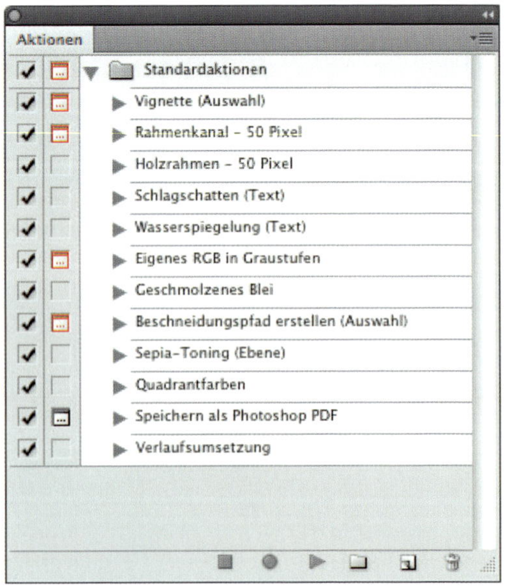

Im Bedienfeld **Aktionen** *steht bereits eine beträchtliche Anzahl sofort einsatzbereiter Aktionen zur Verfügung.*

Hier die Vorgehensweise zur Farbanpassung:

[1] Zunächst erfolgt eine *Tonwertkorrektur*.
[2] Anschließend folgt die Bearbeitung mit der Funktion *Farbton/Sättigung*.
[3] Zum Abschluss kommt die Feinabstimmung mit *Selektive Farbkorrektur* – wobei der zweite Schritt auch gelegentlich, je nach Erfordernis, ausfallen kann.

Helligkeit und Kontrast

Kaum ein Foto, das so perfekt belichtet ist, dass keine Anpassung erforderlich wird. Zu den meistverwendeten gehört die Anpassung der Bildhelligkeit (viele Aufnahmen sind etwas zu hell oder etwas zu dunkel) und die Anpassung des Kontrasts. Ist der Kontrast zu niedrig, kann leicht Abhilfe durch seine Erhöhung geschaffen werden. Ist der Kontrast jedoch zu hoch und die hellen Stellen im Bild sind bereits ohne Zeichnung, kann kaum noch etwas verbessert werden. Auch dem tiefschwarzen Bereich ist dann keine Information mehr zu entnehmen.

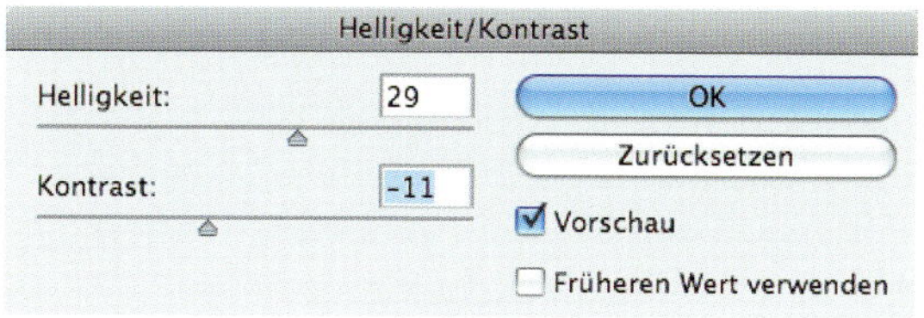

Partielle Farbanpassung

Eine partielle Farbanpassung kann je nach Struktur einen enormen Aufwand verursachen, besonders wenn keine einheitlichen Flächen mit deutlichen Abgrenzungen oder wenn starke Kontraste vorhanden sind und zudem die im Bild erscheinenden Farben lediglich teilweise angepasst werden sollen. Hier hilft nur der Griff zum *Pinsel*, um im Maskierungsmodus manuell passende Auswahlen zu erstellen. Das Foto einer alten Stadtansicht von Tübingen mit seinen auf dem Neckar liegenden Booten gefällt trotz oder vielleicht auch gerade wegen seiner Körnigkeit und der dezenten Farben.

Mit der Auto-Tonwertkorrektur

[1] Die Beseitigung des starken Gelbstichs mittels der *Tonwertkorrektur* stellt in diesem

*analoge Aus-
gsbild aus dem
1970. Die Far-
sind blass und
en – möglichst
inalgetreu –
derhergestellt
den*

Fall kein Problem dar, da die *Auto*-Funktion bereits ein gutes Ergebnis erzielt. Die Verwendung der *Grau-Pipette* an einer Mauer im mittleren Teil des Bildes neutralisiert diesen Stich dann endgültig.

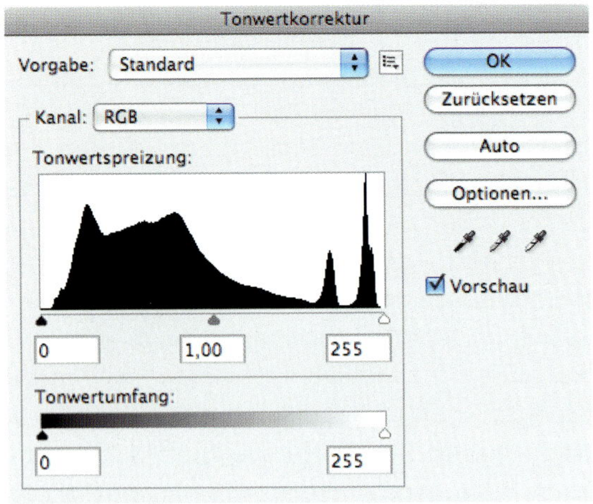

[2] Um die verblassten Farben wieder etwas aufzumöbeln, öffnen Sie unter *Bild/Korrekturen* das Dialogfeld *Farbton/Sättigung* und heben die *Sättigung* in der *Vorgabe: Standard* um *40 %* an. Die Farben sind nun deutlich kräftiger, und das Laub des Baums erscheint in herbstlichen Tönen. Leider hat sich aber auch die lehmige Farbe des Neckars im Vordergrund deutlich verstärkt. Der Himmel hingegen weist weiterhin sehr wenig Farbe und Zeichnung auf. Es muss also noch einiges getan werden.

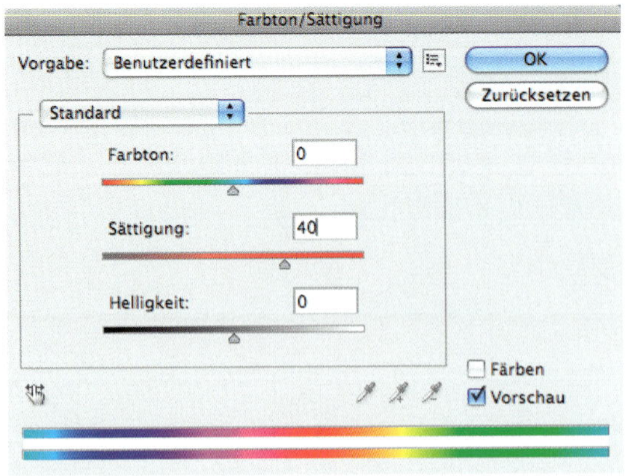

Farbbereich auswählen

[3] Im Menü *Auswahl/Farbbereich* setzen Sie das *Pipette-Werkzeug* am Fluss ein. Mittels der Pipette *Hinzufügen*, durch ein Pluszeichen gekennzeichnet, und der Anpassung des Reglers *Toleranz* erreichen Sie schließlich ein Ergebnis, das als Ausgangspunkt annehmbar scheint. Im Maskierungsmodus zeigt sich jedoch, dass dieser schlammige Gelbton fast überall vorkommt und teilweise noch weiter überarbeitet werden muss. Da zunächst nur der Fluss von Bedeutung ist, kann der restliche Bereich mit dem Pinsel und Maskenfarbe übermalt werden.

Im Maskierungsmodus

[4] Dabei arbeiten Sie zunächst mit einer großen Werkzeugspitze und übermalen den oberen Bereich komplett mit der Vordergrundfarbe Schwarz. Für den Bereich des Flusses, der gesäubert werden muss, ändern Sie die Vordergrundfarbe zu Weiß und entfernen die groben Maskenflecken wo es geht, bevor Sie bei einer starken Vergrößerung zur Feinarbeit übergehen.

[5] Mit einem feineren Pinsel und harter Kante arbeiten Sie sich dann durch den Dschungel am Fluss, indem Sie durch Hin- und Herwechseln der Vordergrundfarbe abwechselnd deckend und entfernend vorgehen. Im Maskierungsmodus wechseln Sie durch Klick auf die Vordergrundfarbe Schwarz, um Bildteile mit roter Maskenfarbe abzudecken. Mit Klick auf Weiß wird Ihr *Pinsel* zum *Radiergummi*, und Sie können die Maskenfarbe entfernen. Zum schnellen Wechsel des *Pinsel-Werkzeugs* zwischen den beiden Anwendungen können Sie auch die Taste [X] drücken.

Zwischenstufe: Die Tonwerte sind korrigiert, die Sättigung ist angehoben. Aber Fluss ist noch zu schlammig-gelb.

[6] Die Randbereiche des Buschs an der linken Bildseite überpinseln Sie mit auf 50 % reduzierter Deckkraft des weißen Pinsels. Danach wechseln Sie in den Auswahlmodus zurück.

Im Auswahlmodus

[7] Im Menü *Bild/Korrekturen* öffnen Sie die *Selektive Farbkorrektur.* Verändern Sie hier den Gelbton mit dem Regler *Cyan* in ein angenehmeres Grün. Nach dem Aufheben der Auswahl überprüfen Sie nochmals die bearbeiteten Stellen.

[8] Nun fülgt eine weitere Farbauswahl. Wählen Sie wieder im Menü *Auswahl* den Punkt *Farbbereich auswählen*, diesmal jedoch für den Himmel. Dazu müssen in diesem Bild, wieder im Maskierungsmodus, noch einige Häuserteile abgedeckt werden, um eine saubere Maske zu erhalten. Die Deckkraft des Pinsels wird zur Anwendung wieder auf 100 % zurückgesetzt.

[9] Einige Glanzlichter im Bild lassen Sie absichtlich unbedeckt, darin soll sich das Blau des Himmels spiegeln. Nach einem weniger befriedigenden Versuch mit einer blauen Farbe entschließen Sie sich für einen Verlauf – mit dem *Verlaufswerkzeug* – von Blau nach transparent, den Sie auf einer neuen Ebene bei geladener Auswahl leicht diagonal einsetzen.

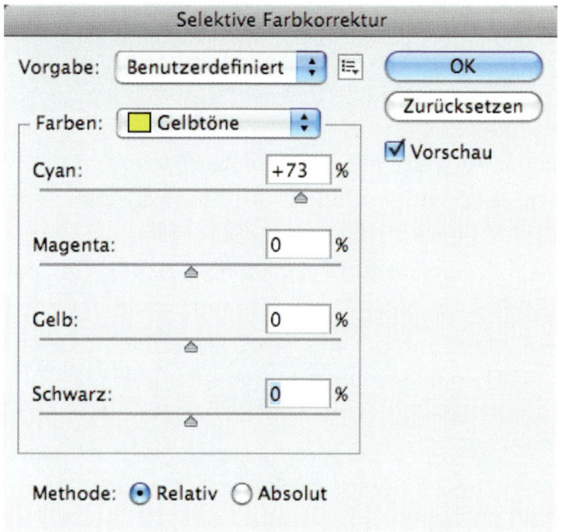

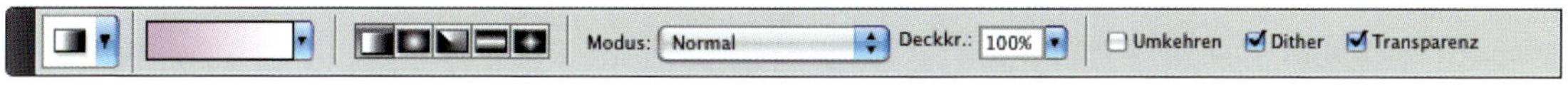

Das fertig überarbeitete Bild. Die Farben wirken lebendiger, sind aber nicht übertrieben verstärkt.

Nach Auswahl des *Verlaufswerkzeugs* und der entsprechenden Option (die Vordergrund- und die Hintergrundfarbe müssen dabei die gewünschten Farbtöne enthalten) ziehen Sie mit gedrückter linker Maustaste eine Linie über den entsprechenden Bildbereich. Je nach Anfangs- und Endpunkt ergibt sich dann der Verlauf.

[10] Zur weiteren Anpassung der Auswahl des Himmels benutzen Sie im Bedienfeld *Ebenen* die Füllmethode *Multiplizieren* bei verringerter Ebenendeckkraft. Das neue Bild kann sich sehen lassen. Alternativ kann auch bei geladener Auswahl im Menü *Ebene/Neue Füllebene/Verlauf* dieser Bildteilbereich bearbeitet werden.

Tonwertkorrekturen vornehmen

Die eigentliche Bildbearbeitung fängt immer mit der Überprüfung der Tonwerte an. Alle weiteren Bildbearbeitungen bauen auf dieser Tonwertverteilung, auch Tonwertspreizung genannt, auf. Die *Tonwertkorrektur* im Menü *Bild/Anpassungen* nutzt das Histogramm zur Anpassung der Tonwerte.

Der Regler *Tonwertumfang* unterhalb dieser Einstellungsmöglichkeiten dient der Anpassung der Grundhelligkeiten. Dabei wird das Papierweiß in ein entsprechendes Grau umgewandelt. Dieser Tonwertumfang kann auch in Zahlen eingegeben werden. Wenn Sie als Ausgangsbild eine 16-Bit-Datei verwenden können, ist diese zu bevorzugen. Falls Sie nur über die normale 8-Bit-Datentiefe verfügen, können Sie Ihr Bild auch vor der Bearbeitung in ein 16-Bit-Bild umwandeln, nach Abschluss der Arbeiten die Größe etwas verringern und dann vor der Ausgabe wieder in den 8-Bit-Modus umrechnen lassen. Diese zweite Möglichkeit bringt erfahrungsgemäß ebenfalls eine Verbesserung der Bildqualität mit sich, besonders dann, wenn noch weitere Bearbeitungsschritte bis zur Fertigstellung erforderlich werden, die sich ebenfalls auf das Histogramm auswirken.

Brillanz eines Fotos steigern

Im hier dargestellten Bildbeispiel lässt sich der Kontrast und damit die Brillanz des Fotos durch Anpassen (Spreizen) des Histogramms erreichen. Dabei werden die Regler für Schwarz und Weiß an den „Berg" herangezogen, mit dem mittleren Regler werden die mittleren Grauabstufungen angepasst. Das Ergebnis ist deutlich brillanter als das Ausgangsbild. Ruft man die *Tonwertkorrektur* jedoch erneut auf, sieht man deutliche Lücken und Spitzen im angepassten Histogramm. Nimmt man dieselbe Bearbeitung im 16-Bit-Mo-

Vorher: *Ein flauer Bildeindruck, der die dramatische Spannung der Naturgewalten nicht annähernd wiedergibt. Auch das Farbenspiel wirkt monochrom. Foto: Guido Sonnenberg*

Nachher: *Eine Faustregel besagt, dass ein gutes Bild schwarze und weiße Motivflecken enthalten soll. Durch die Neuverteilung der Tonwerte konnte dem Rechnung getragen und die Bilddramaturgie deutlich gesteigert werden.*

dus eines Bildes vor, passiert genau das Gleiche. Durch den größeren Tonwertumfang entstehen jedoch wesentlich feinere Abstufungen. Wandeln Sie das Bild danach aus dem 16-Bit-Modus wieder in den 8-Bit-Modus um und passen zuvor die Bildgröße durch eine Neuberechnung an, werden die Lücken im Histogramm wieder geschlossen.

[1] Tonwertkorrektur aufrufen

Das Dialogfeld *Tonwertkorrektur* benötigen Sie so häufig, dass es sich lohnt, sich das Tastaturkürzel [Strg]+[L] zu merken. Die Tonwertkorrektur ermöglicht die Optimierung des Bildkontrasts und ist eine wichtige, grundlegende Einstellung in Photoshop.

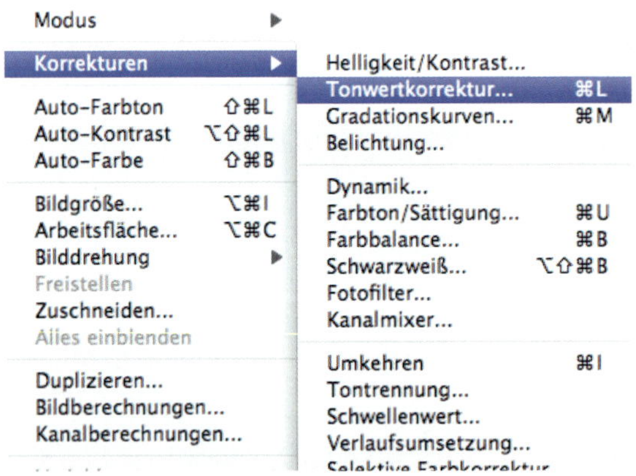

[2] Automatische Tonwertspreizung

Allen Werkzeugen mit der Vorsilbe „Auto" im Namen sollten Sie skeptisch gegenüberstehen. Mit etwas Übung sind die Ergebnisse Ihrer Einstellwerte besser als das, was die Photoshop-Automatiken erreichen können. Doch Ausnahmen bestätigen die Regel, und ein Versuch kostet nichts.

[3] Hinter den Kulissen

Wenn Ihnen das Ergebnis gefällt, können Sie über *OK* aussteigen oder schnell weitere Variationen erforschen. Denn das, was bei einem Klick auf *Auto* geschieht, können Sie unter *Optionen* festlegen.

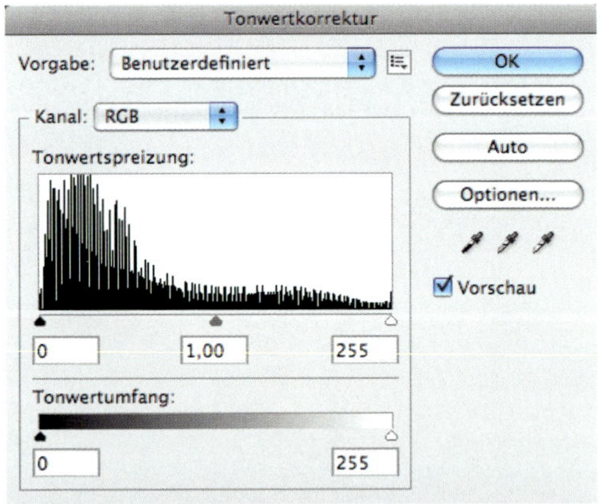

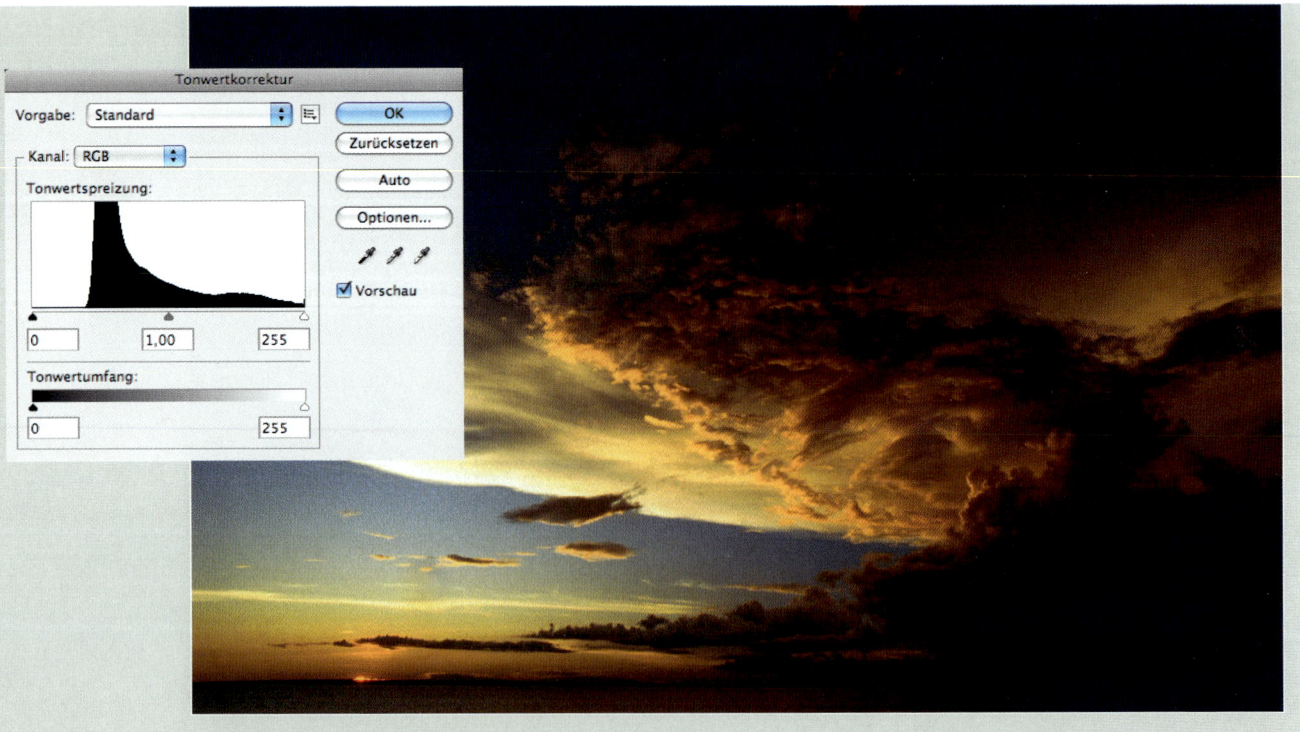

[4] Tonwertvariationen

Hinter den Kulissen stehen Ihnen insgesamt drei Berechnungsalgorithmen zur Verfügung. Alle drei können zudem mit *Neutrale Mitteltöne ausrichten* kombiniert werden. Nach welchen Algorithmen Ihre zukünftigen Bilder bevorzugt korrigiert werden sollen, legen Sie mit der Option *Als Standard speichern* fest.

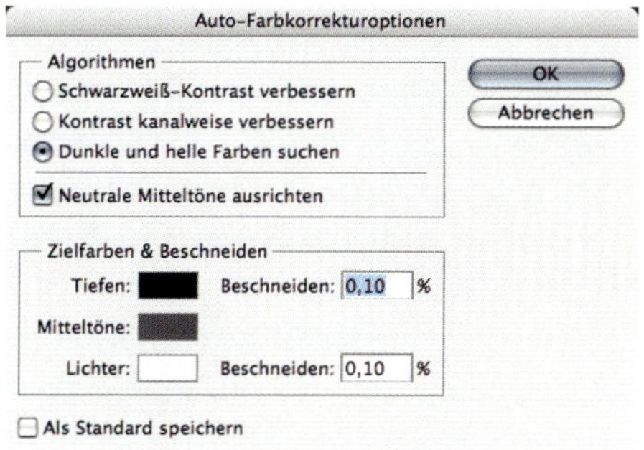

[5] Auto-Algorithmen

Die drei Varianten sind auch über das Menü *Bild/Anpassungen* anwählbar. *Auto-Farbe* ist gleich *Dunkle und helle Farben suchen. Auto-Kontrast* würde der Schwarz-Weiß-Kontrastverbesserung entsprechen und *Auto-Tonwertkorrektur* der kanalangepassten Kontrastverbesserung.

[6] Zurück auf Start

Wenn Ihnen die Automatik nicht zugesagt hat, halten Sie die [Alt]-Taste gedrückt, und die Schaltfläche *Abbrechen* ändert sich in *Zurücksetzen.* Mit einem Mausklick werden dann alle Tonwerte auf die ursprünglichen Werte zurückgesetzt.

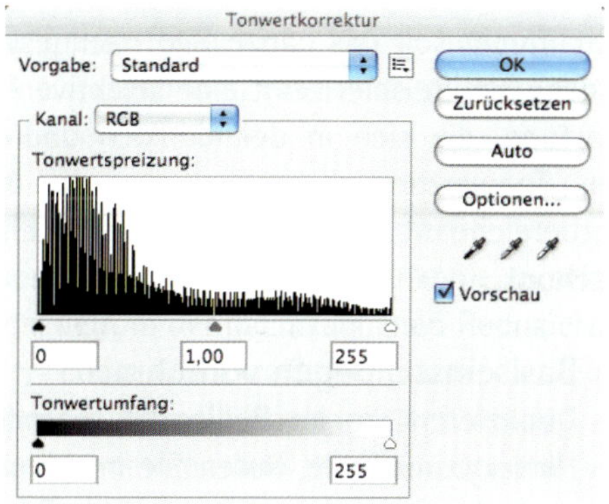

Mit der Crosstechnik arbeiten

Für einen urbanen Lichtlook können Sie die Crosstechnik aus den 80er-Jahren einsetzen. Diafilme wurden durch Negativentwickler geschickt und erhielten dadurch eine grobe Körnigkeit, steile Kontraste und starke Farbverschiebungen ins Grünliche. Hier ein kleines Beispiel, wie Sie diese Technik mit Photoshop simulieren können.

Vorher: *Künstliche Lichtquellen in den Städten würden auf Fotos im Normalfall einen starken Grün-Cyan-Stich verursachen. Digitale Kameras haben in der Regel den automatischen Weißabgleich aktiviert, sodass ein Farbstich durch unterschiedliche Lichtquellen unterdrückt und eine nahezu neutrale Beleuchtungsumgebung simuliert wird. (Foto: Guido Sonnenberg)*

Nachher: *Die Wirkung der Farben in Bildern sollte die Motivaussage unterstützen und verstärken. Der kalte, anonyme Farbcharakter der Citylichter wurde in dieser Aufnahme aufgegriffen, um den kalten Look und das Nicht-zur-Ruhe-Kommen der in Edelstahl gekleideten Metropolen zu verdeutlichen.*

[1] Bild in Camera Raw öffnen

Als Ausgangsbild dient eine RAW-Datei, die als Smart-Objekt in Photoshop aus Camera Raw heraus importiert wurde. Alle Filter wirken auf diese Weise non-destruktiv auf die Ebene und sogar auf die RAW-Konvertierungen. Mit einem Doppelklick auf das kleine Symbol können Sie jederzeit Einfluss auf die Bearbeitung nehmen.

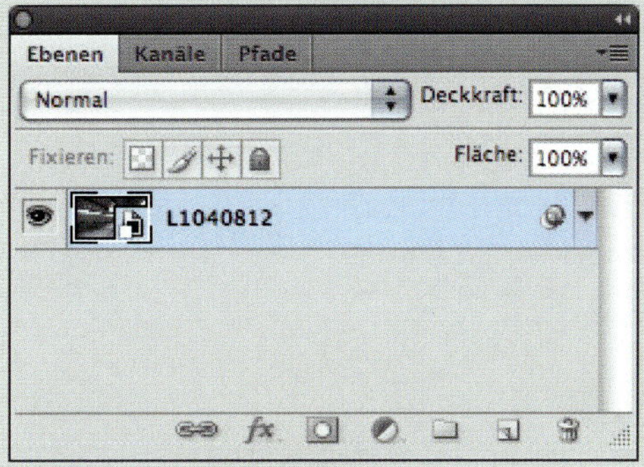

[2] Körnung hinzufügen

Weisen Sie der Smart-Objekt-Ebene den Filter *Rauschen hinzufügen* zu. Rufen Sie dazu im Menü *Filter* die Funktion *Rauschfilter/ Rauschen hinzufügen* auf. Die Filme hatten zu analogen Zeiten ein kräftiges Korn. Also darf mit dem Regler *Stärke* ein starkes Korn gewählt werden, hier eine *Stärke* von *8 %*. Bevorzugen Sie für Ihr Projekt farbiges Pixelrauschen, deaktivieren Sie die Option *Monochromatisch*.

[3] Crossentwicklung

Damit die folgende Farbveränderung editierbar bleibt, erstellen Sie eine Einstellungsebene vom Typ *Gradationskurve*. In das Listenfeld *Vorgaben* wurde auch eine *Crossentwicklung (RGB)*-Kurve mit aufgenommen – leichtes Spiel also, diese unter den Vorgaben auszuwählen.

Sie sollten unter den *Kurven-Anzeigeoptionen* auf jeden Fall die Option *Kanalüberlagerungen* gewählt haben. Damit wird Ihnen angezeigt, wie die Kurven in den einzelnen Farbkanälen verändert wurden. Sie finden dieses Dialogfeld in CS4 im Pop-up-Menü des Bedienfelds *Korrekturen*.

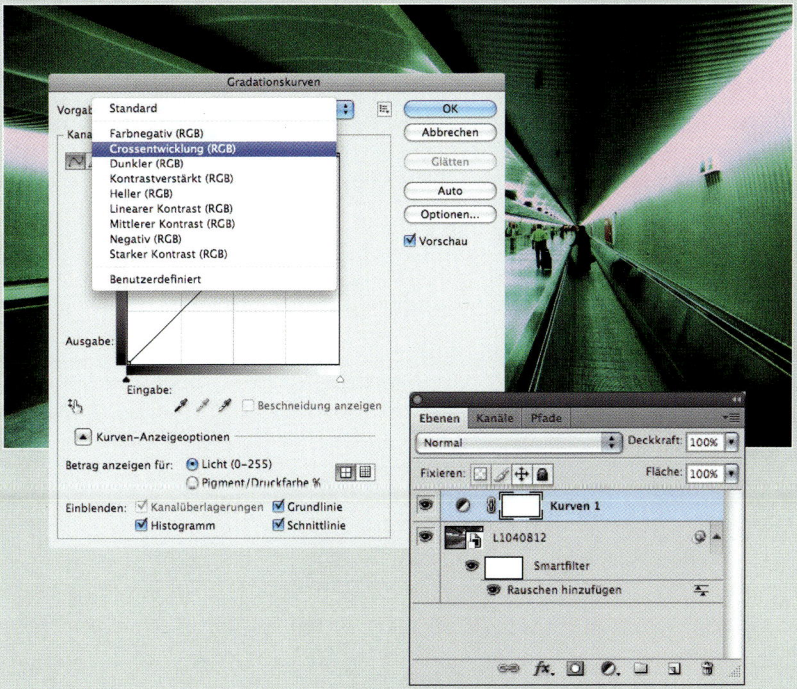

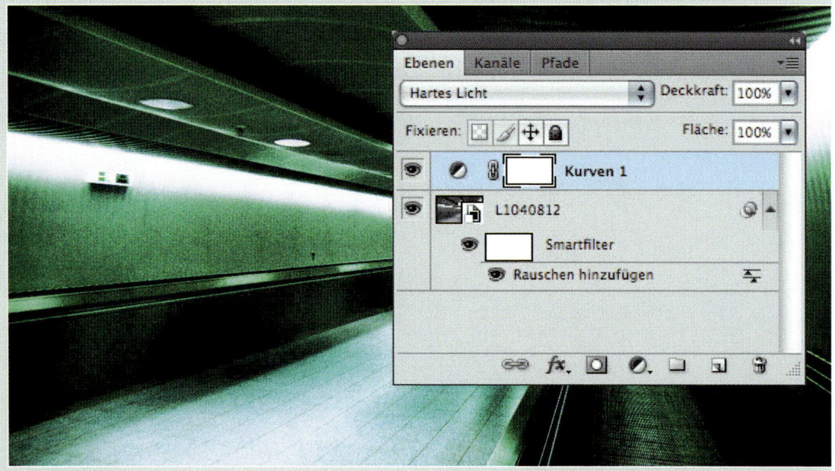

[4] **Hartes Licht**

Durch die starke Verbiegung der einzelnen Farbkanäle leuchten die Lichter in einer pinkfarbenen Fehlfarbe auf. Stellen Sie den Ebenenmodus der Einstellungsebene einfach auf *Hartes Licht* um.

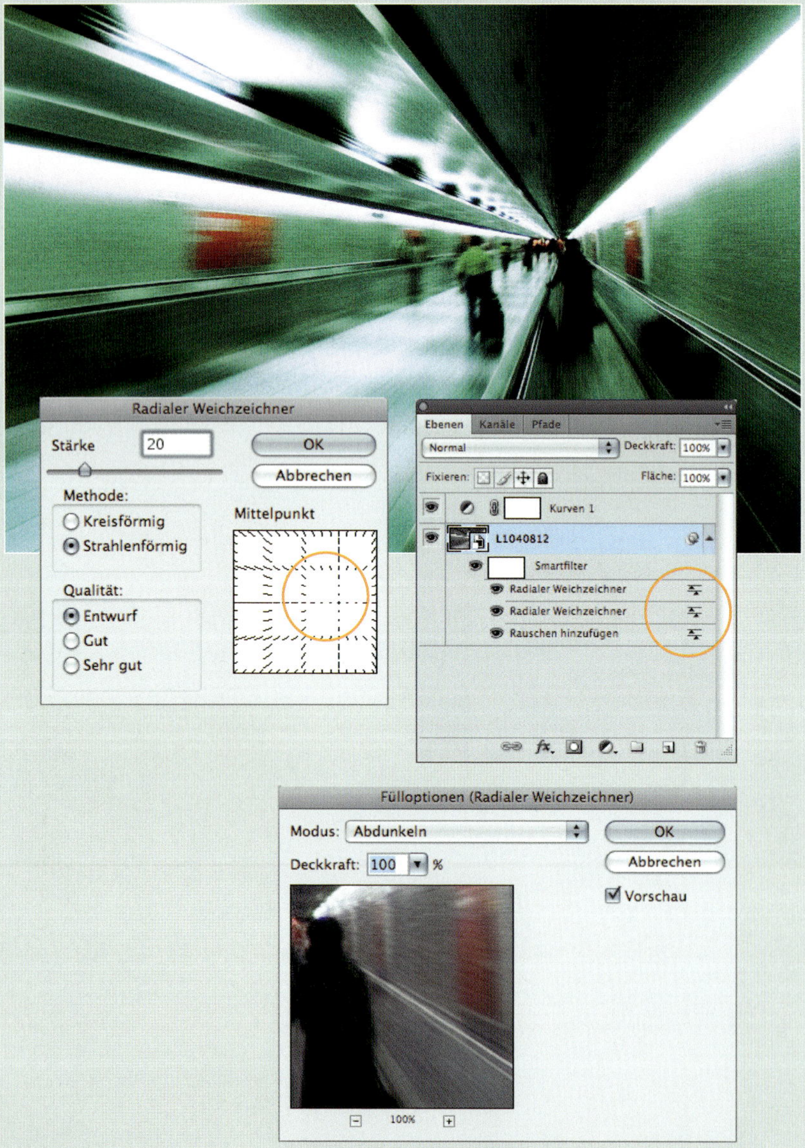

[5] **Zentralperspektive**

Keine Atempause, weg da, wir haben keine Zeit – die hektische Dynamik und Anonymität der Großstadt kann bei dieser Zentralperspektive nicht nur mit der Crossverfremdung besonders dargestellt, sondern mit radialem Weichzeichnen unterstützend ausgearbeitet werden.

Aktivieren Sie dazu die *Smartfilter*-Ebene und öffnen Sie das Dialogfeld *Radialer Weichzeichner*. Für eine Bewegungsunschärfe, die auf den Fluchtpunkt zuläuft, aktivieren Sie die Berechnungsmethode *Strahlenförmig* mit einer moderaten *Stärke* von *20*.

Wenn Sie zufällig nicht im Besitz eines 64-Bit-Vista-Betriebssystem sind, wird Ihr Rechner für die Berechnung der Qualitätsstufen *Gut* und *Sehr gut* möglicherweise etwas Zeit benötigen. Wählen Sie deshalb zur Erprobung besser die Qualitätsstufe *Entwurf*. Den Weg der Strahlen legen Sie mit dem *Mittelpunkt*-Gitter grob fest. Wahrscheinlich können Sie erst durch mehrere Versuche die ideale Position definieren.

Danach führen Sie ein zweites Mal mit den identischen Einstellwerten die Filterberechnung durch. Setzen Sie die *Fülloptionen* der beiden Weichzeichner-Filteranwendungen einmal auf den Modus *Abdunkeln* und einmal auf *Aufhellen*.

[6] Filterwirkung abschwächen

Möchten Sie die Wirkung der Filter zum Fluchtpunkt hin abschwächen? Dann drücken Sie die Taste [D], damit die Farben im Farbwähler zurückgesetzt werden, und wählen das *Verlaufswerkzeug (kreisförmig)* aus.

Aktivieren Sie nun das *Smartfilter*-Symbol und starten Sie im Fluchtpunkt mit dem Aufziehen der Verlaufstrecke zum nächstgelegenen Bildrand hin. Die Intensität der Maskierung lässt sich jetzt leicht über das Bedienfeld *Masken* steuern.

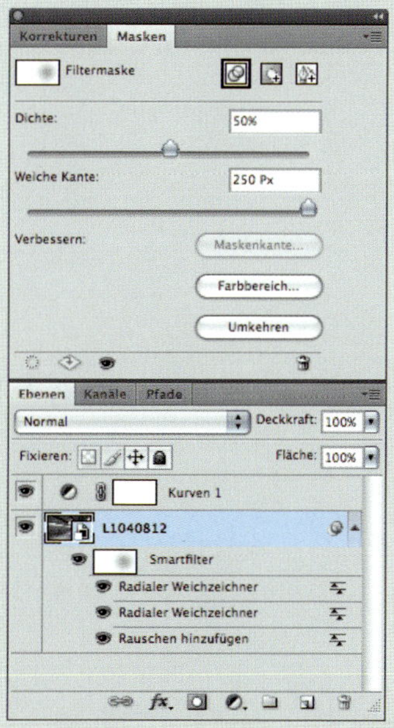

[7] Farbtuning

Die Farbgewichtung im Bild können Sie im Bedienfeld *Korrekturen* mit der Funktion *Farbton/Sättigung* anpassen. Aktivieren Sie dazu den *Farbaufnehmer* oben im Bedienfeld und bestimmen Sie durch Ziehen im Bild mit der Maus die Farbsättigung.

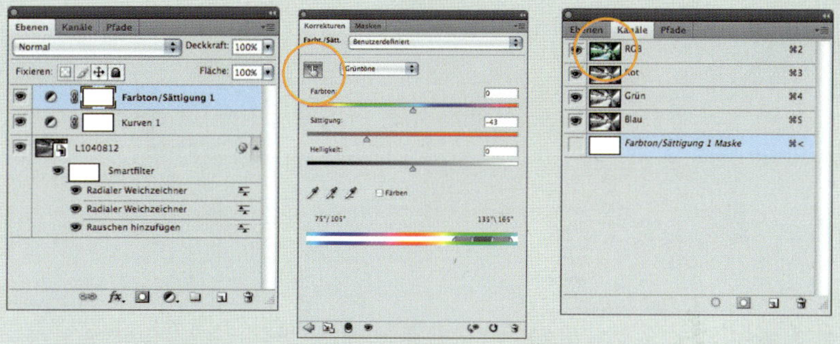

[8] Tiefen aufhellen

Um den hohen Kontrast etwas abzuschwächen, werden die Schatten aufgehellt und die Lichter vor der Korrektur mit einer Luminanzmaske geschützt.

Die Luminanzauswahl erstellen Sie im Bedienfeld *Kanäle*, indem Sie mit gedrückter [cmd]-Taste (Mac) auf das RGB-Kanalsymbol klicken. Aktivieren Sie im Bedienfeld *Korrekturen* die Gradationskurve und ziehen Sie die Kurve deutlich hoch. Die Helligkeitsänderungen machen sich in den hellen Bereichen der Luminanzmaske bemerkbar – hier in den Lichtern. Nun wird die Maske invertiert und die *Deckkraft* für die optimale Helligkeitsintensität der Schatten eingestellt.

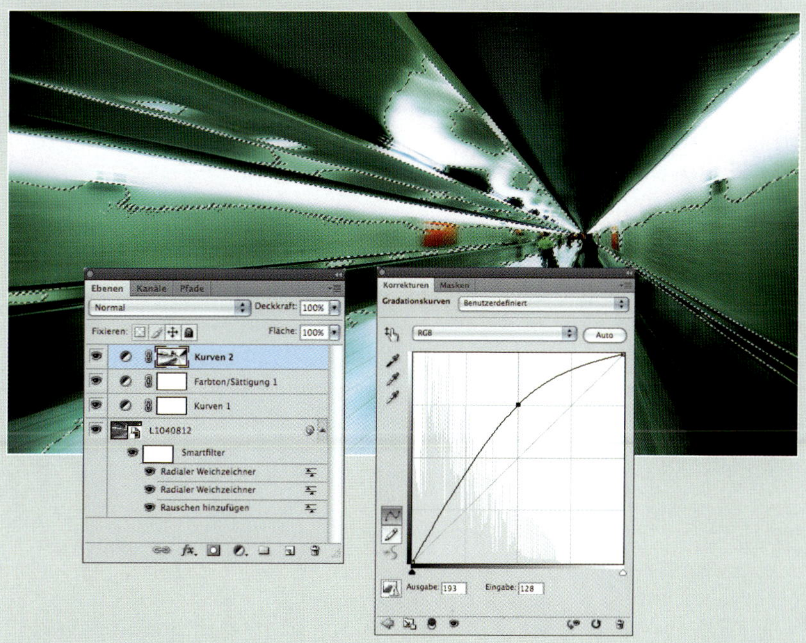

Farbentausch in einem Modefoto

Als ein Highlight sei allen Modeenthusiasten dieser kleine Workshop gewidmet. Wir zeigen Ihnen, wie Sie schnell und flexibel Farben in einem Bild austauschen können.

Vorher: *Dominierende Farben im Bild können als Einzelmotiv stimmungsvoll und adrett aussehen, passen aber vielleicht nicht zu einer Serie, Collage oder Layoutgestaltung. (Foto: Stella Frerichs)*

Nachher: *Ein selektiv durchgeführter Farbenwechsel nach Wunsch und Stimmung.*

[1] Farbbereich auswählen

Mit dem *Schnellauswahlwerkzeug* malen Sie über die Bereiche, in denen später die Farbe geändert werden soll. Das *Schnellauswahlwerkzeug* arbeitet am besten mit einer harten Kanteneinstellung. Klicken Sie in der Optionsleiste auf die Schaltfläche *Kanten verbessern* und setzen Sie im gleichnamigen Dialogfeld den Wert für *Weiche Kante* auf *0* bis *2 Px*. Die Toleranz wird mit der Größeneinstellung der Werkzeugspitze gewählt, hier ein Durchmesser von *32 px*. Auswahlkanten werden durch *Automatisch verbessern* direkt optimiert. Zum Entfernen ausgewählter Bildbereiche halten Sie die [Alt]-Taste gedrückt und klicken mit dem Werkzeug in die zu entfernenden Bereiche.

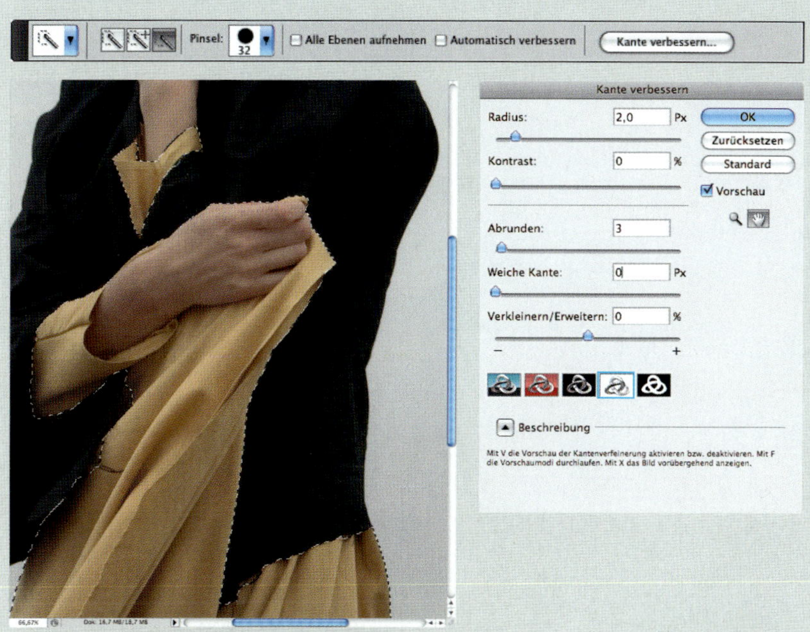

[2] Einstellungsebene

Es spielt keine Rolle, ob die Auswahl bereits perfekt ist. Mit der aktiven Auswahl öffnen Sie über das Bedienfeld *Korrekturen* eine neue Einstellungsebene vom Typ *Farbton/Sättigung*. Die Auswahl wird als Maske in die neue Ebene übernommen.

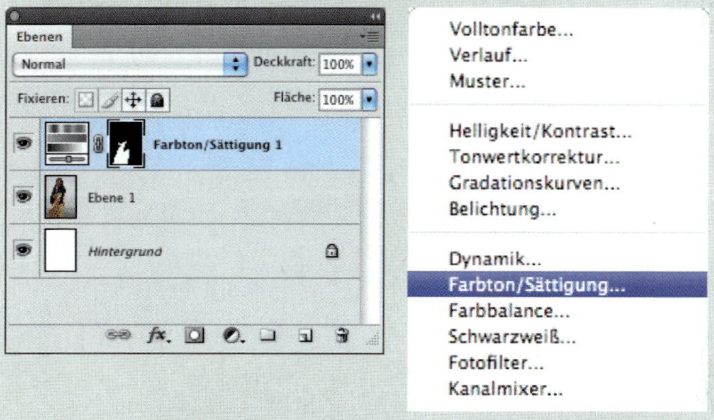

[3] Umfärben

Suchen Sie mit dem Regler *Farbton* zuerst einen neuen, attraktiven Farbton und regeln Sie anschließend dessen Sättigung.

Farbentausch ganz ohne Maske

Das war Ihnen immer noch zu aufwendig, und Sie möchten noch schneller zu einem Ergebnis kommen? Auch in dem Fall kann Ihnen geholfen werden. Möchten Sie die Farben ganz ohne Maske verändern, stellt Ihnen Photoshop mit der **Selektiven Farbkorrektur** *ein fast perfektes Werkzeug zur Verfügung.*

Vorher: *Vielleicht sind Sie mit Ihren Ideen der Modeindustrie voraus und können das farblich passende Outfit einfach nicht auftreiben. Dank Photoshop können solch klare Farbflächen schnell umgefärbt werden. (Foto: Guido Sonnenberg)*

Nachher: *Ihren persönlichen Farbtrend zu entwerfen oder als Farbstimmung an andere Bilder anzupassen ist mit verschiedenen Techniken schnell und ohne aufwendige Abmaskierung in Photoshop durchführbar.*

[1] Selektiv und Absolut

Klicken Sie zunächst im Bedienfeld *Korrekturen* auf das Symbol *Neue Einstellungsebene für selektive Farbkorrektur erstellen.* Danach aktivieren Sie das Optionsfeld *Absolut*. Wenn Sie jetzt mit den Reglern spielen, werden die Farbbereiche umgefärbt. Bei diesem Ostfriesennerz wurde nur der Farbbereich der Gelbtöne angewählt, und durch das Erhöhen der Magenta- und Cyan-Werte wurde eine Orangefärbung erzielt.
Natürlich wirken sich diese Änderungen auch auf andere Bildbereiche aus – wie hier auf die Hauttöne –, doch diese Stellen sind schnell mit ein paar flüchtigen Pinselstrichen maskiert.

[2] Schnelle Farbvariationen

Für ein paar schnelle Farbvariationen können Sie auch in den Lab-Modus wechseln. In der Gradationskurve haben Sie im *a*-Kanal Zugriff auf die Farblinie Magenta bis Grün und im *b*-Kanal auf Gelb bis Blau. Durch einfaches invertieren des *b*-Kanals wurde so das leuchtende Hellblau im Mantel erzeugt.

6 BILDKORREKTUREN

6

Bildkorrekturen

Das Bildbeispiel zeigt eine ausgewogene Belichtung, dem Bild fehlt es jedoch an Brillanz, es wirkt etwas flau. Technisch ausgedrückt: Es gibt zu wenige Pixel in den oberen und unteren Tonwertbereichen.

6 Bildkorrekturen

Woran zeigt sich die Qualität eines Bildes? Wie kann ich es anpassen und optimieren? Welche Informationen liefert ein Histogramm? Kurz gefasste Grundlagen und Informationen für jeden Bildbearbeiter: In diesem Kapitel finden Sie die wichtigsten Informationen zur Qualitätsverbesserung Ihrer Fotos. Kaum ein Foto ist technisch so perfekt, dass es nicht noch verbessert werden könnte. Dabei spielt es auch keine Rolle, ob es digital oder analog fotografiert wurde. Viele Fotos sind unter- oder überbelichtet, zu flau oder zu kontrastreich und müssen zur Weiterverarbeitung optimiert werden.

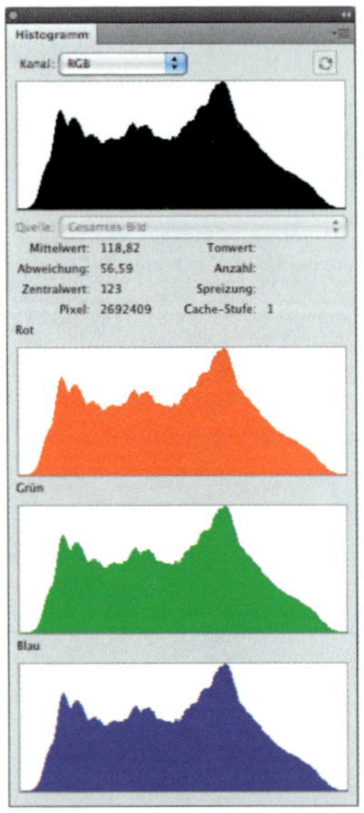

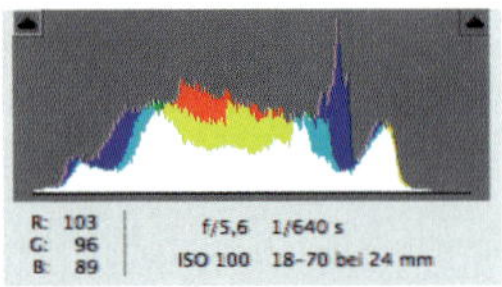

Photoshop bietet dazu einige Werkzeuge an, deren Arbeitsweise und Funktionen im Folgenden erläutert werden. Dennoch gilt: Mithilfe der Bildbearbeitung kann man vieles verbessern, aber die Vorlage – das Foto – muss diese Verbesserung auch ermöglichen. Komplett über- oder unterbelichtete Fotos können auch durch die beste Bildbearbeitung kaum verbessert werden.

Bildqualität prüfen

Einen ersten Überblick über die Qualität eines Fotos ermöglicht das Histogramm – siehe Menü *Fenster/Histogramm*. Die Anordnung des jeweiligen Histogramms gibt Aufschluss über die Tonwertverteilung in einem Bild. Die Tonabstufungen werden angezeigt, optisch dargestellt durch die jeweilige Spitzenhöhe.

Wenn Sie mit Ihrem Mauszeiger über das Histogramm fahren, wird in der erweiterten Ansicht die genaue Anzahl (Menge) dieser Pixel zum jeweiligen Tonwert angezeigt. Liegt die Anzahl bei null, ist diese Tonabstufung im Bild nicht enthalten. Dies bedeutet, dass beispielsweise in einem Verlauf an dieser Stelle eine Abrisskante im Bild auftreten könnte. Die RGB-Ansichten der einzelnen Farbkanäle sowie Farben und Luminanz ermöglichen eine weitreichende Beurteilung der Vorlage.

Im Beispiel der Bilder aus einer Belichtungstestreihe, die alle mit der gleichen Einstellung gescannt wurden, ist die Veränderung des Histogramms gut zu erkennen. Das Histogramm zeigt die entsprechende Verteilung der Bildpixel. Große Lücken im unteren oder oberen Tonwertbereich deuten immer auf eine Über- bzw. Unterbelichtung hin. Während bei einer nicht zu starken Unterbelichtung eine Korrektur noch möglich wäre, ist bei einer extremen Überbelichtung nichts mehr zu retten, da ja in den hellen Bereichen keine Pixel vorhanden sind.

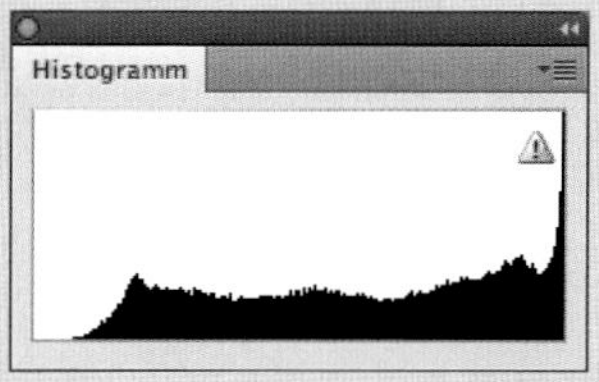

Überbelichtet.

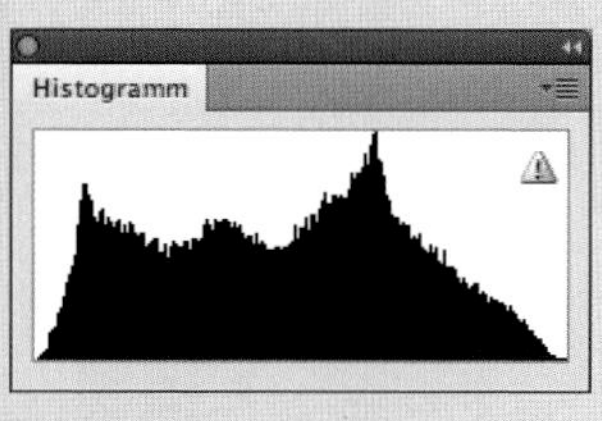

Richtig belichtet.

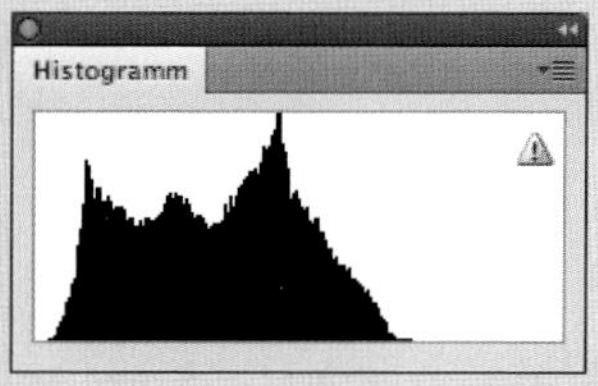

Unterbelichtet.

Farbstiche neutralisieren

Die Farben, die Sie wahrzunehmen meinen, entstehen eigentlich erst im Gehirn. Die Erfahrung sagt Ihnen, dass Schnee weiß ist. So wird der Schnee auch bei herrlichem blauem Himmel als Weiß empfunden. Die Kamera ist da schon etwas objektiver. Sie speichert beim Auslösen die Farben nach der vorherrschenden Farbtemperatur. Da hat Schnee an einem Tag mit klarem blauem Himmel nun einmal einen kräftigen Blaustich. Und weil alles so schön hell leuchtet, werden Verschlusszeit und Blende klein gehalten – mit dem Resultat, dass die Aufnahmen etwas zu dunkel geraten. Was tun?

Vorher: *Eine Winteraufnahme aus der objektiven Sicht der Kamera. Die Lichter im Bild sind zu dunkel und mit einem Blaufarbstich versehen. (Foto: Guido Sonnenberg)*

Nachher: *Schnee, wie man ihn liebt, für unser subjektives Empfinden aufbereitet: sauberes Schneeweiß und die Schatten, real immer etwas blaustichig, in den Tonwerten neutral.*

[1] Farben automatisch ausgleichen

Der Anpassungsbefehl *Auto-Farbe* versucht, die Farbstimmung im Bild zu neutralisieren. Das Bild wird sofort nach dem Aufrufen von *Auto-Farbe* bearbeitet.

[2] Helligkeit und Kontrast ausgleichen

Im zweiten Schritt gleichen Sie die Helligkeit und den Kontrast im Bild aus. Auch diesen Befehl finden Sie unter *Bild/Anpassungen*. Hier sehen Sie drei Punkte hinter dem Befehl, was so viel bedeutet wie: „Hier können noch weitere Einstellungen vorgenommen werden."

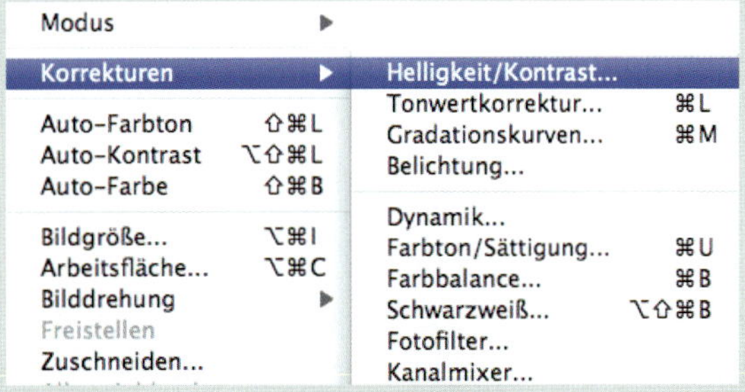

[3] Bildwerte anpassen

Variieren Sie mit den Schiebereglern die Bildwerte. Mit der aktivierten Vorschau werden Ihre Korrekturen direkt im Bild angezeigt. Schließen Sie Ihre Einstellungen mit *OK* ab, und die neuen Werte werden mit den Bilddaten verrechnet.

Adobe hat diesen Filter überarbeitet und ihm seine destruktive Wirkung genommen. Helligkeits- und Kontrastwerte werden nicht mehr über die Eckwerte von Schwarz und Weiß befördert. Wer den Filter wie in den alten Photoshop-Versionen einsetzen möchte, dem steht diese Möglichkeit über die Option *Früheren Wert verwenden* offen. Hin und wieder gibt es Motive, die in allen Bereichen arg kränkeln. Dies ist ein schneller Lösungsweg für alle, die keine Zeit haben oder für die sich keine Möglichkeit mehr bietet, die Aufnahme zu wiederholen.

Horizont begradigen

Wer aus der „freien Hand" ein Foto schießt, bei dem wird der Horizont des Öfteren schief hängen. Ein unschöner Gestaltungsfehler, den Sie aber leicht korrigieren können.

Vorher: *Der Horizont verläuft nicht waagerecht, und irgendwie wartet man darauf, dass auf der einen Seite des Bildes das Wasser ablaufen wird. Auch die Trennung der Strandbesucher zur Küstenlinie könnte besser ausfallen. (Foto: Guido Sonnenberg)*

Schiefen Horizont begradigen

Übersättigte Farben anpassen

Nachher: *Ein gerade verlaufender Horizont, der durch einen angepassten Bildausschnitt noch hervorgehoben wird. Zur weiteren Steigerung der Optik wurde der Kontrast etwas angehoben, und die Farben Blau und Cyan wurden entsättigt.*

[1] Lineal-Werkzeug auswählen

Wählen Sie in der Werkzeugleiste das *Lineal-Werkzeug* und ziehen Sie damit eine Linie auf, am besten an einer markanten Kante, die später waagerecht oder senkrecht verlaufen soll.

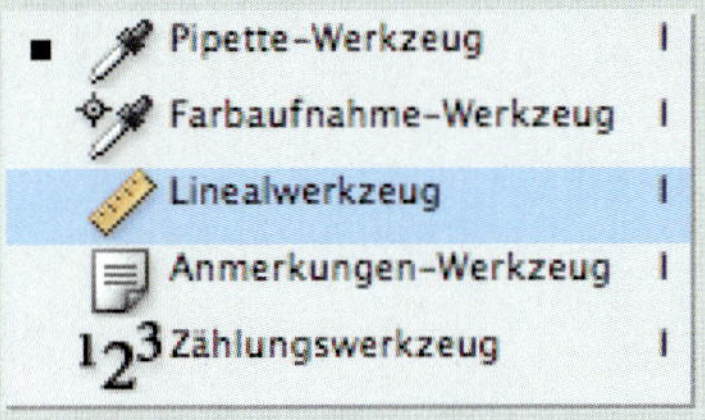

[2] Arbeitsfläche drehen

Im Menü *Bild* finden Sie für diesen Zweck eine wunderbare Lösung, die den Winkel anhand der aufgezogenen Linie automatisch erkennt. Wählen Sie im Menü *Bild* die Funktion *Arbeitsfläche drehen/Per Eingabe.* Im Dialogfeld *Arbeitsfläche drehen* wurden alle relevanten Eingaben bereits getätigt. Sogar die Drehrichtung wird automatisch erkannt. Mit der Bestätigung der geänderten Werte wird Ihr Foto ausgerichtet und die Arbeitsfläche um die notwendige Fläche erweitert.

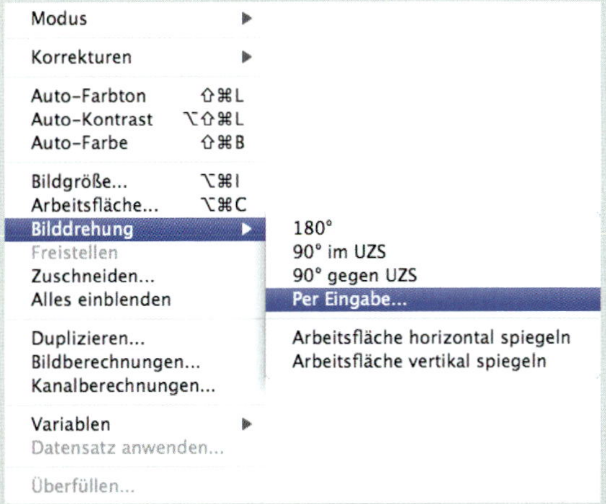

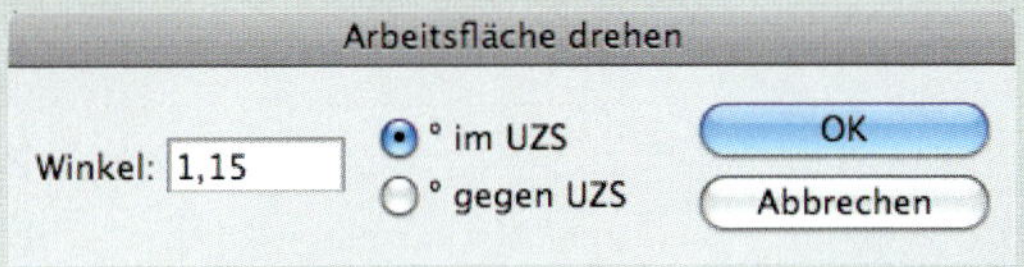

[3] Bildausschnitt festlegen

Mit dem Freistellungswerkzeug aus der Werkzeugleiste können Sie jetzt im Anschluss Ihr Foto beschneiden, Ihren neuen Bildausschnitt festlegen und weitere Bildbearbeitungsschritte vornehmen.

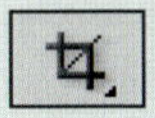

Rote Augen umfärben

Bedingt durch die Bauweise der kleinen digitalen Kompaktkameras liegen Blitz und Objektiv sehr eng beieinander. Bei geblitzten Schnappschüssen reflektieren die roten Pigmente der Augen und werden durch den kleinen Winkel vom Objektiv aufgezeichnet. So passiert es, dass bei geblitzten Schnappschüssen Personen oft rote Augen haben.

Vorher: *Ein leuchtendes Beispiel für rote Augen, die als störend und unnatürlich empfunden werden. (Foto: Christian Haasz)*

Nachher: *Der Betrachtungsfokus wird nach der Korrektur nicht mehr so stark von den Augen dominiert, und der Bildausdruck wirkt natürlicher.*

[1] Rote-Augen-Werkzeug einstellen

Für dieses Phänomen wurde eigens ein Tool entwickelt – das *Rote-Augen-Werkzeug*. Die Photoshop-Voreinstellungen können Sie in der Optionsleiste belassen, viele bevorzugen allerdings etwas dunklere Ergebnisse und stellen den Verdunklungsbetrag auf ca. *80 %* hoch.

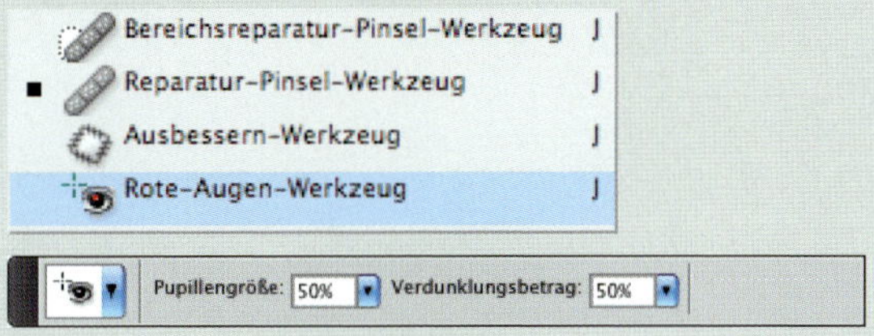

[2] Rotfärbung beseitigen

Die Anwendung des Werkzeugs ist wirklich einfach. Sobald Sie mit dem Mauszeiger auf die betroffene Stelle klicken, verliert die Pupille sofort ihre rote Färbung.

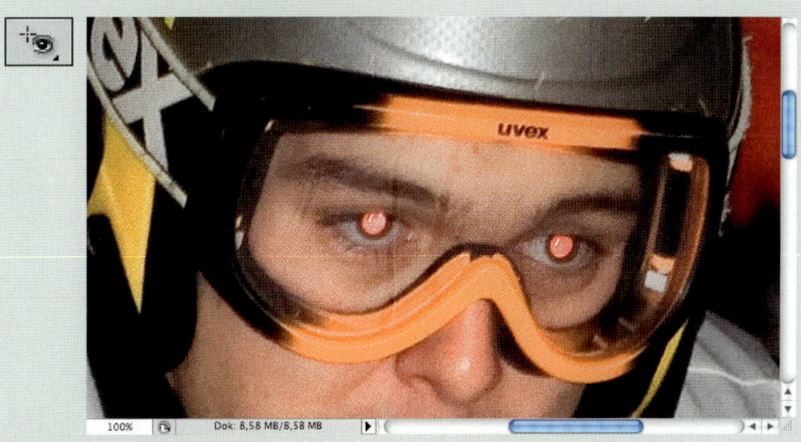

[3] Manuelle Nacharbeiten

Bleiben noch vereinzelt rote Pixel übrig, können diese leicht mit dem Werkzeug *Farbe ersetzen* manuell korrigiert werden.
Dieses Werkzeug arbeitet in Abhängigkeit von der eingestellten Toleranz. Alle Pixel innerhalb dieser Toleranz werden mit der definierten Vordergrundfarbe umgefärbt. Setzen Sie diese Vorgabe auf einen geringen Wert von ca. *10* bis *20 %*. Wählen Sie eine weiche Pinselspitze mit dem Wert *13* und den Modus *Farbe*.
Um die restliche Rotfärbung zu entsättigen, müssen Sie mit schwarzer Vordergrundfarbe arbeiten. Malen Sie mit dem Werkzeugzeiger entlang der roten Bereiche, um die betroffenen Stellen zu entfärben.

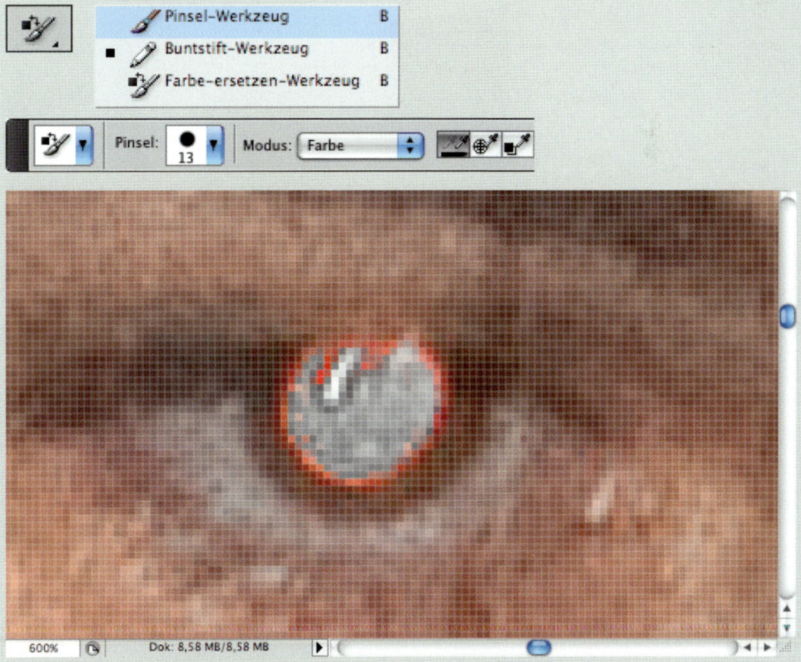

Tiefen und Lichter anpassen

Auch wenn viele Kameras automatisch bei ungünstigen Lichtverhältnissen, insbesondere bei Gegenlichtaufnahmen, versuchen, die Kontraste des Motivs mit einem Aufhellblitz abzuschwächen, reicht die Blitzleistung oft nicht aus. Die Funktion **Tiefen/Lichter** *bietet Ihnen die Möglichkeit, einen hohen Kontrast auszugleichen.*

Vorher: *Licht zieht das Auge an, und so ist die Bildgewichtung auf den bandagierten Sandsack gerichtet statt auf den Protagonisten. Viele Details sumpfen in den Tiefen ab und werden durch den hohen Kontrast nicht wahrgenommen. (Foto: Björn Gantert)*

Zu hell, lenkt vom Hauptmotiv ab

Bilddetails saufen ab oder werden überstrahlt.

Nachher: *Ausgewogenere Linienführung durch Kontrastangleichung und frischere Farben sowie optimierte Detailzeichnung in den Tiefen. Auch in den Bildlichtern konnte Motivzeichnung hinzugewonnen werden.*

[1] Tiefen und Lichter

Die Funktion *Tiefen/Lichter* ist ein ausgezeichnetes Tool, um einen selektiven Tonwertbereich zu optimieren. Sie finden die Funktion *Tiefen/Lichter* im Menü *Bild/Anpassungen.*

[2] Schatten aufhellen

Über das Dialogfeld *Tiefen/Lichter* besteht die Möglichkeit, die Schatten des Bildes durch den *Tiefen*-Regler aufzuhellen. Mit dem *Lichter*-Regler können die hellen Motivstellen im Bild abgedunkelt werden. Variieren Sie mit den *Stärke*-Reglern die Korrekturen.

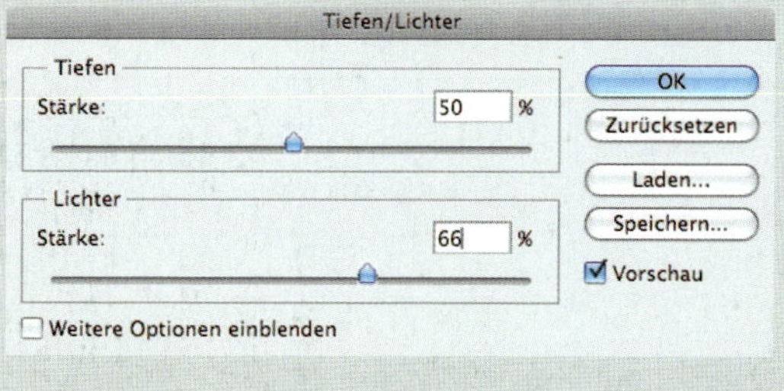

[3] Zusätzliche Korrekturmöglichkeiten

Wird das eckige Optionsfeld *Weitere Optionen einblenden* aktiviert, vergrößert sich das Dialogfeld um einen weiteren Bereich und bietet Ihnen zusätzliche Korrekturmöglichkeiten für die Tonwerte an. Die Einstellung *Tonbreite* legt fest, wie weit sich die Korrektur auswirken soll. Je höher dieser Wert gewählt wird, desto mehr Tonwertstufen werden beeinflusst. Dieser Parameter sollte den mittleren Grauwertbereich (50 %) eigentlich nicht überschreiten.

Der *Radius* legt fest, wie weit benachbarte Pixel bei der Entscheidung, ob ein Bildpunkt aufgehellt oder abgedunkelt werden soll, berücksichtigt werden.

Werden Bildschatten aufgehellt, müssen auch die matt wirkenden Farben in den betroffenen Bereichen angepasst werden. Mit der *Farbkorrektur* können Sie die Farbsättigung in diesen Bereichen gezielt erhöhen; alle anderen Bereiche behalten ihre Farbwerte.

Die abgebildeten Parameter können Sie *Als Standard speichern.* Ausgehend davon, können Sie mit eigenen Werten experimentieren.

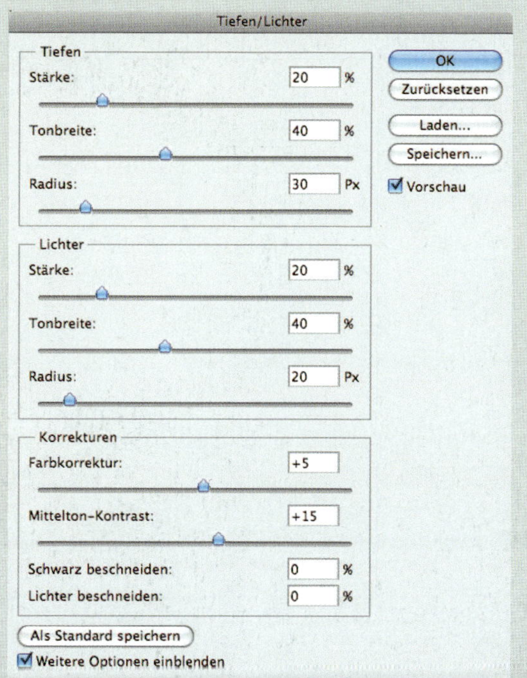

Bilddatenverteilung verbessern

Hin und wieder gibt es Motive, deren Tonwerte in allen Bereichen suboptimal sind. Hier ein schneller Lösungsweg für alle, die keine Zeit haben oder für die sich keine Möglichkeit mehr bietet, die Aufnahme zu wiederholen.

Vorher: *Bei Gegenlichtaufnahmen fällt das Licht leicht auf das Objektiv und mindert zum einen den Kontrast der Aufnahme, zum anderen auch die Stärke der Farben. (Foto: Dirk Trachte)*

Nachher: *Hier sehen Sie eine bessere Verteilung der Bilddaten durch eine Tonwertanpassung, und auch das Farbverhalten konnte trotz des hohen Motivkontrasts nachgebessert werden.*

[1] Stabilisierung der Vitalfunktionen

Eine automatische Tonwertkorrektur ist bei fast allen Bildpatienten ein guter Wiederbelebungsversuch, doch bei den hoffnungslosen Fällen probieren Sie es einmal mit der *Tonwertangleichung*.

Zum Vergleich sehen Sie die Histogrammkurven für die *Tonwertangleichung* im Unterschied zur *Tonwertkorrektur*. Bei der *Tonwertangleichung* werden die Pixelwerte neu zugeordnet, sodass der hellste Wert weiß und der dunkelste Wert schwarz ist. Die dazwischenliegenden Werte werden gleichmäßig über die Graustufen verteilt.

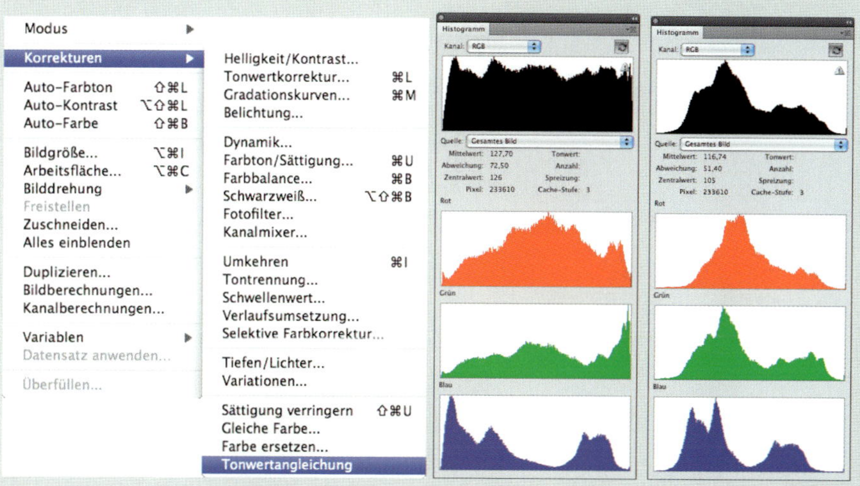

[2] Farbtherapie und Dosierung

Farbstiche können für das ungeübte Bildbearbeitungsauge gut mit der *Variationen*-Übersicht im zweiten Bearbeitungsschritt angegangen werden.

Die zwei oberen Vorschaubilder zeigen Ihnen links das Original und rechts daneben zum Vergleich einen korrigierten Vorschlag von Photoshop (aktuelle Wahl). Sie können diesen mit *OK* übernehmen und haben den Bildpatienten therapiert.

Wollen Sie weitere Korrekturvariationen ausprobieren, sollten Sie nicht klotzen, sondern die Farbkorrekturen in den drei auswählbaren Tonwertbereichen fein dosiert anwenden. Unsere Augen reagieren selbst auf subtile Farbveränderungen. Stellen Sie den Schieberegler auf *Fein* zurück und klicken Sie sich zu Ihrem Farbfavoriten durch. Die Vorschausymbole reagieren kumulativ. Durch mehrmaliges Anklicken addieren sich die Korrekturen. Der übliche Zurückbefehl [Strg]+[Z] funktioniert hier leider nicht. Zum Ausgangspunkt gelangen Sie immer mit einem Klick auf das obige Original.

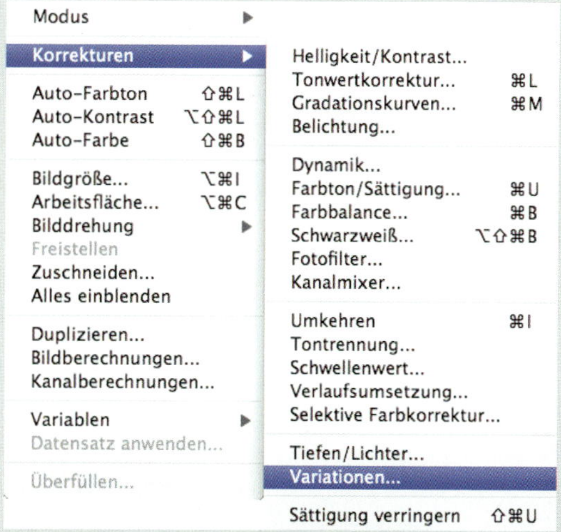

Bildgröße und Datenmenge anpassen

Was auch immer Sie bei Ihrer Kamera an Bildgröße, Bildauflösung oder Bildqualität eingestellt haben, in Photoshop bekommen Sie unter dem Menüpunkt **Bild/Bildgröße** *verbindliche Auskünfte über die Abmessungen (Höhe und Breite) und die Datenmenge, die Sie beim Auslösen gesammelt haben. In diesem Dialogfeld können Sie sich bequem über die Ausgabegrößen informieren und die Bildgröße gegebenenfalls interpolieren.*

Vorher: *Bei Kleinbild- oder Rollfilmaufnahmen war die Dia- oder Negativgröße das Maß der Dinge. Bei der Digitalfotografie haben Sie flexible Formatvariationen, die erfasst und auf Ausgabegröße gebracht werden müssen.*

Nachher: *Für verschiedene Ausgabezwecke wie E-Mail oder Fotodrucker individuell optimierte Bilder sowohl in den Bildabmessungen als auch in der Datenmenge.*

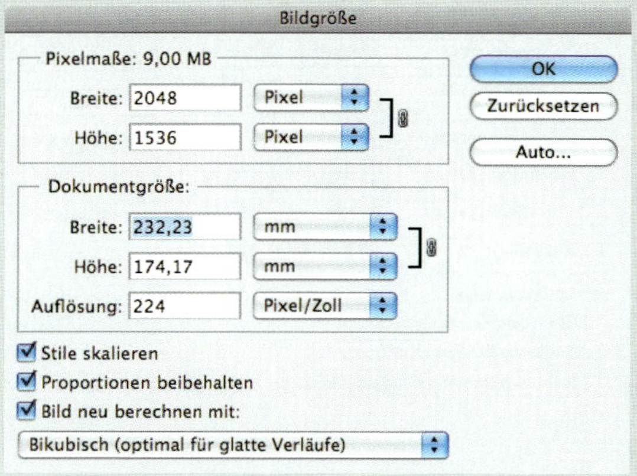

[1] **Auskunft über die Datenmenge**
Nachdem Sie eine Bilddatei in Photoshop geöffnet haben, erhalten Sie im Dialogfeld *Bildgröße* verbindliche Auskunft über die Bilddaten und Bilddimensionen. Wundern Sie sich nicht, wenn das Pixelmaß die Leistung Ihrer Kamera überschreitet. Photoshop rechnet beim Öffnen der Bilddatei die komprimierten Bilddaten hoch. So erkennen Sie an diesem Beispiel, dass die Datenmenge der JPEG-Datei aus *9,00 MB* besteht.

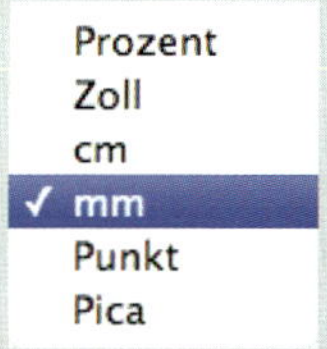

[2] **Dokumentgröße**
Würde man also die einzelnen Pixel aus einer Datenmenge von 9 MByte nebeneinander ausbreiten, könnte man damit eine Fläche von ca. 23 x 17 cm belegen – unter der Bedingung, dass auf einen Inch (entspricht 2,54 cm) 224 Pixel gequetscht würden.

[3] **Größenvarianten**
Geben Sie eine andere Pixeldichte im Eingabefeld *Auflösung* an, errechnet Photoshop die daraus resultierende Fläche, die mit der gesammelten Datenmenge von 9 MByte abgedeckt werden kann.
Die Bilddaten werden nicht verändert, und kein Pixel wird interpoliert, wenn im Feld *Bild neu berechnen mit* kein Häkchen gesetzt ist. Werfen Sie einmal einen Blick auf die Eigenschaften Ihres Bildschirms. Bildschirme arbeiten standardmäßig mit 72 Pixeln pro Zoll/Inch (dpi). Die Daten dieses Beispiels würden jetzt für ein Monitorbild von ca. 72 x 54 cm ausreichen.

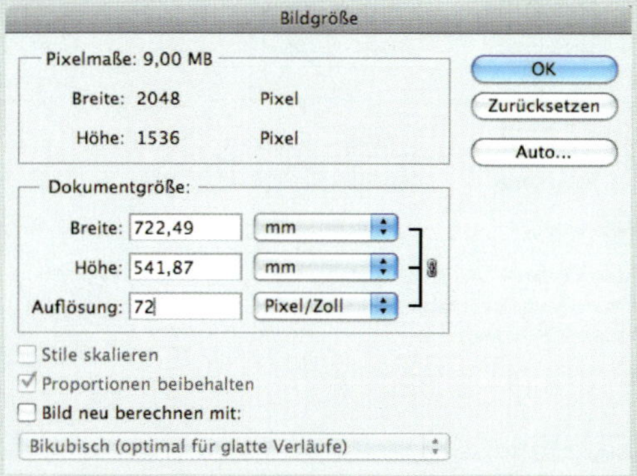

[4] **Neuberechnung**
Da die meisten Grafikkarten mit einer Standardauflösung von 768 x 1.024 Pixeln arbeiten (Seitenverhältnis 3:4), können Bilder für die vollflächige Bildschirmbetrachtung (z. B. Bildschirmschoner oder PowerPoint-Vorträge) auf dieses Maß reduziert werden.

[5] **Interpolation**
Natürlich sollen die Proportionen der Auf-

Bilder zuschneiden

Photoshop bietet verschiedene Möglichkeiten an, ein Dokument zu vergrößern oder zu verkleinern. Drei davon sollen Ihnen hier vorgestellt werden.

Vorher: *Gespeicherte Daten, die beim Auslösen gescannt wurden, treffen mit ihrem Inhalt nicht immer den Kern der Sache. Die alte Fotografenregel hat auch und besonders im Zeitalter der Digitalfotografie nichts von ihrer Gültigkeit verloren: ran ans Motiv. (Foto: Guido Sonnenberg)*

Nachher: *Individuell abgestimmte Bildzuschnitte, entweder um Raum für Textinformationen zu schaffen oder um die Bildaussage zu intensivieren.*

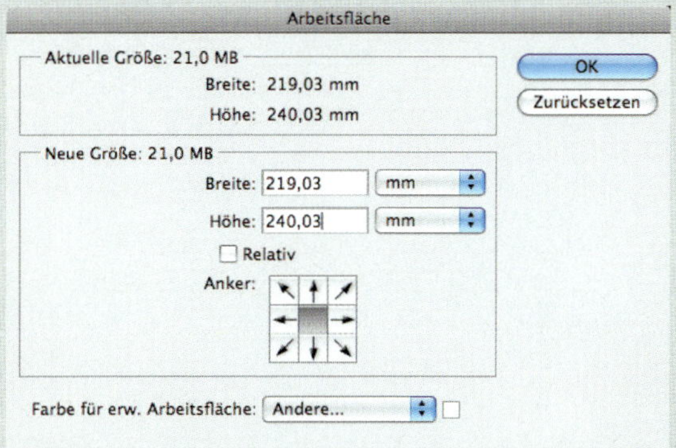

Möglichkeit 1: Per Arbeitsfläche

Im Gegensatz zur *Bildgröße* verändert der *Arbeitsfläche*-Dialog nicht den Dokumentinhalt, sondern nur die Dokumentgröße.

[1] Einstellungen festlegen

Ganz oben im Dialogfeld *Arbeitsfläche* können Sie die aktuelle Größe ablesen. Ihre gewünschte Dokumentgröße tragen Sie in die Eingabefelder für *Breite* und *Höhe* ein.

Im Feld *Anker* können Sie eines der neun Felder markieren und so den Ausgangspunkt der Berechnung für die neue Dokumentgröße bestimmen. Voreingestellt ist der Mittelpunkt. Das neue Dokumentmaß wird sich dabei nach allen Seiten neu orientieren.

Beispiele:

Das neue Maß wird von der oberen linken Ecke aus errechnet.

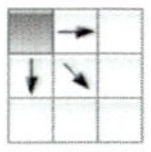

Das neue Maß wird von der oberen rechten Ecke aus nach links und abwärts errechnet.

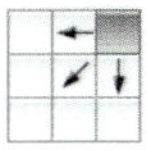

Das neue Maß wird gleichmäßig nach rechts, oben und unten von der linken Dokumentkante aus errechnet.

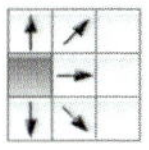

Das neue Maß wird mittig vom unteren Bildrand aus errechnet.

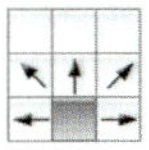

[2] Auffüllfarbe festlegen

Ist Ihre neue Dokumentabmessung größer, können Sie noch bestimmen, mit welcher Farbe die Arbeitsfläche gefüllt werden soll. Wählen Sie aus dem Listenfeld *Farbe für erw. Arbeitsfläche* die Methode *Andere*. Wenn Sie jetzt die Maus im Bildfenster verschieben, ändert sich der Mauszeiger in eine Pipette, und Sie können direkt aus Ihrem Bild eine Farbe aufnehmen und als Füllfarbe bestimmen.

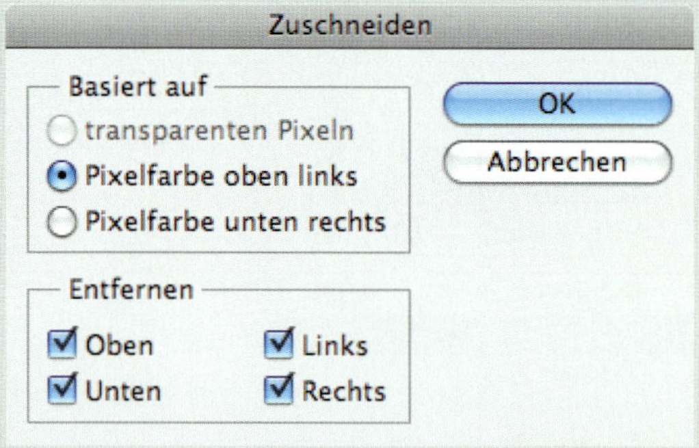

Möglichkeit 2: Redundante Pixel entfernen

Die Funktion *Zuschneiden* löscht gleichfarbige Pixel um ein Bild herum. Die im Dialogfeld angegebenen Bedingungen löschen die betroffenen waagerechten und senkrechten Bereiche. Im abgebildeten Beispiel würde nur auf der linken Bildseite ein gleichfarbiger Pixelbereich gelöscht und das Dokument bis an das Motiv heran verkürzt werden.

Möglichkeit 3: Freistellen

Bei dieser Zuschneidemethode haben Sie eine bessere Kontrolle über die Bildgestaltung. Nach Auswahl des *Freistellungswerkzeugs* aus der Werkzeugleiste müssen Sie darauf achten, dass in der dazugehörigen Optionsleiste keine Einträge vorhanden sind. Wenn doch, entfernen Sie diese mit der [Entf]-Taste.

Ziehen Sie mit dem *Freistellungswerkzeug* einen Rahmen in Ihrem Bild auf. Dieser Rahmen kann mithilfe der Ankerpunkte angepasst oder auch verschoben werden. Mit der [Esc]-Taste heben Sie den Rahmen wieder auf.

Drücken Sie die [Enter]-Taste, wird das Bild dem Rahmen gemäß zugeschnitten.

Ablauf einer Ausfleckretusche

Wie bekomme ich die Fusseln aus dem Bild? Welches Werkzeug eignet sich am besten, und wie wende ich es an? Hier finden Sie alle Informationen, um Ihre Bilder perfekt zu retuschieren. Zu den immer wiederkehrenden Arbeiten bei der digitalen Bildbearbeitung gehört die Ausfleckretusche, um Staub und Fusseln zu entfernen, sowie die Anpassung der Tonwerte.

Vorher: *Am Beispiel eines alten Fotos soll eine Bildretusche durchgeführt werden. Das Foto ist im Original recht klein – nur 8 cm hoch – und stark beschädigt. Die Hauptarbeit besteht dabei in der Retusche der Risse und Flecken, die das ansonsten noch gut erhaltene Bild aufweist.*

Nachher: *Mit dem* **Kopierstempel** *wurden sämtliche Risse und Flecken in weniger als 20 Minuten entfernt.*

[1] Kontrast und Farbe anpassen

Der erste Schritt besteht aus einer allgemeinen Tonwertkorrektur, um den Kontrast und die Farben anzupassen. Arbeiten Sie hierzu mit der *Tonwertkorrektur* aus dem Menü *Bild/Korrekturen*. Die Auto-Tonwertkorrektur ist hier nicht zu gebrauchen, da diese die Brauntönung entfernen würde. Also muss eine manuelle Tonwertkorrektur durchgeführt werden. Im Bereich der Tiefen ist eine Tonwertspreizung akzeptabel, im Mittelton- und Lichterbereich darf jedoch bei diesem Bild keine Veränderung vorgenommen werden, um den Hintergrund zu erhalten.

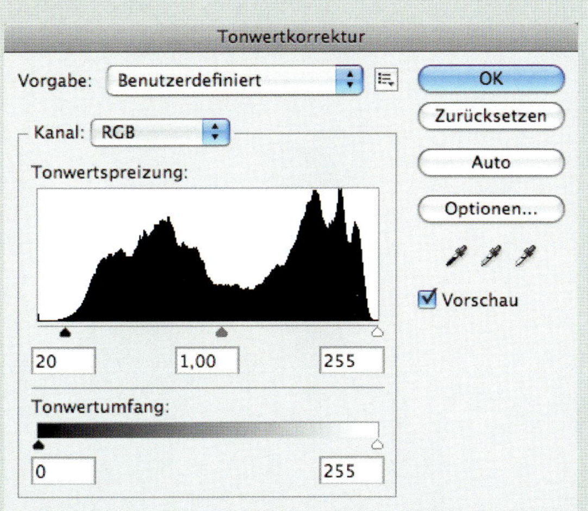

[2] Beschneiden und retuschieren

Die unschönen Ränder unten am Bild und an der rechten Seite werden zunächst mit dem *Freistellungswerkzeug* beschnitten. Nun beginnt die Hauptarbeit. In einer stark vergrößerten Ansicht bearbeiten Sie die fehlerhaften Stellen mit dem *Kopierstempel-Werkzeug*. Wählen Sie dazu einen nicht zu kleinen Pinsel mit einer weichen Kante aus. Damit lassen sich die meisten Stellen gut bearbeiten.

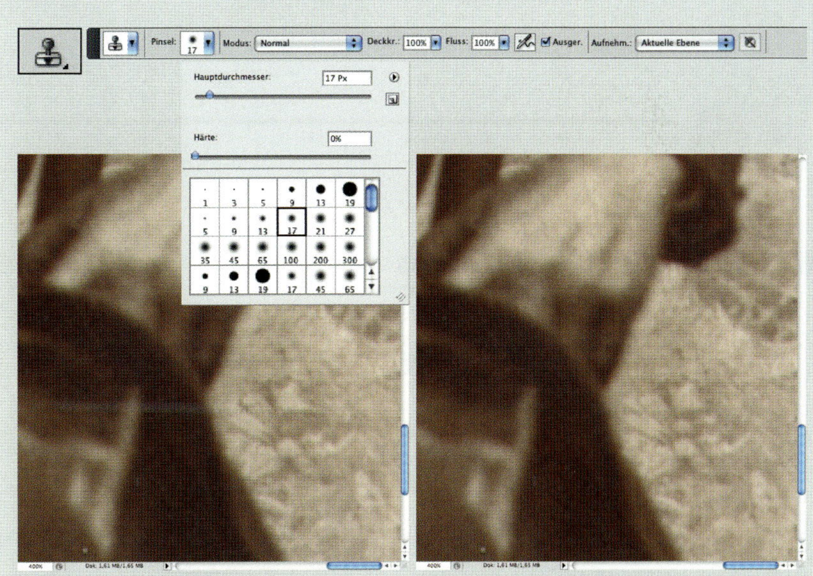

[3] Pinselspitze wechseln

Nur an diffizilen Stellen sollten Sie eine kleinere Pinselspitze benutzen, da eine zu große sehr leicht wieder neue unschöne Kanten im Bild erzeugen könnte. Wenn Sie mit der Handhabung noch etwas unsicher sind, wählen Sie eine verringerte *Deckkraft* (*40 %* bis *50 %*), um dann bei passender Pinselsetzung mit dem jeweils zweiten Klick die Fehlstelle abzudecken. Die Option *Fluss* belassen Sie bei *100 %*, sie verzögert den Auftrag. Aktivieren Sie *Ausgerichtet*, um die zu kopierenden Bildinformationen direkt neben der Fehlstelle aufzunehmen. Dabei müssen Sie darauf achten, Richtung und Struktur passend auf die Fehlstelle zu übertragen.

Perspektive entzerren

Sobald die Kamera bei einer Aufnahme nicht absolut gerade gehalten wird, entstehen im Bild perspektivisch bedingte optische Verzerrungen. Besonders deutlich wird dies z. B. bei Aufnahmen von Gebäuden, bei denen die Kamera nach oben gerichtet wurde. Diese Verzerrung entspricht zwar durchaus unseren Sehgewohnheiten, da wir aber wissen, dass ein Haus gerade stehen muss, kommt uns dieser Effekt in der zweidimensionalen Abbildung unnatürlich vor.

Vorher: *Das Foto des Gebäudes wurde aus der Hand aufgenommen und weist neben den stürzenden Linien auch eine leichte Drehung auf. Photoshop bietet mit der Funktion* **Transformieren/Perspektivisch** *die Möglichkeit, solche Aufnahmen wieder gerade zu richten. (Foto: Christian Haasz)*

Nachher: *Die „entzerrte" Gebäudeaufnahme nach dem Beschnitt.*

[1] Raster und Hilfslinien einrichten

Laden Sie die zu entzerrende Aufnahme und erstellen Sie eine frei bewegliche Ebene. Dazu wandeln Sie entweder die Hintergrundebene in *Ebene 0* um, oder – noch besser – Sie erstellen ein Duplikat der Hintergrundebene. Zur besseren Orientierung bei der Ausrichtung können Sie sich Hilfslinien aus dem Lineal ziehen und/oder über das Menü *Ansicht/Einblenden/Raster* ein Bildschirmraster einblenden. Nach dem Einblenden des Rasters und dem Einfügen einiger Hilfslinien werden die Verdrehung und die stürzenden Linien deutlich sichtbar. Nehmen Sie bei der Gelegenheit direkt eine *Tonwertkorrektur* vor.

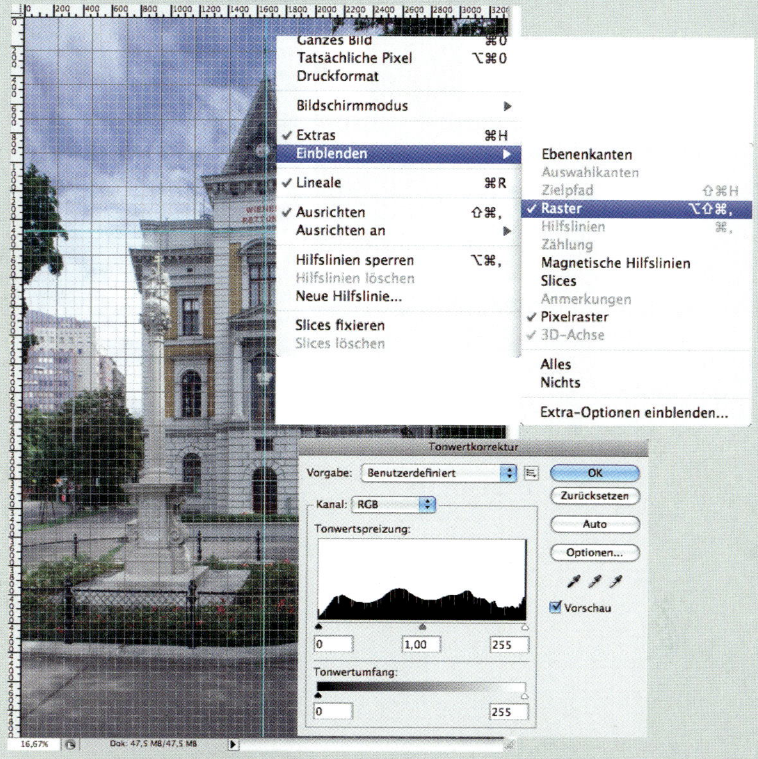

[2] Bild per Eingabe drehen

Da das Bild, wie in diesem Fall, auch noch verdreht ist, muss es zunächst mit der Funktion *Bild/Bilddrehung/Per Eingabe* angepasst werden. Drehen Sie das Bild im Uhrzeigersinn – hier mit einem Winkel von *2,9° im UZS*.

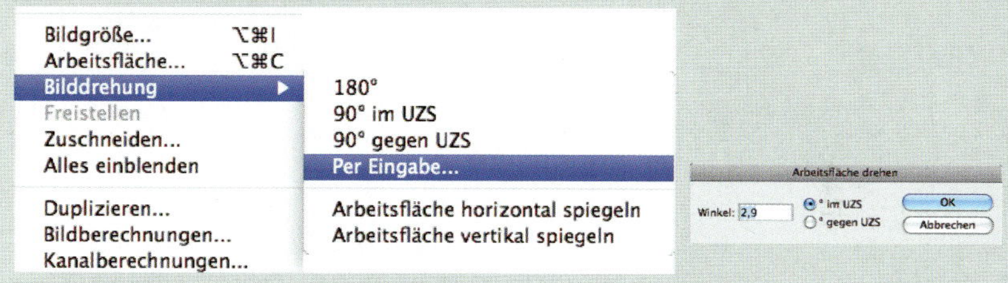

[3] Arbeitsumfeld vergrößern

Zur Anpassung sollte das Bild in verkleinerter Ansicht mit genügend Arbeitsumfeld versehen werden. Dazu verkleinern Sie den Arbeitsbereich mit dem *Zoom-Werkzeug*. Halten Sie dabei die [Alt]-Taste gedrückt. Danach ziehen Sie mit der Maus den Rahmen des Arbeitsfensters deutlich größer, sodass das Bild von ausreichend grauer Fläche umgeben ist.

[4] Perspektivisch transformieren

Rufen Sie nun im Menü *Bearbeiten* die Funktion *Transformieren/Perspektivisch* auf. Das Bild erhält einen Rahmen mit acht Anfassern. Durch Ziehen an einem der Anfasser

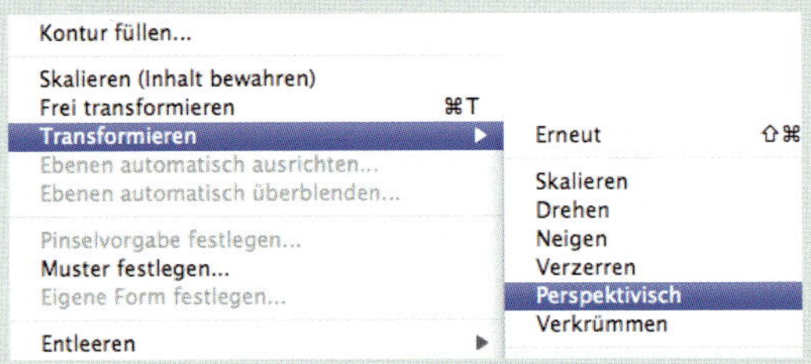

transformieren Sie das Bild entsprechend. Ist, wie in diesem Beispiel, das Gebäude auch noch schief aufgenommen, ziehen Sie am entsprechenden Mittelpunkt, um es gerade auszurichten. Anhand des Rasters kann man deutlich sehen, wann die Ausrichtung stimmt. Mit Doppelklick in das Bild oder durch Drücken der [Enter]-Taste wird die Transformation abgeschlossen. Möchten Sie eine misslungene Transformation abbrechen, drücken Sie einfach die [Esc]-Taste.

In der Gesamtansicht ist das Bild zwar deutlich gerader als zuvor, wirkt aber sehr gedrungen, und eine Seite ist immer noch nicht ganz senkrecht. Deshalb wenden Sie zur weiteren Korrektur noch einmal die Funktion *Transformieren/Perspektivisch* an.

[5] **Bild skalieren**

Alles hat seinen Preis. Das Bild steht zwar jetzt gerade, aber auf Kosten einer unschönen Bildecke. Da das Haus durch die Transformation leicht gedrungen wirkt, aktivieren Sie die Funktion *Transformieren/Skalieren*. Mit dem mittleren oberen Anfasser wird das Bild nach oben skaliert, bis die weiße Bildecke nicht mehr zu sehen ist. Bestätigen Sie die Aktion mit der [Enter]-Taste.

[6] **Ebenen auf Hintergrundebene reduzieren**

Nach dem Ausblenden der Hilfslinien und des Rasters per Menü *Ansicht/Extras* oder über die Optionsleiste steht das Gebäude jetzt fast perfekt. Zur abschließenden Bearbeitung reduzieren Sie das Bild im Bedienfeld *Ebenen* wieder auf die Hintergrundebene.

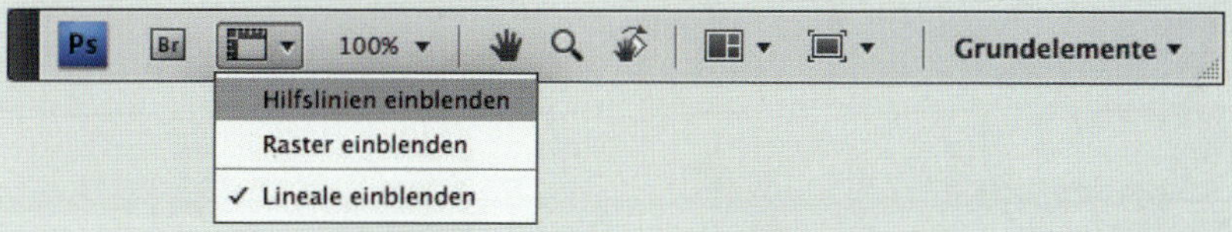

Mit Texteffekten arbeiten

Obwohl Photoshop kein Textverarbeitungs- oder Layoutprogramm ist, bietet das Programm eine Vielzahl von Möglichkeiten zur Texterstellung und Bearbeitung. In der Werkzeugleiste finden Sie das Textwerkzeug und das Textmaskierungswerkzeug mit den Optionen für die horizontale und vertikale Anwendung. Beide Werkzeuge arbeiten gleich, das Textmaskierungswerkzeug erstellt jedoch eine Auswahl in Form des eingegebenen Textes, die dann wie jede andere Auswahl auf Pixelbasis bearbeitet werden kann.

(Foto: Christian Haasz)

[1] Text eingeben

Aktivieren Sie in der Werkzeugleiste das *Horizontale Textwerkzeug*. Das *Textwerkzeug* arbeitet auf Vektorbasis und erstellt beim ersten Klick in das Bild eine eigene Ebene mit der Bezeichnung des eingegebenen Textes.

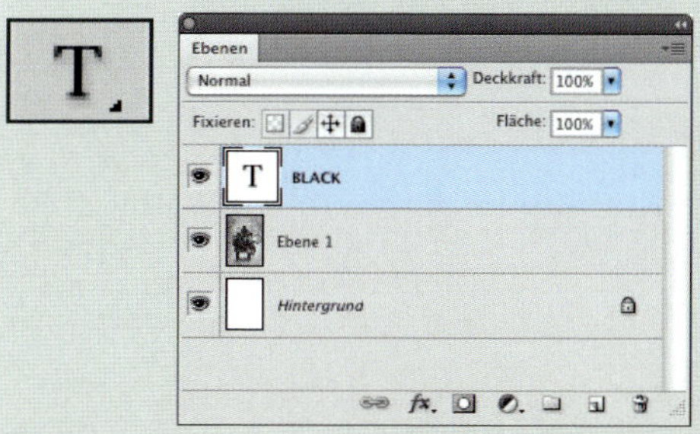

[2] Textattribute festlegen

Im Bild blinkt der Textcursor und signalisiert damit, dass Text eingegeben werden kann. Schreiben Sie Ihren Text und formatieren Sie ihn mit den Einstellungen in der Optionsleiste. Über das Symbol ganz rechts außen in der Optionsleiste öffnen Sie das Bedienfeld *Zeichen*. Hier können Sie weitere Textformatierungen wie Schriftart, Schriftgröße, Laufweite, Zeilenabstand etc. vornehmen.

[3] Textstile laden und anwenden

Für die Erzeugung besonderer Texteffekte laden Sie aus dem Menü *Fenster* das Bedienfeld *Stile*. Im Menü des Bedienfelds wählen Sie die *Texteffekte*. Markieren Sie im Bedienfeld *Ebenen* die Textebene, die Sie mit einem Effekt belegen möchten, und wählen Sie danach im Bedienfeld *Stile* einen passenden Effekt.

[4] Text auf dem Bild ausrichten

Mit dem *Verschieben-Werkzeug* positionieren Sie die jeweilige Textebene im Arbeitsfenster. Wenn Sie erneut mit dem *Textwerkzeug* in den bereits erstellten Text klicken, kann dieser weiter bearbeitet werden. Alternativ können Sie auch ein anderes Werkzeug wählen bzw. die Ebene wechseln. Alle Bearbeitungsmöglichkeiten basieren auf den aus Textverarbeitungsprogrammen bekannten Formatierungsbefehlen.

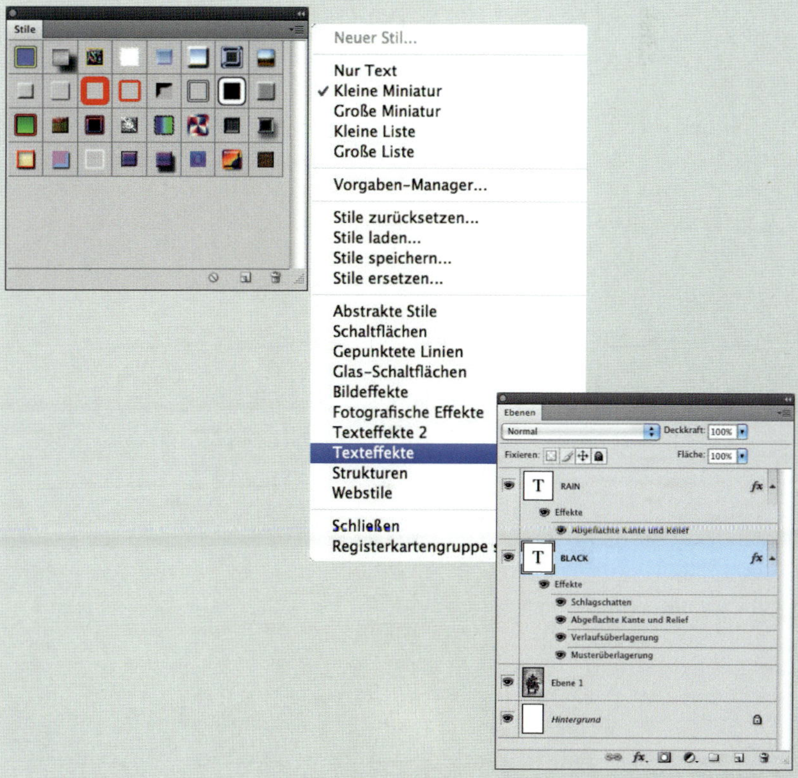

Text an einem Pfad ausrichten

Soll der Text dynamisch wirken und einer bestimmten Linienführung oder Form folgen, können Sie den Schriftverlauf per Pfad präzise vorgeben.

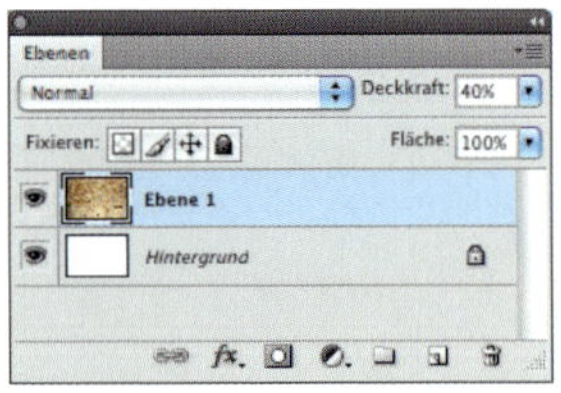

[1] Zeichnen der Pfadkurve
Um den Text an einen Pfad oder eine Form anzupassen, erstellen Sie zunächst in einer vom Hintergrund unabhängigen Bildebene den Pfad. Hierzu wählen Sie in der Werkzeugleiste das *Zeichenstift-Werkzeug* und klicken sich Punkt für den Punkt eine Pfadkurve.

[2] Deckkraft der Bildebene verringern
Damit Sie auf dem Bild die Kurve des Pfads besser erkennen, verringern Sie im Bedienfeld *Ebenen* die *Deckkraft* der Bildebene auf *40 %*.

i

EBENENSTIL AUF TEXT ANWENDEN

Nahezu unendliche Möglichkeiten bestehen in der Anwendung der Ebenenstile auf Textobjekte. So kann der Text mit Konturen versehen werden, einen Schlagschatten oder einen Schein nach außen erhalten und viele weitere Effekte erhalten. Über das Menü *Ebenen* rufen Sie das Dialogfeld *Ebenenstil* auf. Dieses lädt geradezu zu kreativen Textexperimenten ein.

[3] Text entlang des Pfads eingeben
Wählen Sie dann Ihr *Textwerkzeug* aus und klicken Sie damit auf die Stelle des Pfads, an dem die Texteingabe beginnen soll. Der Textcursor blinkt und zeigt damit an, dass der Text eingegeben werden kann. Auch nach der Texteingabe kann der Pfad jederzeit angepasst werden.

[4] Text auf der Grundlinie verschieben
Um den Text seitlich auf der Grundlinie zu verschieben, wählen Sie das *Pfadauswahl-Werkzeug* oder das *Direktauswahl-Werkzeug* und ziehen den Text an die gewünschte Stelle. Wenn Sie über den Pfad hinausziehen, wird der Text auf der anderen Pfadseite gespiegelt. Um den gesamten Pfad zu verschieben, muss der Mauszeiger seine Pfeilform behalten. Wollen Sie die Pfadform anschließend noch verändern, verwenden Sie das *Direktauswahl-Werkzeug*, um den Pfad durch Ziehen an den Ankerpunkten anzupassen.

[5] Einen Texteffekt auswählen
Steht der Text, können Sie ihn wie bereits beschrieben mit einem speziellen Textstil ausstatten.

[6] Textebene rastern
Möchten Sie den Text in eine Form umwandeln, wählen Sie die Textebene aus und klicken im Menü *Ebene/Rastern* auf die Optionen *Text* oder *Ebene*. Beachten Sie, dass ein in eine Form umgewandelter Text nicht mehr geändert werden kann.
Auch bei der geplanten Anwendung von Filtern auf die Textebene kann eine vorherige Rasterung erforderlich sein. Bei der Ausführung des Filters wird diese dann automatisch vorgenommen. Sie erhalten vor der Anwendung einen Warnhinweis.

Filtereffekte anwenden

Beim Stöbern in Ihrem Bildarchiv entdecken Sie bestimmt ein ähnliches Landschaftsfoto, das durchaus das Zeug zu einem alten Meister hat. Nach der üblichen Anpassung mittels Tonwertkorrektur und einer Anhebung der Farbsättigung legen Sie fest, mit welchen Photoshop-Funktionen die Umwandlung in ein scheinbar altes Gemälde gelingen könnte.

Ein Landschaftsbild aus dem Bildarchiv.

Das Landschaftsbild nach einer Tontrennung.

Etwas Mal- und Strukturfilter dazu und schon erscheint die Landschaft im Stile eines alten Gemäldes.

[1] Durchführen einer Tontrennung

Um das Original zu schützen, experimentieren Sie mit einer Einstellungsebene und der *Tontrennung*. Durch diese Anwendung reduzieren Sie die im Bild befindlichen 256 Graustufen auf einige wenige, hier auf insgesamt 7.

Der Himmel mit seinen nun deutlich sichtbaren Tonwertabrissen wirkt jetzt allerdings eher modern. Dies schreckt jedoch zunächst nicht. Mit dem Feld im unteren Teil des Bildes kann man fast schon zufrieden sein. Bei einer Vergrößerung von 100 % wirkt es im mittleren Bereich bereits wie gemalt.

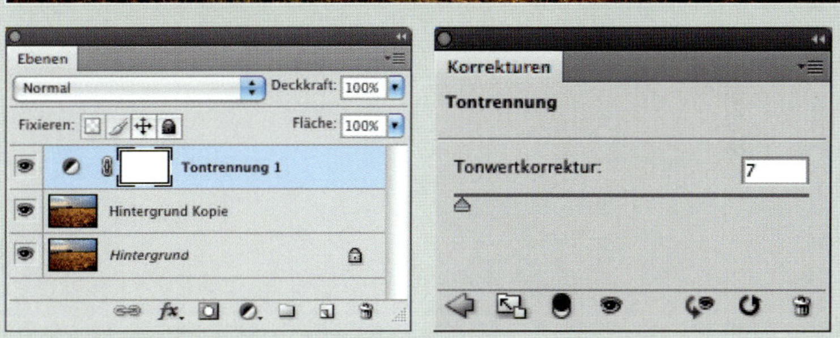

[2] Ebenen reduzieren

Um mehr Möglichkeiten bei der weiteren Bearbeitung zu haben, duplizieren Sie die Hintergrundebene und blenden dann den Hintergrund (das Originalbild) aus. Die beiden noch sichtbaren Ebenen, Einstellungsebene und Duplikat der Hintergrundebene, reduzieren Sie zu einer neuen Ebene.

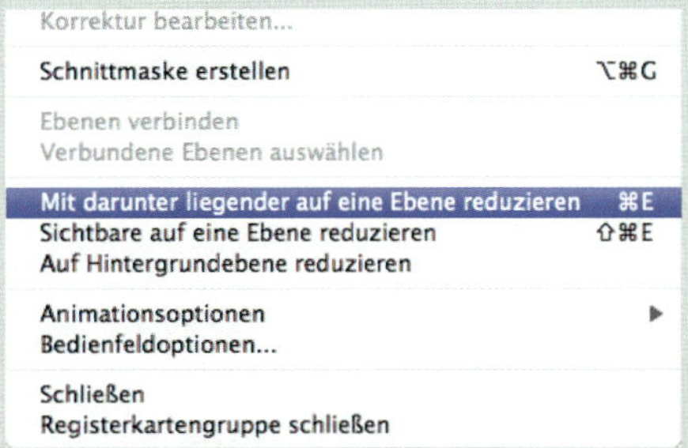

[3] Malfilter einsetzen

Mit dem Malfilter *Spritzer* aus dem Menü *Filter* erzielen Sie den für das Landschaftsfoto gewünschten Maleffekt.

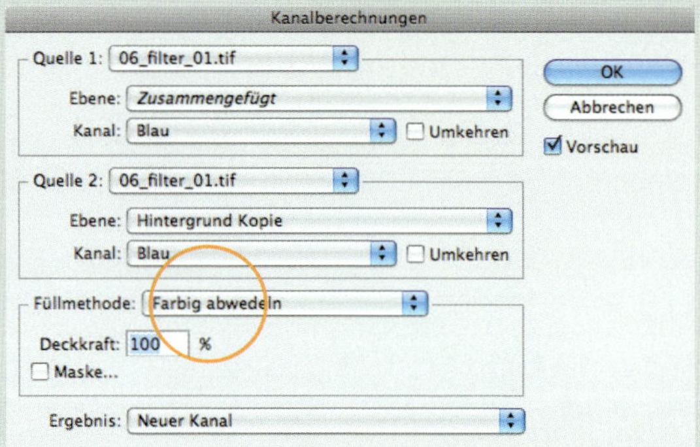

[4] Kanalberechnungen durchführen

Um den Himmel von der Landschaft zu trennen, sehen Sie sich im Bedienfeld *Kanäle* Ihre Farbkanäle als Graustufen jeweils einzeln an. Der Blaukanal verspricht den größten Erfolg, da er am kontrastreichsten ausfällt. Um den Kontrast noch weiter zu verstärken, führen Sie im Menü *Bild/Kanalberechnungen* einige Versuche durch.
Indem Sie *Blau* mit *Blau* mit der *Füllmethode Farbig abwedeln* verrechnen und noch eine Maske als Grauwert hinzufügen, erzeugen Sie einen neuen Kanal (*Alpha1*). Eine weitere Anpassung über das Menü *Bild/Korrekturen/Helligkeit/Kontrast* bringt das gewünschte Ergebnis. Die verbliebenen Störungen im neuen Kanal entfernen Sie, nachdem Sie diesen im Bedienfeld *Kanäle* aufgerufen haben, mit einem rein weißen bzw. rein schwarzen Pinsel.

[5] Himmel gesondert bearbeiten

Nun steht Ihnen im Bedienfeld *Ebenen* eine Auswahl zur Verfügung, mit der Sie den Himmel gesondert bearbeiten können. Durch Kopieren und wieder Einfügen des ausgewählten Bereichs erstellen Sie eine weitere neue Ebene, die Sie in *Himmel* umbenennen.
Mit *Farbton/Sättigung* im Modus *Färben* ändern Sie die Himmelsfarben in ein angenehmeres Blau. Den Fülleffekt ändern Sie zu *Farbton*.

[6] Füllmodus Multiplizieren

Da der Himmel jetzt farblich zusagt, aber immer noch zu hell erscheint, duplizieren Sie die *Himmel*-Ebene und ändern an dieser neuen Kopie den Füllmodus in *Multiplizieren*. Mit dem Regler *Deckkraft* stellen Sie die gewünschte Intensität ein.

[7] Feinschliff mit einer Tonwertkorrektur

Den letzten Schliff erhält das Gemälde durch eine *Tonwertkorrektur*, die Sie als neue Einstellungsebene noch darübersetzen. Dadurch bewirken Sie eine Gesamtaufhellung der Lichter und der Mitteltöne, die das Bild freundlicher erscheinen lässt. Das Gemälde ist nun fertig, wirkt aber wie neu, es fehlt noch etwas Patina.

Um das noch neue Gemälde auf alt zu trimmen, erstellen Sie von der zuvor wieder auf die Hintergrundebene reduzierten Datei eine Kopie des neuen Hintergrunds. Damit die Ausgangsdatei mit allen Ebenen und Effekten nicht verloren geht, speichern Sie diese unter einem anderen Namen – für den Fall, dass Sie nochmals Änderungen daran vornehmen wollen.

[8] Patina und Struktur

In der *Filtergalerie*, zu erreichen über *Filter/Filtergalerie*, können Sie diverse Versuche vornehmen und die Effekte in der eingebauten Vorschau bei einem bildwichtigen Ausschnitt und bei 100 % Abbildungsgröße beurteilen.

Besonders interessant wirkt sich *Strukturierungsfilter/Mit Struktur versehen* aus, bei dem sich unter anderem auch ein Leinwandeffekt findet. Diesen Filter wenden Sie zuerst an. Weitere Experimente können folgen. Mit *Strukturierungsfilter/Risse* überprüfen Sie in der Vorschau dessen Auswirkungen durch Ein- und Ausblenden mit Klick auf das Augensymbol.

Mit dem Schalter *Neue Effektebene* unten rechts im Dialogfeld kann ein Effekt durch Verdopplung noch verstärkt oder mit anderen Filtern kombiniert werden. Ein Klick auf den Papierkorb löscht die markierte Effektebene. Diese Filterebenen ermöglichen es, die Wirkung vor der eigentlichen Anwendung zu beurteilen. Die Entscheidung fällt in diesem Fall auf die einfache Variante von *Risse* mit großem Abstand, starker Tiefe und geringer Helligkeit.

Der Gesamteindruck überzeugt, sowohl bei einer Betrachtung in der 100-%-Ansicht als auch bei der für die Darstellung von Effekten besonders wichtigen Ansicht in Ausgabegröße. Der „alte Meister" ist nun fertig.

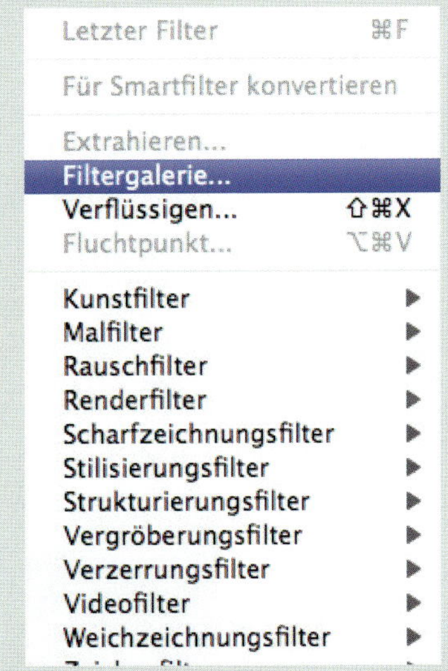

7

BILDMONTAGE

7

Bildmontage

Methoden der Maskierung

Ein Bild wirkt einerseits durch seine formale Gestaltung und andererseits durch seinen Inhalt, also durch die gewählten Bildmotive. Farbe, Größe, Konturen, Kontraste, ungewöhnliche Formen, Interaktionen sowie Bewegungen von Bildern und Bildelementen ziehen die Aufmerksamkeit auf sich. Mit anderen Worten: Jedes Foto – ob Porträt oder Werbeaufnahme – verlangt ein hohes Maß an Individualität und Kreativität. Mit der digitalen Fotografie und den Bildbearbeitungsprogrammen wurde es leicht, „Welten am Rande der Realität" zu inszenieren und zu komponieren. Nicht mehr das eine Bild zählt, vielmehr ist die Idee wichtig, die dann eventuell sogar aus mehreren Einzelbildern komponiert wird und in der kreativen Nachbearbeitung zu einer eigenen Bildsprache und einem individuellen Look entwickelt wird.

Störende Details in der Nähe des Hauptmotivs.

Helle Farben lenken vom Motiv ab.

Vorher: *An diesem Beispiel soll Ihnen gezeigt werden, wie das Model durch Absenken der Hintergrundstrukturen und eine reduzierte Farbumgebung klarer in den Betrachtungsfokus gerückt wird. Solch selektive Änderungen in einer Aufnahme können nur durch Auswahlbereiche und Masken erzielt werden.*

Nachher: *Alle Bildbearbeitungen beziehen sich nur auf den Hintergrund, ein Tornado der Bundesluftwaffe; das Model selbst ist nicht nachbearbeitet worden. Sowohl durch das Absenken der Tiefen als auch die kontrastreichere Warm-Kalt-Farbgebung wird der Blick des Betrachters jetzt besser auf das Motiv geführt, ohne das Hintergrundmotiv abzuwerten.*

Alle Pilotenanwärter müssen ein Screening durchlaufen. Sinngemäß könnte dies mit Aussieben oder auch Auswahlverfahren ins Deutsche übersetzt werden. Vielleicht hatten die Photoshop-Entwickler Ähnliches im Sinn, als sie die Werkzeuge für Auswahlerstellungen in Version CS4 überarbeiteten, einiges verbesserten und Altes über Bord warfen. So wird die Suche nach dem vertrauten und bewährten *Extrahieren*-Filter zunächst erfolglos bleiben.

[1] Kontraste unterstreichen

Um den Kontrast zwischen Hightech und Bikinimode zu unterstreichen, ist der geeignete Look schnell gefunden. Ein kühles Blau soll den technischen Motivhintergrund beherrschen. In den mitgelieferten Voreinstellungen der Korrektur *Farbton/Sättigung* findet sich mit *Cyanotypie* schnell etwas Brauchbares. Die Schwierigkeiten fangen dann beim Screening an. Lernen Sie nun verschiedene Herangehensweisen für die Erstellung von Masken kennen.

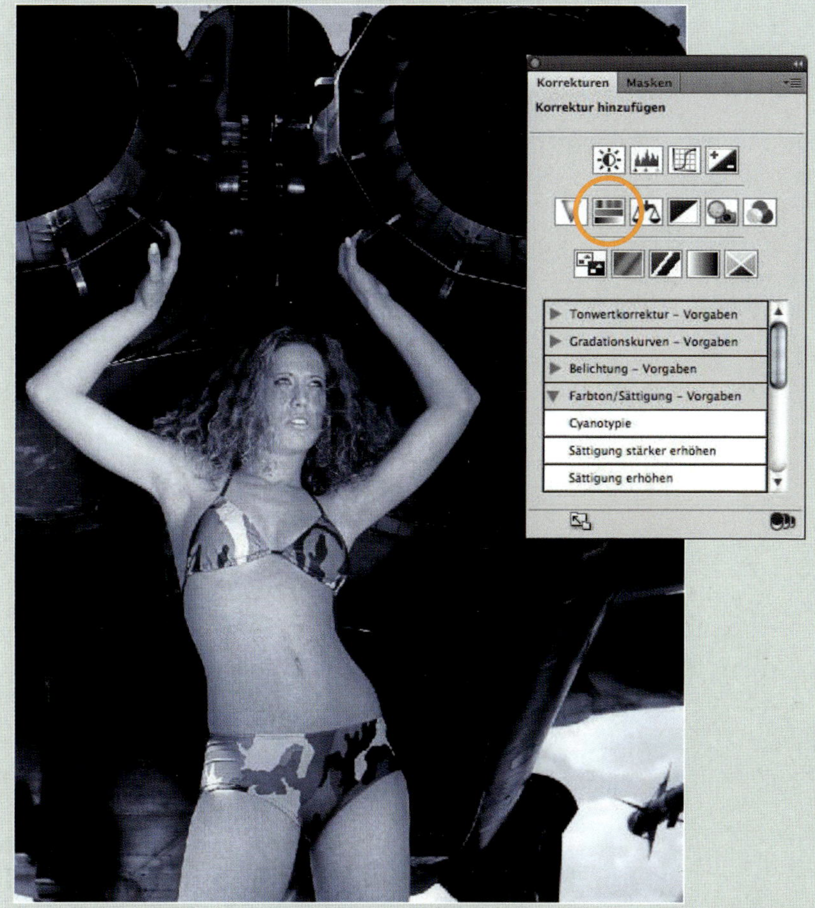

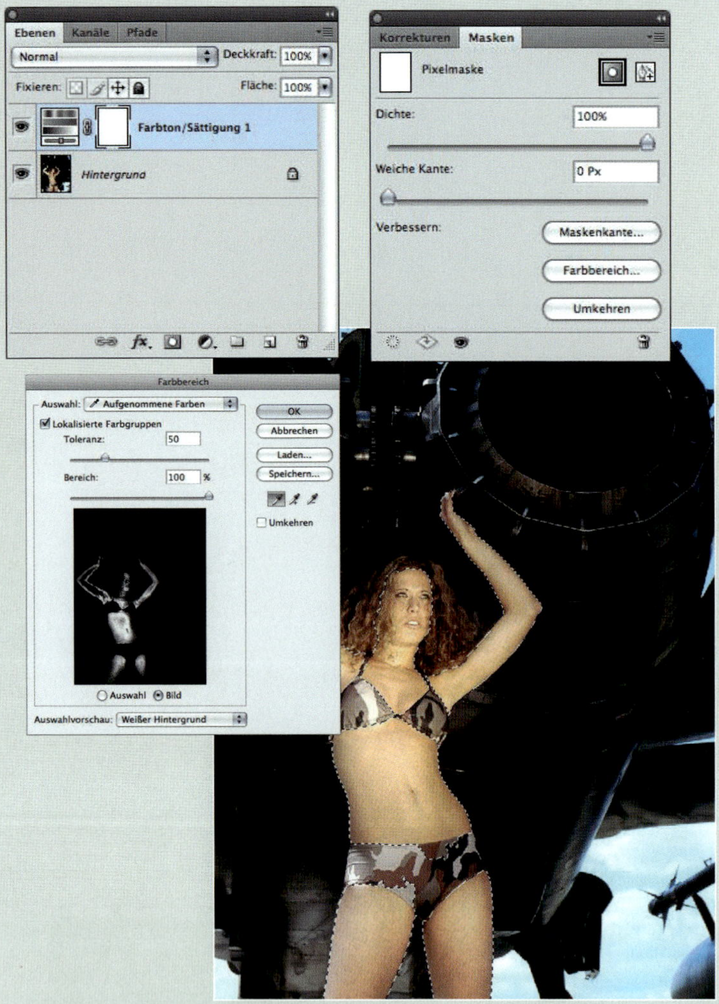

[2] Auswahl für den Farbbereich

Der vorgegebene Weg, die leere Ebenenmaske zu füllen, führt über die Schaltfläche *Farbbereich* im neuen Bedienfeld *Masken*. Setzen Sie die Pipette auf das Bild oder den Vorschaubereich im Dialogfeld und klicken Sie, um die gewünschte Farbe aufzunehmen.

Das Auswahlverfahren wurde so verfeinert, dass sich in Abhängigkeit der Farbhäufigkeit Objekte schneller und leichter eingrenzen lassen. Welche Auswahldarstellung Sie bevorzugen, bestimmen Sie mit den Optionen in der Drop-down-Liste *Auswahlvorschau*. Wählen Sie hier die Option *Weißer Hintergrund*.

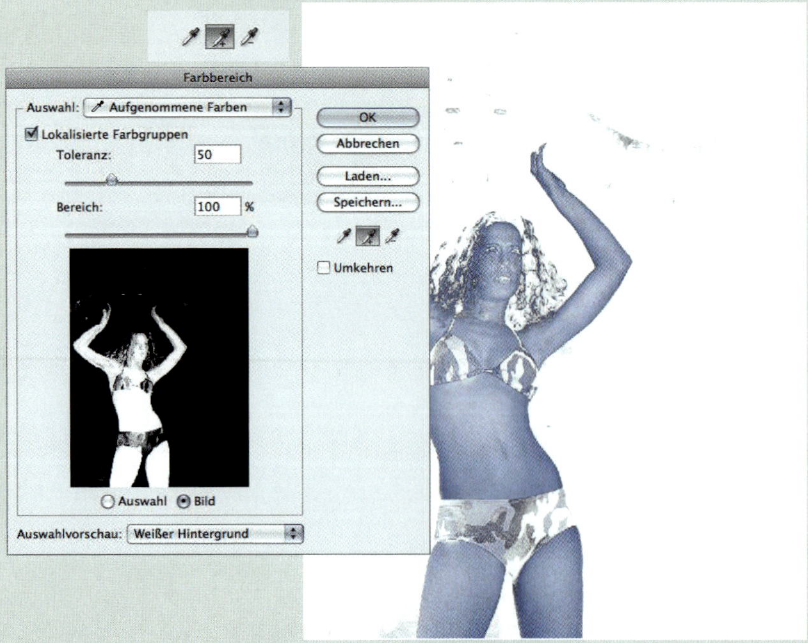

[3] Farbgruppen addieren

Passen Sie den ausgewählten Farbbereich mit dem *Toleranz*-Regler an. Aktivieren Sie die Option *Lokalisierte Farbgruppen*, und Sie können bei ähnlichen Farbgruppen im Bild bestimmen, wie weit weg eine Farbe von dem Punkt sein muss, an dem die Farbe aufgenommen wird, um in die Maske eingeschlossen zu werden. Schieben Sie den Regler *Bereich* zurück, um den lokalen Aufnahmebereich enger zu halten. Danach aktivieren Sie die mittlere Pipette mit dem Pluszeichen, um weitere Farbbereiche der Auswahl hinzuzufügen.

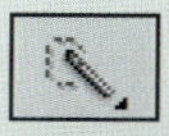

[4] Maskierung per Schnellauswahl

Einen anderen Ansatz zur Maskierung bietet das *Schnellauswahlwerkzeug*. Hier starten Sie in der Bildebene und ziehen mit dem Werkzeug über den Bereich hinweg, den Sie auswählen möchten. Wird die Auswahl über den gewünschten Bereich hinaus angelegt, überfahren Sie diesen Bereich nochmals mit dem *Schnellauswahlwerkzeug* plus gedrückter [Alt]-Taste, um überlappende Auswahlbereiche von der Auswahl zu subtrahieren. Anschließend weisen Sie der Auswahl mit Klick auf das Maskensymbol im Bedienfeld *Ebenen* eine Maske zu und füllen diese mit *Bearbeiten/Fläche füllen.* Wählen Sie als Füllfarbe Schwarz. Die Auswahl muss nicht perfekt sein, erst im nächsten Schritt wird die Maske verbessert.

TIPP: Extrahieren-Plug-in installieren

Für die älteren Photoshopper darf an dieser Stelle nochmals verraten werden, dass Sie auf den *Extrahieren*-Filter auch in CS4 nicht verzichten müssen. Er kann von der Adobe Website als Plug-in geladen werden und muss manuell im Programm-Ordner *Adobe Photoshop CS4/Plug-ins/Filters* abgelegt werden. Nach dem Neustart von Photoshop steht Ihnen auch der Filter *Extrahieren* wieder zur Verfügung.

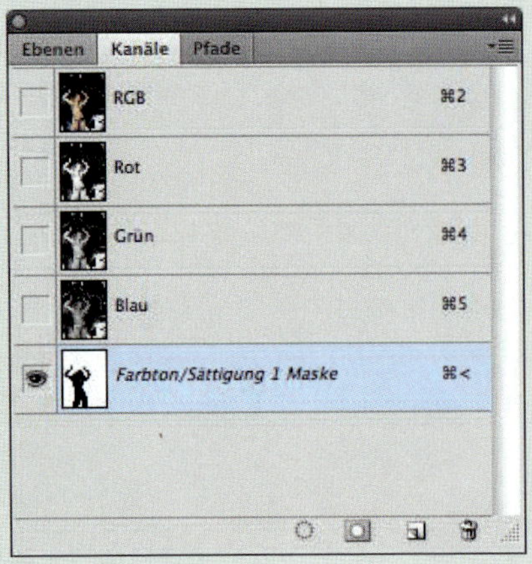

[5] Maske nachbearbeiten

In der Maske sind alle schwarzen Flächen ausgeblendet und Änderungen über die weißen Bereiche sichtbar. Im nächsten Schritt werden die Flächen vervollständigt. Zur Darstellung der Maske halten Sie die [Alt]-Taste gedrückt und klicken im Bedienfeld *Ebenen* auf das Maskensymbol. Auf diese Weise blenden Sie den Alphakanal der Maske vorübergehend zur Nachbearbeitung ein. Alternativ können Sie auch über das Bedienfeld *Kanäle* den Alphakanal manuell aktivieren.

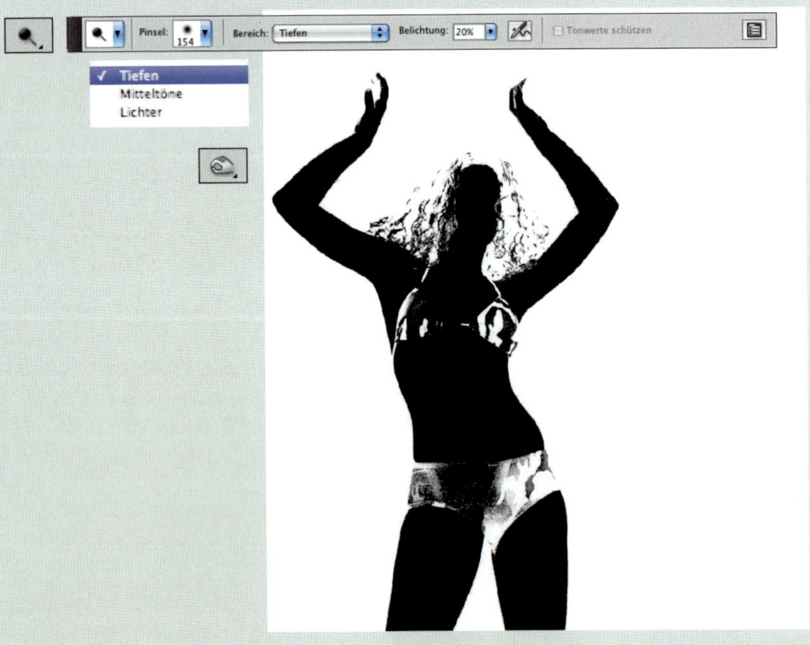

[6] Silhouettenform der Maske optimieren

Die besten Werkzeuge zur Verfeinerung der schwarzen oder weißen Flächen haben Sie mit dem *Nachbelichter* bzw. dem *Abwedler*. Um die Silhouettenform der Maske zu optimieren, wählen Sie als Option zum *Nachbelichter* den Bereich *Tiefen* aus.

Invertieren Sie den Alphakanal und optimieren Sie die zuvor hellen Stellen ebenfalls mit dem *Nachbelichter*.

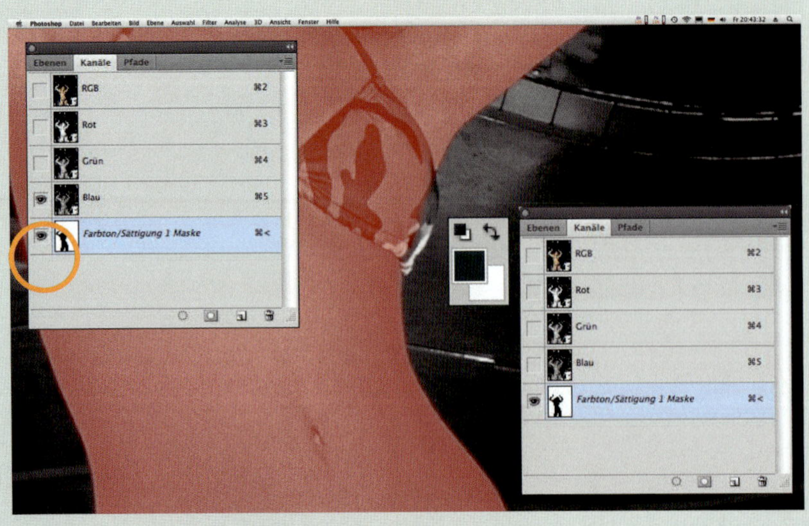

[7] Schwarz-Weiß-Malerei

Um das Objekt zur Maske sehen zu können, erzeugen Sie im Bedienfeld *Kanäle* einen zusätzlichen Kanal. Die Maske wird jetzt in Rot angezeigt. Fügen Sie mit dem Auftragen von *Schwarz* Bereiche hinzu oder berichtigen Sie fehlerhafte Stellen mit *Weiß*.

Tipp: Durch einmaliges Drücken der [X]-Taste wechseln Sie zwischen Vorder- und Hintergrundfarbe. Auch die Möglichkeit, mit [Strg]+[I] die Flächenbereichsansicht zu vertauschen ist wieder gegeben.

[8] Kantenkontrolle

Wieder zurück im Bedienfeld *Ebenen*, kann die Maske jederzeit schnell in Bezug auf Dichte und Kantenhärte nachjustiert werden. Ebenso können weitere non-destruktive Nachbearbeitungen im Dialogfeld *Maske verbessern* durchgeführt werden. Mit der Schaltfläche *Maskenkante* öffnen Sie das Dialogfeld.

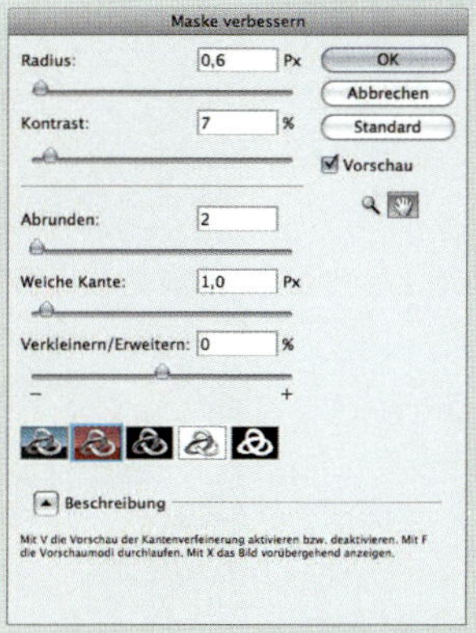

[9] Maske aktivieren

Für die zweite Einstellungsebene benötigen Sie ebenfalls eine Maske. Von der Absenkung der Tiefen ist der Modelbereich nicht betroffen. Über eine bereits erstellte Maske können Sie mit gedrückter [Befehlstaste] (Mac) oder [Strg]-Taste (PC) und Mausklick auf das Maskensymbol eine neue Auswahl erstellen. Aktivieren Sie danach die Korrektur *Gradationskurven*.

[10] Tiefen absenken

Verändern Sie die Gradationskurve wie abgebildet. Damit wird der Bildhintergrund stark abgedunkelt und kontrastreicher. Mit einer solch extremen Kurve wird auch die Farbverschiebung deutlicher sichtbar. Wenn Sie wirklich nur die Helligkeit verändern wollen und nicht die Farben, stellen Sie im Bedienfeld *Ebenen* die Füllmethode auf *Luminanz* um.

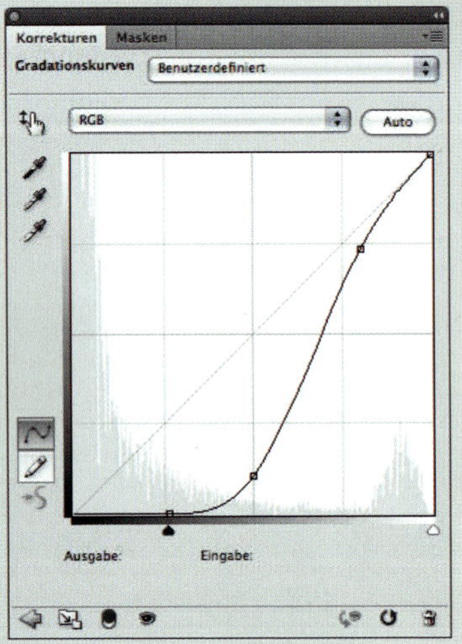

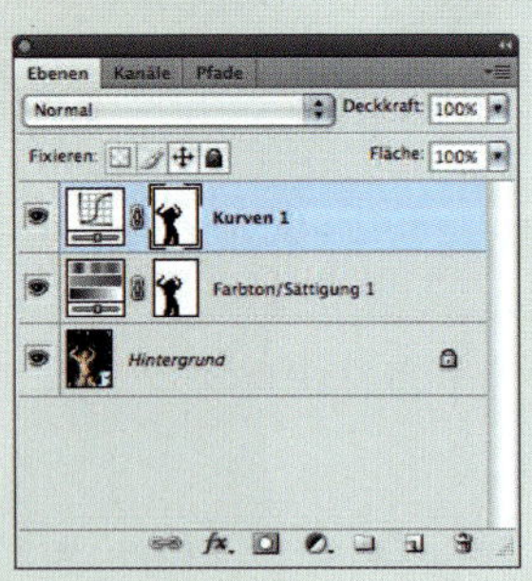

[11] Verlaufsmaske hinzufügen

Damit die Details der Triebwerke nicht verloren gehen, wird eine Verlaufsmaske hinzugefügt. Stellen Sie zum *linearen Verlaufswerkzeug* die Option *Transparent* ein und als Vordergrundfarbe *Schwarz*. Die Verlaufsvorgabe ist *Vordergrundfarbe zu Transparent*. Ziehen Sie die Verlaufsstrecke von oben nach unten. Auf diese Weise wird der obere Bildbereich von der Veränderung durch die Gradationskurven ausgeschlossen.

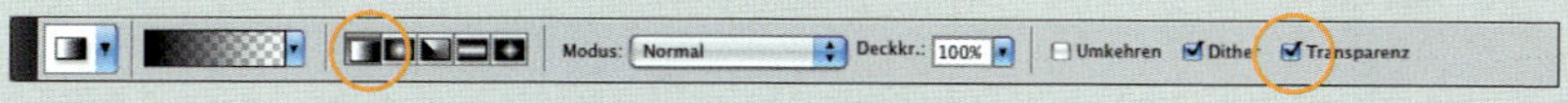

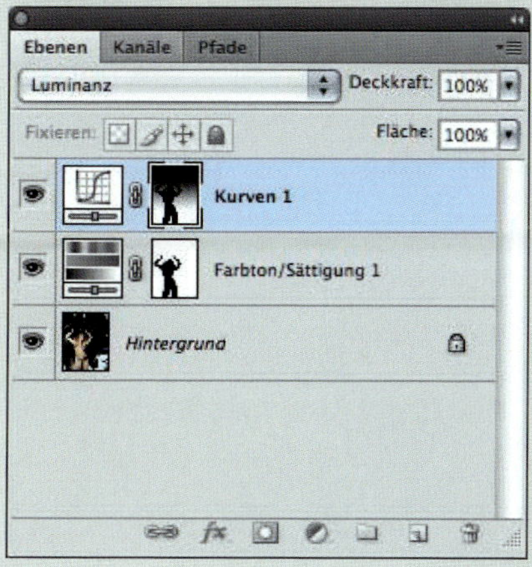

Freistellen via extrahieren

Vielleicht haben Sie auch schon gesucht: Der **Extrahieren-Filter** *befindet sich tatsächlich nicht mehr in den gewohnten Filterlisten. Auch in keinem anderen Menü werden Sie ihn finden. Still und heimlich wurde er von den Photoshop CS4-Machern ausgemustert. Aber so ganz ist er doch noch nicht im Photoshop-Museum verschwunden. Wenn Sie auf den* **Extrahieren-Filter** *nicht verzichten möchten, können Sie ihn wieder aus der Adobe-Schublade hervorkramen.*

Vorher: *Es sind oftmals die kleinen Widrigkeiten im Leben, die einen verärgern können. So zum Beispiel ein ungewollter Schatten auf dem Studiohintergrund. Bei einem Freisteller ist das nicht so schlimm, da der Hintergrund gelöscht und durch ein anderes Motiv ersetzt wird – es entstehen also Bilder von Objekten ohne Hintergrund. Wie Sie ein Motiv vom weißen Hintergrund schnell trennen können, zeigt Ihnen diese Extrahieren-Technik. (Foto: Julia Schill)*

Nachher: *Keine Montage kommt ohne Freisteller aus, und kein Freisteller ist wie der andere. Fast immer ist eine Nachbearbeitung per Hand am Bildschirm nötig. Da verwundert es nicht, dass immer mehr Firmen diese Tätigkeiten auslagern. Eine Chance für engagierte Photoshopper!*

[1] Extrahieren-Filter wieder installieren

Den Filter und viele andere Goodies finden Sie in den unendlichen Weiten der Adobe-Internetseiten. Aber auch auf der Installations-DVD befindet sich das Extract-Plug-in zur manuellen Installation.
Ziehen Sie zur Installation des alten *Extrahieren*-Filters das Zusatzmodul *Deutsch/Zugaben/Optionale Zusatzmodule/Filters/ExtractPlus* per Drag and Drop in den Ordner *Adobe Photoshop CS4/Plug-ins/Filters* und starten Sie Photoshop neu.

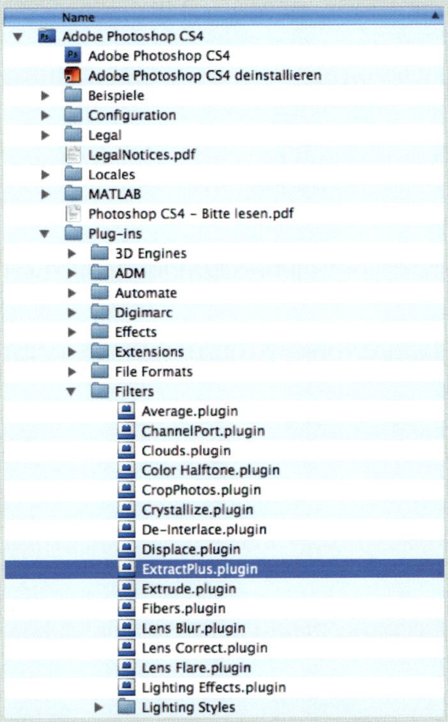

[2] Hintergrundebene duplizieren

Der *Extrahieren*-Filter ist ein destruktives Werkzeug und löscht Pixel unwiederbringlich – wenn es den *Protokollpinsel* nicht geben würde. Dennoch benötigen Sie für das schnelle Freistellen von Motiven ein Duplikat im Bedienfeld *Ebenen*.

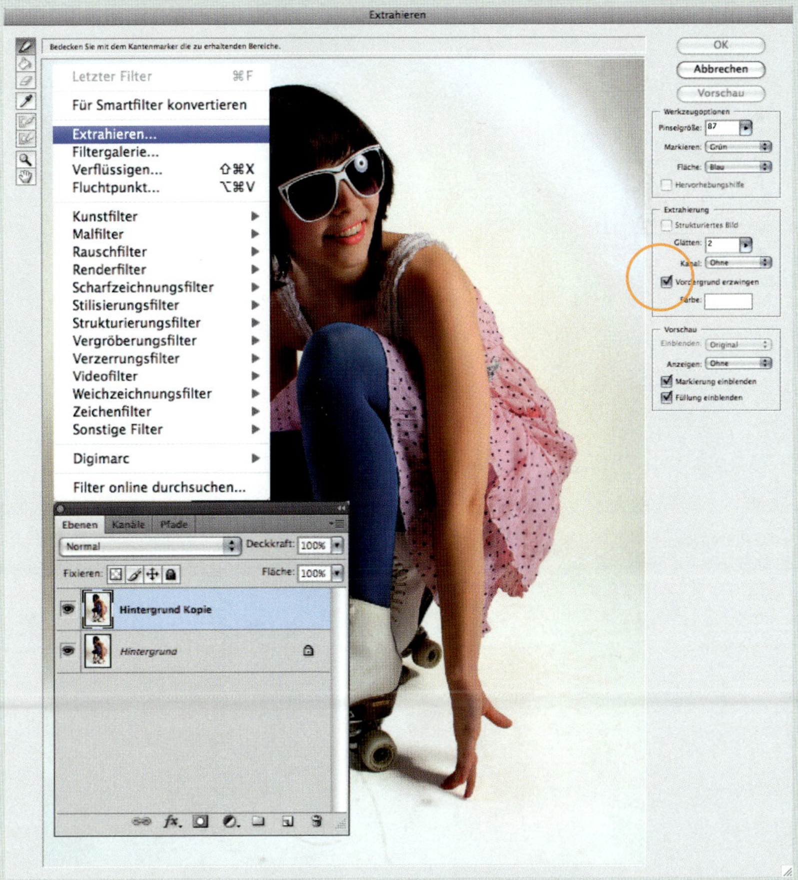

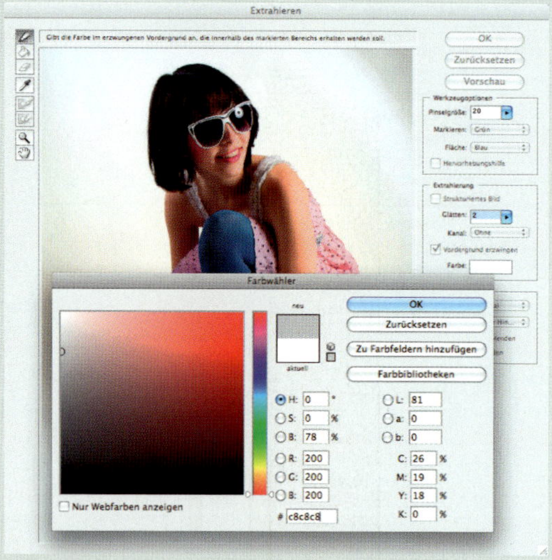

[3] **Vordergrund erzwingen**

Für alle Objekte, die auf Weiß fotografiert worden sind, gibt es eine schnelle Methode zum Freistellen mit dem *Extrahieren*-Filter und der Option *Vordergrund erzwingen*.

Öffnen Sie den *Extrahieren*-Dialog. Aktivieren Sie rechts im Bereich *Extrahierung* die Option *Vordergrund erzwingen* und geben Sie eine Farbe vor. Der Farbwähler öffnet sich mit einem Doppelklick auf das Farbfeld.

Geben Sie für das Freistellen ein helles Grau an, hier die *RGB*-Werte *200, 200, 200*. Starten Sie mit Ihrem Bild vorzugsweise im unteren Helligkeitsbereich und suchen Sie durch Ausprobieren den optimalen Helligkeitswert für das Freistellen.

[4] **Freistellobjekt markieren**

Übermalen Sie mit dem Markierungsstift das gesamte Objekt, das Sie freigestellt haben möchten. Achten Sie darauf, dass alle Bereiche gut übermalt werden und keine kleinen Ecken unter dem Grün hervorschauen.

[5] **Extrahieren-Vorschau**

Mithilfe der *Vorschau* erhalten Sie einen ersten Test der Freistellung. Sicherlich werden die hellen Bereiche, die dem Hintergrund entsprechen, auch im Motiv gelöscht werden. Sind es zu viele, geben Sie einen anderen Grauwert mit der Option *Vordergrund erzwingen* an und lassen sich den neuen Freistellbereich durch erneutes Drücken der *Vorschau*-Schaltfläche anzeigen. So können Sie sich schnell an die ideale Farbvorgabe für eine Freistellung heranarbeiten. Transparente Flächen im Motiv werden im nächsten Schritt wiederhergestellt.

[6] Pixel aus der Zeitmaschine

Dass in Photoshop eine kleine Zeitmaschine eingebaut wurde, ist vielen verborgen geblieben. Dabei können Sie ganz leicht mit Pixeln aus der Vergangenheit malen. Mit diesem Trick werden die mitgelöschten hellen Stellen im Motiv wiederhergestellt.

Öffnen Sie das Bedienfeld *Protokoll*. Sollte es nicht auf dem Desktop zu finden sein, rufen Sie es über das Menü *Fenster/Protokoll* auf. Hier werden alle Bearbeitungsschritte – bis zu einer vorgegebenen Menge – chronologisch aufgelistet. Der zuletzt durchgeführte Arbeitsschritt befindet sich am untersten Listenplatz. Klicken Sie in ein Kästchen, dessen Arbeitsschritt vor dem Extrahieren aufgeführt ist. Damit setzen Sie einen Zeitanker, auf dessen Pixelzustand der *Protokollpinsel* zurückgreift.

Wählen Sie jetzt das *Protokollpinsel-Werkzeug* aus der Werkzeugleiste und übermalen Sie die transparenten Stellen einfach wieder mit diesen Pixeln aus der Vergangenheit. Bereiche, die nicht korrekt freigestellt wurden, können mit dem *Radiergummi-Werkzeug* nachträglich entfernt werden.

Präzise Freistellpfade

Die hohe Kunst der Manipulation besteht in der Kombination von Einzelelementen aus verschiedenen Aufnahmen zu einem neuen Bild. Damit der Betrachter die Manipulation nicht bemerkt, ist natürlich eine absolut perfekte Freistellung der benötigten Motive notwendig. Diese Straßenfront aus Havanna soll um einen typischen Oldtimer ergänzt werden.

Vorher: *Ein gelungener Bildaufbau soll eine perspektivische Tiefe suggerieren; die alte Fotografenregel „Vordergrund, Bildmitte, Hintergrund" ist bei der Bildkomposition als Orientierung ganz nützlich. Die marode Häuserfront am Malecon in Havanna sieht ganz nett aus, wirkt dann aber doch schnell langweilig, weil dem Bild Dramaturgie und Tiefe fehlen.*

Nachher: *Mehr Kontrast, knackigere Farben und ein einmontiertes Vordergrundmotiv bringen mehr Frische und Leben ins Bild.*

[1] Zusatzmotiv vom Hintergrund isolieren

Am Anfang steht das Freistellen oder auch Isolieren des Motivs. Für eine exakte Freistellung führt kein Weg am *Zeichenstift-* und *Pfadauswahl-Werkzeug* vorbei. Der Vorteil von Pfaden im Gegensatz zu anderen Freistellungsmethoden wie der Anwendung des *Zauberstabs* oder der *Schnellauswahl* ist der, dass der Pfad nicht aus Pixeln besteht, sondern durch Bézierkurven definiert wird. Exakte Rundungen und sehr detailliertes Arbeiten sind so möglich.

[2] Einen Freistellpfad zeichnen

Das *Zeichenstift-Werkzeug* finden Sie im dritten Abschnitt der Werkzeugleiste. Ist Ihnen die Unterteilung inzwischen klar geworden? Die Werkzeuge sind in Anwendungsgruppen zusammengefasst. Im dritten Bereich finden Sie die Werkzeuge, die etwas mit Vektoren zu tun haben.

Mit dem *Zeichenstift-Werkzeug* wird keine Auswahl erzeugt, sondern ein Pfad aus einzelnen Punkten (Ankerpunkten). Klicken Sie auf das *Zeichenstift-Werkzeug* und werfen Sie danach einen Blick auf die Optionsleiste. Hier sehen Sie zwei Symbole: links die Formebene, um den Pfad mit Farbe zu füllen, und rechts das Symbol für die Pfaderstellung. Der Pfad wird über das Bedienfeld *Pfade* angezeigt und kann dort auch per Kontextmenü abgespeichert werden.

Eine Kurve wird mit zwei Ankerpunkten definiert. Setzen Sie den ersten Punkt an die Motivgrenze. Bei dem zweiten Ankerpunkt halten Sie die Maustaste gedrückt und ziehen die Kurve beliebig auf. Arbeiten Sie sich so im Uhrzeigersinn um das Motiv herum und versuchen Sie, nur so viele Ankerpunkte zu setzen wie unbedingt nötig. Der Sitz des Pfads bzw. Ankerpunkts wird dann im nächsten Schritt optimiert.

[8] **Elemente zusammenfügen**

Ziehen Sie Ihr freigestelltes Motiv mit dem *Verschieben-Werkzeug* vom einen in das andere Dokument. Dabei wird auch die verkettete Maske inklusive Pfad mit in die Zieldatei importiert.
Positionieren Sie Ihr Motiv in der Zieldatei. Der Oldtimer ist in einer leichten Rückansicht fotografiert worden. Damit kann er nur rechts im Bild platziert werden, sodass die Perspektive zum Hintergrund einigermaßen stimmt.

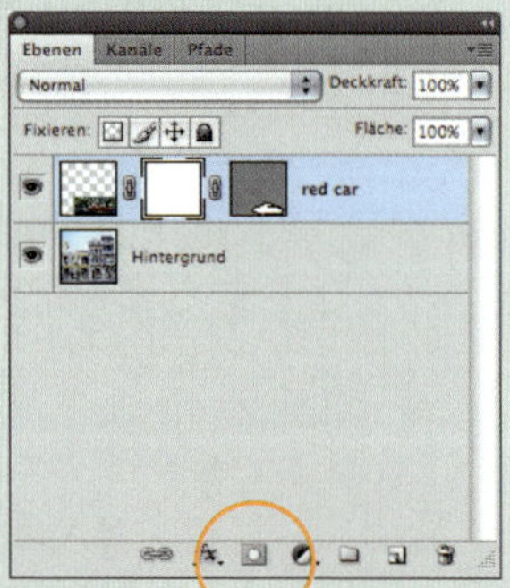

[9] **Eine Ebenenmaske hinzufügen**

Für die perfekte Illusion können Sie Ihr freigestelltes Motiv zusätzlich noch mit einer Ebenenmaske bearbeiten. Auf diese Weise wurden die Fensterbereiche im Auto freigestellt, aber auch Kantenblitzer können nachträglich weich ausgeblendet werden. Beiden Masken können unterschiedliche verlustfreie Korrekturen zugewiesen werden.

[10] Objekt mit dem Hintergrund erden

Damit das Auto auf dem Hintergrundbild geerdet wird, fügen Sie noch einen Schatten hinzu. Auf einer neuen Ebene unterhalb des freigestellten Objekts tragen Sie mit einem weichen Pinsel Schwarz auf.

Die Schattenkanten sind entsprechend der Beleuchtung eher diffus und werden zusätzlich noch mit dem *Gaußschen Weichzeichner* abgesoftet. Der Inhalt der Schattenebene wird mit *Transformieren/Verzerren* angepasst und in der *Deckkraft* auf ca. *80 %* reduziert.

Die fehlende Schwärzung zwischen Schattenfläche und Autoreifen wird mit einem weichen Pinsel und stark reduzierter *Deckkraft* (*5* bis *10 %*) durch mehrmaliges Übermalen angeglichen.

[11] Kontrast- und Farbabstimmung

Zum Abschluss der Bildbearbeitung wird über eine Einstellungsebene zunächst der Oldtimer in den Tiefen angehoben, und anschließend wird der Originalhintergrund angepasst. Mithilfe der Gradationskurve heben Sie den Kontrast leicht an, ohne dabei die Lichter zu verändern.

Symmetrie: das zweite Gesicht

Der Mensch ist von Kopf bis Fuß spiegelsymmetrisch gebaut. Aber das heißt noch lange nicht, dass beide Körperhälften gleich sind. Mit diesem Workshop finden Sie heraus, wie symmetrisch Ihr Gesicht wirklich ist.

Vorher: *Ist Ihnen schon mal aufgefallen, dass wir alle zwei Gesichter haben? Für ein kleines Experiment zur Einführung in die Welt der Schönheit eignet sich fast jede frontale Porträtaufnahme. Ein schneller Fotoklick vor einer neutralen Wand reicht dazu schon völlig aus.*

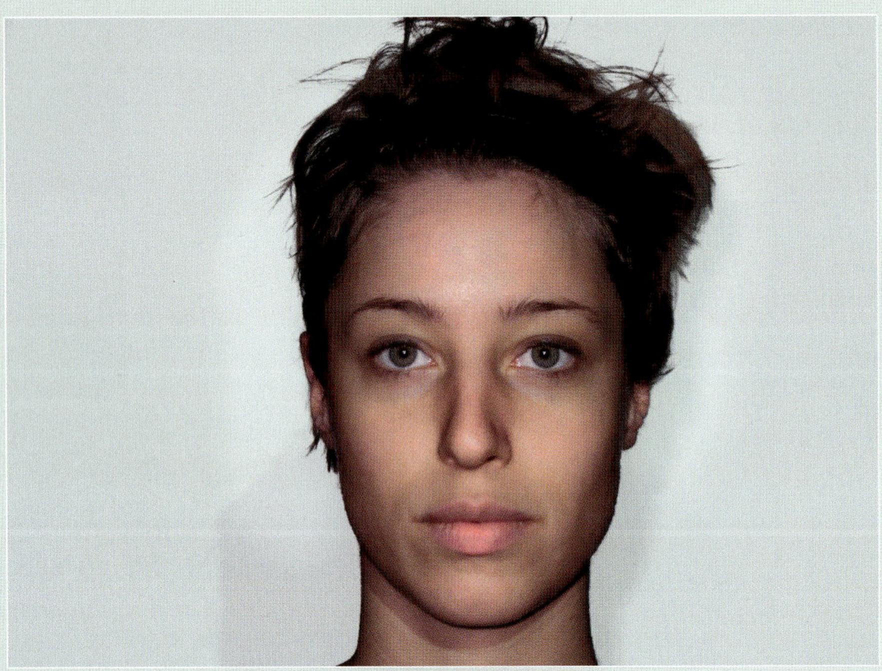

Nachher: *Hier wurde die rechte Gesichtshälfte verdoppelt und gespiegelt. Die meisten Menschen finden angeblich perfekt symmetrische Gesichter besonders attraktiv. Ein perfektes Spielfeld für Photoshop-Experimente.*

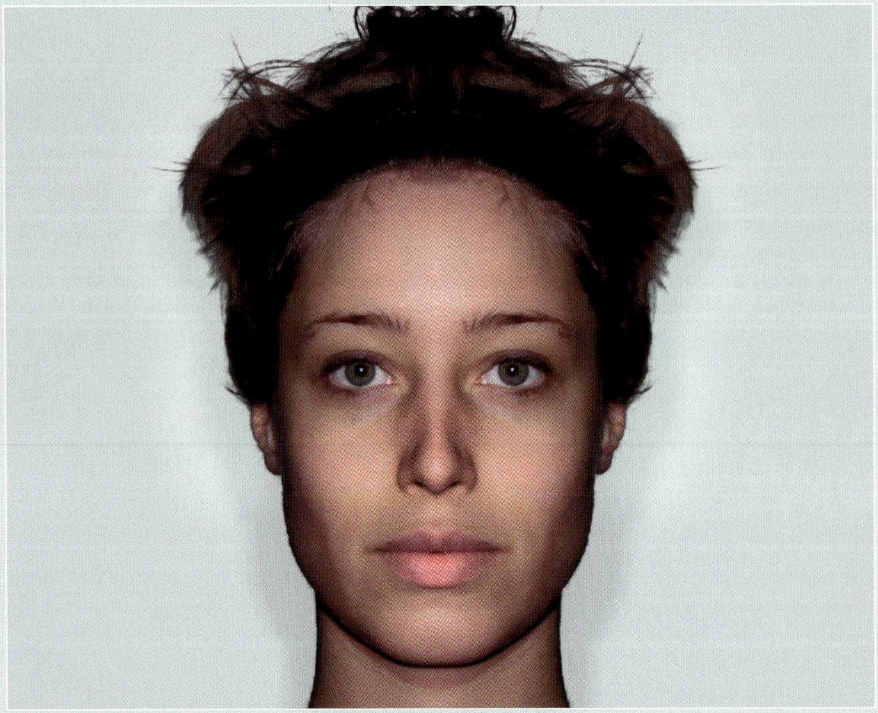

[1] Magnetisch ausrichten aktivieren

Zu Beginn stellen Sie sicher, dass in Ihrer Photoshop-Version das Ausrichten an diversen Hilfselementen aktiviert ist. Positionierungen werden Ihnen so viel leichter von der Hand gehen.

Im Menü *Ansicht* bestimmen Sie, an welchen Elementen sich Ihre Objekte orientieren und ausrichten sollen: Wenn nicht schon überall Häkchen zu sehen sind, aktivieren Sie diese mit *An allen ausrichten*. Positionieren Sie jetzt bestimmte Bildelemente neu, richten sich diese z. B. automatisch an bestehenden Hilfslinien aus.

[2] Hilfslinien setzen

Damit die Gesichtshälften, die in diesem Workshop noch erstellt werden, einfacher erzeugt und positioniert werden können, platzieren Sie eine vertikale Hilfslinie in der Porträtmitte.

Hilfslinien ziehen Sie bei gedrückter Maustaste aus dem vertikalen oder horizontalen Lineal. Sind im Arbeitsfenster keine Lineale zu sehen, aktivieren Sie diese über *Ansicht/Lineale*. Nachdem Sie eine Hilfslinie in das Arbeitsfenster gezogen haben, können Sie diese mit dem *Verschieben-Werkzeug* jederzeit neu positionieren.

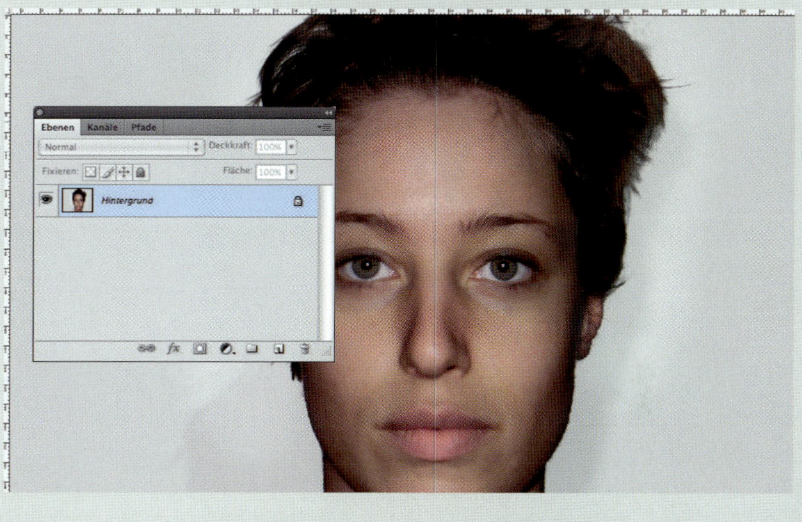

[3] Ein Auswahlrechteck aufziehen

Erstellen Sie von einer Gesichtshälfte eine Kopie auf einer neuen Ebene. Mit dem *Auswahlrechteck-Werkzeug* können Sie leicht eine Gesichtshälfte auf der Hintergrundebene auswählen. Die aufgezogene Hilfslinie unterstützt Sie bei der Erstellung der Auswahl durch ihre leicht magnetische Wirkung. Der Inhalt dieser Auswahl wird mit der Tastenkombination [Strg]+[J] am einfachsten in einer neuen Ebene isoliert. Das gleiche Ergebnis erreichen Sie auch über *Ebene/Neu/Ebene durch Kopie*.

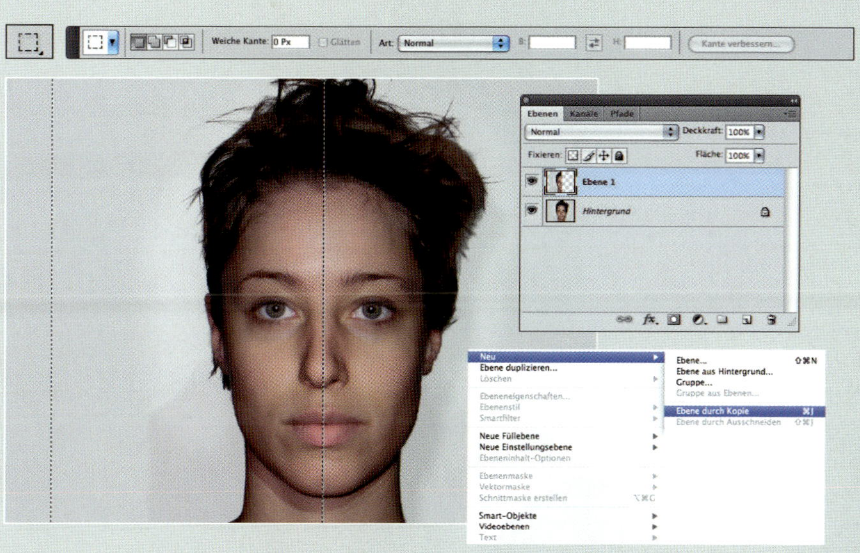

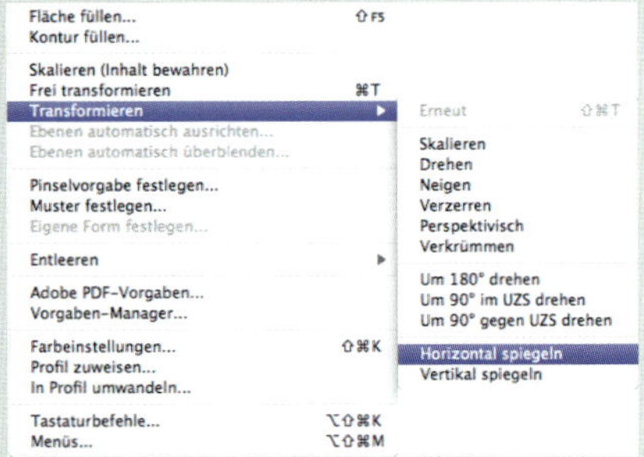

[4] **Gesichtshälfte spiegeln**
Den kompletten Inhalt einer Ebene können Sie sowohl vertikal als auch horizontal spiegeln. Im Menü *Bearbeiten* stehen Ihnen unterschiedlichste Transformationsfunktionen zur Verfügung. Damit die Gesichtshälfte gespiegelt wird, wählen Sie die Funktion *Horizontal spiegeln*.

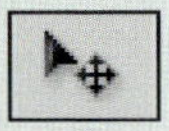

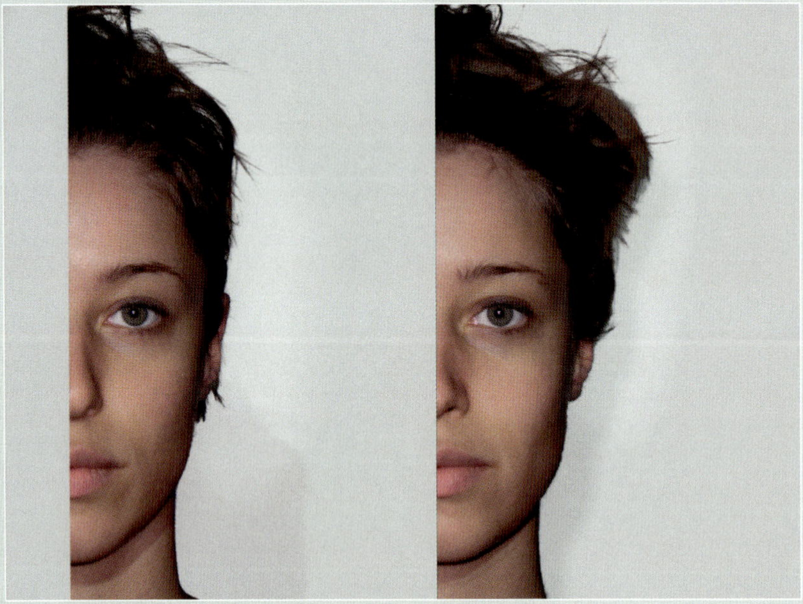

[5] **Ebeneninhalt positionieren**
Damit die geklonte Gesichtshälfte das Original verdeckt, wird sie mit dem *Verschieben-Werkzeug* verschoben. Der magnetische Ausrichtungseffekt der Hilfslinie wird sich auch hier bemerkbar machen und Sie die richtige Position leichter finden lassen.

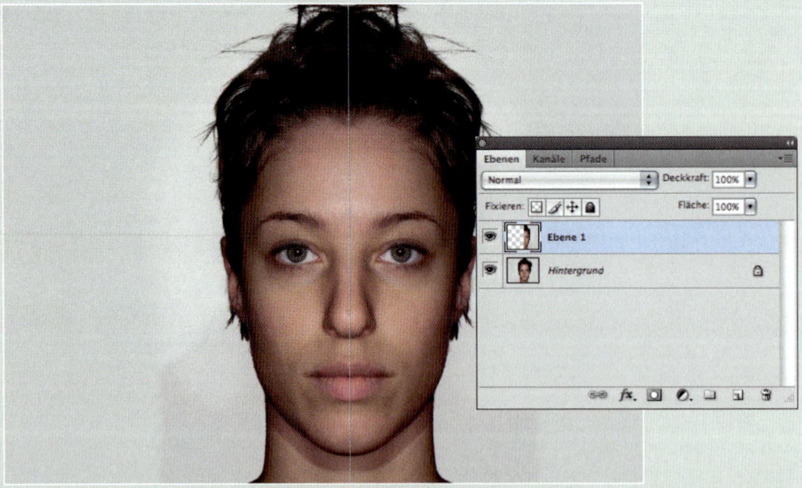

[6] **Symmetrie**
Die Hypothese, dass allein ein symmetrisches Gesicht schön wirkt, wird wohl etwas überbewertet. Niemand hat ein absolut symmetrisches Gesicht, und kleine Abweichungen werden im Allgemeinen auch nicht bemerkt. Die Aussage sollte daher eher von der anderen Seite aus betrachtet werden: Zu starke Asymmetrien lassen ein Gesicht eher unattraktiv wirken.

[7] Wiederholungstat

Deaktivieren Sie im Bedienfeld *Ebenen* die obere *Ebene 1* und markieren Sie erneut den Hintergrund als Arbeitsebene. Wiederholen Sie die Arbeitsschritte 3 bis 5 jetzt auch mit der anderen Gesichtshälfte.

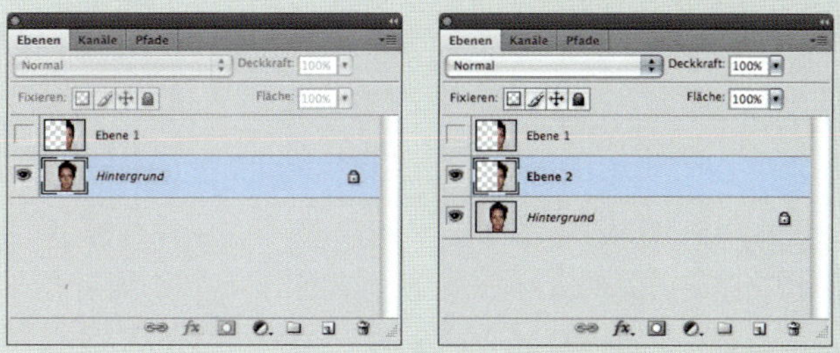

[8] Ebeneninhalt positionieren

Stellen Sie auch die zweite geklonte Gesichtshälfte ihrem Original gegenüber.

Tipp: Nachdem Sie mit dem *Verschieben-Werkzeug* die Ebenen positioniert haben, können Sie die Hilfslinie zur besseren Ansicht mit der Tastenkombination [Strg]+[H] ausblenden. Mit erneutem [Strg]+[H] blenden Sie sie wieder ein.

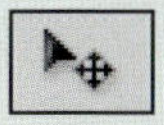

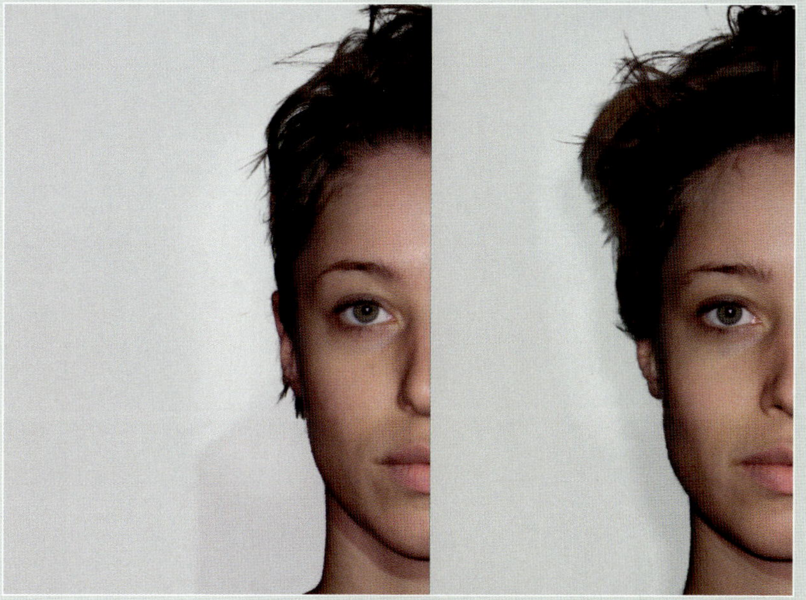

[9] Das andere Ich

Durch Aktivieren der Augensymbole im Bedienfeld *Ebenen* lassen Sie die unterschiedlichen Kombinationen nun auf sich wirken. Die Attraktivität eines Menschen strahlt auf sämtliche Eigenschaften aus, auch auf solche, die man nicht direkt beobachten kann (z. B. Fleiß, Ehrlichkeit etc.) – und damit auch auf die Produkte, mit denen er sich umgibt. Auf jeden Fall ein Grund dafür, dass heute alle Gesichter in der Werbung computertechnisch manipuliert werden.

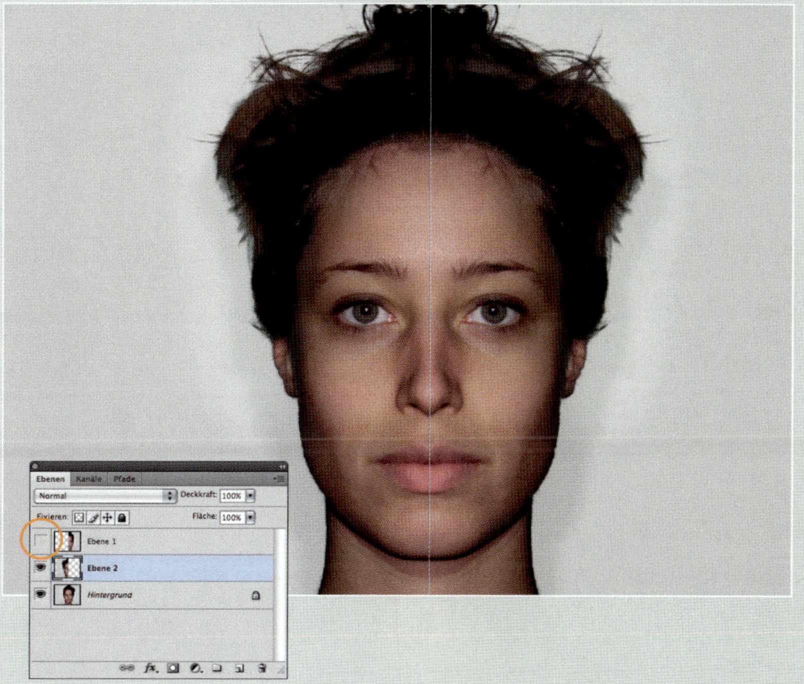

Fotorealistisch malen

Kosmetik muss clean und edel wirken, um sich am Markt positionieren zu können. Obwohl die Produkte aufwendig ausgeleuchtet werden, sind dennoch oft kleinere Mängel erkennbar, die aufwendig retuschiert werden müssen.

Was liegt da näher, als ein Kosmetikprodukt direkt virtuell zu erstellen? Photoshop-Papst Bert Monroy zeigt in seinen Videopodcasts, wie mit Photoshop virtuelle Bilder entstehen, die von echten Fotos kaum zu unterscheiden sind. Die Konstruktion kann als Pixelgrafik erfolgen, doch das wollen wir in diesem Workshop toppen und Ihnen zeigen, wie Sie auch mit Vektorgrafiken in Photoshop Bilder erstellen können.

Das Original-Foto: *Bei Produktfotos ist eine gute Ausleuchtung von Motiv und Hintergrund nichts, was mal eben schnell erledigt ist. Kommen dann noch hochglänzende Chromteile mit ins Spiel, wird die Sache höchst problematisch.*

Der Nachbau in Photoshop: *Dieser Workshop ist sicherlich eine Hommage an Bert Monroy. Wer seine Arbeiten sieht – www.bertmonroy.com –, denkt, es handele sich um stilisierte Fotos. Jedoch sind alle seine Bilder hyperrealistische Illustrationen – erstellt in Photoshop! An seinen Bildern arbeitet er oft wochenlang, an einigen sogar jahrelang.*

[1] Eine neues Dokument erstellen

Als Arbeitsfläche für die Kosmetikflasche erstellen Sie ein neues Dokument im DIN-A5-Querformat – vielleicht etwas ungewöhnlich, mit einer leeren Ebene zu beginnen, um ein fotorealistisches Bild zu konstruieren.

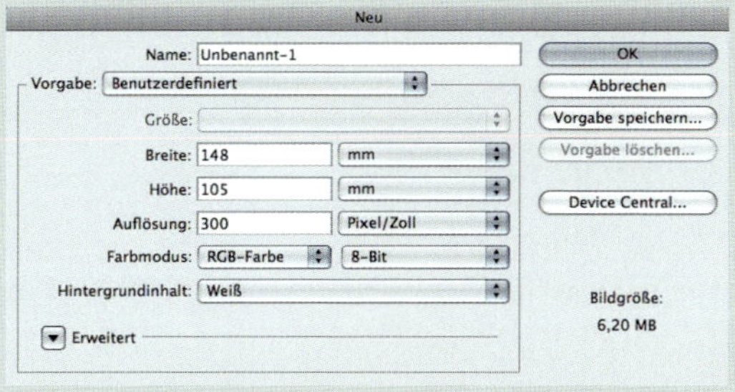

[2] Erstellen einer Grundform

Fangen Sie mit dem Flaschenkörper an. Aus den Formenwerkzeugen wählen Sie das *Abgerundetes-Rechteck-Werkzeug* aus. Die Rundungsstärke legen Sie in der Optionsleiste unter *Radius* fest. Dieser kann hierbei zwischen *32 Px* und *36 Px* betragen.

Platzieren Sie Ihre Maus irgendwo auf der Arbeitsfläche und ziehen Sie Ihre Form nach Augenmaß auf.

Dabei wird im Bedienfeld *Ebenen* eine neue Vektorebene erstellt, die im ersten Symbol die Farbfüllung darstellt und mit dem zweiten Symbol, der Formbegrenzung, verkettet ist.

Die Farbe der Form spielt keine Rolle. Sie könnten die Farbe über einen Doppelklick auf das Farbsymbol verändern, doch wird sie im nächsten Schritt mit einem Farbstil überlagert werden.

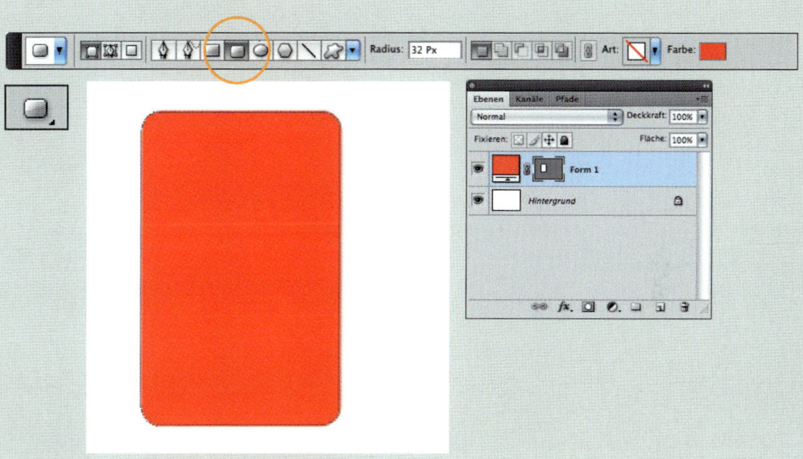

[3] Ebenenstil als Farbe

Es sind die Details, die eine fotoechte Illusion erzeugen. Und so sind Farbflächen in der Realität selten einheitlich eingefärbt, sondern weisen fast immer leichte Schatten und Farbverläufe auf. Bei der Kosmetikflasche ist die Färbung zum Rand hin etwas dunkler. Wählen Sie im Dialogfeld *Ebenenstil* die Option *Verlaufsüberlagerung*.

Tipp: Das Dialogfeld *Ebenenstil* wird am einfachsten mit einem Doppelklick auf die Ebene geöffnet, der Sie einen Stil zuweisen möchten.

Aktivieren Sie im Dialogfeld den passenden Stil und markieren Sie auch die Kategorie, um im mittleren Bereich dann die Einstellungsparameter bestimmen zu können.

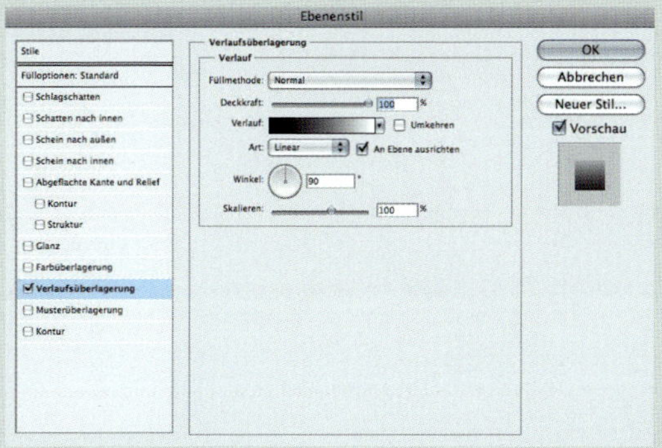

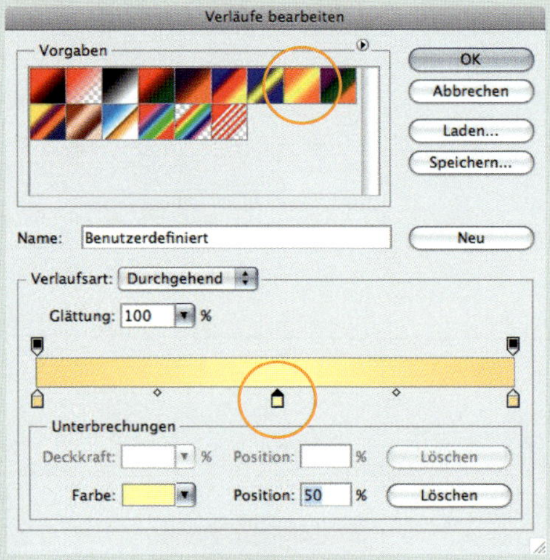

[4] Farbverlaufsvorgaben festlegen

Das Dialogfeld *Verläufe bearbeiten* erreichen Sie mit einem Mausklick auf den abgebildeten Verlaufsbalken im Dialogfeld *Ebenenstil*. Wählen Sie eine der Verlaufsvorgaben aus. Mit den kleinen „Häuschen" an der unteren Seite der Verlaufsvorschau werden die Farben bestimmt. Sie können durch einen Klick weitere Farbreiter erstellen und durch Verschieben die Verlaufsstrecke gewichten. An einem schwarz gefüllten Dach erkennen Sie, welches Häuschen gerade aktiviert ist. Durch Doppelklicken auf die Häuschen öffnen Sie den Farbwähler und können Farben nach Ihrer Wahl bestimmen. In diesem Workshop wird die Farbe *#f4e4a4* für die beiden äußeren und ein etwas heller Farbton, *#fffaaa*, für den mittleren Farbreiter verwendet.

Tipp: Eine farbidentische Raute erstellen Sie mit gedrückter [Alt]-Taste.

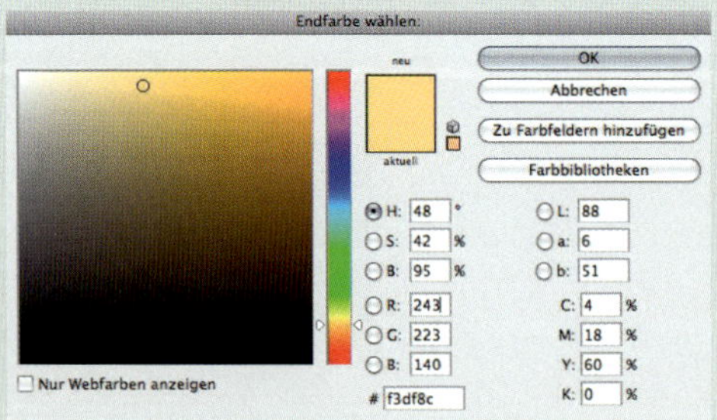

[5] Erzeugen eines Verlaufsübergangs

Haben Sie einen der Farbreiter aktiviert, erscheinen rechts und links kleine Rauten. Diese zeigen Ihnen den Bereich, in dem sich eine 50%ige Vermischung zweier Farben ergibt. Um den Farbübergang zu justieren, verschieben Sie die kleine Raute.

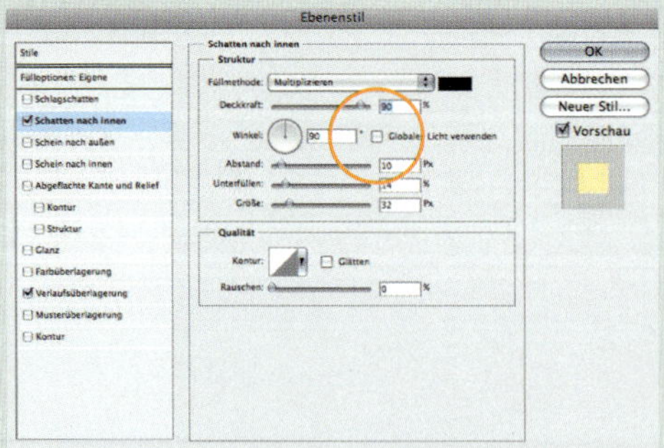

[6] Schatten nach innen

Nur mit einem Farbverlauf soll es nicht genug sein. Das Objekt soll an den Rändern deutlich dunkler wirken, was bei einer professionellen Fotoausleuchtung mit schwarzen Flaps erreicht wird. Dazu aktivieren und markieren Sie den Stil *Schatten nach innen* und passen Ihre Einstellungen den Vorgaben im Bild an.

Da dieser Ebenenstil im Dokument noch öfter auf verschiedenen Ebenen, aber mit unterschiedlichen Lichtquellen angewendet wird, sollten Sie hier das Optionsfeld *Globales Licht verwenden* deaktivieren.

[7] Der Flaschenkörper

Das Ergebnis ist eine Vektorform, die unsere Kosmetikflasche fast perfekt wiedergibt. Eine nachträgliche Größenanpassung der Vektorform kann leicht und ohne Detailverlust durchgeführt werden, und auch die zugewiesenen Effekte passen sich den Veränderungen automatisch an. Es fehlt noch der chromglänzende Verschluss, der nun ebenfalls als Vektorform erstellt werden soll.

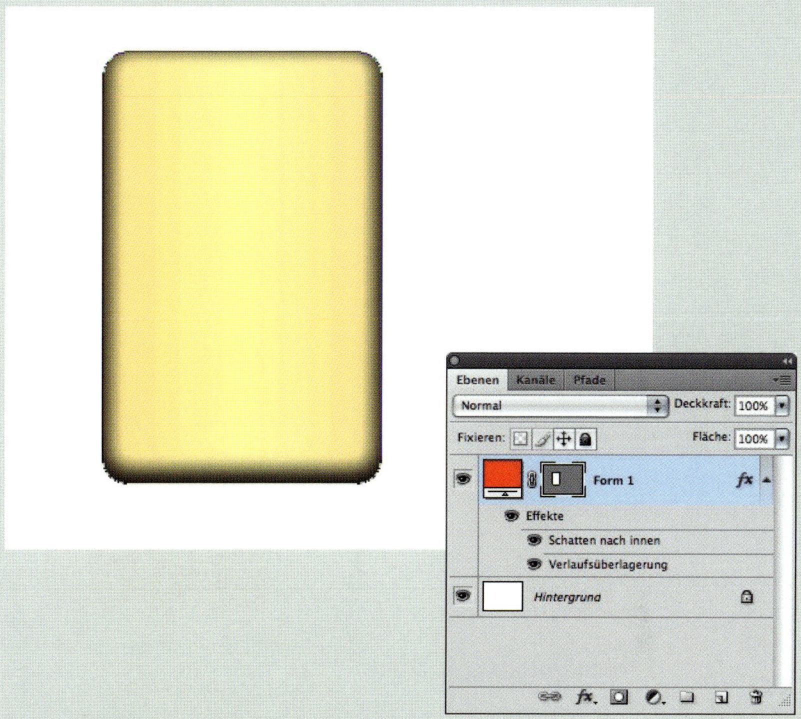

[8] Eine neue Form erstellen

Die 2-D-Grundform der Verschlusskappe ist ein Rechteck, und nur eine leichte Wölbung am oberen Rand suggeriert unserer Wahrnehmung, dass die Kappe rund ist.

Ziehen Sie mit dem *Rechteck-Werkzeug* eine neue Fläche auf. Auch hier ist die Farbe egal. Sollten die Stile der letzten Form mit übernommen worden sein – keine Panik! Die Effekte der neuen Form können leicht zurückgesetzt werden: einfach in der Optionsleiste unter *Art* das Symbol *Standardstil (ohne)* wählen.

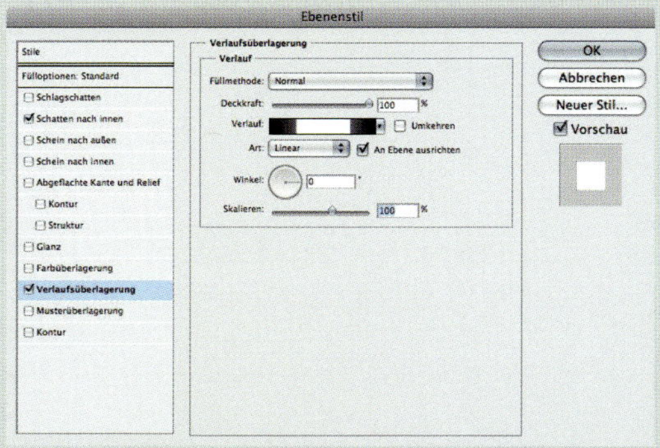

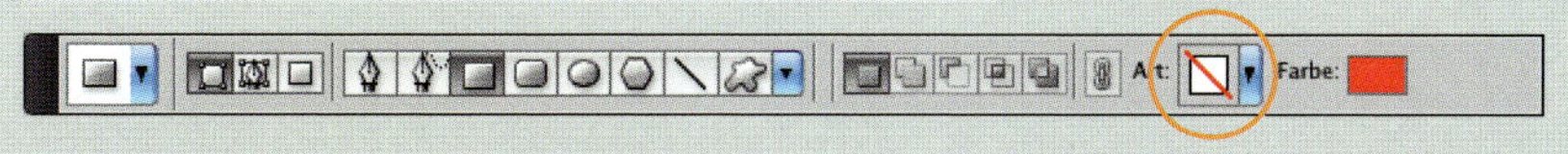

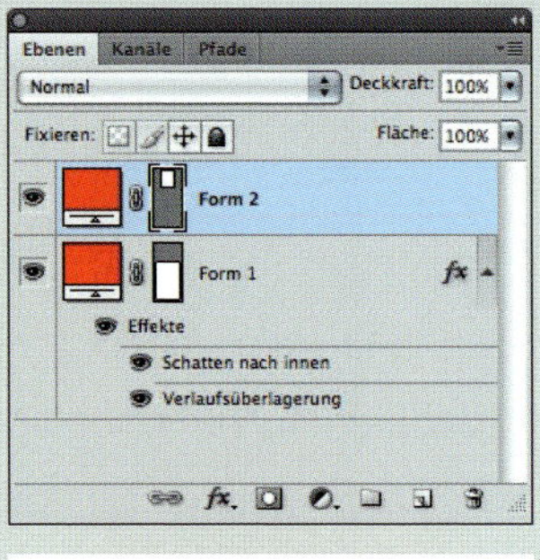

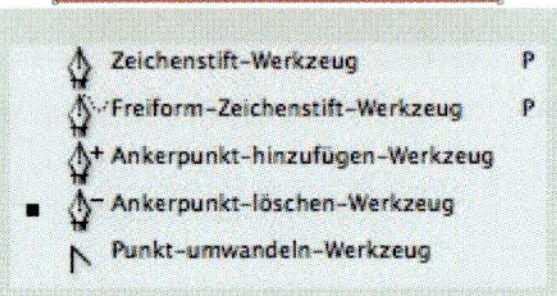

[9] Ankerpunkt hinzufügen

Jetzt muss der Pfad der Vektorform verändert werden.

In der Werkzeugleiste wählen Sie das *Ankerpunkt-hinzufügen-Werkzeug* aus. Durch Anklicken der Pfadlinie fügen Sie einen neuen Ankerpunkt hinzu. Bei erneutem Überfahren des Ankerpunkts mit der Maus wechselt die Darstellung zu einem weißen Pfeil. Damit können Sie den Ankerpunkt verschieben und die Form somit leicht verändern. Die Griffarme links und rechts des Ankerpunkts bestimmen die Kurvenwölbung der Pfadsegmente.

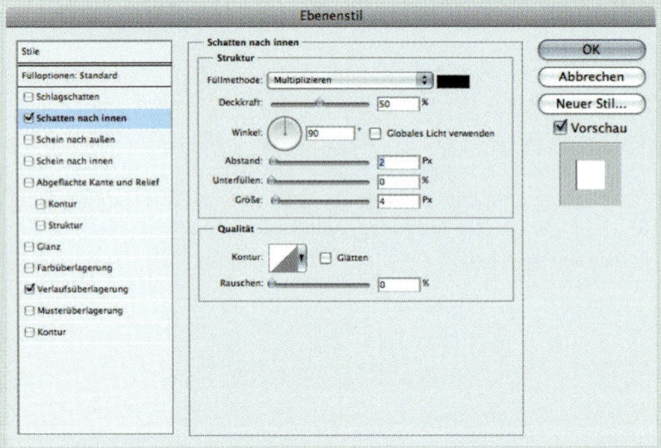

[10] 3-D-Effekt

Damit die Verschlusskappe einen leichten Abrundungseffekt bekommt, stellen Sie für diese Form ebenfalls den Ebenenstil *Schatten nach innen* ein. Die Rundung soll ebenfalls erkennbar sein, und dafür reichen sehr geringe Einstellwerte aus.

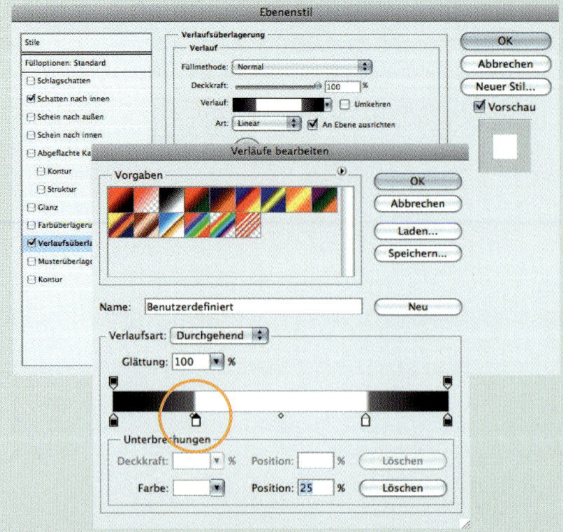

[11] Chromeffekt simulieren

Als *Verlaufsüberlagerung* soll ein Chromeffekt simuliert werden. Dazu benötigen Sie nur die Farben Schwarz und Weiß.

Glänzende Oberflächen zeichnen sich durch einen harten Kontrast aus. Nachdem Sie den Farbrauten die Farben zugewiesen und positioniert haben, setzen Sie die kleinen Verlaufsrauten ganz dicht an die weiße Häuschen links und rechts heran. Das Ergebnis ist eine sauber ausgeleuchtete, rund spiegelnde Verschlusskappe.

[12] Lichtstimmung perfektionieren

Die Lichtstimmung in unserem virtuellen Objekt ist leider noch nicht perfekt. Der dunkle Rand an der oberen Flaschenkante würde einer realen Lichtquelle jetzt nicht mehr entsprechen. Hier würde jetzt durch die Lichtsetzung und die Reflexion eine weiße Lichtkante zu sehen sein.

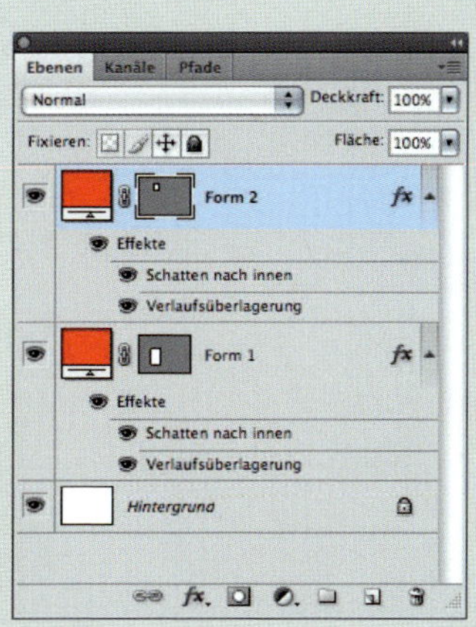

[13] Formebene duplizieren

Der Flaschenbody wird jetzt mit allen Effekten dupliziert. Damit Sie nicht die Ebenen verwechseln, sollten diese mit aussagekräftigen Bezeichnungen versehen sein.

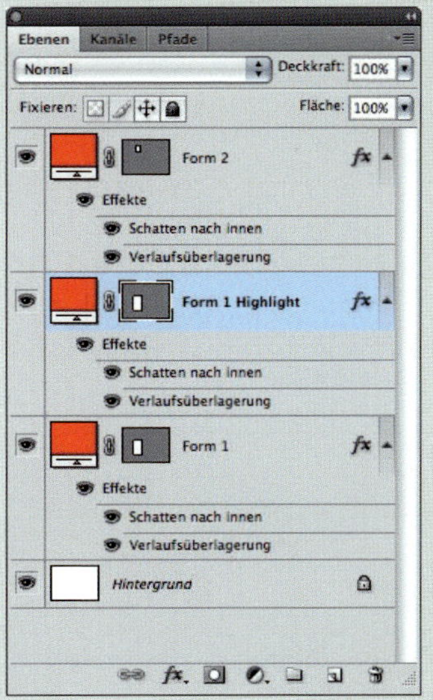

[14] Ebenenstil ändern

Öffnen Sie das Dialogfeld *Ebenenstil* und markieren Sie den Stil *Schein nach innen*. Verändern Sie im Bereich *Struktur* die Farbe auf *Weiß* und passen Sie im Bereich *Elemente* die Werte so an, dass eine schmale helle Kante im Objekt zu sehen ist.

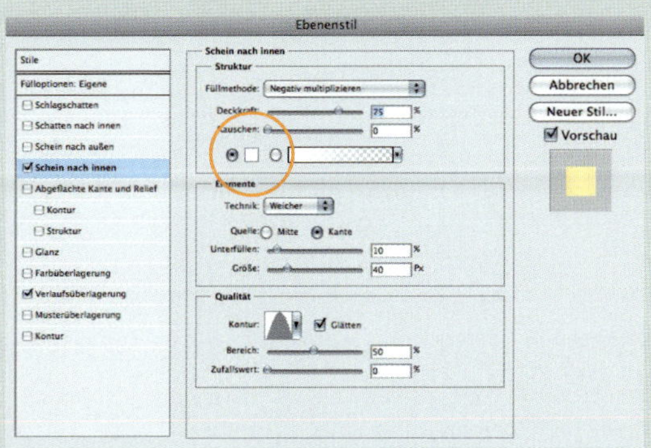

Die zugewiesene Kontur des Kanteneffekts täuscht unserer Wahrnehmung die Kantenform vor. Der virtuelle Body der Kosmetikflasche soll abgerundet erscheinen und aus einem nicht glänzenden Material bestehen. Da kann die Wahl also nur auf einen gleichmäßigen weichen Farbverlauf in den Highlights fallen.

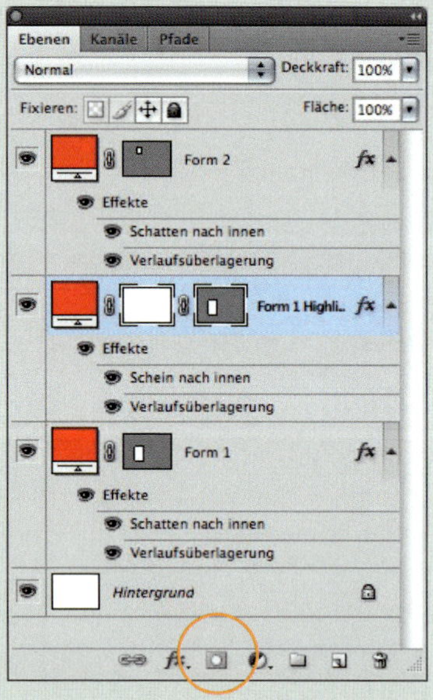

[15] Vektorebene maskieren

Der veränderte Effekt ist jetzt umlaufend an allen Kanten zu erkennen. Er darf jedoch nur am oberen Rand zu sehen sein. Eine Ebenenmaske könnte diesen Effekt an den unerwünschten Stellen ausblenden.

Es ist vielleicht verwunderlich, aber auch Vektorebenen können in Photoshop abmaskiert werden. Weisen Sie Ihrer Ebene eine Maske zu – mit Klick auf das Symbol im Bedienfeld *Ebenen*.

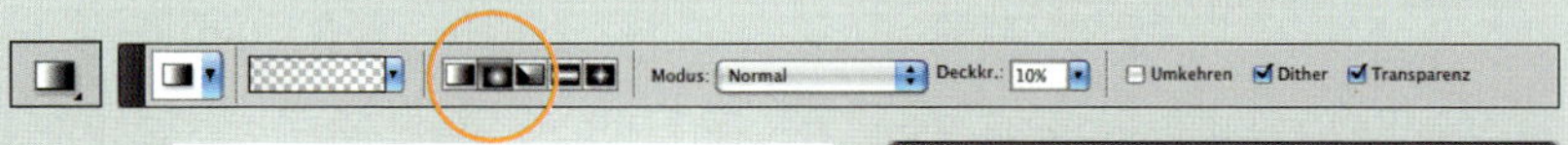

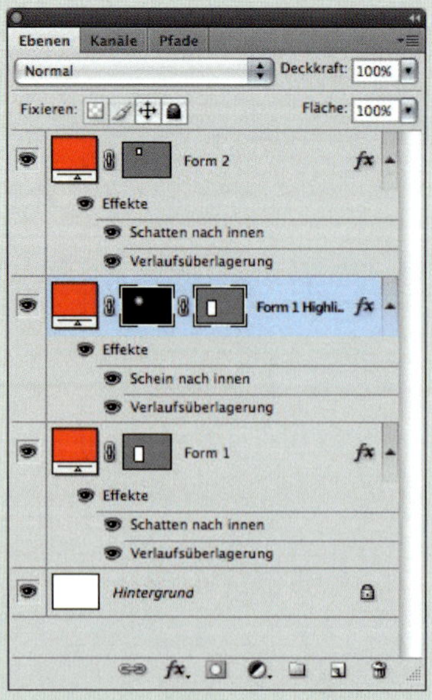

[16] Verlaufsmaske erstellen

Um den Verlauf weich auszublenden, erstellen Sie eine Verlaufsmaske. Setzen Sie die Farben im Farbwähler durch einen Druck auf die [D]-Taste auf die Standardwerte zurück. Danach wählen Sie das *Verlaufswerkzeug* aus und aktivieren in der Optionsleiste das Symbol *Radialverlauf*.

Platzieren Sie die Maus mittig am oberen Rand des Objekts, klicken und ziehen Sie dann das *Verlaufswerkzeug*, um den Verlauf zu definieren. Wahrscheinlich wird das Ergebnis ähnlich wie in unserer Abbildung aussehen. Ein Fehler ist zu sehen: Der Kanteneffekt wird um die Maske herumgeleitet und nicht abgedeckt. Der Effekt wird im unteren Teil ausgeblendet, indem Sie die Maske einfach invertieren.

[17] Eigene Fülloption

Öffnen Sie erneut das Dialogfeld *Ebenenstil* und markieren Sie unter *Fülloptionen/ Erweiterte Füllmethode* das Optionsfeld *Ebenenmaske blendet Effekte* aus.

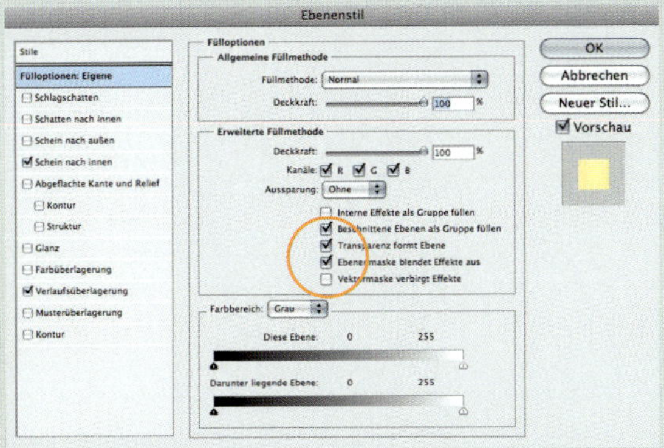

[18] Beschriftung hinzufügen

Zum Abschluss wird das Kosmetikfläschchen noch mit etwas Grafik und einem Text versehen. Auch diese Elemente werden auf eigenen Ebenen als Vektoren erstellt. Editierbarer Text wird von Photoshop beim Ausbelichten ebenfalls wie eine Vektorform behandelt.

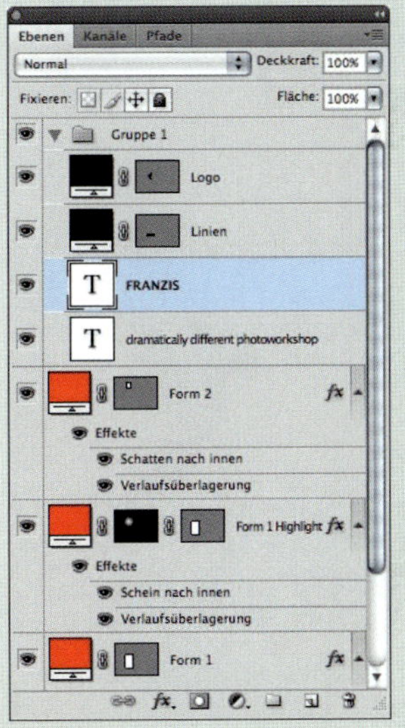

[19] Elemente zueinander ausrichten

Damit alle Ebenenelemente auch wirklich mittig zueinander ausgerichtet sind, wählen Sie alle Ebenen bis auf die Hintergrundebene aus. Bei aktiviertem *Verschieben-Werkzeug* können Sie jetzt in der Optionsleiste die Ausrichtungssymbole nutzen.

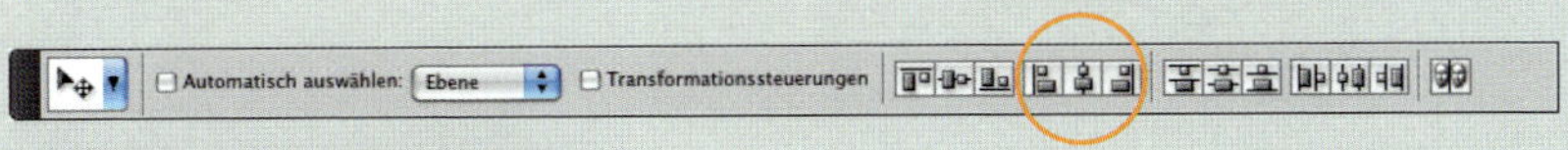

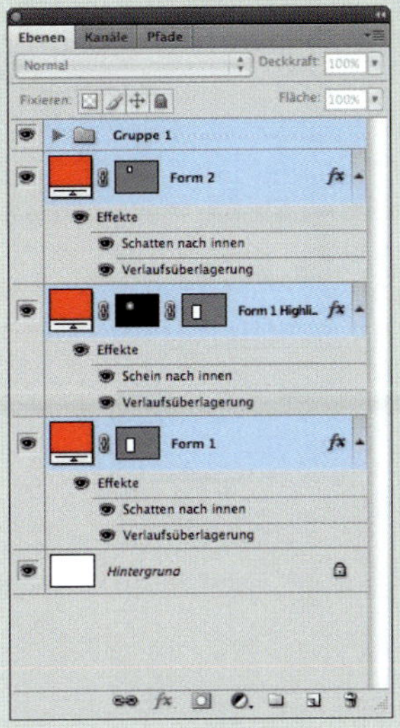

Anmerkung: Die Idee für diesen Workshop bekam ich im Flugzeug, nachdem ich aus Langeweile das Heft für den Bordverkauf durchblätterte und ein Kosmetikprodukt dort exakt so abgebildet sah.

Hochglanzfläche durch Spiegelung

Um das virtuelle Produkt nicht im luftleeren Raum umherfliegen zu lassen, soll eine Spiegelung dem ganzen Halt und Boden unter den Füßen geben – ein in der Werbung sehr häufig anzutreffender Effekt.

[1] Ebenen zusammenfassen

Als Erstes soll das fertige Objekt aus dem vorherigen Workshop mit all seinen Ebenen in ein Smart-Objekt umgewandelt werden. Halten Sie die [Umschalt]-Taste gedrückt und markieren Sie alle Ebenen im Bedienfeld *Ebenen*.

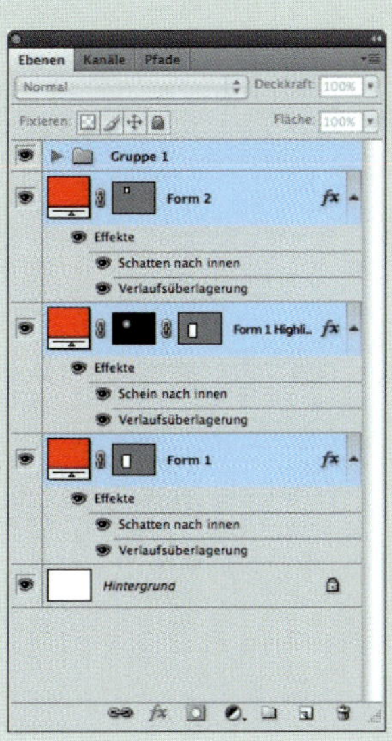

[2] In ein Smart-Objekt konvertieren

Sie können auf verschiedenen Wegen ein Smart-Objekt generieren:

- über den Menübefehl *Ebene/Smart-Objekte/In Smart-Objekt konvertieren*,
- über einen rechten Mausklick auf eine der ausgewählten Ebenen und im Pop-up-Menü Auswahl von In *Smart-Objekt konvertieren*,
- per Auswahl des Befehls *In Smart-Objekt konvertieren* im Kontextmenü des *Ebenen*-Bedienfelds oben rechts.

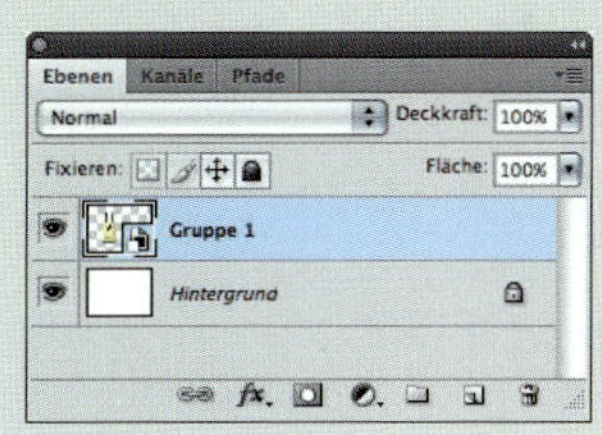

[3] Smart-Objekt verdoppeln

Um eine abhängige Kopie zu klonen, ziehen Sie das Smart-Objekt auf das *Neue Ebene*-Symbol in der Statusleiste des *Ebenen*-Bedienfelds. Nachträgliche Veränderungen an der Originaldatei des Smart-Objekts würden sich auf alle Duplikate automatisch auswirken. Ein unabhängiges Smart-Objekt können Sie mit dem Menübefehl *Neues Smart-Objekt durch Kopie* erstellen.

[4] **Vertikal spiegeln**

Das geklonte Smart-Objekt wird über das Menü *Bearbeiten/Transformieren/Vertikal spiegeln* um 180 Grad gedreht. Positionieren Sie die Kopie anschließend exakt unterhalb des Produkts.

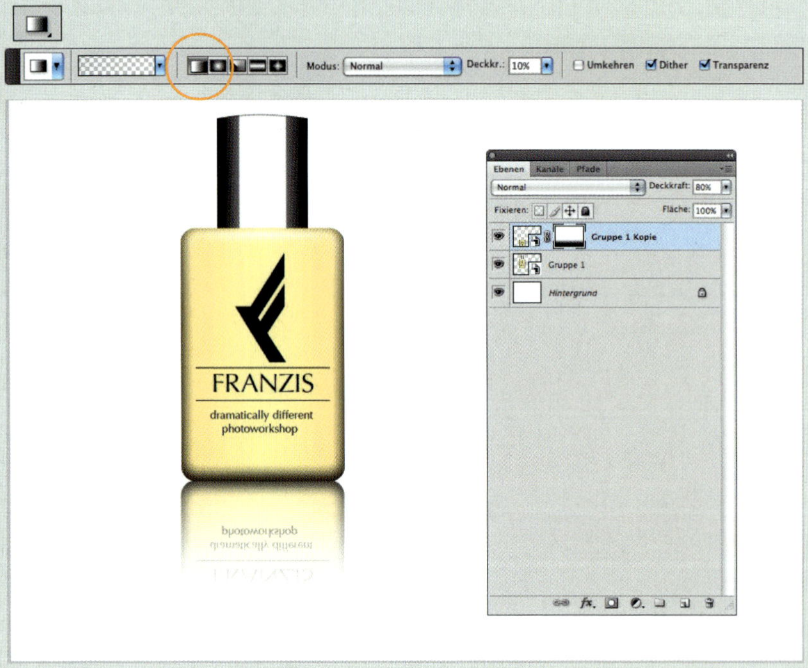

[5] **Verlauf erstellen**

Um die Spiegelung weich auszublenden, ohne den Ebeneninhalt zu bearbeiten, erstellen Sie eine Verlaufsmaske. Aus der Statusleiste im Bedienfeld *Ebenen* klicken Sie das Symbol *Ebenenmaske hinzufügen* an.

Setzen Sie die Farben im Farbwähler auf *Weiß* als Vordergrundfarbe und *Schwarz* als Hintergrundfarbe zurück. Danach wählen Sie das *Verlaufswerkzeug* aus und aktivieren in der Optionsleiste das erste Symbol *Linearer Verlauf*. Platzieren Sie die Maus am Rand zwischen den Objekten und klicken und ziehen Sie dann das *Verlaufswerkzeug*, um den Verlauf zu definieren.

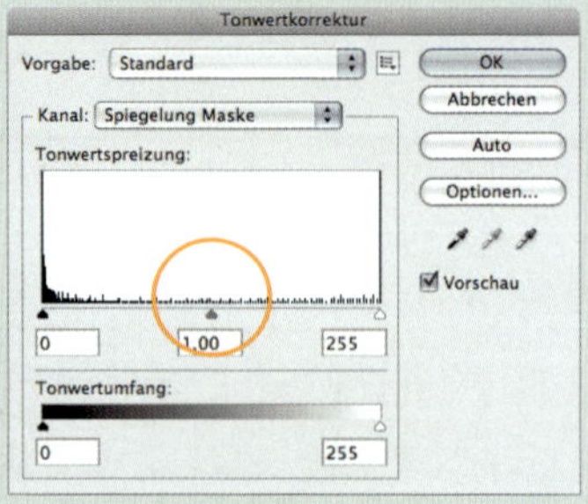

[6] **Spiegelung ausblenden**

Die Spiegelung soll sich nach unten hin immer mehr auflösen und im Nichts verschwinden. Den Verlauf der Verlaufsmaske können Sie mit der *Tonwertkorrektur* feinjustieren und so mit dem mittleren grauen Regler die Ausblendung der Spiegelung steuern.

[7] **Farbintensität anpassen**
Zum Schluss passen Sie die Spiegelung noch in ihrer Intensität und Farbigkeit an. Nehmen Sie die *Deckkraft* der Spiegelung ein wenig zurück, etwa auf ca. *80 %*. Die Farbe passen Sie mit einer Einstellungsebene des Typs *Gradationskurve* an.
Nicht vergessen: Die Änderungen der Einstellungsebene sollen nur auf die unmittelbar unterhalb liegende Ebene wirken. Clippen Sie also die Wirkung mit dem Doppelkreis aus dem *Korrekturen*-Bedienfeld.

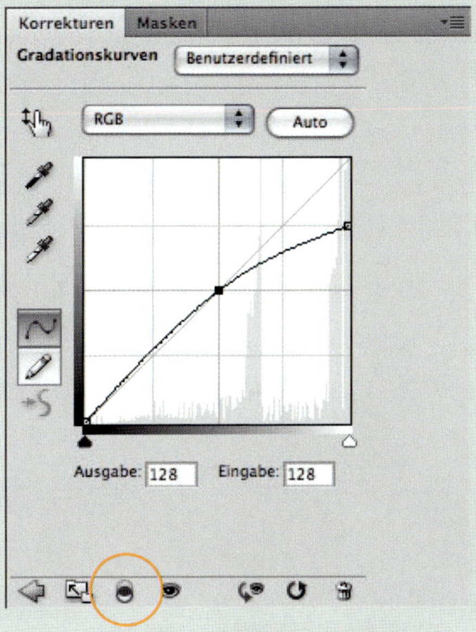

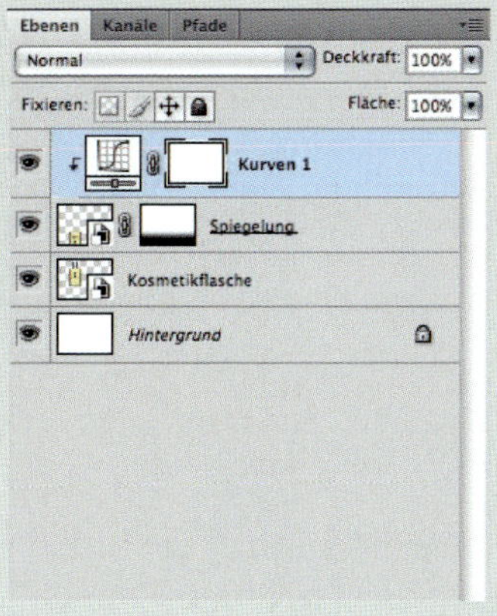

Plakative Covergestaltung

Poster, Plakate, Pickups, Postkarten und Covergestaltung – all das ist mit Adobe Photoshop machbar. Alle einseitigen Dokumente können in Photoshop druckfertig gestaltet werden. Das gibt Ihnen zusätzliche neue Gestaltungsmöglichkeiten mit grafischen Elementen und Text.

Vorher: *Schon bei der Motivauswahl ist es wichtig, auf die Grundregeln zu achten, die ein plakatives Cover erst zu dem machen, was es ist: besondere Information im grauen Alltagseinerlei. Deshalb ist ein klares und ungewöhnliches Bildmotiv als Magnet für die Augen des Betrachters gefragt. Der Text spielt erst die zweite Geige.*

Nachher: *Egal ob man sich für Buntkontrast, Helligkeitskontrast oder Kalt-Warm-Kontrast entscheidet, die Farbauswahl ist Signal und Schmuck zugleich und sollte eine gewisse Anziehungskraft ausüben. Lesen ist anstrengend und kann bei längeren Textpassagen nicht „im Vorbeigehen" geschehen. Text soll daher kurz und prägnant sein.*

[1] **Das Bildmotiv vorbereiten**
Weniger ist mehr. Mit dieser Gestaltungsregel wählen Sie ein Covermotiv Ihres Geschmacks und bearbeiten es nach Ihren Wünschen. In unserem Beispiel wird eine Extraebene zur Aufhellung des Bodenschattens gewählt.

[2] **Farbkanal wählen**
Um die Basis für den farbigen Effekt zu schaffen, wechseln Sie zum Bedienfeld *Kanäle*. Klicken Sie die *RGB*-Kanäle einzeln an und wählen Sie den Kanal mit einem guten Kompromiss zwischen Kontrast und Detailzeichnung. Bei der Digitalfotografie ist in der Regel der Grünkanal am besten durchzeichnet.
Erstellen Sie von dem Kanal ein Duplikat, indem Sie ihn auf das Symbol *Neue Ebene erstellen* ziehen.

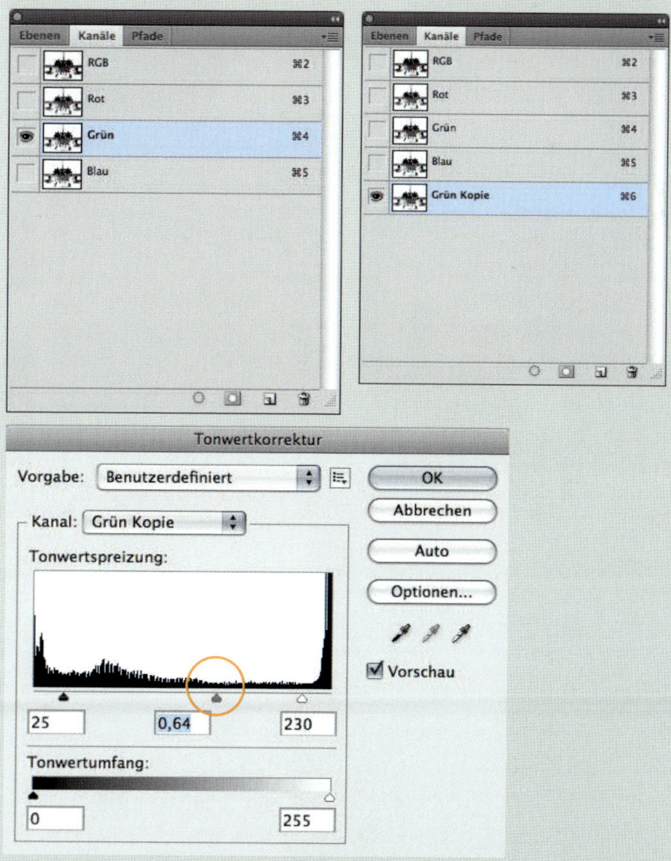

[3] **Tonwerte modellieren**

Um den Kontrast des Alphakanals etwas zu verstärken, öffnen Sie mit der Tastenkombination [Strg]+[L] das Dialogfeld *Tonwertkorrektur* (auf dem Mac mit der Tastenkombination [cmd]+[L]). Setzen Sie den schwarzen Regler etwas nach rechts, um die Tiefen in der Graustufendarstellung abzudunkeln. Die Detailzeichnung erhöhen Sie mit dem grauen Regler. Das Ergebnis sollte eine recht knackige Schwarz-Weiß-Darstellung sein.

[4] **Kanal invertieren**

Diesen neu modellierten Alphakanal duplizieren Sie im Bedienfeld *Kanäle*. Die Graustufen werden danach umgekehrt, entweder auf dem langen Weg über das Menü *Bild/Korrekturen/Umkehren* oder einfacher mit [Strg]+[I] bzw. [cmd]+[I].

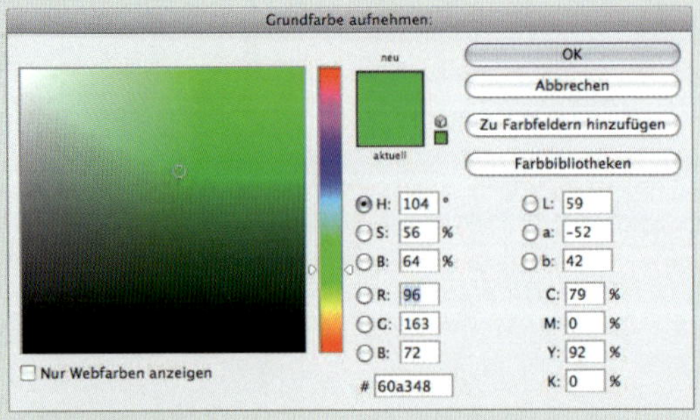

[5] **Auswahl aktivieren**

Die Graustufendarstellungen der zwei Alphakanäle dienen dem Erstellen einer Auswahl. Markieren Sie den ersten und klicken Sie dann auf das Symbol mit dem gepunkteten Kreis. Schon haben Sie eine aktive Auswahl vom Inhalt der Alphakanalebene erstellt.

[6] Volltonfarbe mit Maske

Zurück im Bedienfeld *Ebenen*, erstellen Sie eine neue Einstellungsebene vom Typ *Volltonfarbe*. Diese finden Sie nach wie vor nur aus den Einstellungen im Bedienfeld *Ebenen* heraus.

Die aktive Auswahl wird als Maskierungsinhalt übernommen und deaktiviert. Im sich öffnenden Farbwähler bestimmen Sie dann eine Farbe frei nach Tagesform. Im Dokument wird die gewählte Farbe nur in den nicht maskierten Bildbereichen sichtbar sein. Für die anderen Bildbereiche benötigen Sie die Auswahl des zweiten Alphakanals.

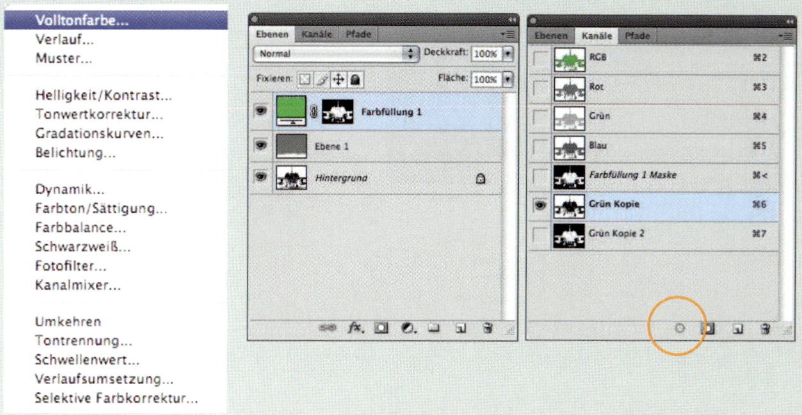

[7] Zweite Volltonfarbebene

Führen Sie die Schritte 5 und 6 mit dem zweiten erstellten Alphakanal durch und wählen Sie einen neuen Farbton. Sicherlich ist Ihnen aufgefallen, dass Sie das gleiche Ergebnis auch erzielt hätten, wenn Sie einfach die Einstellungsebene dupliziert und die Ebenenmaske invertiert hätten. Es gibt in Photoshop immer mehrere Wege, die zum Ziel führen.

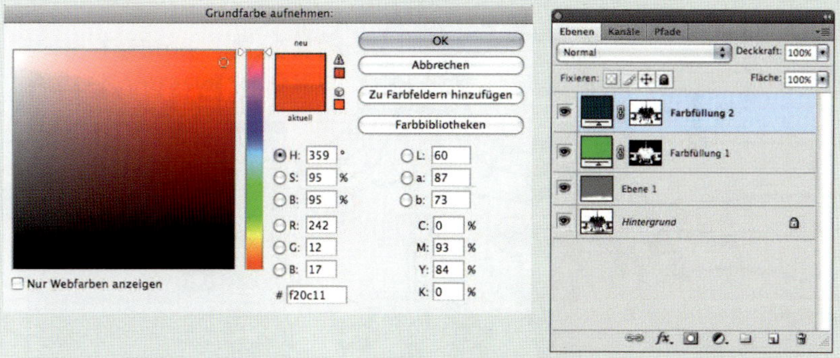

[8] Original duplizieren

Sicher haben auch Sie mehrere Bearbeitungsebenen, die das sichtbare Ergebnis des Originalbilds ergeben. Für die Modulation der Kanten benötigen Sie eine zusammengefasste Darstellung in einer neuen Ebene. Klicken Sie die Augen der angelegten Volltonfarbebenen vorübergehend aus. Fassen Sie jetzt alle Ebenen zu einer Ebene zusammen.

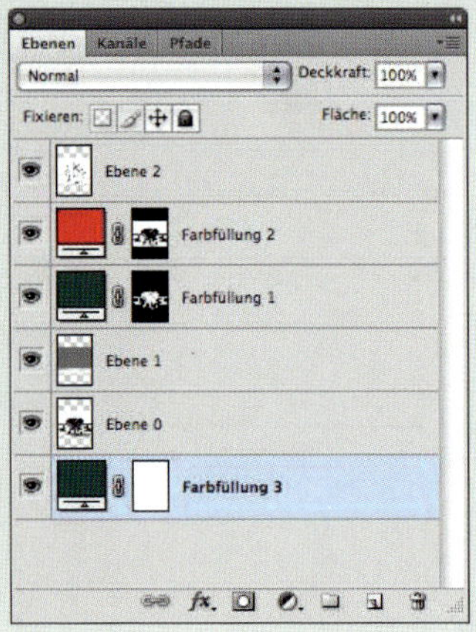

[14] Hintergrundfarbe anlegen

Zum schnellen Wechsel der Hintergrundfarbe bietet sich auch hier wieder die Einstellungsebene *Volltonfarbe* an.

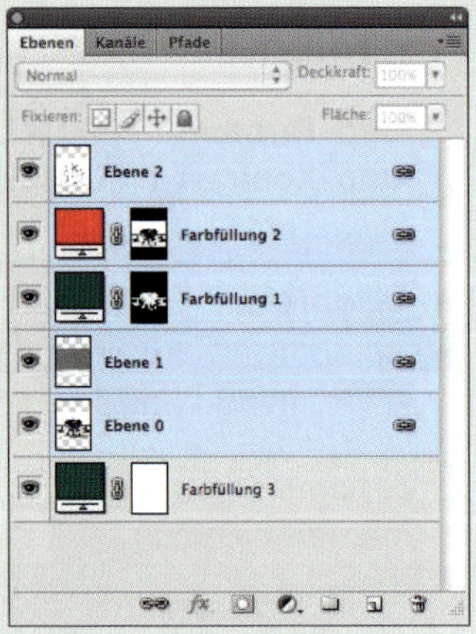

[15] Motivebenen verketten

Damit Sie sämtliche Ebenen beim Platzieren auf der vergrößerten Arbeitsfläche zusammen versetzen, müssen Sie alle dazugehörigen Ebenen mit der [Umschalt]-Taste markieren. Diese markierten Ebenen werden dann mit dem *Verschieben-Werkzeug* verschoben.

Tipp: Verketten Sie diese Ebenen, werden immer alle Ebenen verschoben, auch wenn mal nur eine ausgewählt ist.

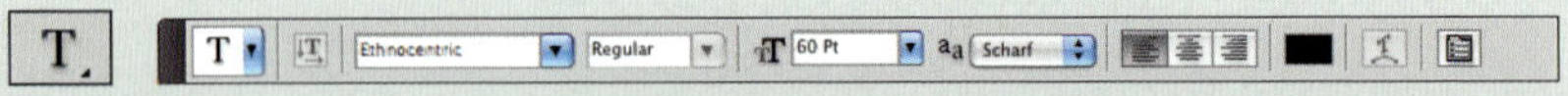

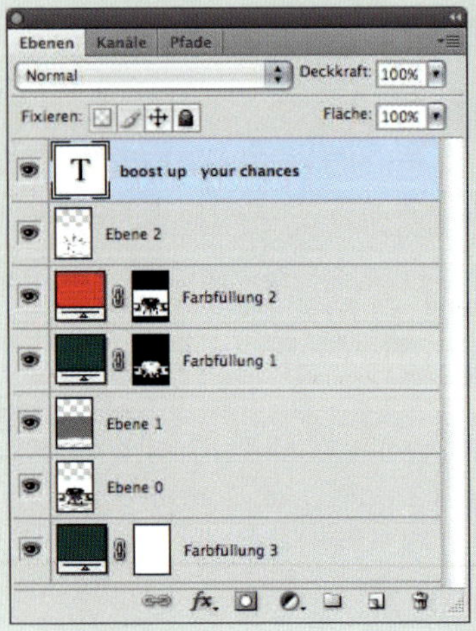

[16] Text hinzufügen

Wählen Sie das *Horizontale Textwerkzeug* aus, platzieren Sie Ihren Mauszeiger im Dokument und geben Sie Ihre Headline ein. Die im Farbwähler definierte Vordergrundfarbe wird automatisch als Textfarbe übernommen. Sollte es zufällig auch Ihre Hintergrundfarbe sein, wird Ihre Texteingabe schlecht zu erkennen sein. Legen Sie eine Farbe Ihrer Wahl fest.

Bestätigen Sie die Texteingabe in der Optionsleiste, und Sie können den Text mit dem *Verschieben-Werkzeug* an der passenden Stelle positionieren.

[17] Schriftgestaltung festlegen

Die Wahl Ihrer Schrift sollte zum Bildinhalt passen. Hier haben wir die Schriftart *Ethnocentric* gewählt. Für einen schnellen Schriftvergleich markieren Sie die Textebene im Bedienfeld und den Schriftnamen im Bedienfeld der Textoptionen. Bewegen Sie sich mit den Pfeiltasten Ihrer Tastatur aufwärts oder abwärts in Ihrer Schriftensammlung, und Ihr Text wird im Dokument entsprechend dargestellt.

Tipp: Bei mehreren Textphrasen sind Sie in der Gestaltung flexibler, wenn sie auf unterschiedlichen Ebenen angelegt sind. Ziehen Sie Hilfslinien auf, um bei der Textplatzierung eine gleichmäßige Ausrichtung zu erreichen.

Verdichten großräumiger Motive

Hat Ihr Foto zu viel „Raum" zwischen den einzelnen Aufnahmeobjekten, bringt Ihnen vielleicht eine „Skalierung" mit einem eingebauten Schutz für Ihre Motive die richtige Ausgewogenheit. Lernen Sie im Folgenden ein neues Photoshop CS4-Skalierungswerkzeug mit erstaunlichen Eigenschaften kennen.

Vorher: *Bei der gewohnten Bildskalierung werden alle Bildelemente gleichmäßig verzerrt. Bildwichtige Inhalte sehen danach gequetscht und unnatürlich aus. Mit der neuen „Content Aware Scaling"-Funktion wird diese Herausforderung der Bildbearbeitung zum Kinderspiel degradiert.*

Nachher: *Die inhaltsabhängige Bildskalierung ermöglicht eine unproportionaler Skalierung, sodass die bildwichtigen Inhalte nicht verzerrt werden. Photoshop kann dabei selbstständig die Bildbereiche, die verdichtet werden können, von denen unterscheiden, die Inhalt aufweisen. Doch wie bei jeder „Automatik" liefert auch hier eine kleine manuelle Hilfestellung mit dem Maskierungswerkzeug bessere Ergebnisse.*

[1] Hintergrundebene umbenennen

Auf der Hintergrundebene im Bedienfeld *Ebenen* können einige Bildveränderungen und Manipulationen nicht durchgeführt werden, so auch das Skalieren eines Bildes. Um den Schutz der Hintergrundebene aufzuheben, führen Sie auf der markierten Ebene einen Doppelklick aus. Im Dialogfeld *Neue Ebene* übernehmen Sie die Einstellungen mit *OK*. Die Ebene heißt nun *Ebene 0* und kann frei bearbeitet werden.

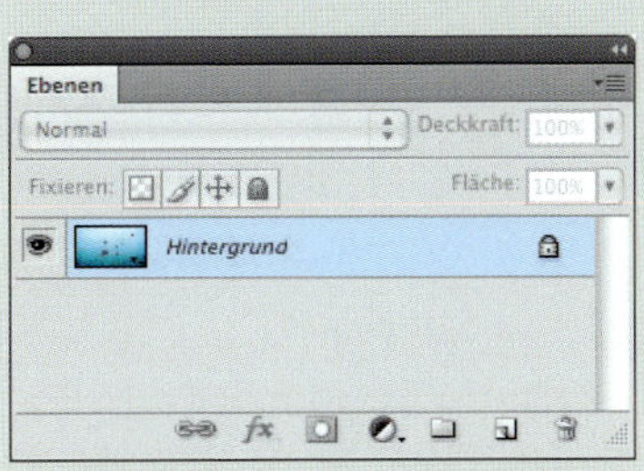

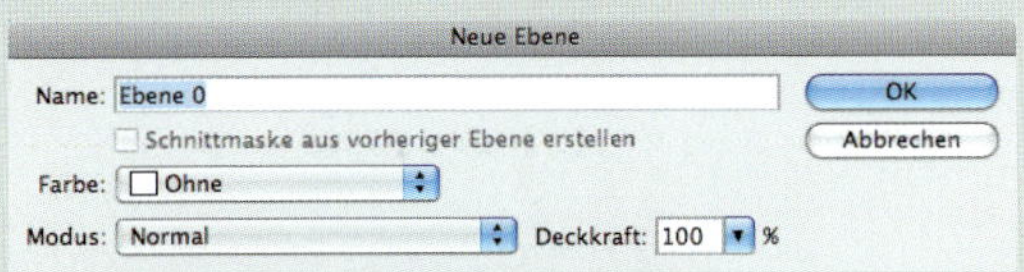

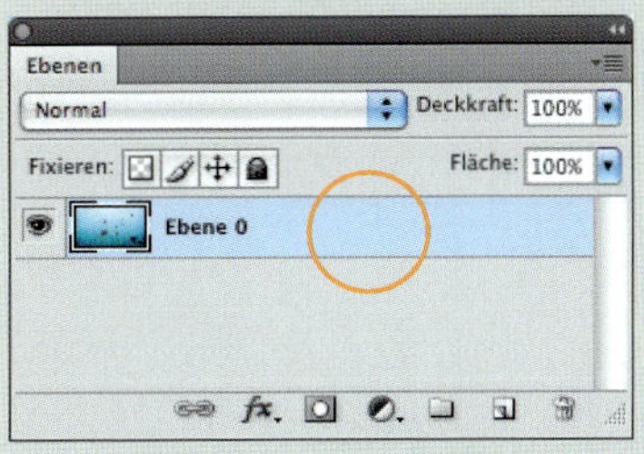

[2] Konservativ skalieren

Über das Menü *Bearbeiten/Frei transformieren* erhält das Bild einen Rahmen mit acht kleinen Anfassern, mit deren Hilfe Sie das Bild horizontal oder vertikal skalieren. In diesem Beispiel haben wir den linken Ankerpunkt um 50 % nach rechts verschoben.

Nein, diese Art der Skalierung ist sicherlich nicht nach Ihrem Geschmack, sie soll Ihnen nur verdeutlichen, wie sich die normale Bildskalierung auswirkt: Alle Bildinhalte werden gleichmäßig zusammengequetscht. So entstehen unförmige Proportionen im Bildmotiv, die nicht erwünscht sind. Verwerfen Sie den Skalierungsrahmen mit Drücken der [Esc]-Taste und kehren Sie zum Menü *Bearbeiten* zurück.

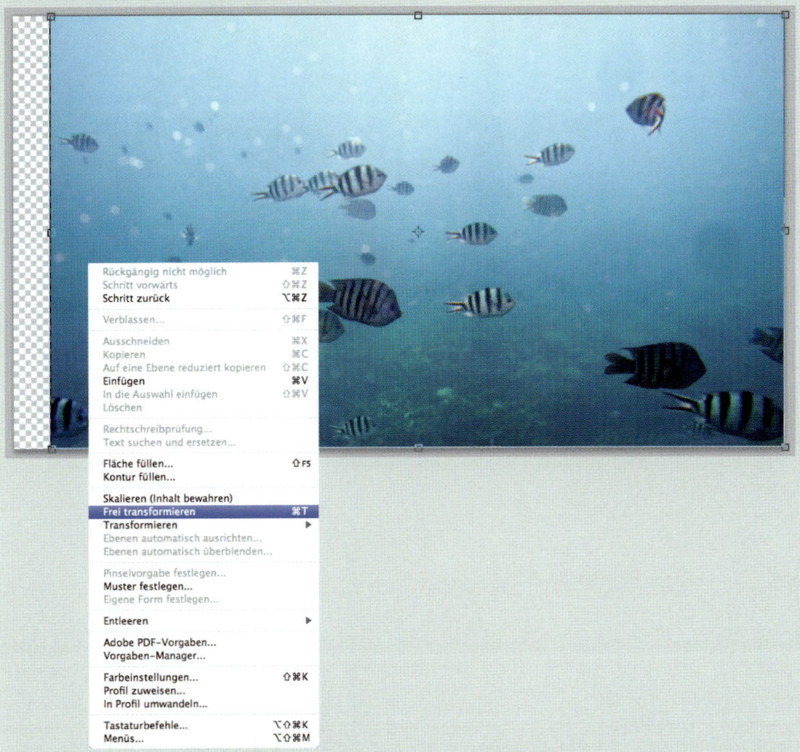

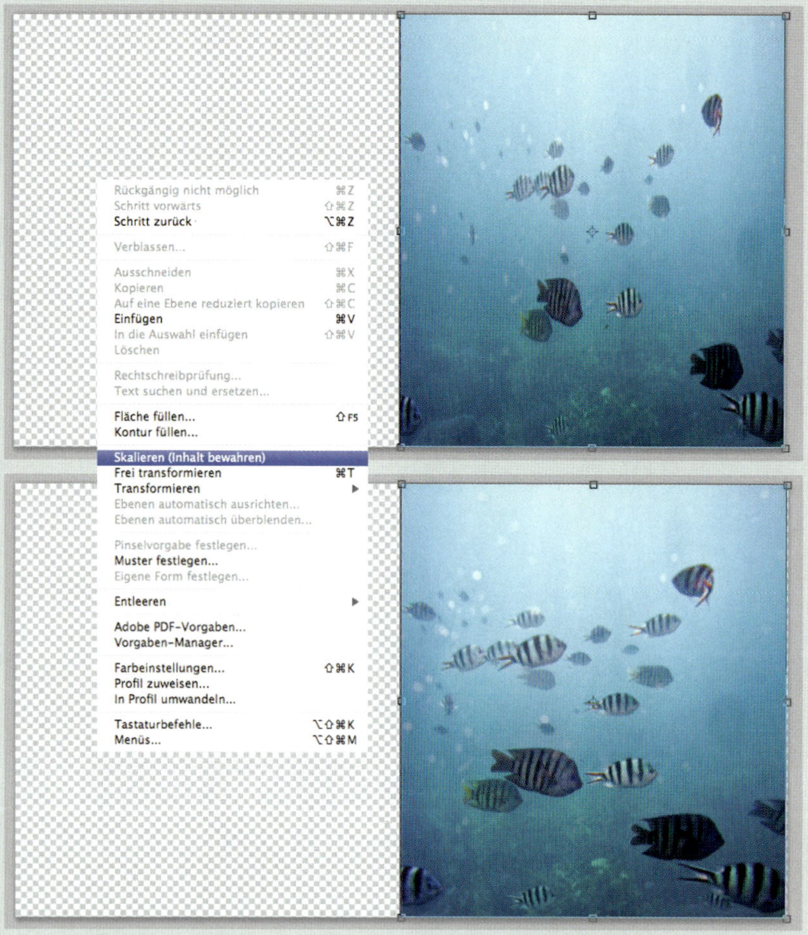

[3] **Skalieren (Inhalt bewahren)**

Versuchen Sie die gleiche Skalierung jetzt einmal mit dem neuen CS4-Feature *Skalieren (Inhalt bewahren)*.

Heben sich die Bildmotive klar vom Motivhintergrund ab, erkennt die Software die redundanten Pixel und verdichtet den Bildinhalt, ohne die Proportionen der Hauptmotive zu verändern. In unserem Beispielbild wurde das Motiv um 50 % gestaucht. Vergessen Sie nicht, Ihre Skalierung mit einem Klick auf das Häkchen in der Optionsleiste zu bestätigen.

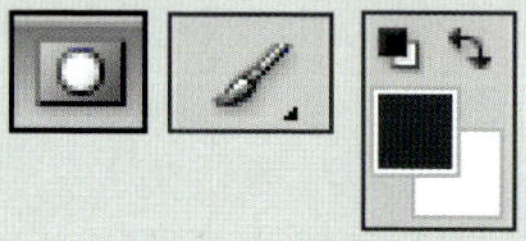

[4] **Bildmotive manuell schützen**

Verlaufen die Bildmotive jedoch mit dem Hintergrund, werden sie schnell mitskaliert. Unterstützen Sie die Skalierungssoftware bei der Abgrenzung, indem Sie die Hauptmotive markieren. Wechseln Sie in der Werkzeugleiste vom Normalmodus in den Maskierungsmodus.

Wenn Sie jetzt mit der Farbe *Schwarz* grob über die zu schützenden Motive malen, werden diese Bereiche mit einer roten Maskenfarbe gekennzeichnet. Benutzen Sie unbedingt Schwarz und keinen Grauwert, weil sonst die Sperrung gegen eine Veränderung nicht völlig wirksam wird.

[5] Auswahl generieren

Durch erneutes Anklicken des Symbols *Im Maskierungsmodus bearbeiten* kehren Sie zur Normalansicht zurück. Aus den rot markierten Bereichen wird eine Auswahl generiert.

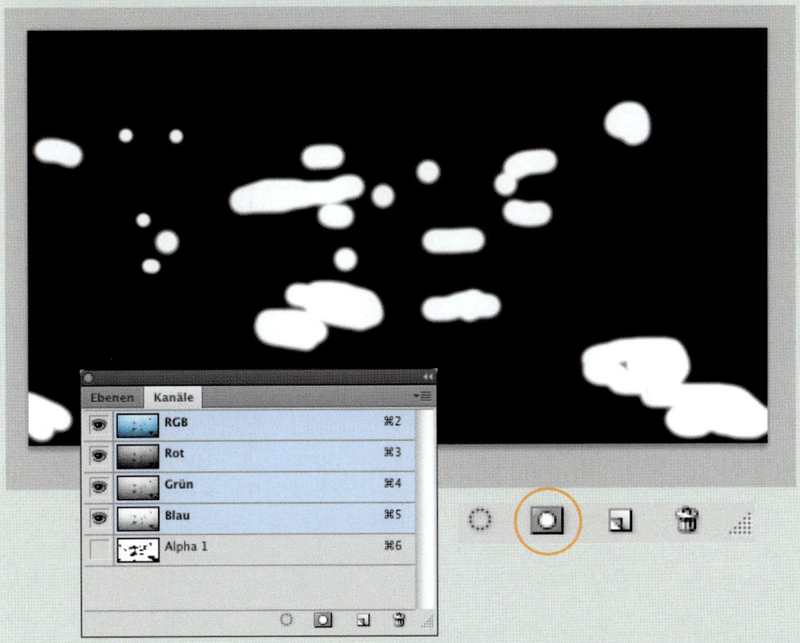

[6] Alphakanal erstellen

Im nächsten Schritt erzeugen Sie mit der aktiven Auswahl eine neue Ebene im Bedienfeld *Kanäle*. Wechseln Sie vom Bedienfeld *Ebenen* zum Bedienfeld *Kanäle*.

Damit die bestehende aktive Auswahl direkt in einen Alphakanal übernommen wird, klicken Sie in der Statusleiste auf das Symbol *Auswahl als Kanal speichern*. Deaktivieren Sie jetzt Ihre Auswahl und markieren Sie den neuen Kanal.

Die Skalierung wirkt auf die schwarzen Bereiche, deshalb muss der Alphakanal noch über das Menü *Bild/Korrekturen* mit der Funktion *Umkehren* invertiert werden. Aktivieren Sie danach wieder die RGB-Kanäle und wechseln Sie zurück zum Bedienfeld *Ebenen*.

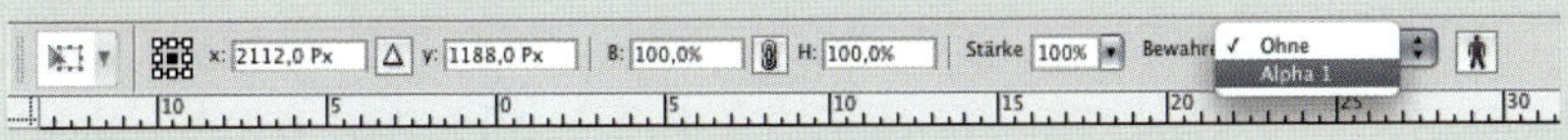

[7] Schutzkanal anwählen

Wenn Sie jetzt über den Menübefehl *Bearbeiten/Skalieren (Inhalte bewahren)* den Skalierungsrahmen aktivieren, können Sie in der Optionsleiste unter *Bewahren* den erstellten Alphakanal auswählen. Damit dieser seine Schutzfunktion voll ausübt, sollte die *Stärke* auf *100 %* gesetzt sein.

[8] Bildinhalt verdichten
Verdichten Sie Ihre Bildmotive und skalieren Sie Ihr Bilddokument sowohl horizontal als auch vertikal auf das gewünschte Format. Mit dem Bestätigungshäkchen wird der Rechenvorgang gestartet, der unter Umständen etwas länger dauern kann.

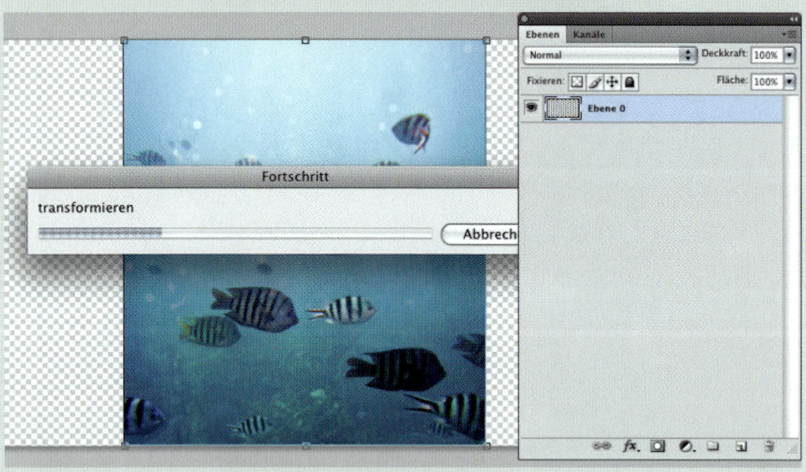

[9] Verdichtungsartefakte finden
Je nach Bildinhalt und Verdichtungsgrad werden Sie gegebenenfalls Artefakte in Ihrem Bild entdecken. Mit dem *Ausbessern-Werkzeug* können diese leicht beseitigt werden.

[10] Artefakte beseitigen

Wählen Sie mit dem Werkzeug die betroffene Stelle aus. Mit der Voreinstellung *Quelle* in der Optionsleiste verschieben Sie sie auf gesunde Bildbereiche. Diese werden auf die zuvor markierte Stelle tonwertangepasst übertragen.

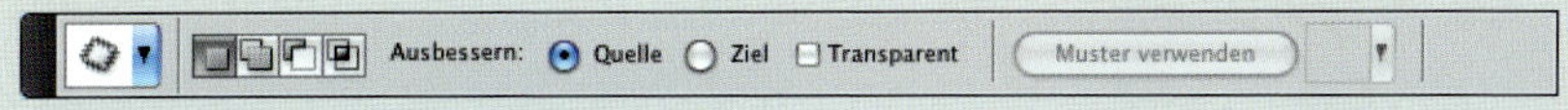

8

BEAUTYRETUSCHE

8

Beautyretusche

Vorher: *Ein wunderschönes Frauenporträt. Warum also etwas verbessern? Nun, es ist nicht verboten, schöne Frauen noch schöner zu machen. Und so wird hier Ihr Blick für die kleinen Detailretuschen geschärft, die erst auf den zweiten Blick ins Auge fallen, aber den Unterschied zwischen wunderschön und „Germanys next Topmodel" ausmachen können.*

Nachher: *Nase und Gesichtsform wurden der Idealform angepasst, Flächen wurden geglättet und Linien perfektioniert. Aber der Zeitpunkt, an dem eine Porträtretusche für Sie als perfekt und beendet gilt, wird allein von Ihrem persönlichen Schönheitsanspruch bestimmt.*

[8] Beautyretusche

Was ist schön? Im Alltag wird als schön meist etwas bezeichnet, das einen besonders angenehmen Eindruck hinterlässt. Eine Abgrenzung gegenüber sinnlicher Überwältigung oder dem Netten, dem das Besondere fehlt, ist nicht immer leicht. Menschen vermögen ihren Schönheitssinn zu entwickeln, und je tiefer man sich auf ein bestimmtes ästhetisches Gebiet spezialisiert, desto höher wird der Schönheitsanspruch.

■ Gibt es aber auch universelle Kriterien für Schönheit? Tatsächlich wird das Kindchenschema bei der Frau in allen Kulturkreisen als schön gewertet. Auch die Merkmale, die ein Männergesicht männlich machen, gelten in allen Kulturen als attraktiv. Die Durchschnittshypothese besagt, dass ein durchschnittliches Gesicht zumindest nicht hässlich wirkt. Eine gute Basis für Schönheit.

Kriterien für Beautyretusche

Generell werden Gesichter als schön empfunden, die jünger und eher schlanker sind und eine makellose Haut haben. Damit Gesichter als perfekt schön gelten, müssen weitere Merkmale hinzukommen: bei einem Frauengesicht markante Gesichtszüge und volle Lippen, die Wangen konkav, die Wangenknochen hoch und markant. Eine kleine Nase mit einem zierlichen Nasenrücken gilt als attraktiv.

Bildanalyse

Analysieren Sie das zu retuschierende Gesicht auf diese Eigenschaften. Der Umfang Ihrer Retusche richtet sich danach, wie viel Zeit Sie investieren wollen.

Hautunreinheiten entfernen

Entfernen Sie als Erstes die groben, offensichtlichen Unreinheiten im Gesicht. Benutzen Sie Retuschewerkzeuge, die die feinen Luminanznuancen der Haut automatisch berücksichtigen. Für kleinere Unreinheiten nehmen Sie das *Bereichsreparatur-Pinsel-Werkzeug*, für die größeren das *Ausbessern-Werkzeug*. Arbeiten Sie immer mit einem weichen Retuschewerkzeug (*Härte: 0*) und einem angepassten Durchmesser. Immer mehr Digitalkameras besitzen eine intelligente Szenenerkennung. Während der Aufnahme wird das Motiv automatisch mit Voreinstellungen verglichen, und wenn die Kamera z. B. eine typische Porträtszene erkennt, kann der Kameramodus gegebenenfalls auf weiche Haut wechseln.

Falten und Augenringe

Die Schönheit der Haut und nicht die Durchschnittlichkeit der Gesichtsproportionen ist der entscheidende Grund für die Attraktivität von Gesichtern. Falten können den Charakter einer Person unterstreichen. Versuchen Sie daher nicht, alle Falten zu eliminieren, oft reicht ein Abmildern aus.

Tipp: Nicht immer gelingt die optimale Retusche auf Anhieb. Kopieren Sie nach jedem Schritt die Ebene oder legen Sie einen Schnappschuss im Bedienfeld *Protokoll* an.

Augenbrauen

Dunkle, schmale Augenbrauen wirken anziehend. Ebenso wichtig ist die gleichmäßige Form. Achten Sie bei der Retusche auf die Struktur der Härchen. Kopieren und drehen Sie ganze Bereiche oder malen Sie einzelne Härchen nach.

Augen

Das Allerwichtigste bei einem Porträt sind die Augen. Schon beim Fotografieren sollten Sie darauf achten, den Schärfebereich auf die Augen zu legen. Bevorzugt wird ein weiter Augenabstand mit großen, runden Augen (Kindchenschema).
Hellen Sie die Augen auf und betonen Sie die Augenfarbe. Achten Sie darauf, dass das Weiße in den Augen auch wirklich weiß ist. Das bringt Jugendlichkeit und Frische. Justieren Sie die Augenform gegebenenfalls mit dem *Verflüssigen*-Filter – das kaukasische Auge gilt als ideal.
Bei zu kleinen Augen oder ungleichen Größen hilft nur weiches Ausschneiden und Skalieren.

Nase

Die schönste Nase soll ja Kleopatra besessen haben. Ob auch vor 2000 Jahren bei der Bewertung die gleichen Schönheitskriterien galten? Kleine, schmale Nase, heller Nasenrücken und keine Falten zwischen Nase und Mundwinkel? Mit dem *Verflüssigen*-Filter korrigieren Sie die die Nasenform. Hellen Sie den Nasenrücken und den Nasenschatten unterhalb davon auf.

Lippen

Das Ideal eines Frauengesichts hat vollere Lippen als der Durchschnitt. Mit dem *Verflüssigen*-Filter können Sie die Lippen anpassen. Eine gepflegte, symmetrische Mundform mit vollen, durchbluteten Lippen ist optimal. Im Gegensatz zum männlichen Model dürfen sich die Lippen bei der Frau farblich gut abheben.
Wollen Sie Zähne zeigen, achten Sie auf eine schöne Form und strahlendes Weiß. Gelb auf den Zähnen empfindet man wie bei den Augen nicht als schön.

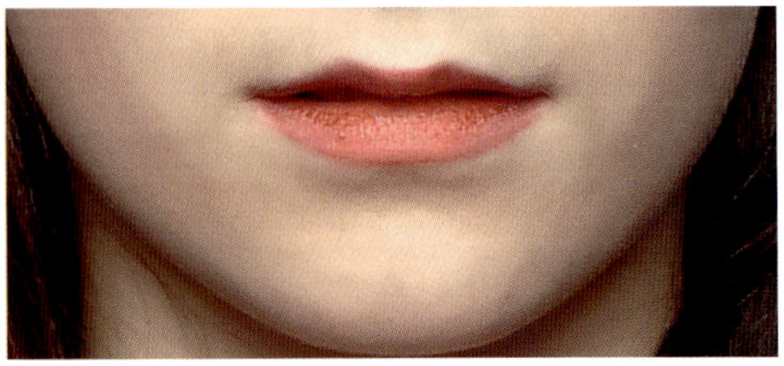

Hals

Retusche hört beim Gesicht nicht auf. Hals, Dekolleté und Hände gehören ebenso dazu. Achten Sie auf gleiche Farbigkeit und Hautstruktur und beseitigen Sie einzelne Haare.

Ausleuchtung und Make-up

Ungleichmäßige Ausleuchtung muss angepasst werden. Fotografieren Sie deshalb schon mit einer schattenfreien, weichen Ausleuchtung. Ein gutes Make-up erspart Ihnen viel Zeit bei der Nachbearbeitung.
Möchten Sie das Model nachschminken, gelten die gleichen Regeln wie beim Visagisten. Arbeiten Sie mit einem großen, weichen Pinsel und geringer Deckkraft. Ausgefressene Glanzstellen können im Lab-Modus wieder Farbe bekommen.

Klassischer Formenkanon

Hier ein klassischer Formenkanon zum Zeichnen einer harmonischen Frontalansicht des Kopfs: Das Gerüst besteht aus 5 x 7 Rastereinheiten und definiert genau die jeweiligen Abstände und Positionen aller Gesichtsmerkmale.

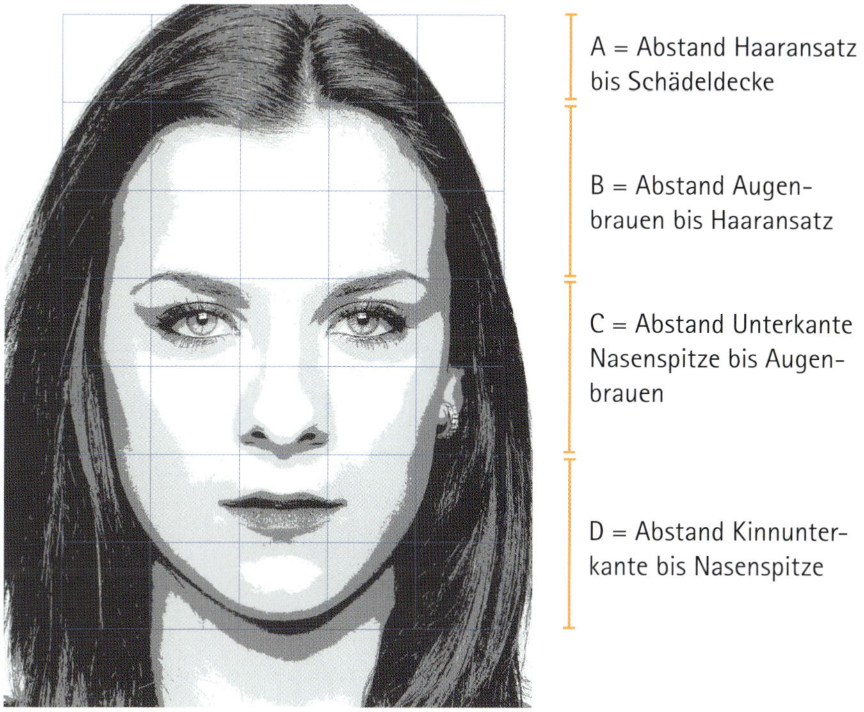

Das Gesichtsfeld umfasst insgesamt 5 x 6 Rastereinheiten.

Das Gesichtsfeld

Zur Beurteilung der Gesichtsfeldproportionen nehmen Sie das 5-x-6-Raster zu Hilfe. Augen sollten sich z. B. in der Mitte der Kopfhöhe befinden und genau eine Rastereinheit Abstand zueinander haben. Der Abstand vom Haaransatz bis zur Kinnunterkante sollte vollen sechs Einheiten entsprechen. Um dem idealen Gesichtsfeld zu entsprechen, wurde hier das untere Porträtviertel ausgewählt und um 5 % nach unten skaliert.

Augenretusche

Es gibt viel mehr Korrekturmöglichkeiten als das allseits bekannte Entfernen roter Augen. Planen Sie für die Augenretusche die meiste Zeit ein – das Auge ist das Fenster zur Seele.

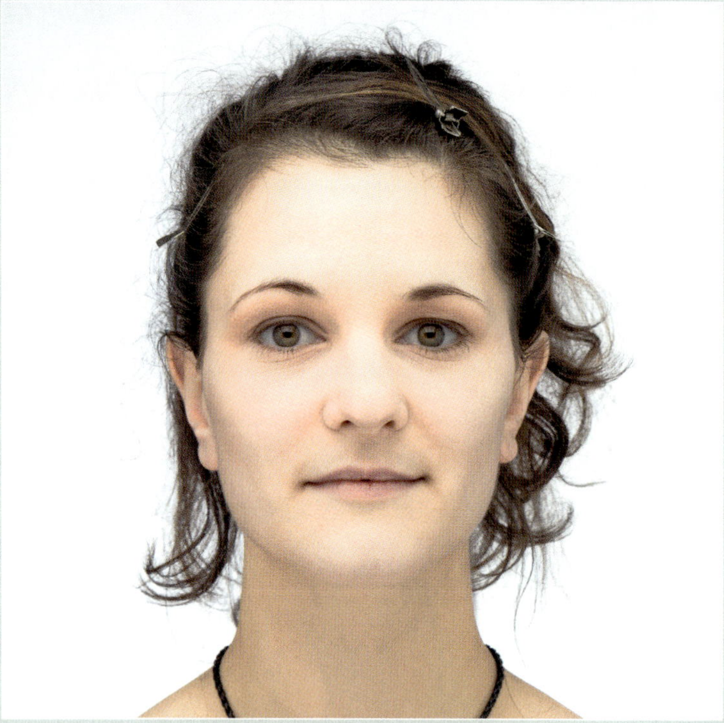

Vorher: *In einem Porträt ziehen die Augen den Blick des Betrachters auf sich. Dementsprechend verändern Retuschearbeiten an Auge und Augenpartie die Strahlkraft eines Gesichts enorm.*

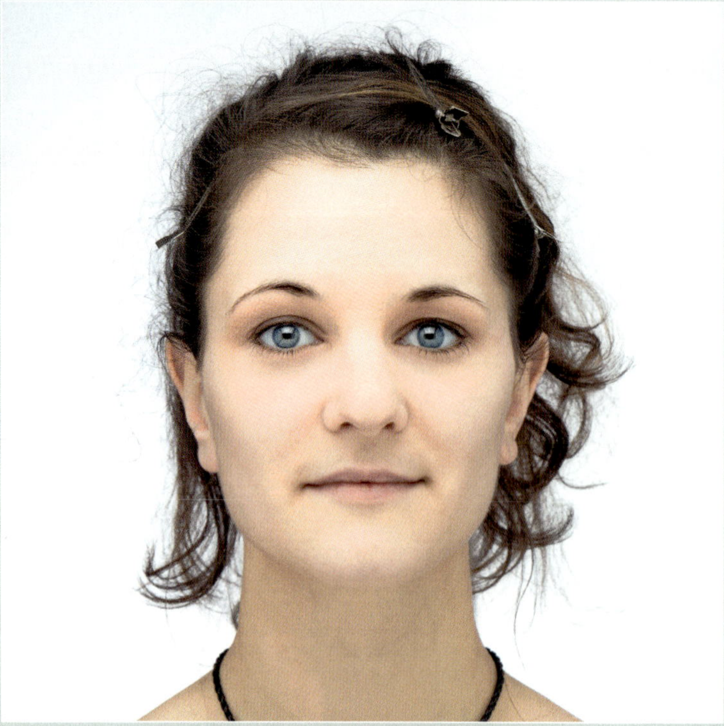

Nachher: *Blaue Augen, angepasste Augenform, etwas plastische Chirurgie, keine Fältchen mehr. Aus dem netten Porträt ist ein Coverfoto geworden - abgesehen von der Frisur.*

[1] Das kleine Schönheitspflaster

Das Manipulieren von Bildern ist ein Eingriff, der erst nach den grundlegenden Bildkorrekturen wie *Tonwertkorrektur*, *Farbstich* und *Helligkeit/Kontrast* vorgenommen wird. Entfernen Sie zu Beginn die kleinen Flecken und Hautunreinheiten.

Das betagte *Kopierstempel-Werkzeug* ist dazu überarbeitet worden, und die Entwickler haben das *Bereichsreparatur-Pinsel-Werkzeug* erfunden. Kein Pixelaufnehmen, keine Sorge bei Helligkeitsunterschieden und kein Anpassen der Farbe ist mehr notwendig.

Wählen Sie einfach nur das Werkzeug aus und übermalen Sie Pickel und Co. – natürlich zuvor die Pinselgröße einstellen und, wie immer bei Retuschearbeiten, eine weiche Kante wählen.

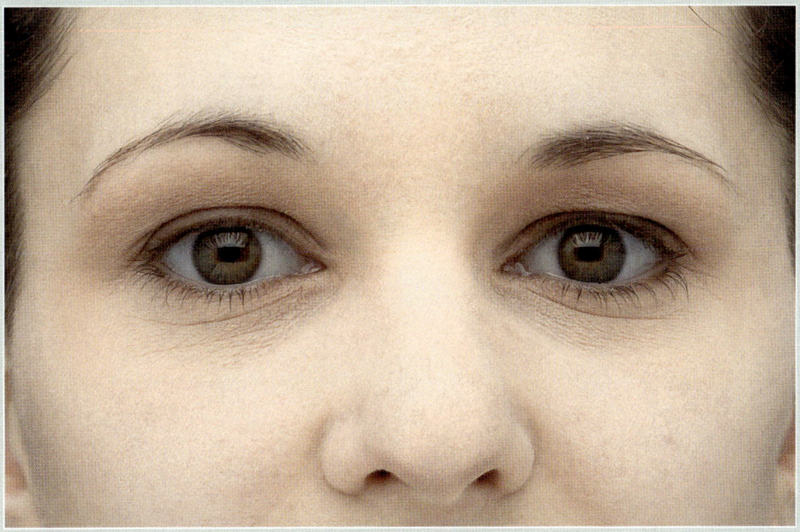

[2] Patchtool fürs Grobe

Für größere Fehler nehmen Sie das *Ausbessern-Werkzeug*. Es sieht aus wie ein Stoffflicken, und ähnlich ist auch die Funktion. Mit dem *Ausbessern-Werkzeug* erstellen Sie eine Auswahl des Quell- oder Zielbereichs, den Sie bearbeiten wollen.

Mit aktiviertem Werkzeug und gedrückter Maustaste wird die fehlerhafte Stelle komplett umfahren. Dadurch bekommen Sie einen Auswahlbereich angezeigt. In der Optionsleiste geben Sie als Ausbesserungsart *Quelle* an.

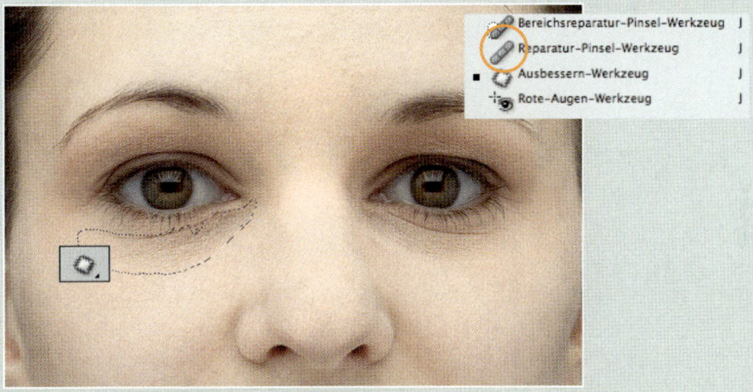

[3] Hautstellen retuschieren

Klicken Sie in den Auswahlbereich und ziehen Sie den Inhalt auf einen „gesunden Bildbereich". Farbton, Struktur und Belichtungswerte werden übertragen und automatisch angepasst – ein sehr mächtiges Werkzeug. Augenbrauen oder sogar ganze Augenpartien könnten damit wegretuschiert werden, solange man es nicht am Rand oder an Kanten einsetzt.

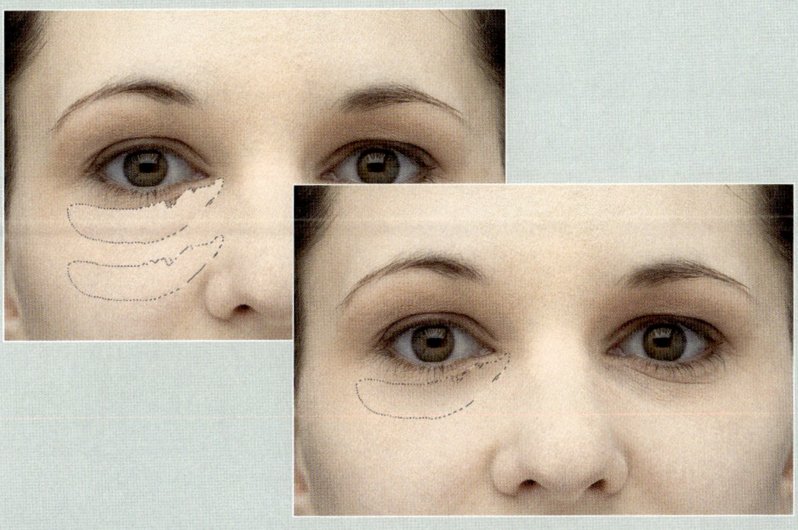

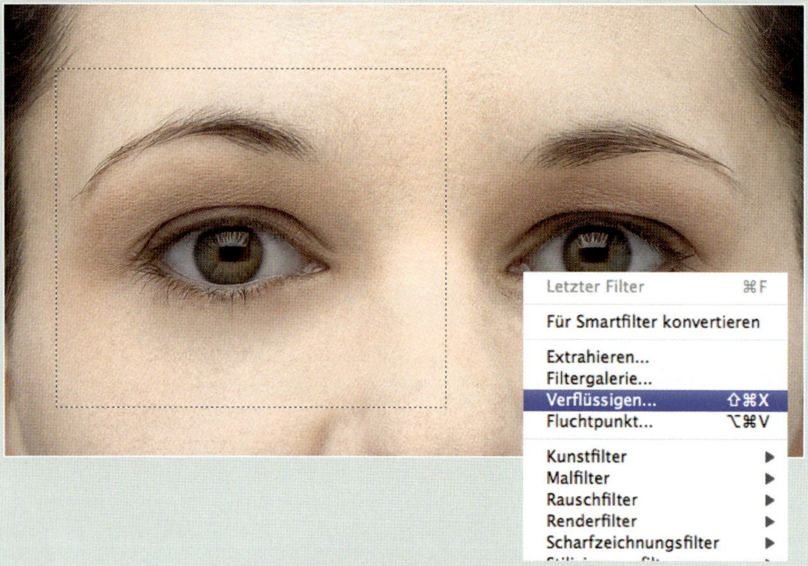

[4] Augenform modellieren

Eigentlich spricht nichts dagegen, das ganze Bild in den *Verflüssigen*-Filter zu importieren, doch bleibt Ihr Rechner etwas flotter, wenn Sie zuerst mit dem *Auswahlrechteck-Werkzeug* eine Auswahl um den zu bearbeitenden Bereich ziehen. Über das Menü *Filter* starten Sie den *Verflüssigen*-Filter.

[5] Pixelschieber

Ein wunderbares Tool für alle Fans wohlgeformter Kurven. Anders als bei den meisten Filtern in Photoshop öffnet sich eine neue Arbeitsfläche, die mehr als ein paar Einstellungen vom Benutzer verlangt. Auf der linken Seite lassen sich die verschiedenen Tools auswählen. Mein Favorit ist das *Nach-links-schieben-Werkzeug*, das Werkzeug, das nur in eine Richtung funktioniert.

Auf der rechten Seite des Dialogfelds legen Sie die Werkzeugoptionen fest: *Pinselgröße 50*, *Pinseldichte 50* und den *Pinseldruck* zurücknehmen auf ca. *20*.

Streichen Sie jetzt von links nach rechts mit der Pinselmitte am Augenlid vorbei, werden die Pixel nach oben verschoben. Dabei erkennen Sie, dass leider auch Pixel mit verschoben werden, die nicht versetzt werden sollen.

Zurück auf Los: Einmal Drücken der Schaltfläche *Alles wiederherstellen* rekonstruiert die Pixel wieder.

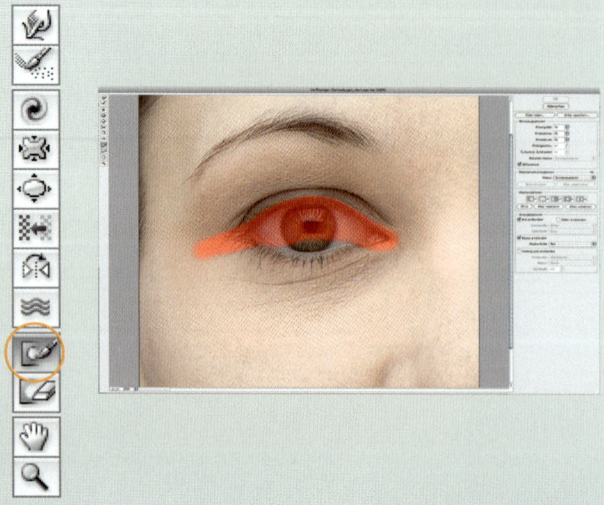

[6] Pixel fixieren

Um Pixel vor Verschiebungen zu bewahren, wählen Sie das *Fixierungsmaske-Werkzeug* und aktivieren rechts in den Anzeigeoptionen das Optionsfeld *Maske einblenden*. Sie wollen ja sehen, wo Sie malen. Übermalen Sie die Bildbereiche, die von einer Veränderung ausgenommen sein sollen.

[7] Plastische Chirurgie

Längere Bereiche oder Linien können Sie hervorragend mit dem *Nach-links-schieben-Werkzeug* bearbeiten, wenn es auch am Anfang etwas ungewohnt ist, nur in eine Richtung zu arbeiten. Das *Vorwärts-krümmen-Werkzeug* wird für kleinere Punktbereiche eingesetzt.

Möchten Sie die Pupille im Auge vergrößern oder verkleinern, ist das *Zusammenziehen-* oder *Aufblasen-Werkzeug* die richtige Wahl. Passen Sie die Pinselgröße an und bearbeiten Sie das Bild nur mit einzelnen Klicks. Bei gedrückter Maustaste hat man schnell zu viel des Guten. Sollte dennoch mal etwas danebengegangen sein, können Sie es schnell wieder rückgängig machen.

Um einen Vergleich zum Original zu bekommen, aktivieren Sie das Optionsfeld *Hintergrund einblenden* und setzen die *Deckkraft* gegebenenfalls auf *100 %* hoch.

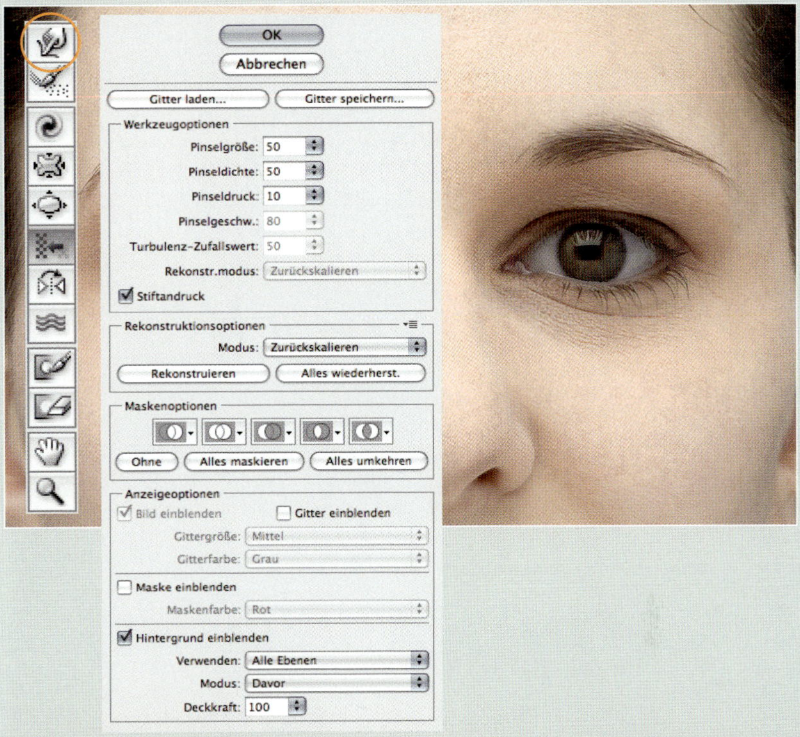

[8] Auswahl malen

Der nächste Schritt soll das Aufhellen der Augen sein. Legen Sie dafür eine Maske an. So, wie Sie im *Verflüssigen*-Filter eine Fixierungsmaske gemalt haben, so können Sie in Photoshop auch eine Auswahl malen. Aktivieren Sie den Maskierungsmodus ([Q]) – das letzte Werkzeug in der Werkzeugleiste. Als Vordergrundfarbe sollte *Schwarz* bei Ihnen angezeigt werden ([D]), danach wählen Sie das *Pinsel-Werkzeug* mit einer mittleren Kantenhärte.

Malen Sie nun die Augen aus. Nicht erschrecken, auch wenn Sie Schwarz als Farbe eingestellt haben, ist die Maskenfarbe Rot. Schwarz bedeutet hier nur „voll deckend".

Durch Zurückschalten in den Standardmodus ([Q]) wird aus der gemalten Fläche der Auswahlbereich.

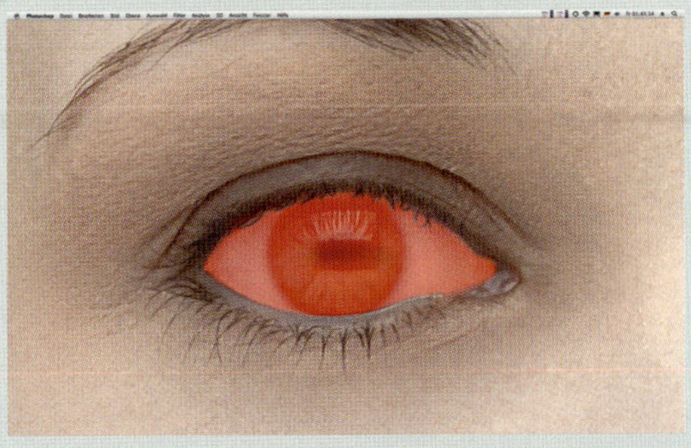

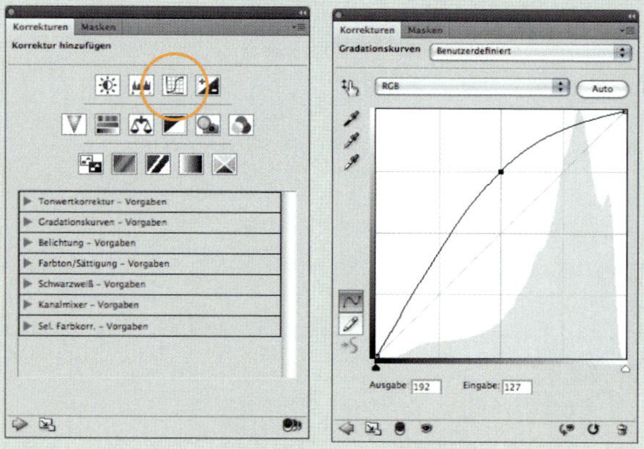

[9] Es werde Licht

Klicken Sie über das Bedienfeld *Korrekturen* die *Gradationskurven* an und heben Sie den mittleren Tonwertbereich an. Die Bildhelligkeit muss nicht genau eingestellt werden, sie sollte eher etwas zu hell ausfallen, so kann die Feinjustierung mit der Ebenendeckkraft besser einreguliert werden. Sicher haben Sie bemerkt, dass die Maske vertauscht ist. Unglücklicherweise bleibt das Auge dunkel, und der Rest ist aufgehellt.

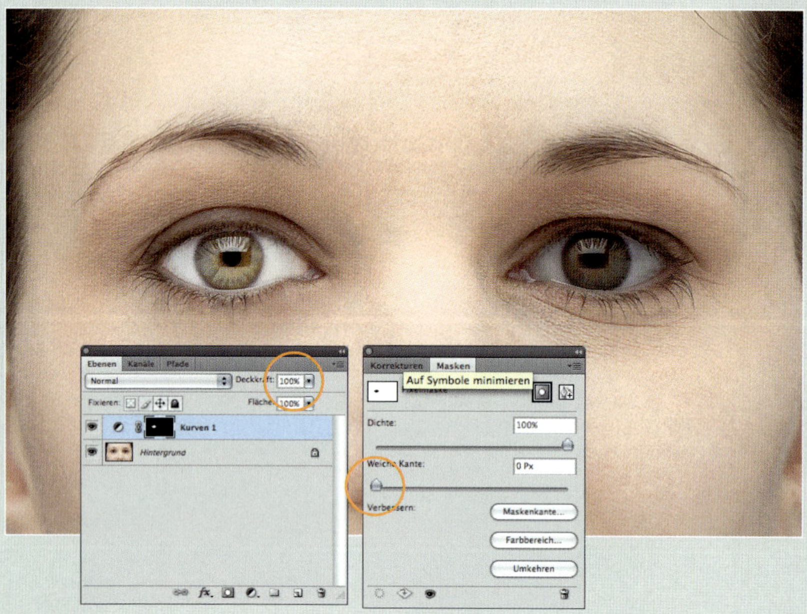

[10] Maskerade 1

Klicken Sie im Bedienfeld *Masken* auf die Schaltfläche *Umkehren*. Bestimmt ist die Maskenkante auch zu hart geraten – kein Problem, mit dem Regler *Weiche Kante* beheben Sie dies. Danach justieren Sie die Augenhelligkeit mit der Ebenendeckkraft.

[11] Maskerade 2

Masken müssen nicht immer neu erstellt werden. Oft kann eine bereits vorhandene übernommen werden.

Klicken Sie mit gedrückter [cmd]- (Mac) oder [Strg]-Taste (PC) auf das Maskensymbol im Bedienfeld *Ebenen*. Sofort sind die fleißigen Ameisen wieder aktiv.

Von dieser Auswahl soll nun ein runder Bereich herausgenommen werden. Runde Auswahlen erzeugen Sie mit dem *Auswahlellipse-Werkzeug*. Zum Wegnehmen einer Auswahl schalten Sie in der Optionsleiste des Werkzeugs auf *Subtrahieren* um und ziehen und positionieren einen Kreis um das Auge.

Tipp: Setzen Sie oben links an, ziehen Sie den Kreis nach rechts unten auf, drücken Sie zum Repositionieren die [Leertaste] zusätzlich zur Maus, positionieren den Kreis neu, lösen Sie nun die [Leertaste] und passen Sie die Kreisform mit der Maus weiter an.

[12] Augen weißen

Mit dieser aktiven Auswahl können Sie jetzt das Weiße in den Augen bearbeiten. Augen können eine gelbliche Färbung haben, aller Wahrscheinlichkeit nach aber in den Augenwinkeln eine rötliche. Versuchen Sie, den Augapfel möglichst in einem reinen Weiß erstrahlen zu lassen.

Mit einer Einstellungsebene vom Typ *Farbton/Sättigung* oder *Selektive Farbkorrektur* meistern Sie diese Herausforderung. Der Vorteil der selektiven Farbkorrektur ist, dass Weiß direkt angesteuert werden kann.

Arbeiten Sie mit *Farbton/Sättigung*, verringern Sie die Farbsättigung nicht über die Option *Standard* – das würde das Augen nur grau wirken lassen –, sondern wählen die Farbbereiche *Gelb* und/oder *Rot*, nehmen nur hier die *Sättigung* zurück und erhöhen die *Helligkeit* leicht.

Sind danach immer noch kleine Äderchen im Auge zu erkennen, hilft die übliche Retusche von Hand.

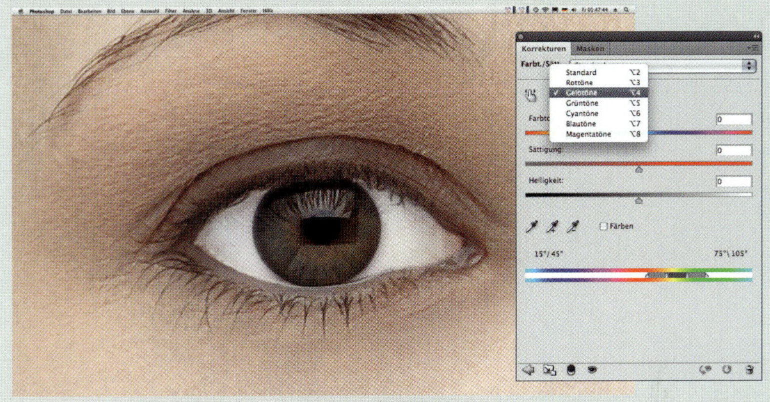

[13] Maskerade 3

Weil Sie das mit dem *Auswahlellipse-Werkzeug* so gut hinbekommen haben, zur Übung gleich noch eine: Ziehen Sie zuerst eine Kreisauswahl um die Iris herum auf und schalten Sie dann in den Maskierungsmodus um ([Q]). Für die Optimierung der Iris übermalen Sie kleine Überdeckungen der Kreisauswahl.

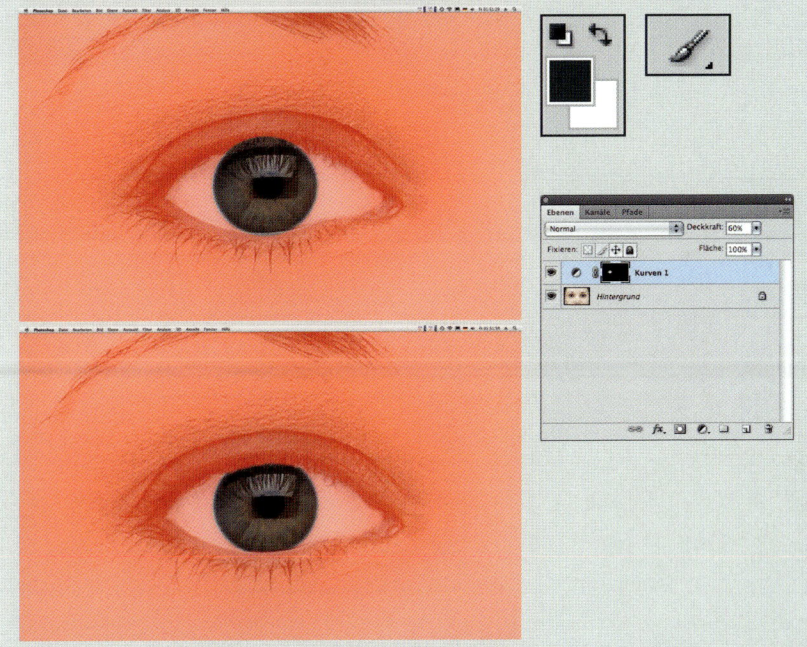

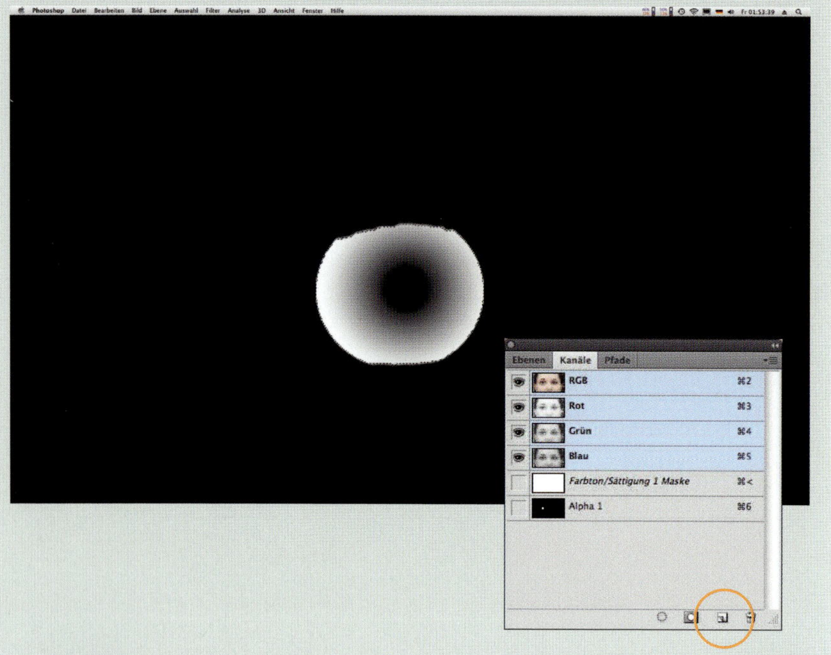

[14] Augenfarbe intensivieren

Zurück im Normalmodus, haben Sie fast die perfekte Auswahl für die Iris. Für die jetzt stattfindende Kontrastanhebung sparen Sie den Bereich der Pupille weich aus. Wechseln Sie dazu in das Bedienfeld *Kanäle* und erstellen Sie mit der noch aktiven Auswahl einen neuen Alphakanal. Füllen Sie den Auswahlbereich mit einem radialen Verlauf von *Weiß* nach *Schwarz*. Mit der *Tonwertkorrektur* steuern Sie den *Schwarz*-Bereich nach. Wandeln Sie den Alphakanal in eine Auswahl um und wechseln Sie zurück in das Bedienfeld *Ebenen*. Durch Anheben der *Gradationskurve* in einer neuen Ebene wird die Iris aufgehellt, und Sie erhalten diese wunderschön leuchtenden Augen.

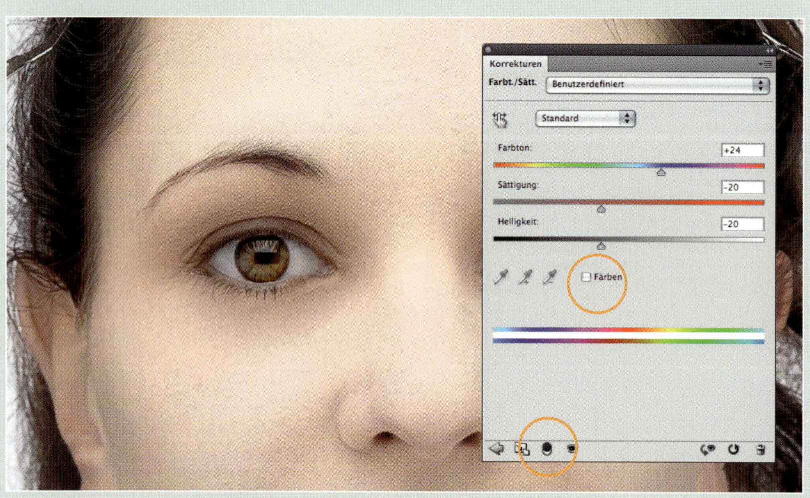

[15] Augenfarbe wechseln

Wenn Sie die Augenfarbe ändern wollen, experimentieren Sie mit dem *Farbton*-Regler und aktivieren dabei das Optionsfeld *Färben*. Auf diese Weise können Sie Augenfarben nach Wunsch neu kreieren.
Durch „Clippen" mit der unterhalb liegenden Einstellungsebene mit der Irismaske würden sich auch diese Veränderungen nur innerhalb dieser Maske auswirken.
Achten Sie darauf, dass Ihre Masken immer weiche Kanten haben und die Augenfärbung nicht ins Weiß ausläuft.

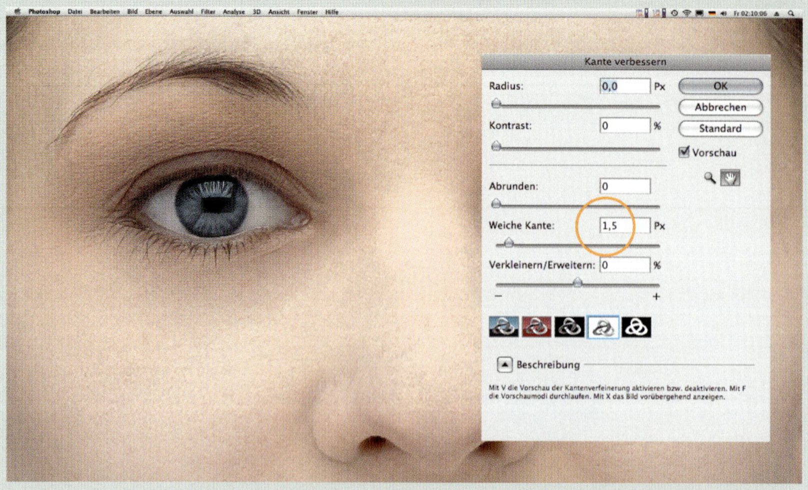

[16] Highlight setzen

Der helle Punkt, der den Augen Leben und Brillanz verleiht, ist zwar bereits da, könnte aber etwas stärker strahlen.

Das *Airbrush-Werkzeug* fristet ein etwas verstecktes Dasein in der Optionsleiste des *Pinsel-Werkzeugs*, ist aber für diesen Arbeitsschritt hervorragend geeignet.

Malen Sie mit einem Klick auf einer neuen Ebene über die bereits vorhandenen Lichter. Wenn der Kreis zu groß wird, löschen Sie die Ebene und starten einen neuen Versuch.

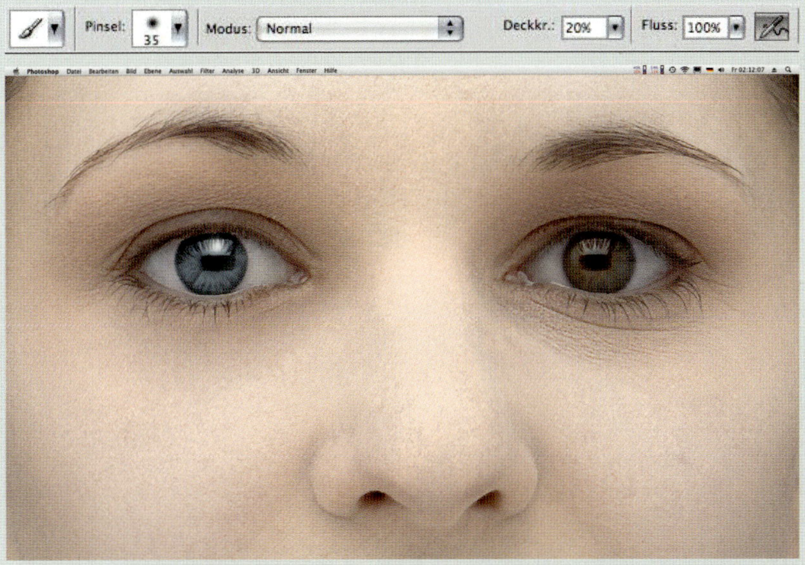

[17] Anschwärzen

Die Wimpern und Augenbrauen nachzudunkeln ist mit dem *Schwarz*-Regler aus der *Selektiven Farbkorrektur* leicht möglich.

Natürlich funktioniert auch das *Nachbelichter-Werkzeug*. Arbeiten Sie hier unbedingt auf einer neuen Ebene, gefüllt mit einem *50-%-Grau*, und legen Sie den Ebenenmodus auf *Ineinanderkopieren* fest.

Das gleiche Vorgehen können Sie nun auch auf das zweite Auge anwenden.

[18] Nachschärfen

Das Scharfzeichnen steht eigentlich immer ziemlich am Ende jeder Bildbearbeitung. Die einzige vertretbare Ausnahme besteht im Nachschärfen der Augen.

Mit der üblichen Unscharfmaskierung kann hier leicht scharfgezeichnet werden, da die Augen auch mit einer leichten Überschärfung am Ende zurechtkommen.

Gothic-Look

Wollten Sie schon immer mal Ihre Nachbarn an Halloween erschrecken oder einfach einen neuen Look ausprobieren? Hier zeigen wir Ihnen, wie Sie das typgerechte Make-up und die Trendfarbe bequem zu Hause finden und dabei einige Highlights der non-destruktiven Hautoptimierung kennenlernen.

Vorher: *Blick und Gesichtsausdruck dieses Modells sind wirklich schräg. Deswegen ist gerade dieses Bild eine perfekte Ausgangsbasis, um Photoshop als virtuellen Schminkkoffer für extremes Make-Up einzusetzen.*

Nachher: *Aus dem Clown ist ein nachdenklicher Goth geworden. Schwarze Haare, weiße Haut, dunkel geschminkte Augen und tiefrote Lippen ändern Image und Ausdruck dieses Porträts komplett.*

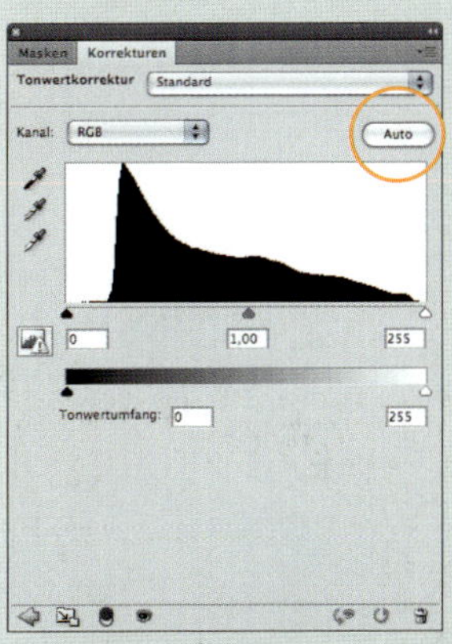

[1] Tonwerte kontrollieren

Wählen Sie ein Porträt und beginnen Sie mit der standardmäßigen Kontrolle der Tonwerte. Der Querschnitt der Tonwertverteilung sollte ganz links bei *Schwarz* beginnen und am rechten Ende bei *Weiß* auslaufen. Mit der *Auto*-Schaltfläche verteilen Sie die vorhandenen Tonwerte im Bild gleichmäßig über diesen Bereich. Diese Art der automatischen Korrektur (Tonwertspreizung) liefert oft ganz gute Ergebnisse.

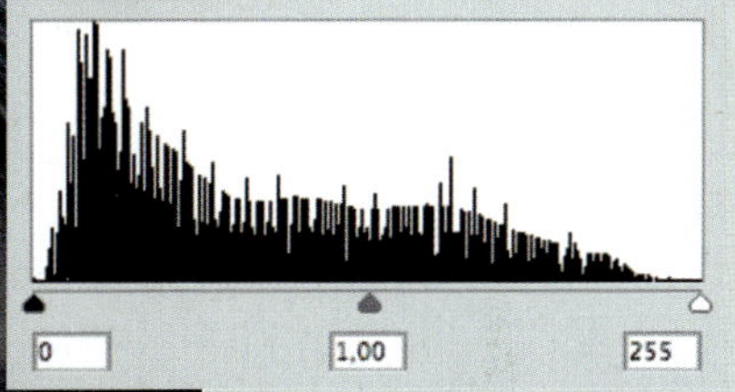

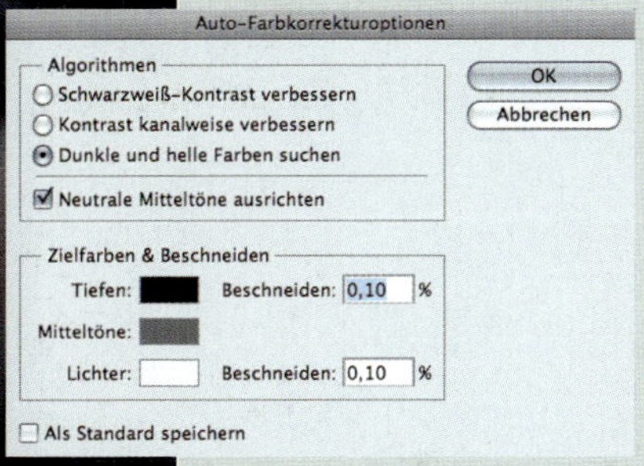

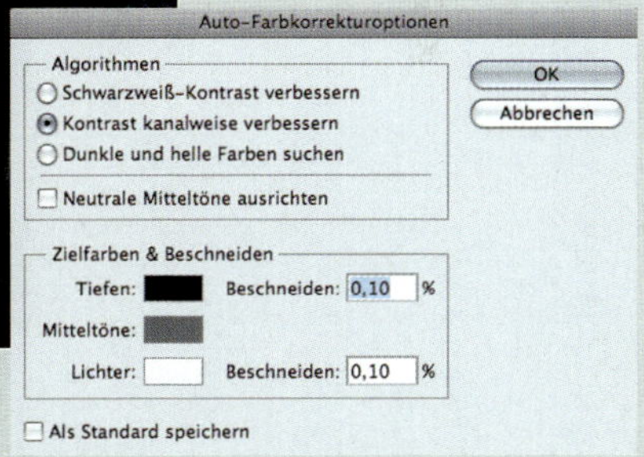

[2] Tonwertverteilung optimieren

Ups, diesmal wohl nicht. Woran liegt das, und was können wir ändern? Kontrollieren Sie bei solch offensichtlichen Fehlinterpretationen am besten die automatischen Voreinstellungen.

Klicken Sie mit gedrückter [Alt]-Taste einmal auf *Auto*. Es erscheint das Dialogfeld zu den Einstellungen der *Auto-Farbkorrekturoptionen*.

Probieren Sie die verbleibenden Varianten durch: Oft bekommen Sie schon ein besseres Ergebnis, wenn Sie die Option *Neutrale Mitteltöne ausrichten* aufheben.

Wenn Sie eine Variante finden konnten und diese als Standard für zukünftige Auto-Optimierungen nutzen wollen, aktivieren Sie ganz unten links das Kontrollkästchen *Als Standard speichern*.

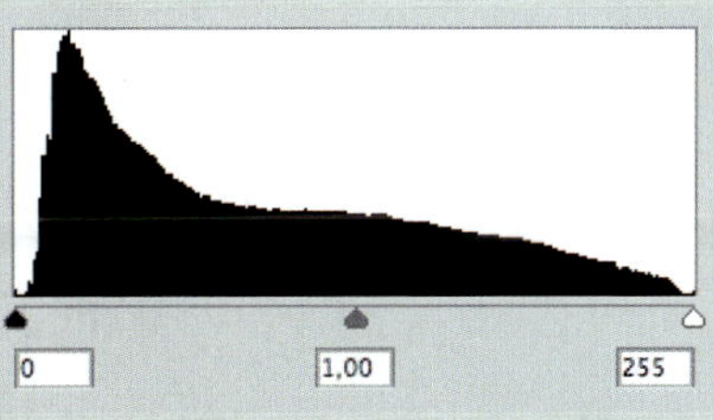

[3] 8 Bit vs 16 Bit

Stellen Sie sich auch die Frage, warum man mit einem Bildmodus von 16 Bit arbeiten soll, wenn der Monitor und die anschließende Druckausgabe doch sowieso nur mit 8 Bit umgehen können?

Nun, ein Argument finden Sie hier in der Tonwertverteilung: Während Sie bei 8-Bit-Dateien nach der Tonwertspreizung Gletscherspalten im Histogramm erkennen können, liegen bei einer 16-Bit-Datei ausreichend Informationen vor, um dieses Abreißen von Farbwerten zu vermeiden.

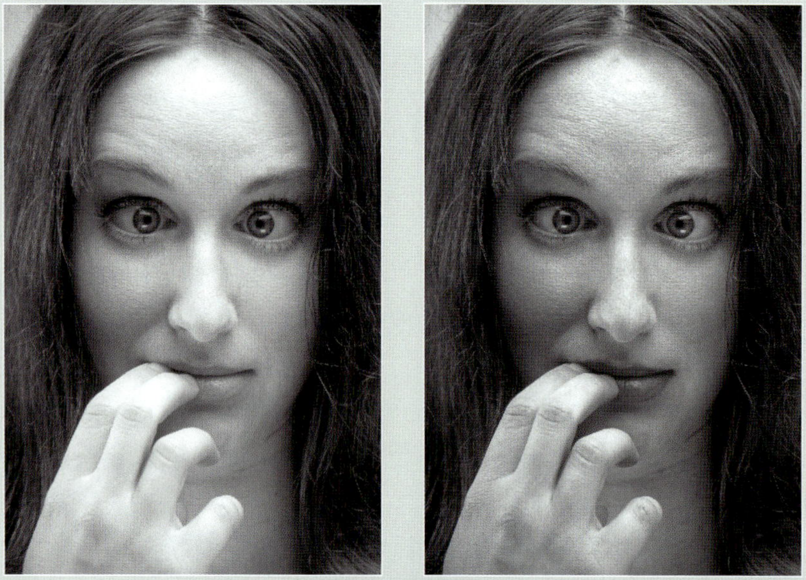

[4] Kanalstudie

Öffnen Sie nun das Bedienfeld *Kanäle*. Die drei Farbkanäle des Porträts (von links nach rechts Rot, Grün und Blau) weisen ganz unterschiedliche Kontraste und Tonwerte auf. Der Rotkanal zeigt die wenigsten Hautunreinheiten und wirkt besonders weich. Deshalb eignet sich dieser Kanal zur Hautglättung besonders gut. Die anderen Kanäle würden das Gegenteil bewirken.

Aktivieren Sie nur den Rotkanal. Kopieren Sie ihn in die Zwischenablage, indem Sie zunächst die gesamte Arbeitsfläche auswählen und dann den Inhalt der Auswahl in die Zwischenablage kopieren.

Aktivieren Sie wieder alle Kanäle mit einen Klick auf die RGB-Ebenen und wechseln Sie zurück auf das Bedienfeld *Ebenen*. Kopieren Sie den Inhalt aus der Zwischenablage in eine neue Ebene. So wird der Rotkanal als Graustufenbild eingefügt.

[5] Optimaler Teint

Ändern Sie die Füllmethode der Ebene von *Normal* auf *Luminanz*. Dadurch werden die Farben von dem ursprünglichen Bild verwendet, die Helligkeit stammt jetzt aber vom Rotkanal. Die Hautbereich wirken nun viel gleichmäßiger und glatter, aber in der Regel noch zu hell.

[6] Tonwertverteilung optimieren

Dunkeln Sie die Ebene mit der *Tonwertkorrektur* ab. Um diese Korrektur aber nur auf die unmittelbar darunterliegende Ebene zu beschränken, klicken Sie auf das Doppelkreissymbol am unteren Rand des Bedienfelds *Korrekturen*.

Stellen Sie die Regler so ein, dass die Hauttöne gut eingestellt sind, meistens muss der graue Regler in der Mitte recht weit nach rechts geschoben werden.

Wichtig ist, dass Sie mit dem unteren weißen Regler die hellen Bildbereiche clippen, damit verschwinden auch die Glanzlichter auf der Haut.

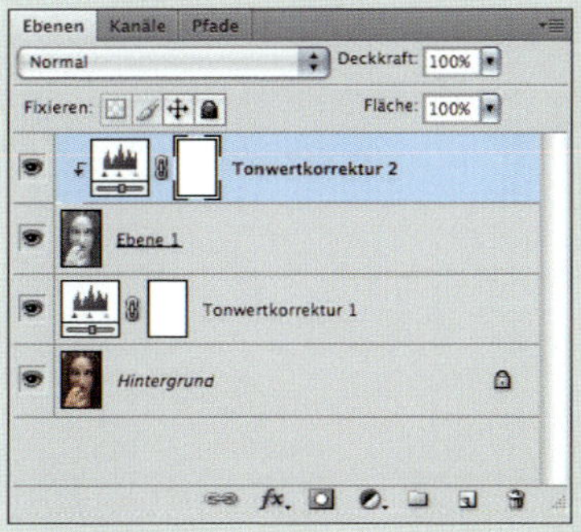

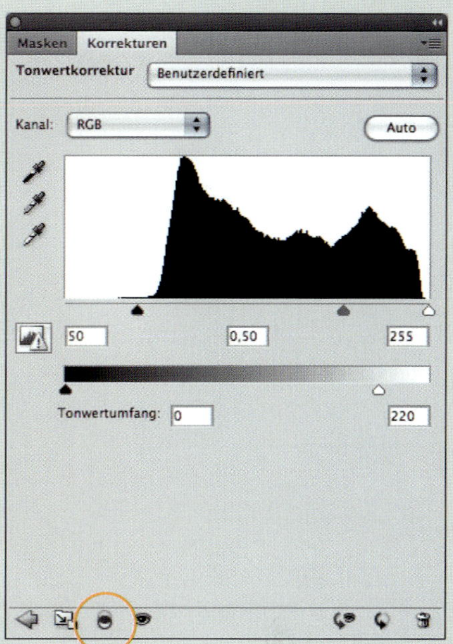

[7] Maskierung erstellen

Nur wo Haut zu sehen ist, soll der Effekt sich bemerkbar machen. Weisen Sie der Ebene eine Maske zu und übermalen Sie die Stellen mit *Schwarz*. Für den Randbereich verwenden Sie eine große, weiche Pinselspitze, damit keine harten Übergänge entstehen. Maskieren Sie auch die Bereiche der Augen, des Mundes und der Augenbrauen.

[8] Schneewittchen

Haut so weiß wie Schnee, Lippen so rot wie Blut und die Haare so schwarz wie Ebenholz – um diesen bleichen Hautlook zu erzeugen, erstellen Sie zuerst eine neue Einstellungsebene vom Typ *Kanalmixer* und aktivieren das Optionsfeld *Monochrom* im Bedienfeld *Korrekturen*. Die Standardeinstellwerte können vorerst beibehalten werden. Nur die *Deckkraft* der Einstellungsebene nehmen Sie so weit zurück, dass gerade noch etwas Farbe im Porträt erkennbar ist. Duplizieren Sie die Einstellungsebene noch zweimal. Die Füllmethode der mittleren *Kanalmixer*-Ebene stellen Sie auf *Negativ multiplizieren*. Den oberen *Kanalmixer* ändern Sie auf *Hartes Licht* oder *Weiches Licht*. Mit der *Deckkraft* der oberen Einstellungsebene steuern Sie den Kontrast im Bild, das Weiße im Gesicht mit der mittleren *Kanalmixer*-Ebene.

Steuern Sie mit den Farbreglern die Wirkung der Gesamthelligkeit. Die weichste Optik hat der Rotkanal – erinnern Sie sich? Experimentieren Sie mit den Kanalgewichtungen: Fahren Sie Rot mal auf *+200 %* hoch, Blau dafür auf *–200 %*. Mit Grün steuern Sie dann die Blässe.

[9] Lippenfarbe

Kümmern Sie sich jetzt um die Lippenfarbe. Gut zum Gothic-Look passen dunkle Töne. Wechseln Sie in den Maskierungsmodus ([Q]) und malen Sie die Lippen aus.

Um die Auswahl zu erhalten, wechseln Sie zurück in den Normalmodus ([Q]). Mit einer erneuten *Tonwertkorrektur* steuern Sie mit dem grauen Regler die Helligkeit.

Den Bereich der Lippen können Sie auch mit einem Pfad umgeben und über das Bedienfeld *Masken* als Auswahlbereich wählen, je nachdem, welche Arbeitsweise Sie bevorzugen.

[10] Maskenkontur optimieren

Unsauberkeiten bei der Auswahlerstellung machen sich hier jetzt böse bemerkbar. Arbeiten Sie die Maske gegebenenfalls nach. Vektormasken sind hier eindeutig im Vorteil. Für einen weicheren Übergang an der Auswahlkante ziehen Sie den Regler *Weiche Kante* im Bedienfeld *Masken* um ein paar Pixelwerte hoch.

[11] Augenbrauen nachdunkeln

Erstellen Sie eine neue Ebene und füllen Sie den Inhalt mit *50 % Grau* auf. Die Füllmethode der Ebene stellen Sie auf *Ineinanderkopieren*. So wird das Grau unsichtbar. Mit dem *Nachbelichter* können Sie jetzt die Augenbrauen nachdunkeln. Die Feinjustierung nehmen Sie mit der Ebenendeckkraft vor.

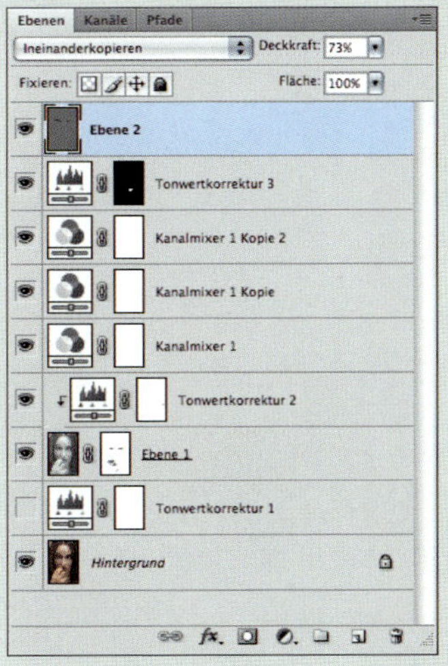

[12] Make-up-Bereiche auswählen

Für die Auswahlerstellung nutzen Sie wieder den Maskierungsmodus ([Q]). Für das nachträgliche Auftragen eines dunklen Augen-Make-ups können Sie die Einstellungsebene *Farbton/Sättigung* nutzen.

[13] Gothic-Look

Wählen Sie eine dunkle Nachtfarbe aus und nehmen Sie die *Sättigung* so weit heraus, dass nur noch ein Hauch von Farbe zu erkennen ist. Fahren Sie die Helligkeitswerte ebenfalls weit ins Dunkel.

Die Weichheit justieren Sie im Bedienfeld *Masken* mit *Weiche Kante*.

[14] Finishing

Zum Abschluss der Retuschearbeit färben Sie noch die Haare. Hierzu legen Sie eine neue Ebene an, legen die Füllmethode der Ebene mit *Weiches Licht* fest und tragen mit einem weichen, großen Pinsel *Schwarz* auf.
Einer der großen Vorteile, wenn alles auf einer eigenen Ebene angelegt wurde, ist, dass die Abstimmung der Effekte leicht mit der Ebenendeckkraft nachgeregelt werden kann.
Last, but not least – Ordnung schaffen im Bedienfeld *Ebenen*, damit man auch Wochen später noch weiß, was wo gemacht wurde.

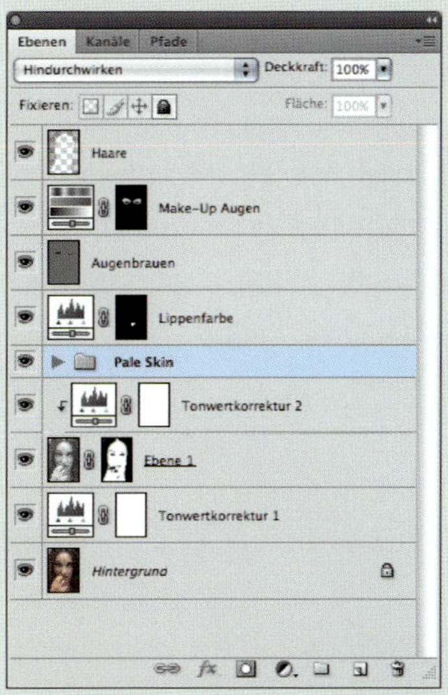

Highkey-Porträt

Nicht immer kann man den Zeitpunkt abwarten, bis der Wettergott einem gnädig gestimmt ist. Gerade in der professionellen Produktion ist man terminlich gebunden und muss auch mal bei trüben Wetterverhältnissen raus. Optimisten sehen es positiv: Bekommst du Zitronen, dann mach Limonade daraus – diffuser Himmel bedeutet: keine harten Schatten, und das Motiv ist immer weich ausgeleuchtet.

Vorher: *Der bedeckte Himmel gestaltet die Aufnahme zwar schattenfrei und arbeitet Feinheiten in den Bilddetails gut heraus, aber der graue Wetterschleier wirkt sich auch auf die Bildstimmung aus. (Foto: Stella Frerichs)*

Nachher: *Spezifisch für die Highkey-Technik ist eine verfremdete Darstellung durch Unterdrückung kleinster Bilddetails und Hautunreinheiten bei der dargestellten Person. Dadurch ergibt sich auch die besondere Eignung für die Werbe- und Modefotografie, weil hier häufig eine nivellierte (ausgeglichene) Darstellung von Personen als Typ erwünscht ist.*

[1] **Ebene duplizieren**

Nach der RAW-Bearbeitung importieren Sie Ihr Bild als Smart-Objekt in Photoshop CS4. Sie erhalten somit nicht wie gewohnt eine Hintergrundebene, sondern können die RAW-Bearbeitungen jederzeit wieder aufrufen.

Für die folgende Kontrasterhöhung duplizieren Sie die Ebene. Auch ein Smart-Objekt können Sie mit dem entsprechenden Befehl erstellen oder, ganz einfach, indem Sie die Ebene mit der Maus per Drag and Drop auf das Symbol *Neue Ebene erstellen* ziehen.

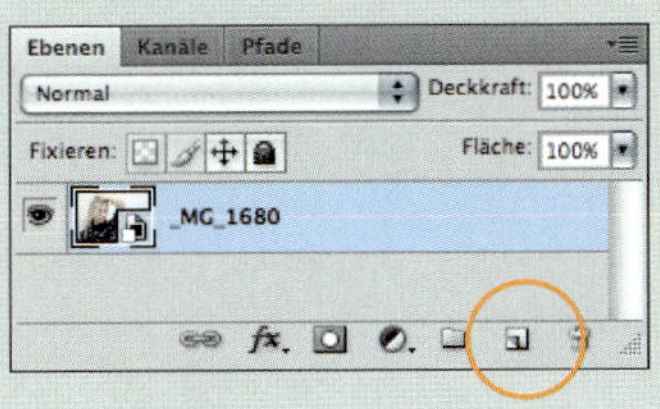

[2] **Überstrahlung**

Für eine weichgezeichnete Kontrastverstärkung benötigen Sie aus dem Menü *Filter* den Filter *Verzerrungsfilter/Weiches Licht*. Dieser Filter ist schon seit Jahren im Lieferumfang von Photoshop enthalten und bringt Ihnen gerade bei People-Aufnahmen interessante Ergebnisse.

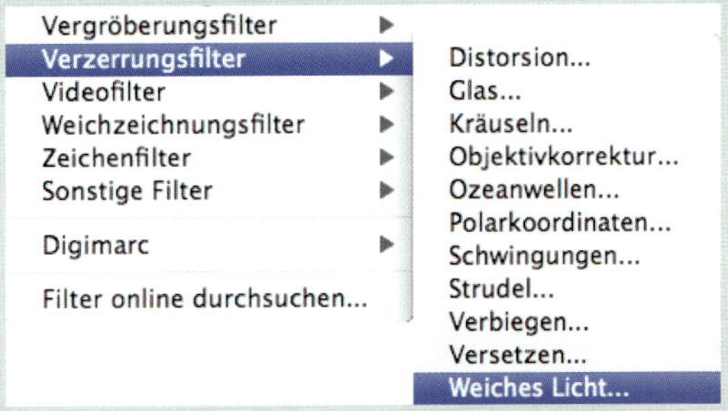

[3] **Weiches Licht**

Der Filter *Weiches Licht* sorgt für eine Überstrahlung, basierend auf der Hintergrundfarbe, die im Farbwähler der Werkzeugleiste angewählt ist. Für den Anfang sollten Sie als Hintergrundfarbe *Weiß* einstellen ([D]).

Die Körnung sprenkelt das Bild auf und liefert so nebenbei einen kleinen optischen Schärfeeindruck. Der Körnungswert liegt zwischen *3* und *6*. Mit den anderen beiden Reglern für *Lichtmenge* und *Kontrast* müssen Sie etwas experimentieren. Die wirkungsvollsten Werte sind vom Original abhängig. Versuchen Sie zuerst, die richtige Lichtmenge bei maximalem Kontrast zu finden, und fahren danach den Kontrast herunter.

[4] Es werde Licht

Damit Sie das ganze Bild beurteilen können, finden Sie in der unteren linken Ecke des Arbeitsfensters ein Eingabefeld, in dem Sie die Zoomeinstellungen individuell vornehmen können. Bestätigen Sie die Werte mit *OK*.

Das Ergebnis kann vielleicht erst richtig überzeugen, wenn Sie im oberen Bereich des Bedienfelds *Ebenen* festlegen, wie die Pixel der aktuellen Ebene mit den darunterliegenden Ebenen verrechnet werden sollen. Wer die Wahl hat, hat die Qual. Ihre Wahl wird wahrscheinlich auf *Weiches Licht* oder *Hartes Licht* fallen.

Durch die Verwendung einer Smart-Objekt-Ebene haben Sie hier den praktischen Vorteil, schnell zurück in das Dialogfeld zu wechseln, wenn Sie die Filtereinstellungen nochmals nachträglich verändern wollen.

[5] Selektive Weichheit

Favorit in der Kombination mit dem Filter ist die Ebenen-Füllmethode *Hartes Licht*. Reduziert man die Deckkraft um ein Drittel, erhält man einen angenehmen Weichzeichnungseffekt der Haut.

Unter Umständen sollten Teile des Motivs von der Filterwirkung ausgenommen werden. Ein Teil der Filterwirkung kann zurückgenommen werden, wenn Sie mit dem Pinsel und der Vordergrundfarbe *Schwarz* jene Bereiche ausmalen. Dazu klicken Sie das *Smartfilter*-Maskensymbol im Bedienfeld *Ebenen* an. Durch die ausgemalten Bereiche scheint hier der Hintergrund wieder durch.

[6] Highkey

Um dem Ganzen noch mehr Helligkeit zu geben, erstellen Sie eine Einstellungsebene *Gradationskurven*, ohne die Werte zu verändern. Nur die Füllmethode stellen Sie auf *Weiches Licht* um. Spätestens jetzt ist der Bildkontrast so hoch, dass die Tiefen im Bild keine Zeichnung mehr aufweisen dürften.

[7] Schattenmodulation retten

Ein Doppelklick auf die Kurvenebene öffnet das Dialogfeld *Ebenenstile*. Mit den Reglern bei *Farbbereich* machen Sie Helligkeitsbereiche (weißer Regler) oder die Tonwerte in den Tiefen (schwarzer Regler) der Ebene unsichtbar.

Ziehen Sie für diese Ebene den *Tiefen*-Regler nach rechts. Die Tonwerte links vom Regler sind unsichtbar, rechts sind sie sichtbar. Die Kante ist im Bild deutlich sichtbar. Um einen weichen Übergangsbereich zu definieren, können Sie die Regler splitten. Dabei halten Sie die [Alt]-Taste gedrückt und teilen den Regler.

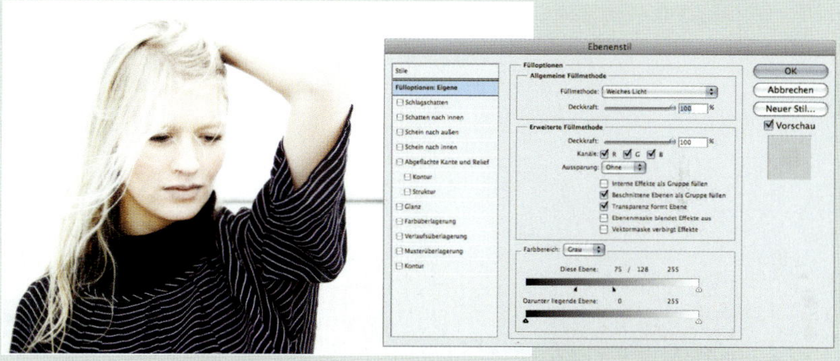

[8] Selektive Farbkorrektur

Die Farbsättigung in den Schattenbereichen der Haut – ein deutlichen Farbstich nach Gelb – macht sich hier besonders am Hals unschön bemerkbar.

Im Dialogfeld *Farbton/Sättigung* ist eine geniale neue Schaltfläche zu finden. Aktiviert, hilft sie Ihnen, Farben direkt im Bild zu selektieren und zu verändern. Platzieren Sie Ihren Mauszeiger im Bild, wird durch Ziehen die Sättigung angepasst.

Tipp: Mit zusätzlich gedrückter [cmd]- (Mac) oder [Strg]-Taste (PC) können Sie auch den Farbton direkt verändern.

Natürlich wirken sich die Korrekturen auf das gesamte Bild aus, leider auch auf Bildbereiche, die eine Farbsättigung vertragen könnten. Diese Bereiche schützen Sie, indem Sie sie mit Schwarz übermalen.

[9] Smart-Objekt-Funktion

Durch die Einbindung von Smart-Objekten aus dem RAW-Konverter heraus haben Sie sich alle Möglichkeiten für eine nachträgliche Anpassung offen gehalten. Durch einen Doppelklick auf das Symbol gelangen Sie jederzeit in den Camera Raw-Konverter-Dialog zurück.

[10] Anpassungen übertragen

Durch die anfänglich normale Ebenenduplizierung haben Sie kein eigenständiges Smart-Objekt erstellt, sondern nur eine weitere Kopie geklont. Eine Veränderung des eingebundenen Originals – egal aus welcher Ebene heraus geöffnet – wirkt sich damit auf alle Klone aus: eine bequeme Möglichkeit, Veränderungen am Original nachträglich mit globalen Auswirkung auf das Endresultat vorzunehmen.

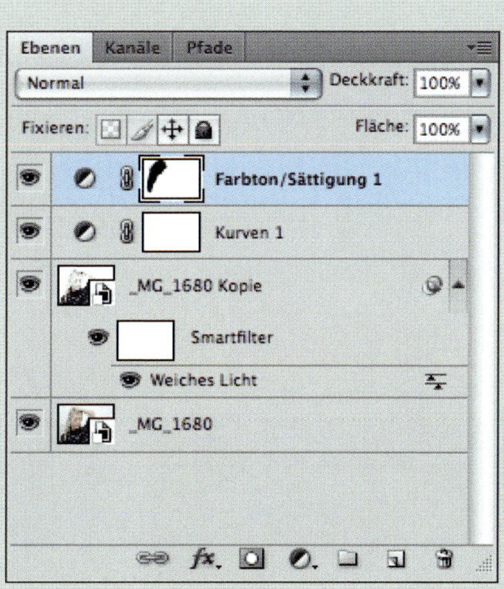

Rote Augen und andere Blitzprobleme

Ein Standardproblem bei geblitzten Schnappschüssen sind die berühmt-berüchtigten roten Augen, die durch Lichtreflexion bei geöffneter Iris entstehen.
Hier zeigen wir am Adobe Camera Raw-Workflow, wie Sie rote Augen wieder neutralisieren und weitere Frontalblitzeigenheiten retuschieren.

Vorher: *Überstrahlte Lichter im Vordergrund, abgesoffene Tiefen im Hintergrund und rote Augen. Besonders die eingebauten Blitze von Kompaktkameras liefern Aufnahmen wie diese. Da hilft nur noch Photoshop.*

Nachher: *Schon im RAW-Konverter findet sich eine einfache und perfekte Möglichkeit, die roten Augen im Bild zu korrigieren. Optimieren können Sie dieses nur noch, wenn der Rote-Augen-Effekt schon während der Aufnahme verhindert werden kann – entweder durch Aktivieren eines Vorblitzes oder durch die Vergrößerung des Blitz-Auge-Objektivwinkels.*

[1] Bildkomposition finden

Kinder sind so schnell, dass fast jede Automatik der kleinen Kompaktkameras überfordert ist. Mit Ausschnitts- und Schärfetiefekomposition ist da nicht viel. Also wird schnell aus der Hüfte geschossen und dann in Adobe Camera Raw nachgearbeitet. Zu Beginn sollte erst einmal in aller Ruhe der richtige Ausschnitt nachträglich komponiert werden.

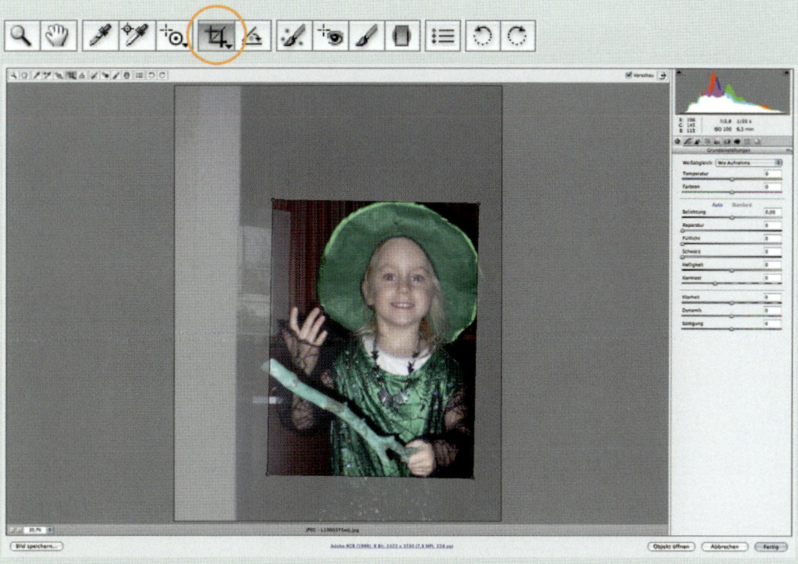

[2] Weißpunkt

Versuchen Sie, die richtige Farbtemperatur zu bestimmen. Nutzen Sie die *Auto*-Presetfunktion – oft eine gute Variante, zumindest aber eine gute Ausgangsbasis für eigene Abstimmungen.

[3] Belichtung

Auch bei der Belichtungseinstellung kann man mit der *Auto*-Funktion nicht ganz danebenliegen.

Tipp: Einzelne Einstellungen lassen sich manuell mit einem Doppelklick auf den Regler neutral zurückstellen, und mit gedrückter [Umschalt]-Taste und Doppelklick wird wieder der automatische Einstellwert angefahren.

[4] **Manuelle Feinbelichtung**

Durch das frontale Anblitzen sehen die Gesichter leider blass und konturlos aus. So dürfen Sie hier meistens den *Kontrast* und das *Schwarz* etwas erhöhen sowie die *Helligkeit* abstimmen. Das Gesicht soll wieder etwas Modulation zurückbekommen. Aber hier sollten Sie noch nicht übertreiben, der Rest kommt mit der Farbe und später mit *Klarheit*.

[5] **Die Welt in Farben**

Wehe, ein Kind sieht auf Fotos zu blass aus. „Was hattes? Isses krank?" Deshalb sollte mit dem Bedienfeld *Farbe* erst mal der Teint aufgefrischt werden. Nur hier finden Sie auch den Regler für gesunde Gesichtshaut: *Orange*. Schieben Sie ihn weit in den Plusbereich hinein. Und hitzige Kindergesichter haben rote Bäckchen – also auch die Werte für Rot, Gelb und eventuell Magenta positiv anpassen.

Jetzt leuchten auch die roten Augen recht schön, aber nicht mehr lange.

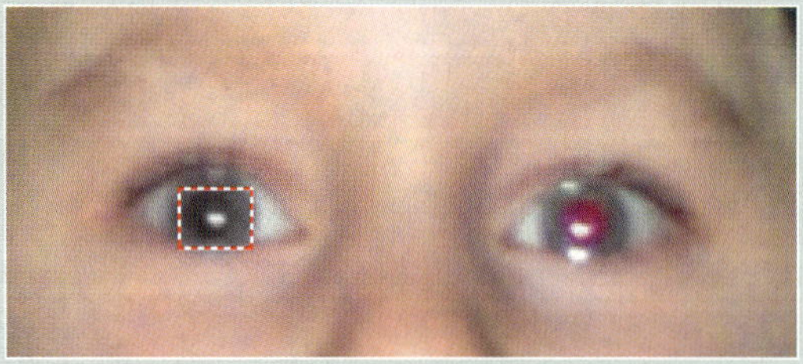

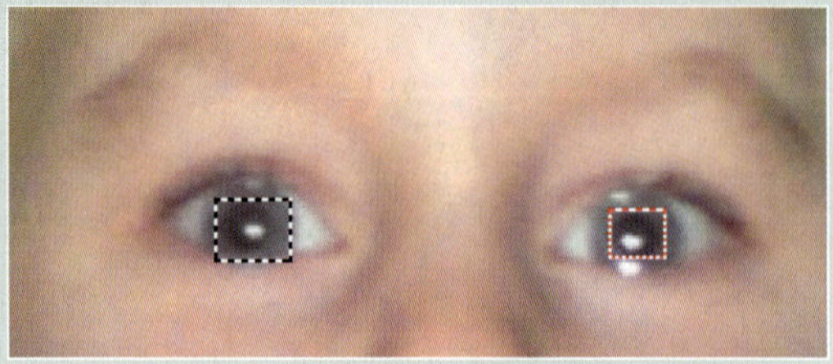

[6] **Rote Augen korrigieren**

Endlich weg mit den roten Augen. Doch zuvor zoomen Sie sich an den Operationsbereich heran, mindestens mit einer Zoomstufe von *100 %*, besser aber *200 %*. Wählen Sie aus der Werkzeugleiste das *Rote-Augen-Werkzeug* und ziehen Sie mit gedrückter Maustaste einen Rahmen um eines der roten Augen.

Camera Raw scannt den Bereich nach Rot ab, passt das aufgezogene Kästchen dem Bereich an und korrigiert das Rot nach Dunkelgrau.

Wenn Sie sich nah ans Motiv herangezoomt haben, können Sie vielleicht erkennen, dass der Randbereich eventuell doch noch rotstichige Pixel hat. Passen Sie dann die Rechteckform manuell an. Anschließend führen Sie die gleiche Prozedur für das andere Auge durch.

[7] **Augen abdunkeln**
Der rote Farbton wurde nun durch einen dunkelgrauen ersetzt. Aber wie dunkel die Augen sein dürfen, sollten Sie mit dem unteren Regler bestimmen. Etwas dunkler darf es schon sein.

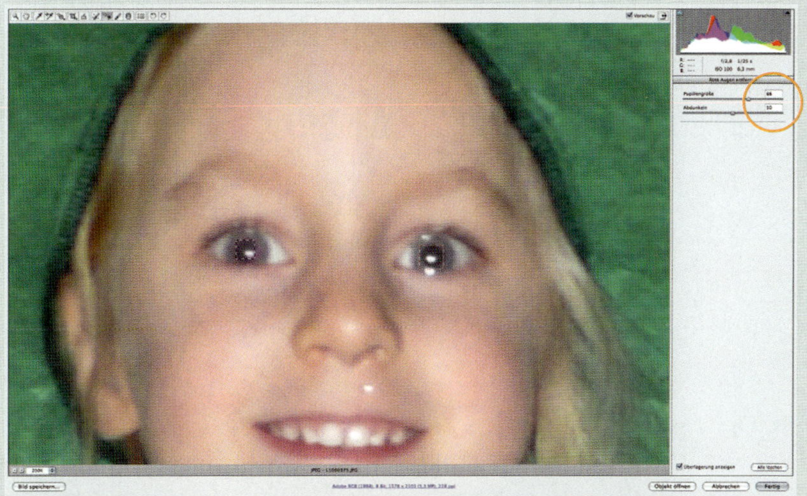

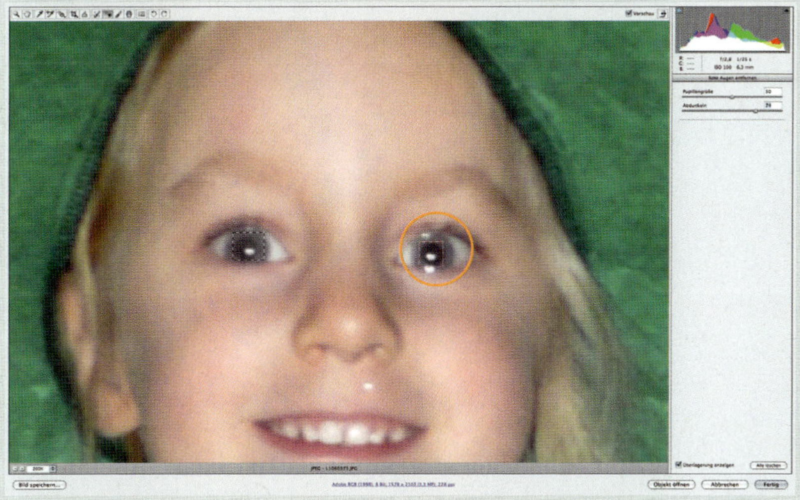

[8] **Flecken überpixeln**
Sind ein paar kleine Lichtreflexe oder Flecken zu viel im Bild, entfernen Sie sie jetzt mit dem *Bereichsreparatur-Pinsel-Werkzeug* gleich mit. Wählen Sie den „gesunden" Aufnahmebereich mit Bedacht aus.

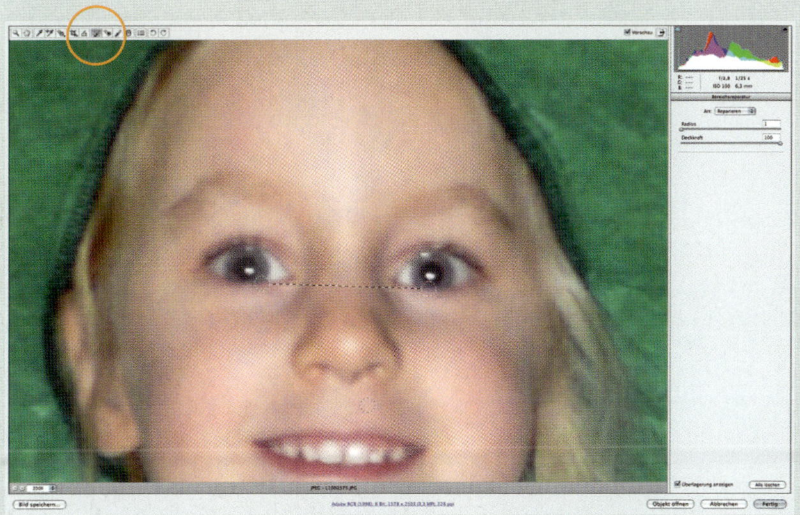

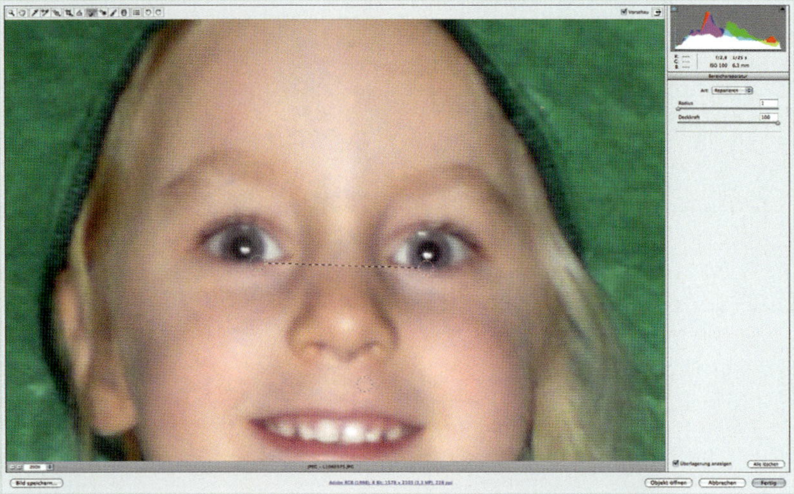

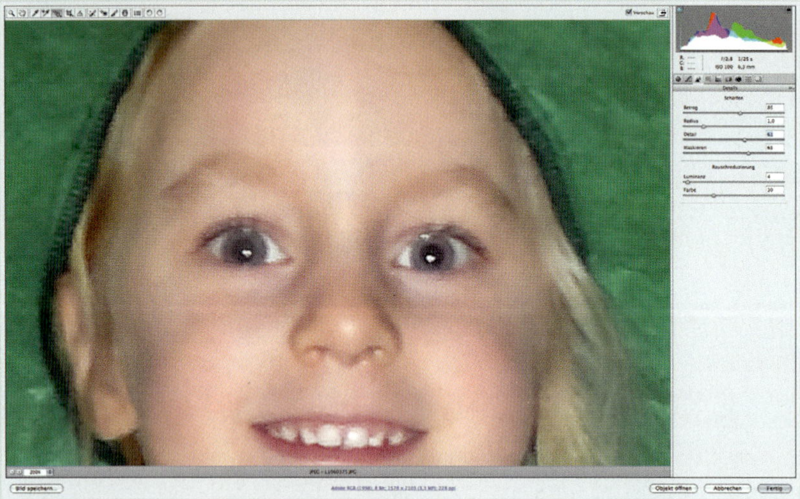

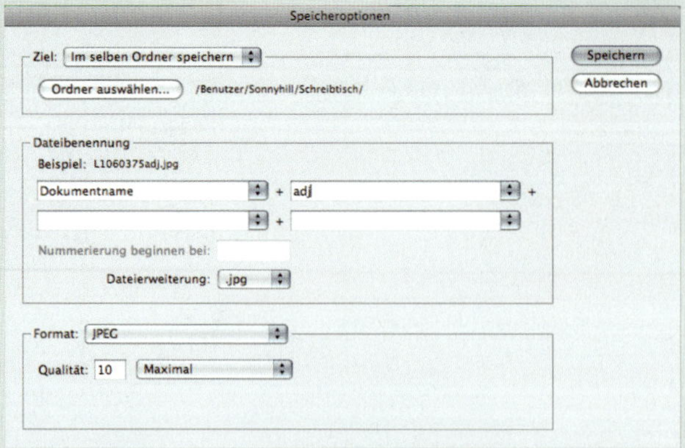

[9] Rauschen glätten

Als Nächstes wenden Sie sich dem Bedienfeld mit dem spitzen Dreieck zu. Hier wird das sicherlich vorhandene Farbrauschen mit einem Wert im unteren Drittel abgeschwächt.

[10] Nachschärfen

Ist Ihnen bei unserem Bildbeispiel auch schon die fehlende Schärfe aufgefallen? Man könnte es künstlerisch als kreative Bewegungsunschärfe abtun, auf das lebhafte Kind verweisen oder, technisch gesehen, auf die zu langsame Kameratechnik.

Ein Appell an die Kameraindustrie: Hier besteht dringender Handlungsbedarf, macht die Kameras endlich schneller. Bis dahin dürfen Sie jedoch noch mit den Scharfzeichnungsreglern zaubern: Bemühen Sie die Regler *Betrag* und *Detail* extrem und behalten Sie die weiche Haut mit einer *Maskierung* bei. So hat Unschärfe doch auch etwas Gutes.

Tipp: Falls Sie keine Änderungen erkennen, liegt es vielleicht daran, dass Sie nicht auf mindestens *100 %* heranzoomt sind.

[11] Speichern

Die fertige Datei können Sie gleich als eigenständige neue Datei absichern (unten links). Dabei werden die ACR-Einstellwerte integriert. Die Originaldatei bleibt im RAW-Konverter geöffnet und kann mit *Fertig* geschlossen werden (unten rechts). Hierbei werden die ACR-Einstellwerte als XMP-Datei mitgespeichert.

Glatte Haut per Weichzeichner

Haben Sie sich auch schon gefragt, wovon sich die Supermodels ernähren, weil man niemals auch nur den Hauch eines Pickels erkennt? Mit der digitalen Bildbearbeitung sind Pickel ein kleines Übel. Diese perfekt glatte Haut allerdings ist schon ein besser gehütetes Geheimnis – gewesen.

Vorher: *An unser Ausgangsbild hat kein Make-up-Artist Hand angelegt, und so sind viele Kleinigkeiten in der Nachbearbeitung am PC zu korrigieren. Die größte Herausforderung aber ist, die Haut glatt und gleichmäßig aussehen zu lassen, ohne die Hautstruktur zu verlieren.*

Nachher: *Richtig eingesetzt, sorgen die Weichzeichnungsfunktionen von Photoshop für eine glatte, gleichmäßige Hautstruktur.*

[1] Bildmotiv verdoppeln

Damit Ihnen alle Einflussmöglichkeiten offenstehen, sollten Sie zuerst die Hintergrundebene duplizieren.

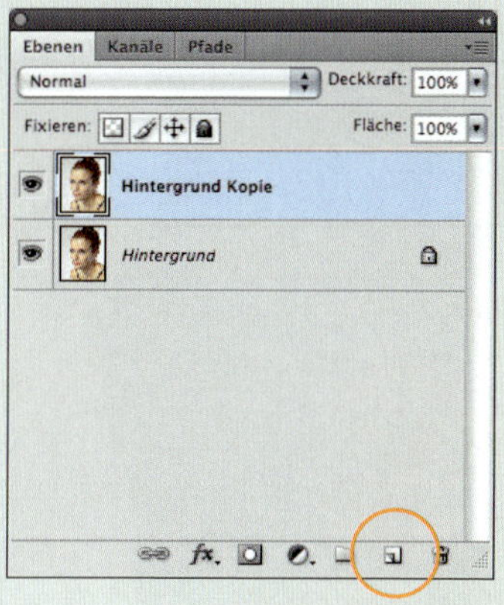

[2] Weichzeichnung – die Erste

Das Weichzeichnen ist eine grundsätzliche Technik in der Porträtretusche. Wählen Sie aus dem Menü *Filter/Weichzeichnungsfilter* den *Gaußschen Weichzeichner.*
Arbeiten Sie mit einem starken *Radius* von *40 Pixeln* – ob ein bisschen mehr oder weniger, darauf kommt es bei diesem Wert nicht an.

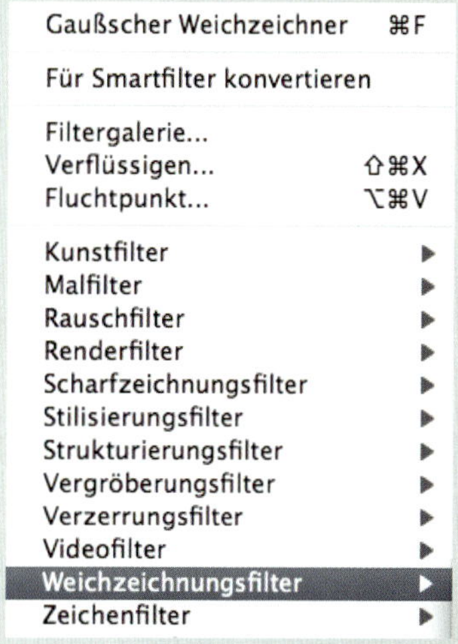

[3] Ebene verrechnen

Um von dieser Weichzeichnung nur die dunklen Werte abzusoften, wählen Sie für die Ebene als Füllmethode *Abdunkeln* mit einer *Deckkraft* von *40 %.*

Harte Kontraste abtonen

Das Schwarz-Weiß-Bild eignet sich mit seiner Fähigkeit, Formen, Linien und Tonwerte zur Geltung zu bringen, besonders für die Beauty- und Aktfotografie. Durch wirkungsvoll inszenierte Grauwerte erhält das Motiv eine künstlerische Intensivierung.

Das Denken in Helligkeitsnuancen mit ihrer ausdrucksstarken Umsetzung in grafisches Schwarz-Weiß stellt jedoch andere Anforderungen an den Fotografen als die Farbfotografie. Ein Motiv, dessen Farben nicht zusammenpassen oder stören, kann in Schwarz-Weiß oft ein stimmungsvolles Bild ergeben. Dagegen kann ein wirkungsvolles Farbfoto umgewandelt langweilig wirken, wenn sich die Tonwerte zu wenig unterscheiden. Schwarz-Weiß ist somit ein großes und aufregendes Experimentierfeld für jeden ambitionierten Digitalfotografen und Bildbearbeiter.

Vorher: *Der Choreograf und Tänzer Newton Moraes möchte mit seiner darstellenden Kunst der Bewegung seine Lebenserfahrungen zum Ausdruck bringen. Für das ausdrucksstarke Spiel mit den Körpern wurde für die Bühnenperformance ein harter Beleuchtungskontrast gewählt. In der Nachbearbeitung sollte – wie bei einer normalen Porträtretusche auch – die Haut verbessert und abgesoftet werden, ohne dabei in den „David-Hamilton-Look" aus den Siebzigern zu verfallen oder die feinen Strukturen in den dunklen Bildbereichen zu verlieren.*

Nachher: *Die Hauttöne sind weichgezeichnet worden, und die Lichter erstrahlen abgesoftet mit einem abgeschwächten Lichthofeffekt. Die Tiefendetails dagegen sind in der Originalschärfe belassen worden und geben der Aufnahme den kraftvollen Ausdruck. Ein Workshop über „eingeschränkte Weichzeichnung", der sich hervorragend auf alle maskulinen Porträts übertragen lässt.*

[1] **Weichzeichnen**
In diesem Bearbeitungsbeispiel wird später eine weichgezeichnete Kopie mit der Hintergrundebene verrechnet werden. Erstellen Sie als Erstes ein Duplikat von der Hintergrundebene.
Aus dem Menü *Filter/Weichzeichnungsfilter* wählen Sie den *Gaußschen Weichzeichner*. Benutzen Sie eine moderate Weichzeichnung mit einem *Radius* von ca. *6 Pixeln* und bestätigen Sie mit *OK*. Stellen Sie die Füllmethode der Ebene auf *Aufhellen* und verringern Sie die *Deckkraft* zunächst um ein Drittel.

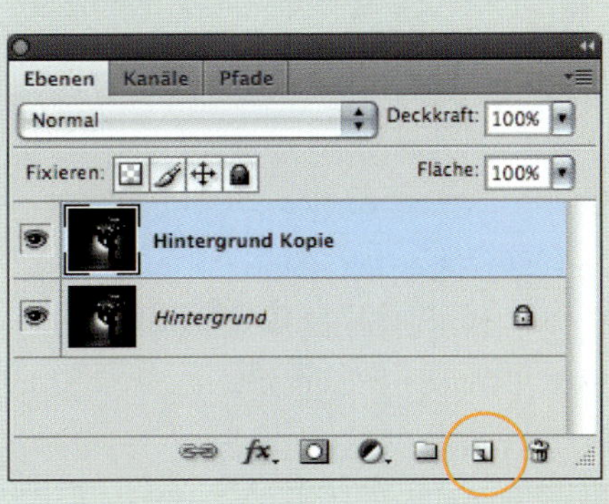

[2] **Weichzeichnung verfeinern**
Kopieren Sie die bereits verfremdete Kopieebene, wie bereits in Schritt 1 beschrieben. Auch diese neue Ebenenkopie wird für eine weitere Weichzeichnung genutzt. Wählen Sie erneut den *Gaußschen Weichzeichner* und stellen Sie diesmal einen stärken *Radius* von ca. *16 Pixeln* ein.

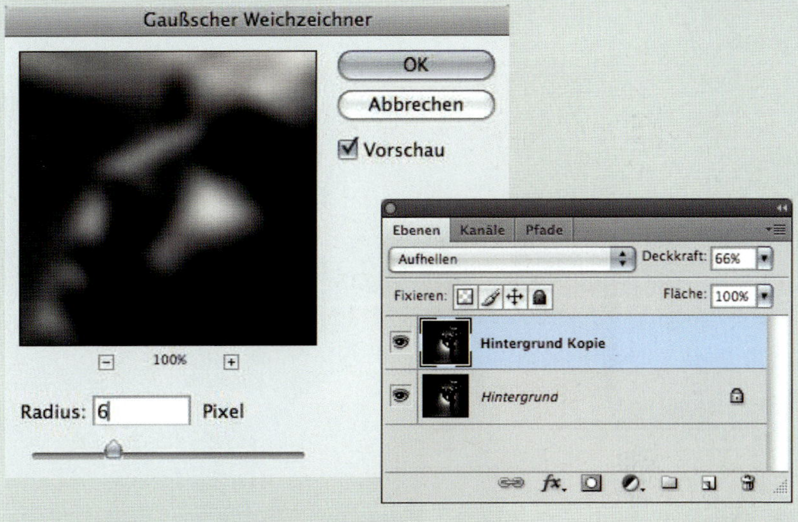

[3] **Sanftes Weichstrahlen der Lichter**
Verändern Sie die Füllmethode der Ebene auf *Negativ multiplizieren* und verringern Sie die *Deckkraft* auf ein Drittel. Diese zweite Weichzeichnung verstärkt den Effekt der Lichthöfe der Lichter und verleiht dem Bild eine sanfte Lichtstimmung.

[4] **Bildtiefen rekonstruieren**

Damit das Bild nicht zu sehr ins Kitschige abrutscht, soll die Schärfe für die Bildtiefen und Details wiederhergestellt werden. Kopieren Sie die Originalebene, nicht die weichgezeichnete Hintergrundebene, und schieben Sie sie innerhalb des Ebenenstapels ganz nach oben.

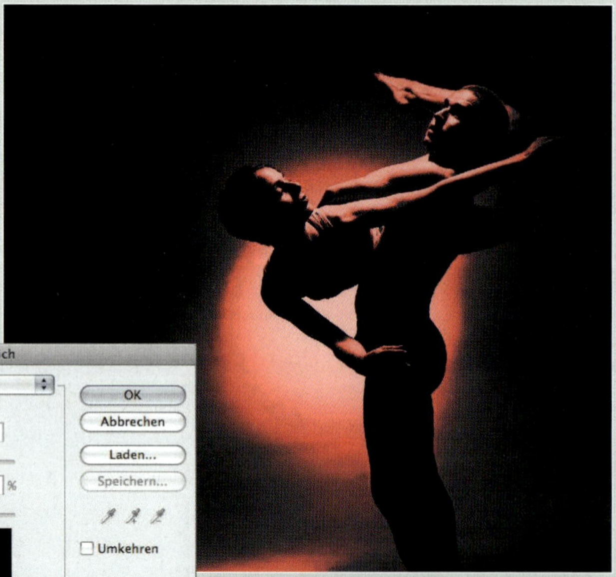

[5] **Farbwähler**

Auch bei einen Schwarz-Weiß-Bild kann der Farbwähler zur Auswahlerstellung hilfreich sein. Öffnen Sie das Dialogfeld unter *Auswahl/Farbbereich* und wählen Sie im Listenfeld *Auswahl* die Option *Tiefen* aus.

Den Auswahlbereich anpassen oder ergänzen können Sie leider nicht. Welche Bereiche ausgewählt wurden, können Sie sich unter der *Auswahlvorschau* mit verschiedenen Modi ansehen. Mit *OK* gelangen Sie zur Auswahl.

[6] Ebene maskieren

Mit der aktiven Auswahl klicken Sie auf das Symbol *Ebenenmaske hinzufügen*. Die Auswahl umfasst die dunklen Bildbereiche, und so werden die Lichter im Bild maskiert – in der Maske mit Schwarz dargestellt. Die Originalschärfe ist in den Tiefen wieder vorhanden.

Die Maskenkante wird sich sicherlich mit einem zu harten Übergang im Bild bemerkbar machen. Zeichnen Sie die Maskenkante mit einem kleinen *Radius* von *2* bis *3 Pixeln* im Bedienfeld *Masken* weich. Um dem gesamten Bild ein bisschen Weichzeichnung zurückzugeben, verringern Sie die *Deckkraft* der Ebene auf *80 %*.

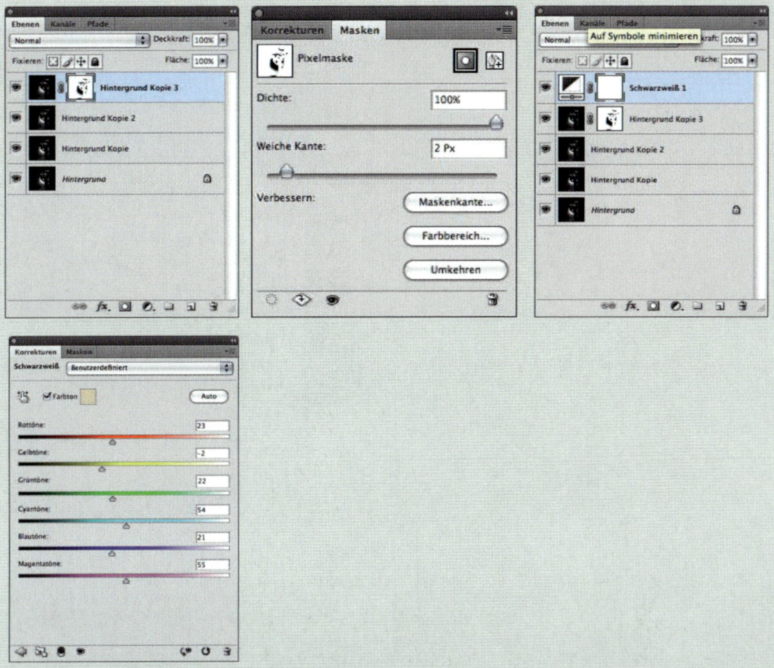

[7] Tonung hinzufügen

Mit einer Korrekturebene *Schwarzweiß 1* können Sie im oberen Bereich den *Farbton*-Befehl aktivieren. Um diese Einstellungsebene aktivieren zu können, dürfen Sie sich nicht im Graustufenmodus befinden.

Mit Anklicken des Farbfelds öffnen Sie das Dialogfeld *Zielfarbe wählen*. Lassen Sie den Tonungseffekt nicht zu kitschig aussehen und wählen Sie eher einen gedämpften Farbton aus. Weniger ist mehr.

9 HDR UND PANORAMA

9

HDR und Panorama

Mit der HDR-Technik verwandeln Sie jede Naturaufnahme in ein Highlight Ihrer Fotosammlung.

9 HDR und Panorama

HDR-Bilder (High Dynamic Range) verwenden den Photoshop-32-Bit-Modus und können dadurch den gesamten sichtbaren Bereich eines Bildes umfassen. Das menschliche Auge kann sich zwar an verschiedene Helligkeiten der Umgebung anpassen, den gesamten Helligkeitsumfang jedoch nicht auf einmal erfassen. Auch eine normale fotografische Aufnahme enthält immer nur einen Teil des sichtbaren Bereichs. Zu große Helligkeitsunterschiede – Kontraste – werden nicht mehr aufgezeichnet. Damit ein HDR-Bild entsprechend unseren Vorstellungen sichtbar gemacht werden kann, wird zur Bildausgabe eine Beschneidung der darin enthaltenen Informationen vorgenommen.

■ Um mit einer normalen DSLR-Kamera ein HDR-Bild zu erstellen, fotografieren Sie mehrere Teilaufnahmen desselben Motivs mit unterschiedlichen Belichtungseinstellungen. Dazu benötigen Sie ein Stativ, und das fotografierte Objekt darf sich nicht bewegen. Die Teilaufnahmen sollten die hellsten und die dunkelsten Stellen mit allen darin enthaltenen Informationen – Durchzeichnung der Details – enthalten. Diese Teilbilder werden dann zu einem Gesamtbild – dem HDR-Bild – im 32-Bit-Modus montiert. Sie erstellen dadurch eine Art digitales Negativ, das je nach Ausarbeitung bzw. Wiedergabe sehr unterschiedlich ausfallen kann. Die besten Ergebnisse erzielen Sie in der Regel durch drei bis fünf Teilaufnahmen mit einem Helligkeitsunterschied von jeweils zwei Lichtwerten. Ein LW (Lichtwert) entspricht jeweils einer Zeitstufe von z. B. 1/60 auf 1/125 Sekunde. Zur optischen Darstellung auf dem Bildschirm oder im Druck müssen diese Bilder wieder in den 16- oder in den 8-Bit-Modus zurückgerechnet werden. Dabei ist durch die Steuerung der Belichtung das Bild individuell anpassbar.

Ablauf einer HDR-Bearbeitung

Dieses Beispiel zeigt die Erstellung einer HDR-Datei aus drei unterschiedlich belichteten Aufnahmen. Wählen Sie hierzu aus dem Menü *Datei* die Funktion *Automatisieren/Zu HDR zusammenfügen*. Als Vorlagen wählen Sie unbearbeitete RAW-Dateien im 16-Bit-Format, um einen möglichst hohen Dynamikumfang zu erzielen.

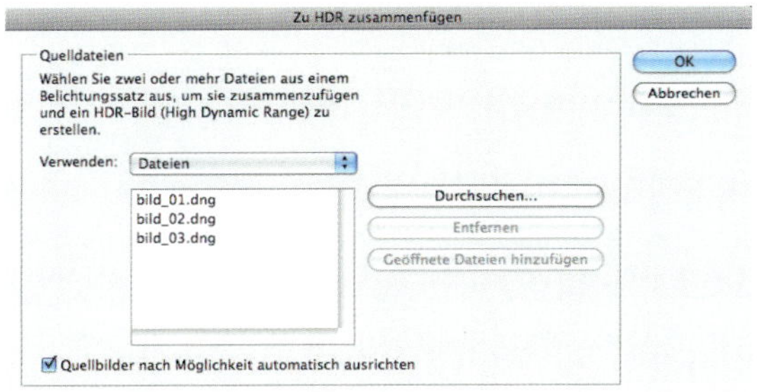

Mit der Option *Quellbilder nach Möglichkeit automatisch ausrichten* versucht das Programm, eventuelle Unterschiede (z. B. Kameraverwacklungen) bei der Aufnahme auszugleichen. Dadurch erhöht sich jedoch der Rechenaufwand des mit dieser Arbeit ohnehin reichlich belasteten Computers erheblich. Je nach Vorlagengröße und Anzahl der Teilbilder kann es zu längeren Wartezeiten kommen. Schlimmstenfalls erfolgt der Abbruch mit der Meldung, dass der vorhandene Speicher nicht ausreicht, um die Verarbeitung abzuschließen.

Hat Ihr Rechner es geschafft, erhalten Sie eine Vorschau, in der an der linken Seite die verwendeten Teilbilder zu sehen sind. Durch Deaktivierung des Häkchens an einzelnen Bildern erfolgt eine Neuberechnung des gesamten Dynamikumfangs. Die Bit-Tiefe ist zwischen 32, 16 und 8 Bit wählbar. Um das Bild jedoch richtig nutzen zu können, sollten Sie die 32 Bit beibehalten.

Unterhalb des Histogramms lässt sich mit einem Regler die *Weißpunktvorschau* festlegen. Zudem lässt sich eine einmal erstellte Reaktionskurve speichern und zur Anwendung wieder laden. Bestätigen Sie Ihre Arbeit mit *OK* und speichern Sie die Datei nach der nun erfolgenden Berechnung. Dabei haben Sie die Wahl zwischen verschiedenen Formaten. Wollen Sie die Originaldatei unverändert behalten, wählen Sie das Format *Radiance* (*.hdr*).

HDR-Anzeige anpassen

Da der dynamische Bereich eines solchen Bildes die Anzeigemöglichkeiten in Photoshop übersteigt, können Sie die Ansicht an Ihren Bildschirm anzupassen. Diese Vorschaueinstellungen werden in der Bilddatei gespeichert und beim nächsten Aufruf über *Ansicht/32-Bit-Vorschauoptionen* angewendet. Die HDR-Bilddaten bleiben jedoch unverändert. Mit der Einstellung *Methode: Belichtung und Gamma* passen Sie Helligkeit und Kontrast an. *Lichterkomprimierung* komprimiert die Lichterwerte, damit sie im Luminanzbereich von 8- oder von 16-Bit-Bildern liegen. Dabei gibt es keine manuelle Anpassungsmöglichkeit.

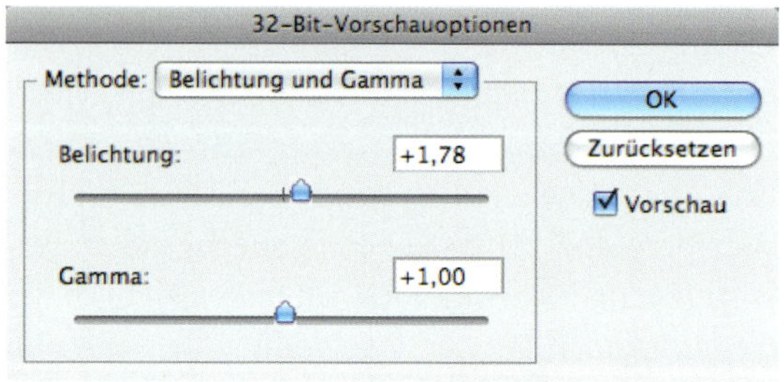

Bildanpassung zur Ausgabe

Ihr neues Bild dient nun als Vorlage, um unterschiedliche Belichtungen zu erzeugen und diese, gespeichert in 8 oder 16 Bit, weiterzuverwenden. Als ein Werkzeug zur Anpassung wählen Sie im Menü *Bild/Korrekturen/Belichtung*. Diese Funktion wurde speziell für 32-Bit-Bilder entwickelt, kann aber auch mit 8 oder 16 Bit verwendet werden.

Der Regler *Belichtung* passt die Lichter der Tonwertskala an und behält extreme Tiefen so weit wie möglich bei. Mit dem Regler *Versatz* dunkeln Sie Tiefen und Mitteltöne ab und behalten die Lichter so weit wie möglich bei. Mit dem Regler *Gammakorrektur* regeln Sie den Kontrast.

Die Pipetten helfen bei der Anpassung der Luminanzwerte. *Schwarzpunkt durch Aufnehmen im Bild setzen* (linke Pipette) bewirkt, dass der angeklickte Helligkeitswert auf null gesetzt wird. *Weißpunkt durch Aufnehmen im Bild setzen* (rechte Pipette) legt den angeklickten Bereich als Weiß fest. *Mitteltöne durch Aufnehmen im Bild setzen* (mittlere Pipette) legt den angeklickten Bereich auf ein mittleres Grau fest.

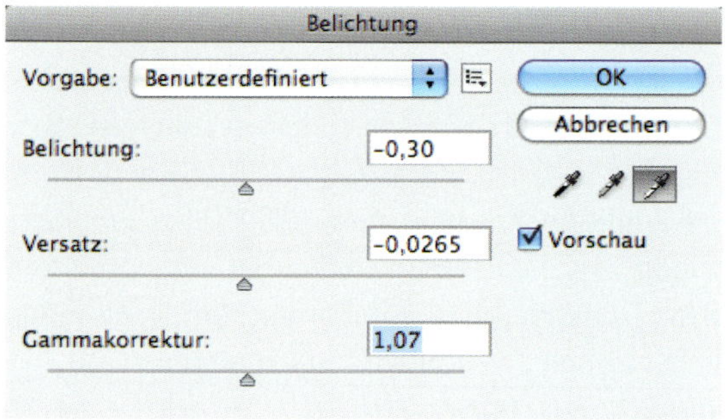

Einige wenige weitere Werkzeuge und Filter sind auch auf das 32-Bit-Format anwendbar. Um jedoch alle Möglichkeiten der Bildbearbeitung zu nutzen, müssen Sie das Bild wieder in 16- bzw. 8-Bit-Datentiefe konvertieren. Speichern Sie jeweils Kopien der angepassten Einstellungen, um das Original unverändert beizubehalten.

HDR-Konvertierung

Bei der Datenkonvertierung über das Menü *Bild/Modus/8-Bit-Kanal* bzw. *16-Bit-Kanal* erscheint zur Anpassung das Dialogfeld *HDR-Konvertierung*, in dem Sie unter verschiedenen Methoden wählen können. Als zusätzliche Option können Sie die Toning-Kurve und das Histogramm einblenden.

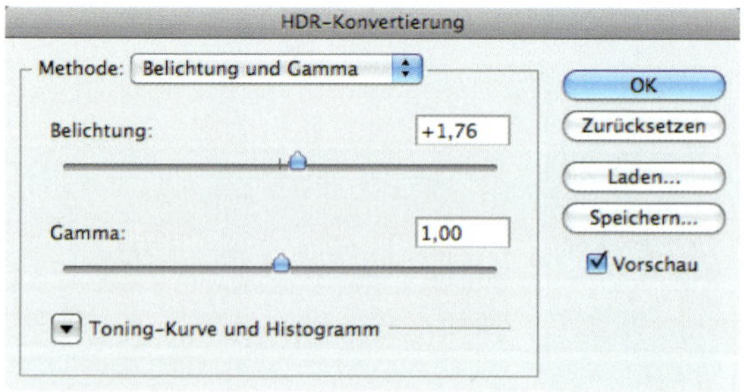

Die *Methode: Belichtung und Gamma* sorgt für die manuelle Anpassungsmöglichkeit von Helligkeit und Kontrast. *Lichterkomprimierung* komprimiert die Lichterwerte, hier ist keine weitere Einstellung möglich. *Histogramm equalisieren* komprimiert den dynamischen Bereich des Bildes unter Beibehaltung des Kontrastanteils. Hier gibt es ebenfalls keine weiteren Einstellungsmöglichkeiten.

Lokale Anpassung passt die Tonalität im Bild durch Berechnung der Korrekturen an. Durch Verschieben der Regler *Radius* und *Schwellenwert* können Sie die Größe der lokalen Helligkeitswerte und die Distanz zwischen den Tonwerten festlegen. Die Kurve kann in dieser Auswahl auch manuell bearbeitet werden.

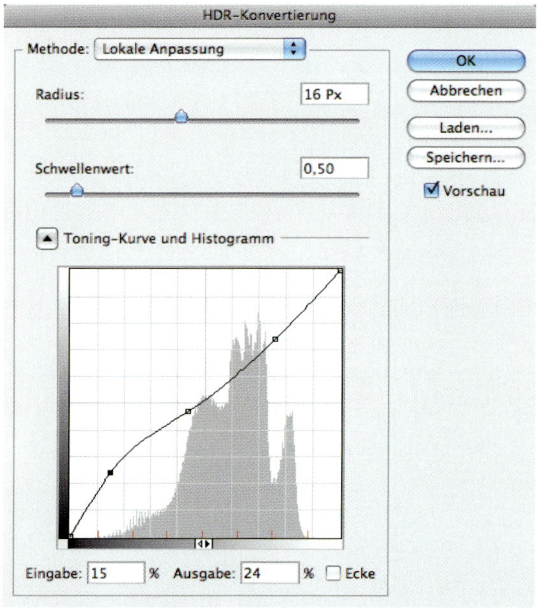

In der *Toning-Kurve* können in der Regel nur begrenzt Anpassungen durchgeführt werden. Durch das Einfügen der Option *Ecke* kann diese Einschränkung jedoch aufgehoben werden. Die Kurve knickt dann an dem Punkt ab, den Sie als Ecke markiert haben. Die Toning-Einstellungen können auch gespeichert und zur Anwendung in anderen 32-Bit-Bildern wieder geladen werden.

Das Bild nach der HDR-Konvertierung

Von der Belichtungsreihe zum HDR

Bei einem Motiv mit hohen Kontrasten steht jeder Fotograf vor dem Dilemma zu entscheiden, auf welchen Bereich die korrekte Belichtung gelegt wird. Entweder ist der Schattenbereich gut durchzeichnet worden, dann ist der Himmel ohne Zeichnung. Oder es wird auf die hellen Motivbereiche belichtet, und die Schatten sumpfen zu. Das HDR-Plug-in von Photoshop CS4 verrechnet Ihre Belichtungsreihe zu einem Foto, sodass alle Helligkeitszonen optimal dargestellt werden.

Vorher: *Herkömmliche digitale Bilder verwenden 256 Helligkeitsstufen und werden als LDR-Bilder (Low Dynamic Range) bezeichnet. Diese digitale Reproduktion von Helligkeitswerten (ca. vier Blendenstufen) reicht oftmals nicht aus, um die realen Helligkeitsunterschiede exakt wiederzugeben. Nehmen Sie mit Ihrer DSLR-Kamera von einem Motiv eine Belichtungsreihe auf, können Sie danach die Einzelbilder in Photoshop zu einem HDR-Bild verschmelzen.*

Nachher: *Beim HDR-Verfahren werden Bilddateien mit einem Dynamikumfang erzeugt, der alle in der Natur vorkommenden Helligkeitswerte detailgetreu erfasst. Mittels Tone Mapping wird das HDR-Bild wieder in ein LDR-Bild zurückgerechnet. Dies ist notwendig, um ein HDR-Bild auf einem Bildschirm oder Drucker ausgeben zu können. Der Detailreichtum des HDR-Bildes in den dunklen und hellen Bildbereichen wird dabei möglichst natürlich wirkend beibehalten.*

[1] HDR starten und Dateien auswählen

Die HDR-Eröffnungsshow erreichen Sie über *Datei/Automatisieren/Zu HDR zusammenfügen*. Sie können auch direkt aus der Bridge heraus über *Werkzeuge/Photoshop/Zu HDR zusammenfügen* loslegen.
Haben Sie einen Ordner mit der Belichtungsreihe vorbereitet, wählen Sie im Dialogfeld *Zu HDR zusammenfügen* unter *Verwenden* die entsprechenden Dateien aus.

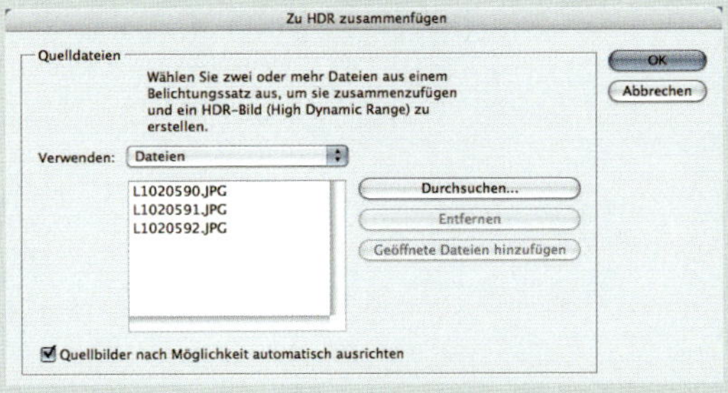

[2] Vorschaubild

Sobald die Dateien geladen sind, wird das Ergebnis in einer Vorschau angezeigt. Damit Sie etwas erkennen, können Sie mit dem Regler *Weißpunktvorschau festlegen* Ihre Monitordarstellung anpassen. Die zur HDR-Verrechnung verwendeten Belichtungsbilder können mit Setzen eines grünen Häkchens deaktiviert und wieder aktiviert werden. So können Sie verschiedene Belichtungskombinationen schnell und einfach erforschen.

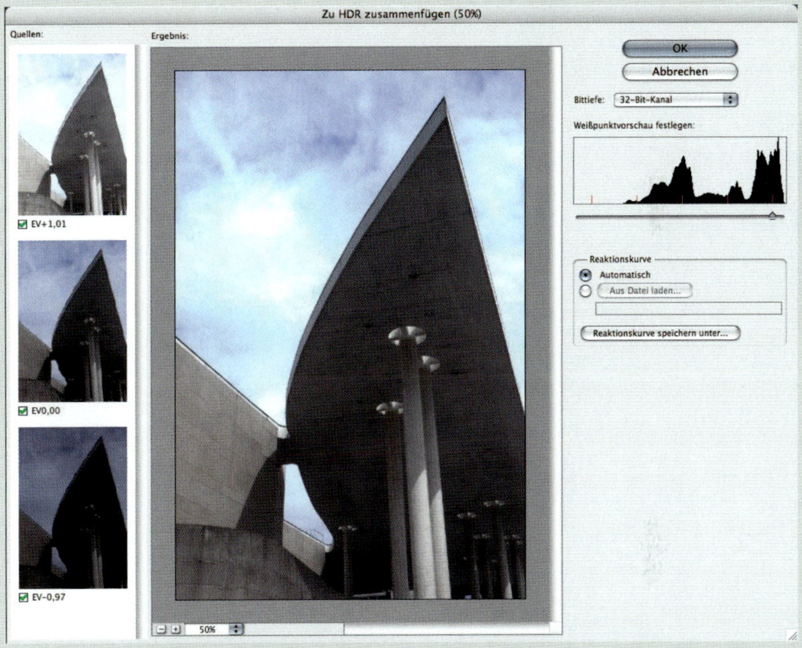

[3] Auf 32-Bit-Modus umstellen

Die HDR-Daten präsentieren sich Ihnen dann auf einer eigenen Ebene, die in Photoshop mit Filtern und Einstellungsebenen weiter bearbeitet werden können. Zuvor sollten Sie im Menü *Ansicht* auf die *32-Bit-Vorschauoptionen* umstellen.

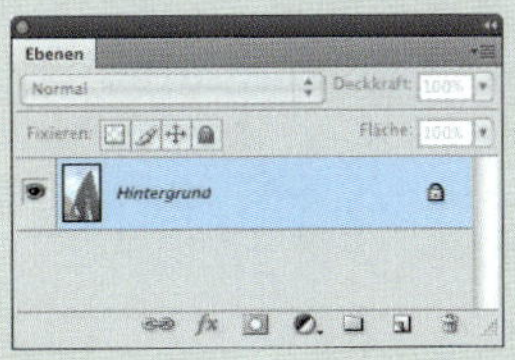

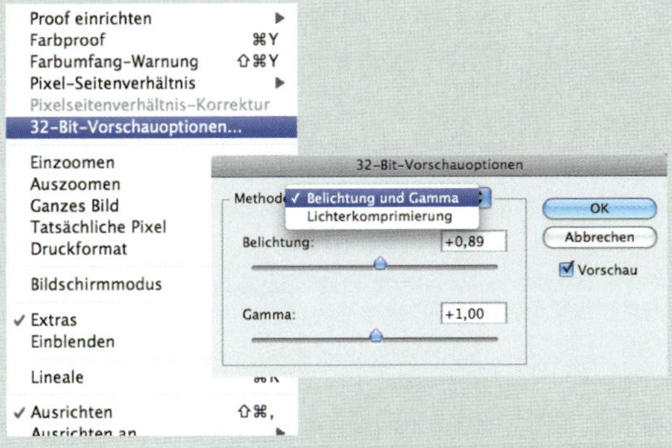

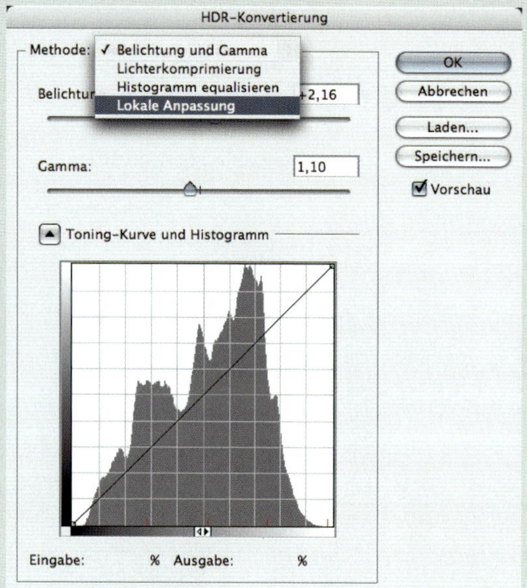

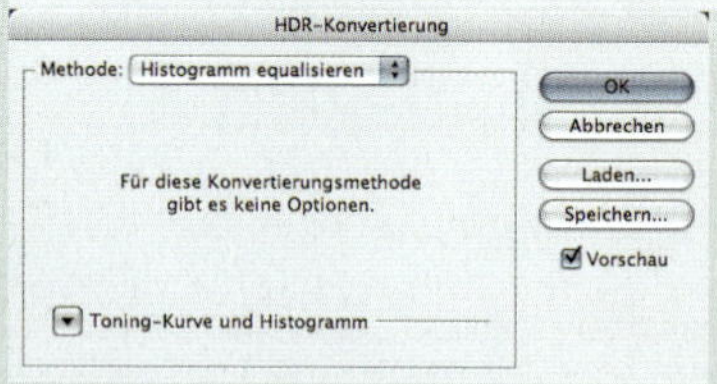

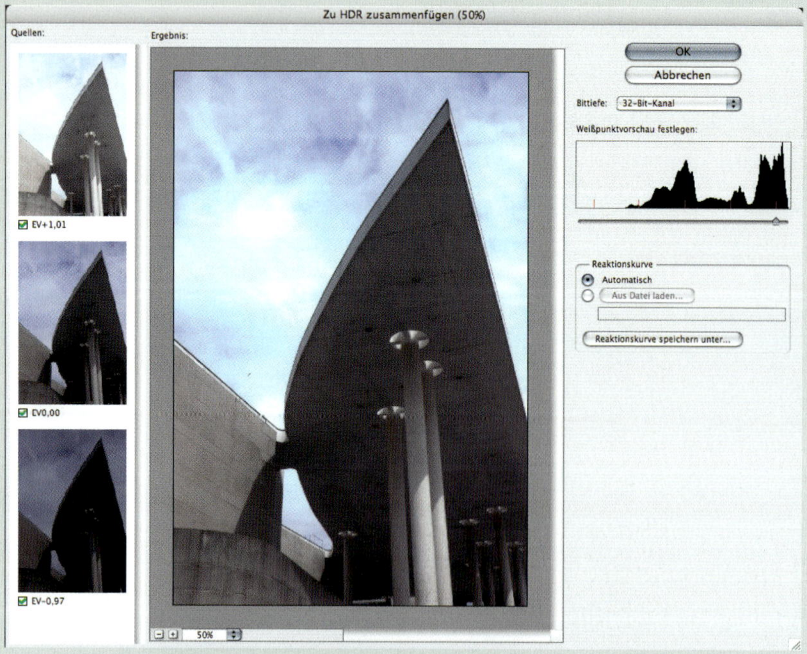

[4] 32-Bit-Bearbeitung

Die wichtigsten Bildbearbeitungsmöglichkeiten stehen Ihnen im Bedienfeld *Korrekturen* zur Verfügung. Speichern Sie Ihre HDR-Datei für weitere Bearbeitungsvarianten ab, bevor Sie den Modus auf 8 oder 16 Bit reduzieren.

[5] Reduktion

Für das Zusammenführen der vielen Helligkeitsinformationen in ein darstellbares und druckbares Ausgabeformat führen Sie ein Tonemapping durch.

Gleich vorweg: Was Photoshop hier anbietet, ist wenig leistungsfähig. Sie haben lediglich vier Varianten im Dialogfenster zur Auswahl, und nur mit einer davon kann über die Gradationskurve eine Anpassung vorgenommen werden.

Wählen Sie *Lokale Anpassung* und führen Sie wie gewohnt eine Gradationsoptimierung durch. Wer bessere Ergebnisse erreichen will, der greift besser auf ein anderes Programm wie Photomatix zurück.

Pseudo-HDR-Bilder mit Photoshop

Für ein Bild, das in den Lichtern wie auch in den Tiefen optimal durchzeichnet ist, benötigen Sie eine gute Blitzanlage und Erfahrung im Ausleuchten von Motiven. Oder Sie belichten ein Motiv mit unterschiedlichen Belichtungsstufen und kombinieren diese. Dazu benötigen Sie eine Belichtungsreihe (siehe vorhergehende Abschnitte) mit mindestens zwei Dateien, die zu einem 32-Bit-Kanal-HDR-Bild verrechnet werden. Haben Sie aber, aus welchen Gründen auch immer, nur eine RAW-Aufnahme vorliegen (z. B. bei Bewegungen), bleibt Ihnen die Möglichkeit, ein sogenanntes Pseudo-HDR anzufertigen. Lernen Sie nun zwei verschiedene Pseudo-HDR-Methoden kennen.

Vorher: *Das Originalbild ist zu blass und die hellen Bereiche sind zu dominant. Unsere Wahrnehmung kann einen hohen Kontrast spielend ausgleichen. Die Kameraautomatik muss in der Detailwiedergabe durch ihre begrenzte Kontrasterkennung einen Kompromiss zwischen Helligkeit oder Tiefen eingehen. Ein Pseudo-HDR aus zwei unterschiedlich hellen Versionen erzeugt wesentlich mehr Dynamikumfang. (Foto: Christian Haasz)*

Nachher: *Ohne viel manuelles Zutun hat der HDR-Befehl von Photoshop den Tonwertumfang plakativ erhöht. Das Ergebnis ist zwar nicht mit einer echten HDR-Aufnahme vergleichbar, einen Versuch sind Pseudo-HDRs aber durchaus wert.*

[1] HDR-Dateien auswählen und zusammenfügen

Erstellen Sie zu Beginn von der Original-RAW-Datei eine Kopie. Danach öffnen Sie über *Datei/Automatisieren* den Dialog *Zu HDR zusammenfügen*.

Die Option zum Ausrichten der Bilder benötigen Sie nur bei unterschiedlich belichteten Einzelaufnahmen. Hier liegen aber zwei identische RAW-Dateien vor, sodass Sie die Rechenzeit einsparen können, indem Sie das Kontrollkästchen deaktivieren.

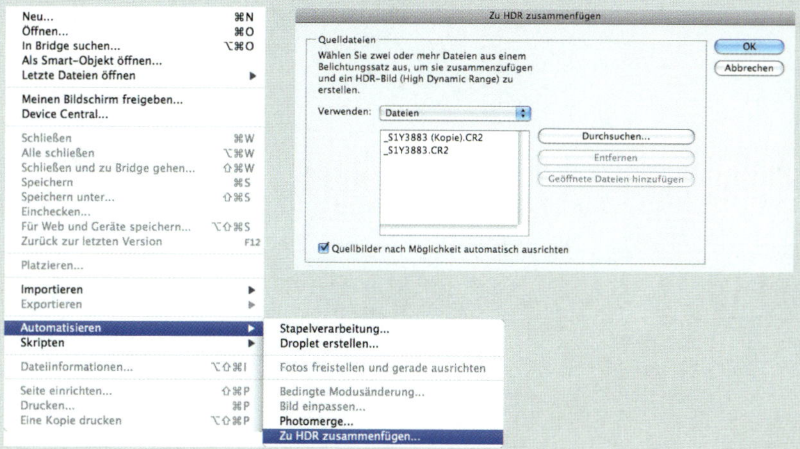

[2] Vorschaubild bewerten

Ihnen wird nun eine Vorschau präsentiert, bei der Sie Photoshop vertrauen und keine Veränderungen vornehmen sollten. Eine Beschneidung in der Bit-Tiefe wäre hier jetzt ziemlich sinnlos, und der Weißpunktregler bezieht sich nur auf das Vorschaubild. Bestätigen Sie also vertrauensvoll, was Ihnen Ihr Computer anbietet, auch wenn die Vorschau schlimm aussieht.

[3] 32-Bit-Modus

Der Kontrastumfang des HDR-Bildes liegt weit oberhalb der darstellbaren Möglichkeiten eines Monitors. Erst durch Umstellen unter *Ansicht/32-Bit-Vorschauoptionen* liegen die Lichterwerte des HDR-Bildes wieder im darstellbaren Monitorbereich. An dieser Stelle können Sie Ihr 32-Bit-Kanal-HDR-Bild für spätere Bearbeitungsvariationen abspeichern.

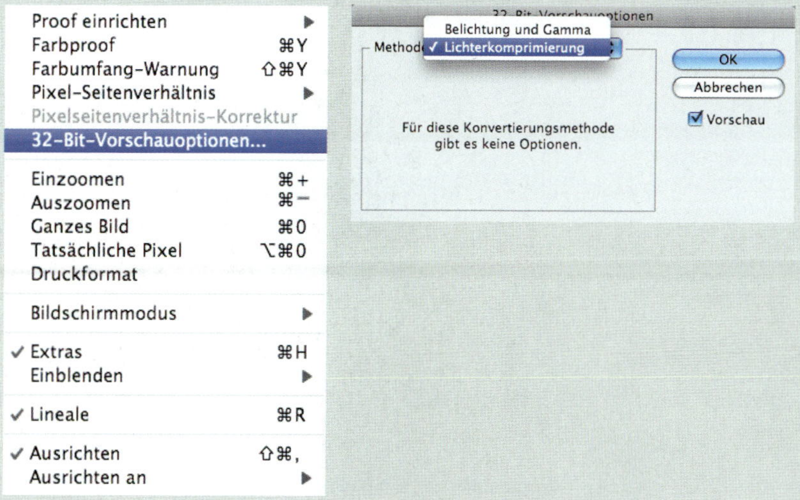

[4] **Bit-Reduzierung**

Der Trick kommt mit der Reduzierung auf den 8- oder 16-Bit-Modus.

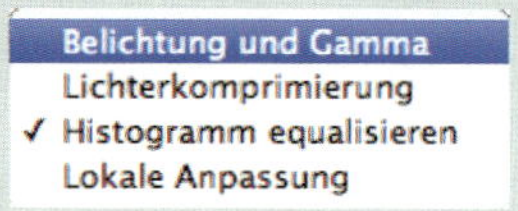

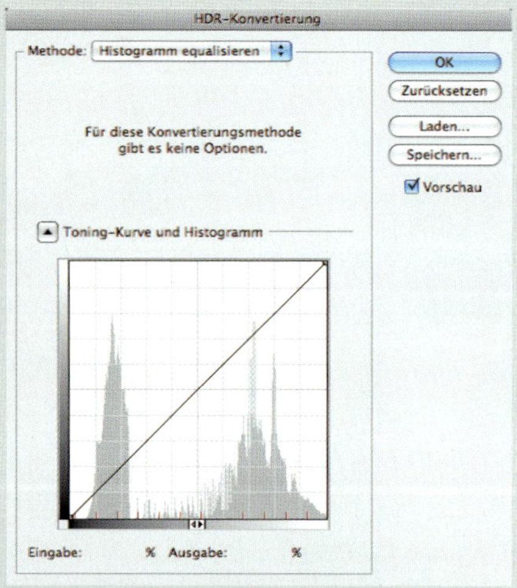

[5] **HDR-Konvertierung**

Im Dialogfeld *HDR-Konvertierung* steuern Sie das Tonemapping in Photoshop. Wählen Sie als HDR-Kovertierungs-Methode Histogramm equalisieren.

Beachten Sie, das bei Anwendung dieser Konvertierungsmethode keine Optionen zur Verfügung stehen. mit denen Sie manuell Einfluss nehmen können.

Möchten Sie manuell in das Geschehen eingreifen, wählen Sie anstatt *Histogramm equalisieren* die Methode *Lokale Anpassung.*

Bestätigen Sie die HDR-Konvertierung mit *OK.*

Wenn auch nicht, wie bei einer HDR-Verrechnung von unterschiedlich belichteten Einzelaufnahmen, der große Dynamikumfang erreicht werden kann, so wird doch der volle Dynamikbereich der RAW-Datei genutzt, was sich nicht nur im Rauschverhalten des Bildes positiv bemerkbar macht.

Zum Abschluss als Vergleich eine Hochformataufnahme des Traktors. Das Beispiel zeigt, wie sich eine sanfte Erhöhung der Tonwerte mit der HDR-Funktion auf das Bild auswirkt.

Pseudo-HDR mit Camera Raw

Die Überlegung liegt nahe, ob sich auch bei bewegten Motiven eine HDR-Aufnahme realisieren lässt. Die Beispiele aus der Luftbildfotografie zeigen einen hohen Kontrast zwischen Himmel und Vordergrundobjekten.

Vorher: *Durch die Fensterscheibe des Flugzeugs geschossen ist das Bild zu dunkel und kontrastarm. Auch der Blaustich stört.*

Nachher: *Die Pseudo-HDR-Bearbeitung in Camera RAW hat die Farben aufgefrischt, viele Details sichtbar gemacht und so auch Tiefe ins Bild gebracht.*

[1] Bildvorschau in Adobe Bridge
Starten Sie die Bridge, und Sie können Ihre RAW-Daten als Standardentwicklungsinterpretationen ansehen.

[2] Im RAW-Konverter
Die Vorbereitung für ein Pseudo-HDR-Bild beginnt bei den *Arbeitsablauf-Optionen*. Das Dialogfeld öffnen Sie mit einem Klick auf den blauen Link am unteren Rand. Aktivieren Sie das Kontrollkästchen *In Photoshop als Smart Objekte öffnen*.

[3] Tiefenoptimierte Camera Raw-Interpretation
Diesmal optimieren Sie die dunklen Bereiche der RAW-Datei in Camera Raw. Heben Sie die Belichtung so an, dass der dunkle Vordergrund durchzeichnet wird. Dabei frisst jedoch der Himmel aus – das macht aber nichts. Mit *Objekt öffnen* übergeben Sie die Datei an Photoshop, wo das Bild als Smart-Objekt in eine eigene Ebene platziert wird.

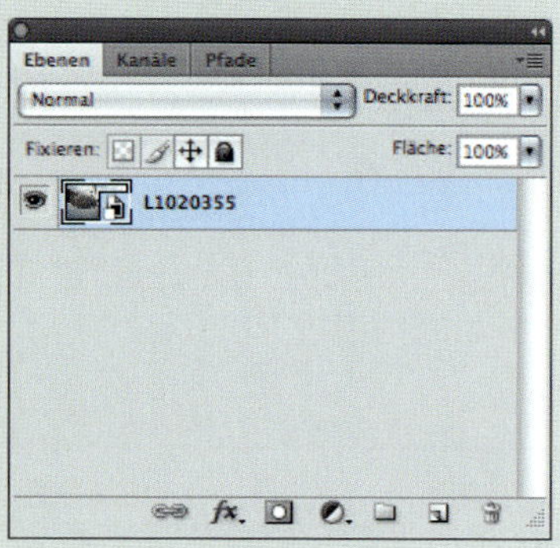

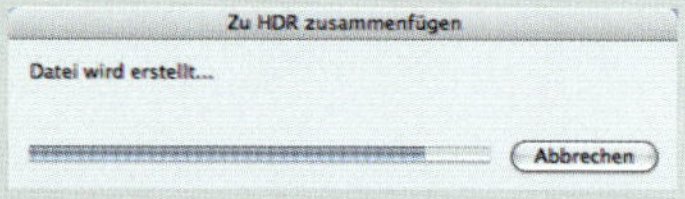

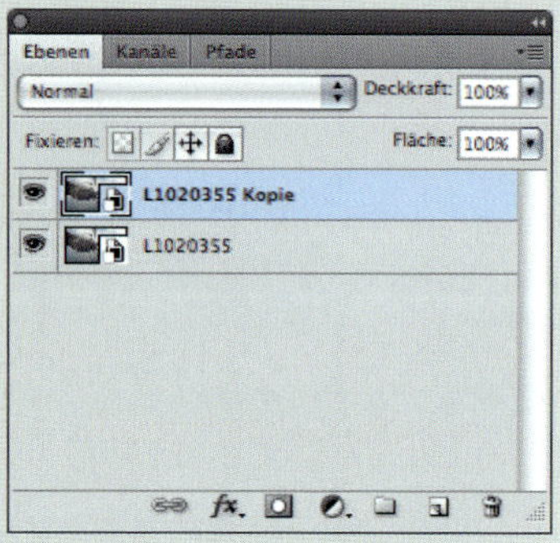

[4] Smart-Objekt durch Kopie

Es existiert ein kleiner, aber feiner Unterschied, ob Sie ein Smart-Objekt durch Klicken und Ziehen über das Symbol *Neue Ebene* duplizieren oder die Smart-Objekt-Ebene mit *Neues Smart-Objekt durch Kopie* vervielfältigen. Sie finden den Befehl über *Ebene/Smart-Objekt* oder durch Anklicken der Ebenen mit der rechten Maustaste.

Bei der normalen Vervielfältigung wird eine Instanz des Smart-Objekts erzeugt. Jede nachträgliche Veränderung am Smart-Objekt würde von allen Instanzen übernommen werden. Für das Pseudo-HDR benötigen Sie zwei identische, aber unabhängige Smart-Objekte. Mit einem Doppelklick auf die Ebenenminiaturen erhalten Sie jederzeit Zugang zu den RAW-Dialogen für die hellere oder dunklere Variante der Datei.

Öffnen Sie für die zweite RAW-Interpretation die duplizierte Ebene in Camera Raw.

[5] Lichteroptimierte Camera Raw-Interpretation

Über einen Doppelklick auf das Smart-Objekt-Symbol gelangen Sie wieder in den RAW-Dialog und können die Kopie auf die Lichter optimieren.

[6] Bereichsauswahl

Wieder zurück in Photoshop, erstellen Sie mit gedrückter [Strg]-Taste und einem Klick auf das RGB-Symbol in den Kanälen eine Helligkeitsauswahl.

[7] Hell und dunkel mischen

Blenden Sie per Ebenenmaske den ausgefressenen Himmel aus. Bei der Anpassung der Maske erweisen sich die Regler im Bedienfeld *Masken* als nützlich. Erscheint die obere Ebene zu hell, senkt man einfach die Deckkraft der Maske. Gerät der Übergang in der Ebenenmaske unsauber, weicht man die Kontur auf.

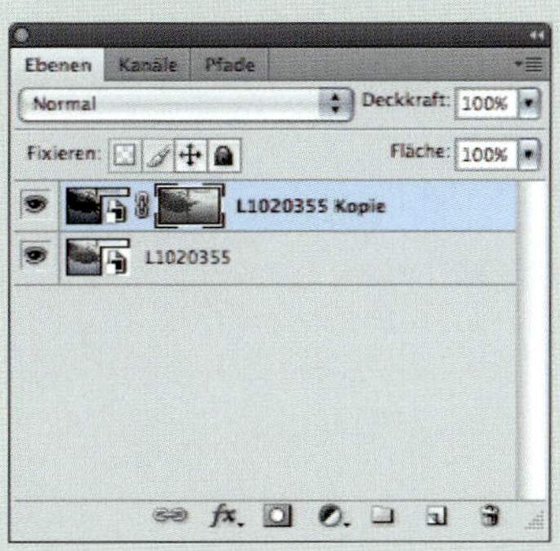

[8] Zum Vergleich

Hier noch einmal die verschiedenen Versionen zum Vergleich:

Standard-Camera Raw-Interpretation.

Auto-Version und Anhebung des Fülllichts.

Pseudo-HDR-Variante, die aus der hellen und dunklen Camera Raw-Konvertierung besteht.

Vertikales Panorama

Dieser Workshop zeigt, wie Sie eine automatisch erstellte Fotokomposition aus mehreren Einzelbildern zerstörungsfrei nachbearbeiten. Das gibt Ihnen den Vorteil, jederzeit auf die Originalfotos zugreifen zu können und nachträgliche Änderungen durchzuführen, ohne alle vorherigen Arbeitsschritte erneut durchführen zu müssen.
Nicht immer reicht der Aufnahmewinkel des Objektivs aus, um das ganze Motiv zu erfassen. Erstellen Sie dann mit Ihrer Kamera mehrere Einzelaufnahmen. Die Bilder sollten inhaltlich um ca. 25 bis 40 % überlappen.

[1] **Bilder laden aus Bridge oder Photoshop**

Der beste Ausgangspunkt, um mehrere Fotos zu kombinieren, ist die Bridge. Hier können Sie bequem festlegen, welche Bilder automatisch zusammengesetzt werden sollen. Wählen Sie danach aus dem Menü *Werkzeuge/Photoshop/Photomerge*.

Ebenso gut können Sie aber auch in Photoshop starten, wenn Sie schon genau wissen, welche Bilder Sie für die Komposition verwenden wollen. Mit dem Befehl *Skripten* aus dem Menü *Datei* öffnen Sie mehrere Bilddateien und laden sie in ein Dokument.

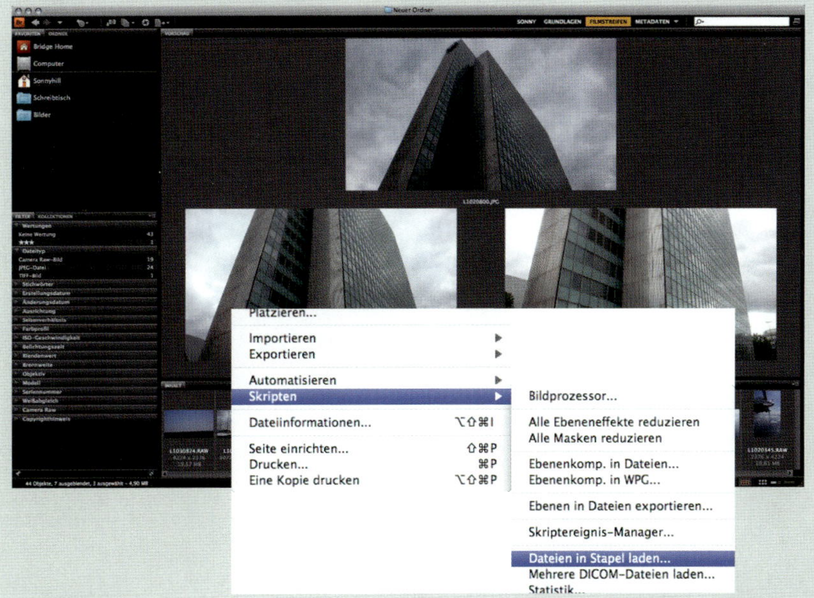

[2] **Bilddokumente auswählen**

Klicken Sie auf die Schaltfläche *Durchsuchen.* Im Dialogfeld *Ebenen laden* wählen Sie die Dateien, die zusammengefügt werden sollen. Photoshop spart Ihnen etwas Zeit, wenn Sie die Befehlsergänzungen aktivieren und automatisch durchführen lassen. Beide Optionen könnten aber auch noch nachträglich in Photoshop durchgeführt werden.

Wenn Sie mit der Funktionsweise von Smart-Objekten vertraut sind, können Sie hier auch die Option *Nach dem Laden von Ebenen Smart-Objekt erstellen* markieren und direkt mit Schritt 6 fortfahren.

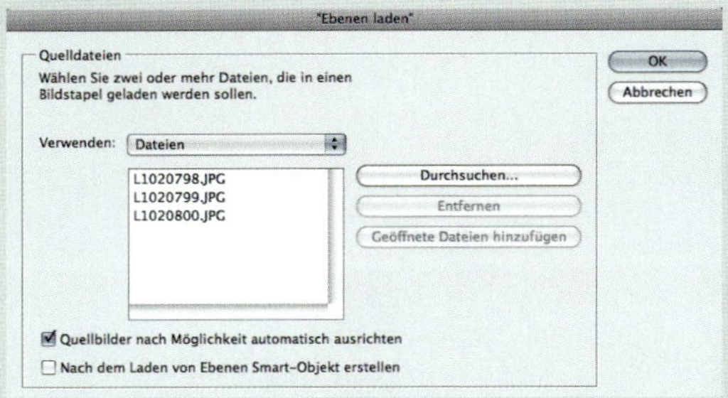

[3] **Komposition**

Die Engine von Photomerge CS4 ist überarbeitet worden und verrichtet bei der Ausrichtung der einzelnen Fotos einen tadellosen Job. Die Arbeitsfläche ist automatisch der Komposition angepasst worden, und jedes importierte Bild wurde auf einer eigenen Ebene abgelegt.

Im Bedienfeld *Ebenen* markieren Sie alle Ebenen, damit diese im nächsten Schritt in einem Smart-Objekt zusammengefasst werden können. Halten Sie dazu die [Umschalt]-Taste gedrückt, während Sie die Ebenen anklicken.

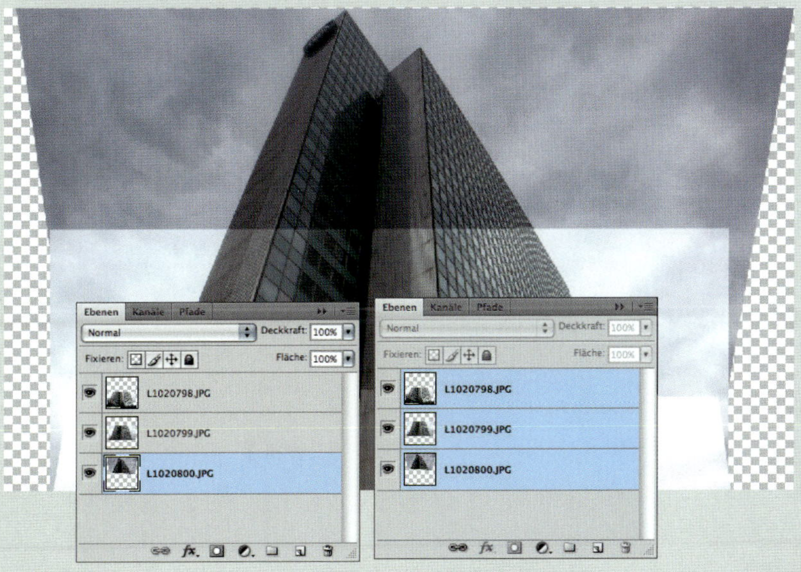

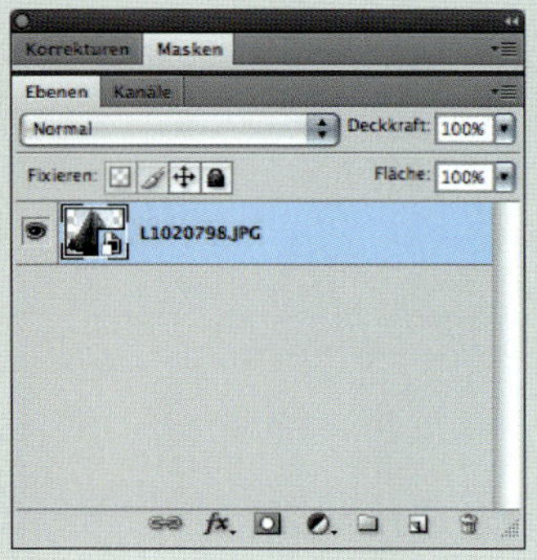

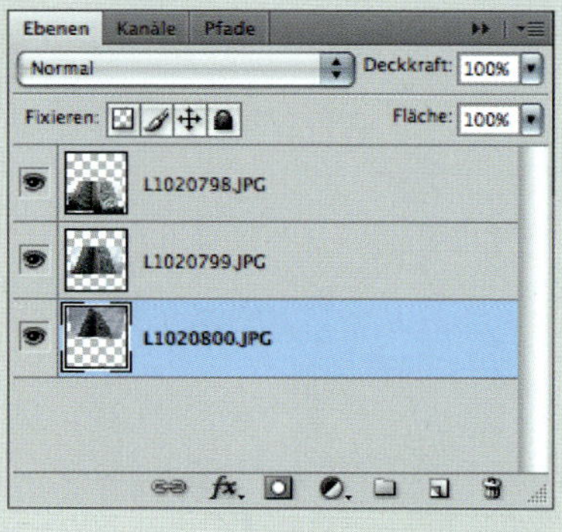

[4] **Smart-Objekt erstellen**

Über das Menü *Ebene/Smart-Objekte/In Smart-Objekt konvertieren* werden die drei Ebenen zu einem Objekt zusammengefasst. Das gleiche Ergebnis erhalten Sie auch mit einem rechten Mausklick auf die angewählten Ebenen oder über das Menü *Ebene* und Anwahl des Eintrags *In Smart-Objekt konvertieren.*

[5] **Smart-Objekt öffnen**

Ein Smart-Objekt erkennen Sie am kleinen Symbol in der rechten unteren Ecke des Vorschausymbols der Ebene. Ein Vorteil von Smart-Objekten ist, dass der Quellinhalt mit allen Eigenschaften erhalten bleibt. Zugang zu diesem Quellinhalt bekommen Sie durch einen Doppelklick auf das kleine Symbol.

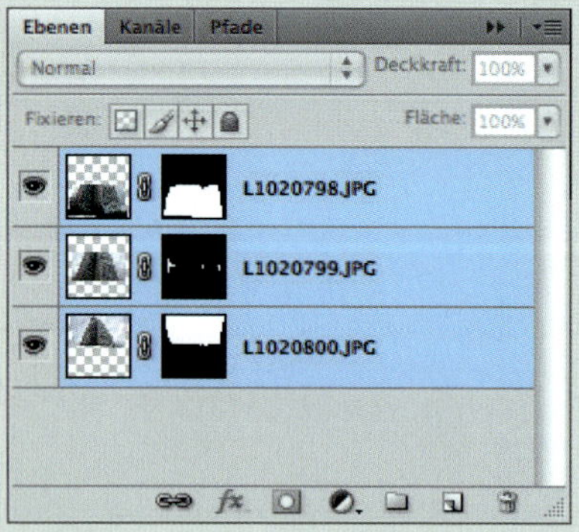

[6] **Überblendung**

Noch sind die Belichtungen der einzelnen Aufnahmen sehr unterschiedlich und sollen im nächsten Schritt angeglichen werden. Wählen Sie dazu wieder alle Ebenen aus und rufen Sie im Menü *Bearbeiten* die Funktion *Ebenen automatisch überblenden* auf.

Um in Ihrer Komposition die Luminanz anzugleichen, markieren Sie das Kontrollkästchen *Nahtlose Töne und Farben* und wählen *Panorama* als *Überblendungsmethode.*

Auch hier leistet die verbesserte Engine ganze Arbeit: sanfte Überblendung von Farben und Schattierungen sowie die automatische Erstellung von Masken.

[7] Zurück zum Arbeitsdokument

Durch *Schließen* und *Speichern* der Quelldateien kehren Sie zum eigentlichen Dokument zurück. Am schnellsten gelingt dies mit der Tastenkombination [Strg]+[W] und Drücken der [Enter]-Taste für die Bestätigung des Speicherns im Dialogfeld.
Bei solch extremen Fotokompositionen werden die Bilder zwar recht gut aneinandergefügt, aber die Fluchtlinien sind stark verzogen. Im nächsten Arbeitsschritt sollen diese Linien gerichtet werden. Dazu benötigen Sie zur Ausrichtungsorientierung Hilfslinien. Um auch hier von einer möglichst großen Flexibilität profitieren zu können, sollten Sie diese als Vektoren auf einer eigenen Ebene erstellen.

[8] Mehrere Vektorobjekte aus einer Ebene

Wählen Sie in der Werkzeugleiste das *Linienzeichner-Werkzeug* zum Erstellen von Linien. Sie finden es etwas versteckt unter den Formenwerkzeugen.
Jetzt verlangt die Optionsleiste Ihre genaue Aufmerksamkeit: Neben der *Stärke* und der *Farbe* müssen Sie hier die Grafikart bestimmen: Pixel, Pfad oder Vektorform. Wählen Sie das Symbol mit dem Quadrat und den Ankerpunkten.
Einer der Vorteile von Vektoren ist, dass beim Erstellen der Form automatisch eine neue Ebene angelegt wird.
Ziehen Sie an den Gebäudekanten entlang Ihre Hilfslinien auf. Damit diese alle innerhalb einer Verktorebene platziert werden, wird, nachdem Sie die erste Linie erstellt haben, in der Optionsleiste zu *Dem Formbereich hinzufügen* gewechselt. Bei Unterlassung werden alle Linienformen auf eine neue Ebene gesetzt werden.

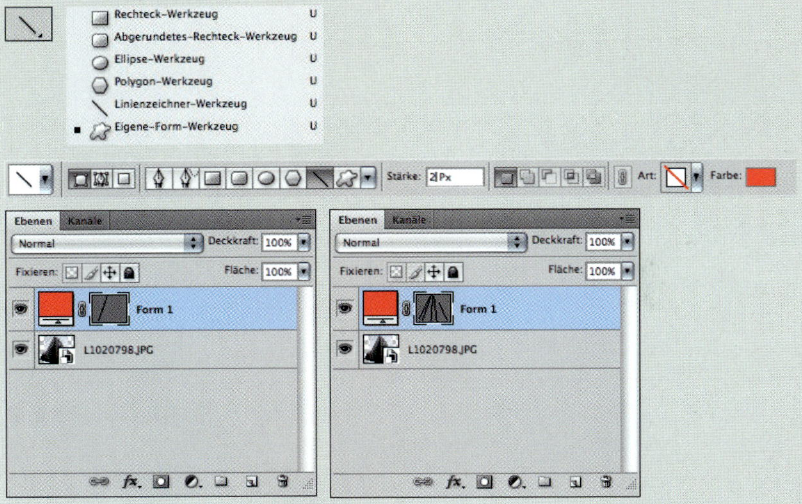

[9] Vektorobjekte platzieren

Photoshop betrachtet jede aufgezogene Linie als eine eigenständige Form, die nachträglich leicht verschoben und verändert werden kann. Mit dem *Pfadauswahl-Werkzeug* können Sie die einzelnen Vektorobjekte anwählen und genauer platzieren. Vergrößern Sie die Ansicht an den oberen Bildstellen zur genaueren Ausrichtung.

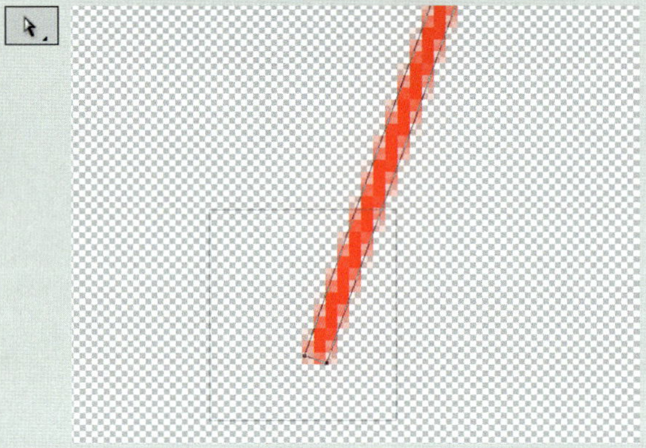

[10] Formen optimieren

Möchten Sie die Form verändern, wählen Sie das *Direktauswahl-Werkzeug*. Hiermit können Sie die Ankerpunkte der Form greifen und versetzen. Um mehrere Ankerpunkte gleichzeitig zu versetzen, markieren Sie diese und verschieben sie dann gemeinsam. So passen Sie die Lage der Linien den Gebäudekanten an.

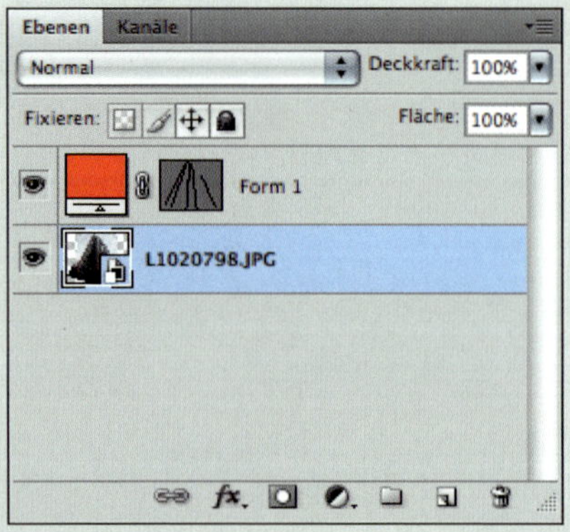

[11] Ebenen wechseln

Nachdem die Hilfslinien erstellt und ausgerichtet wurden, wechseln Sie zurück auf die Bildebene zum Smart-Objekt. Mit den Anfasslinien und Ankerpunkten der Verkrümmenmatrix können jetzt die Bildpixel an den Hilfslinien ausgerichtet werden.

[12] Non-destruktive Objektverkrümmung

Es bedarf schon etwas Geschick, um die Bildpixel gemäß den aufgezogenen Hilfslinien zu begradigen. Nach mehreren Versuchen und etwas Übung sind Sie sicherlich in der Lage, die Verzerrungen auszugleichen. Das Wunderbare an dieser Art der Verkrümmung ist, dass nur das Smart-Objekt verbogen wird, nicht aber die damit verbundene Originaldatei. Bestätigen Sie Ihre Verkrümmung mit der [Enter]-Taste.

[13] Neues Hintergrundfoto platzieren

Ein neues Hintergrundfoto fügen Sie am einfachsten über das Menü *Datei/Platzieren* ein. Hier brauchen Sie nur noch im Dialogfeld *Platzieren* das Bild auszusuchen und zu markieren. Ein Photoshop-Skript integriert das Dokument als Smart-Objekt auf einer eigenen Ebene mittig in Ihrer Arbeitsdatei.

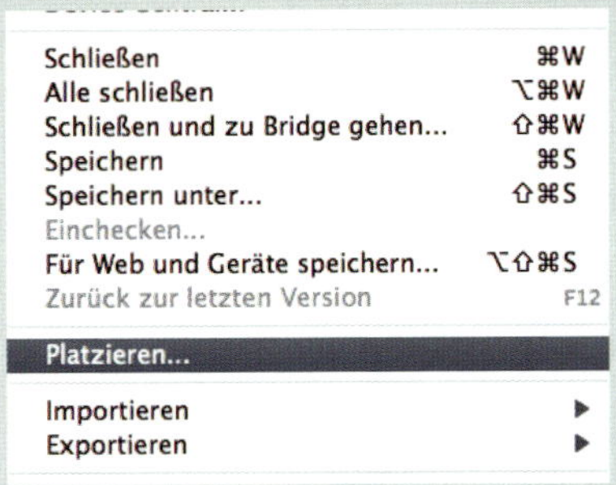

[14] Skalierungsgröße festlegen

Photoshop will von Ihnen noch wissen, in welcher Größe das importierte Bild eingefügt werden soll. Je nach Auflösung der Bilder wird die importierte Datei eventuell größer oder kleiner angezeigt. Gleichzeitig ist der Skalierungsrahmen aktiv, erkennbar an den Anfassern am Bildrand.

Skalieren Sie das Dokument auf die gewünschte Größe, in diesem Fall so groß, dass die komplette Bildfläche abgedeckt wird.

Die Frage nach der Qualität kann hier vernachlässigt werden, weil das Bild als neuer Bildhintergrund fungieren soll und daher etwas Unschärfe vertragen kann. Dazu muss

die Ebene mit dem importierten Hintergrund unterhalb der begradigten Smart-Objekt-Ebene im Bedienfeld *Ebenen* liegen. Vertauschen Sie die Ebenen einfach per Drag and Drop.

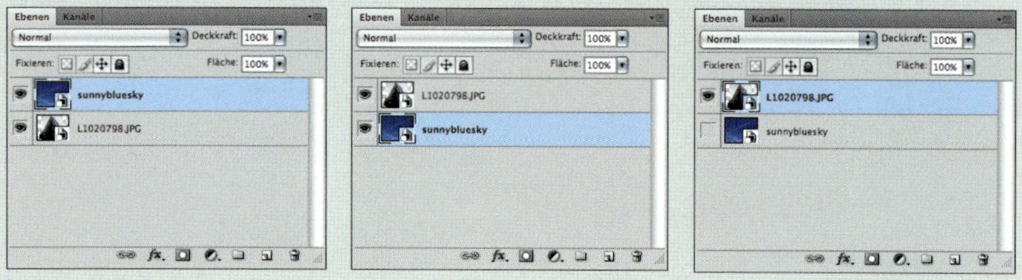

[15] Pfadfinder

Damit das Hochhaus auch optisch vor dem neuen Himmel steht, muss in den nächsten Arbeitsschritten der alte Hintergrund unsichtbar gemacht werden. Das kann non-destruktiv mit einer Maskenebene geschehen. Aktivieren Sie für die folgenden Arbeitsschritte die oben liegende Ebene im Bedienfeld *Ebenen*.

Erstellen Sie mit dem *Zeichenstift-Werkzeug* einen Pfad komplett um das Gebäude herum.

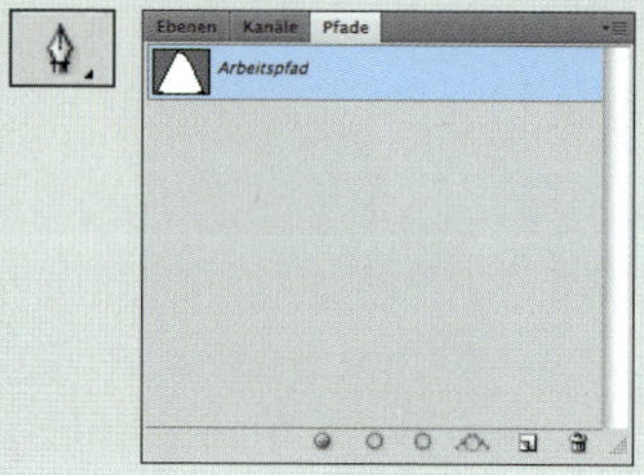

Um aus dem erstellten Pfad einen Alphakanal mit einer abdeckenden Vektormaske zu erstellen, klicken Sie im Bedienfeld *Masken* auf die Schaltfläche *Vektormaske hinzufügen*. Der zuvor erstellte Pfad wird dabei automatisch als Vektormaske aktiviert. Der Pfad muss im Bedienfeld *Pfade* angewählt sein. Alle Bereiche, die ausgeblendet werden, sind dunkel dargestellt, sichtbare in Weiß.

[16] Freistellen

Damit die Maske an den Übergangskanten von sichtbar zu nicht sichtbar nicht zu hart wirkt, stellen Sie den Regler *Weiche Kante* auf einen geringen Wert zwischen *2* bis *6 Px* ein. Auch dieser Einstellwert wirkt nondestruktiv auf die Maske und kann jederzeit angepasst werden. Als optisches Zeichen für die erstellte Vektormaske finden Sie zu der Ebene jetzt das verkettete Maskensymbol.

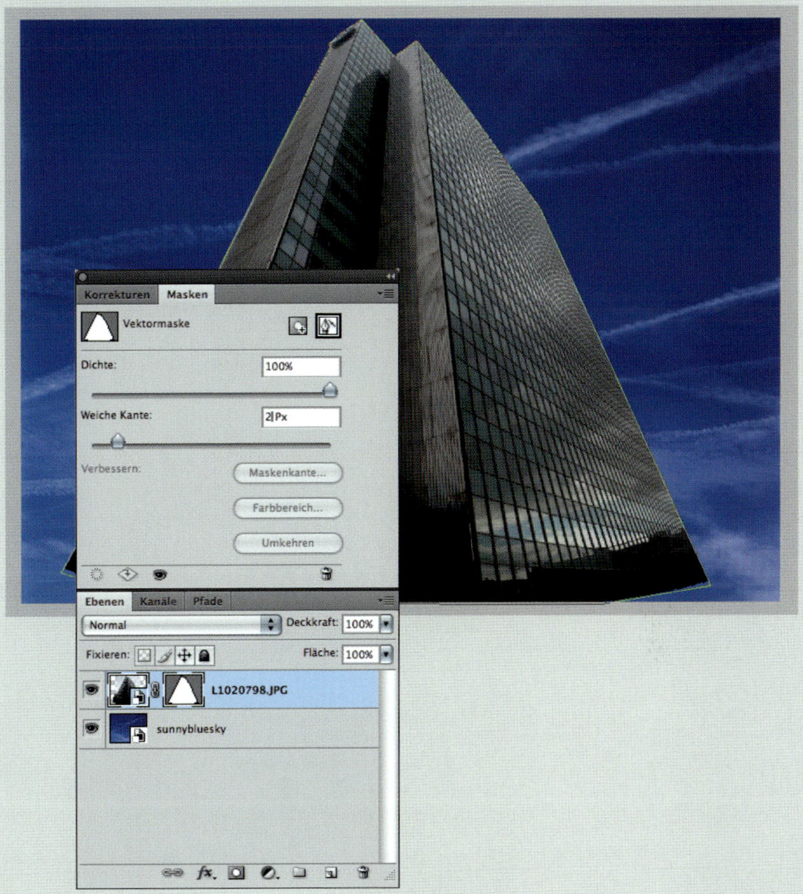

[17] Farbspiele

Um den Hintergrund dem Gebäudeobjekt farblich anzupassen, muss das als Smart-Objekt eingebundene Originalfoto geöffnet werden. Danach öffnet sich ein zweites Dokumentfenster mit dem Originalinhalt des Smart-Objekts. Duplizieren Sie zur weiteren Bildbearbeitung die Hintergrundebene.

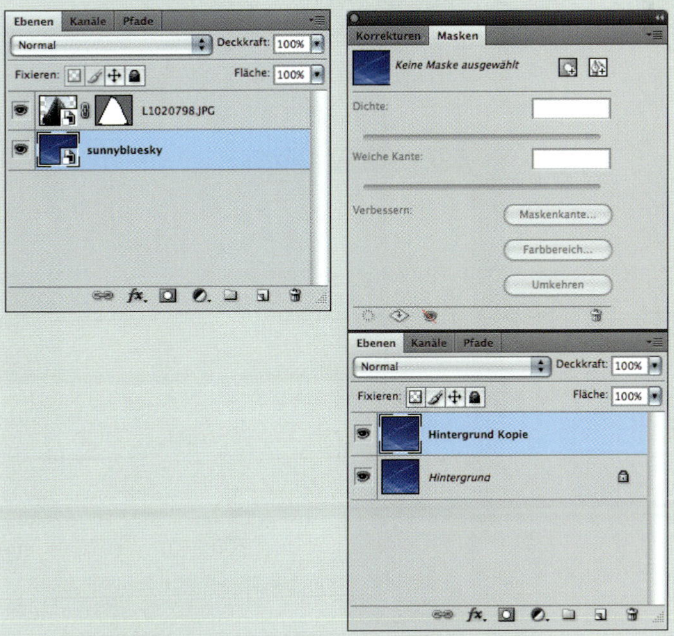

Im Menü *Bild* finden Sie die Korrekturbefehle. Versuchen Sie doch einmal, mit der Funktion *Gleiche Farbe* den Farbcharakter des Bildes anzupassen.
Bei den Einstellungen sollten Sie im unteren Bereich anfangen und das Dokument bestimmen, dessen Farbcharakter übernommen werden soll.

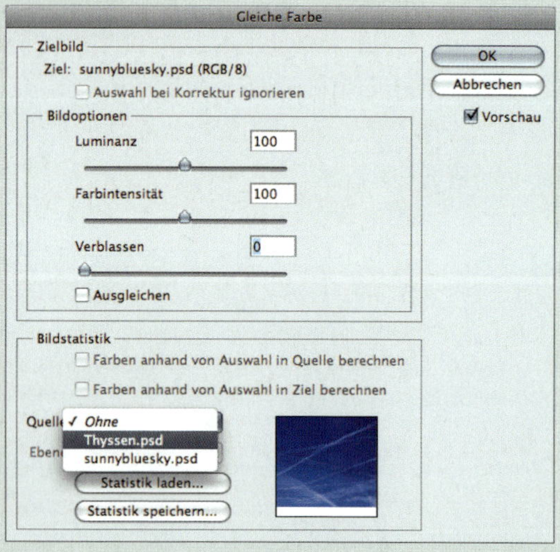

Wählen Sie im Listenfeld *Quelle* die betreffende Datei aus. Bei einer geöffneten Smart-Objekt-Datei wählen Sie den Namen der Datei, in der sich das Smart-Objekt befindet.
Da diese Datei gegebenenfalls mehrere Ebenen enthalten kann, legen Sie im Listenfeld *Ebene* fest, von welcher Pixelebene die Farbstimmung übernommen werden soll. Den Ebeneninhalt dieser angewählten Ebene sehen Sie im Vorschaufenster.

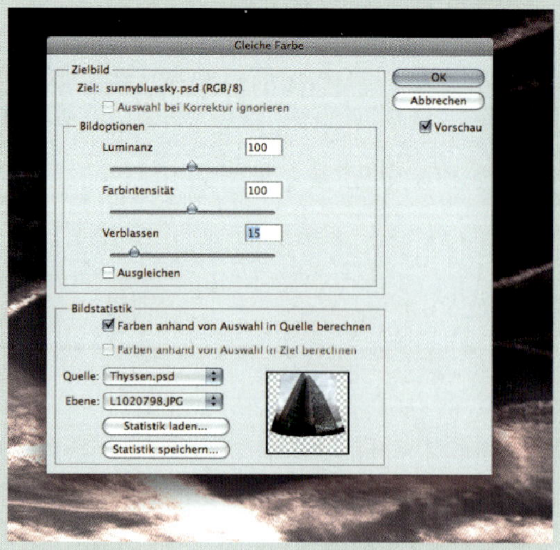

Wenn Sie das Kontrollkästchen *Vorschau* aktiviert haben, sehen Sie die farblichen Veränderungen im Dokument sofort. Im oberen Bereich des Dialogfelds können Sie gegebenenfalls die farbliche Anpassung justieren.

[18] Original speichern

Speichern Sie die vorgenommenen Veränderungen an der Datei ab und schließen Sie das Dokument. Damit wird das Originalbilddokument wieder geschlossen, und Sie kehren zur Ausgangsdatei zurück. Die Änderungen wurden im Smart-Objekt übernommen.

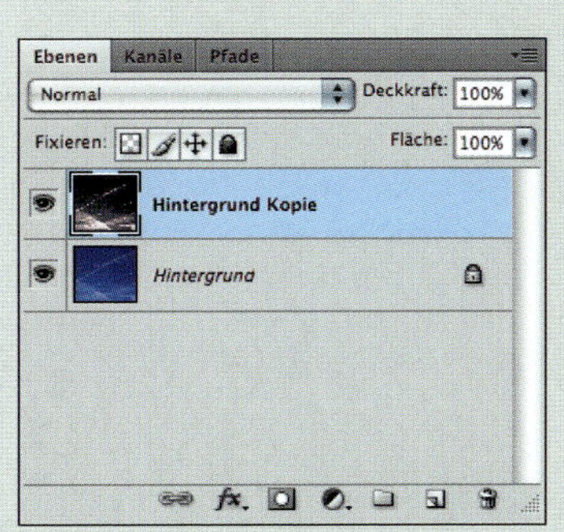

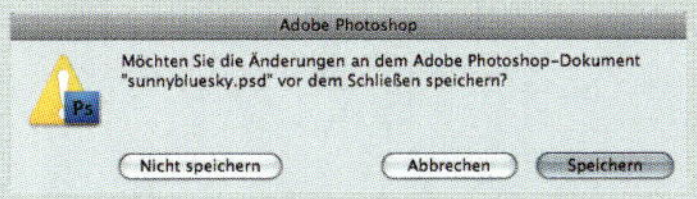

[19] Finale

Weitere Feinjustierungen können Sie jetzt wie gewohnt mit Einstellungsebenen vornehmen und zum Schluss eventuell noch den Bildausschnitt neu bestimmen.

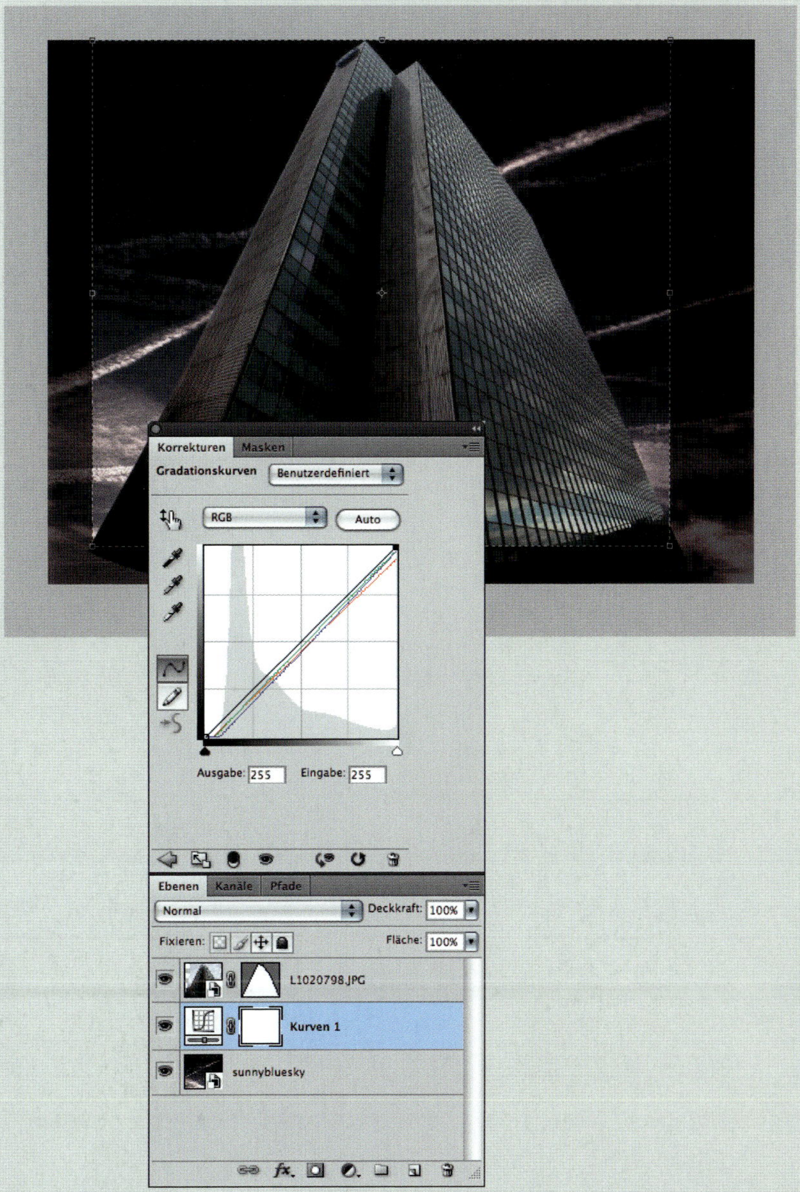

[10] SCHWARZ-WEISS

10

Schwarz-Weiß

Im Duplexdruck wird mit zwei Farben gearbeitet, in der Regel mit Schwarz plus einer bunten Sonderfarbe. Das verspricht im Ergebnis eine höhere Brillanz durch die pigmentierten Sonderfarben. (Foto: Jonathan Schule)

10 Schwarz-Weiß

Schwarz-Weiß-Fotografieren mit der Digitalkamera? Dieser Bereich ist wohl eher den Profis zu überlassen. Aber aus einem farbigen Foto eine gelungene Schwarz-Weiß-Abbildung zu machen ist eine Aufgabe, die viele interessieren dürfte. Photoshop bietet dafür einige einfache Möglichkeiten, die für manche Vorlagen durchaus passen. Um jedoch aus einer beliebigen Farbaufnahme ein perfektes Graustufenbild zu erzeugen, ist Können gefragt.

Im Graustufenmodus

■ Bei der Umsetzung spielt das Ausgangsbild eine maßgebliche Rolle. Um die Unterschiede zu verdeutlichen, wird dasselbe Bild in verschiedenen Ausarbeitungen nebeneinandergestellt: das unbearbeitete Bild (links) und das in der Helligkeit angepasste Foto (rechts).

Die einfachste Form der Umwandlung in ein Graustufenbild bietet das Menü *Bild/Modus/Graustufen*. Dabei wird die Vorlage durch Löschen der Farbinformationen auf Basis der im Bild vorhandenen Luminanz umgewandelt. Das Ergebnis sehen Sie in den Beispielen darunter.

Der erfahrene Bildbearbeiter wird also zunächst das Farbbild in *Helligkeit* und *Kontrast* anpassen, um eine bessere Umsetzung zu erreichen. Dies gilt im Prinzip auch für die weiteren Methoden. Für die nachfolgend gezeigten Beispiele wählen Sie als Ausgangsbild deshalb die bereits in der Helligkeit bearbeitete Farbaufnahme.

RGB-Kanal

Rot-Kanal

Grün-Kanal

Blau-Kanal

Schwarz-Weiß per Kanalbearbeitung

Jeder der im Bild enthaltenen Farbkanäle enthält unterschiedliche Informationen. Um diese einzeln zu betrachten, wechseln Sie in das Bedienfeld *Kanäle* und wählen sich diese zur Ansicht aus. In einzelnen Fällen kann es vorkommen, dass ein bestimmter Kanal bereits Ihren Vorstellungen des Schwarz-Weiß-Bildes entspricht. Löschen Sie dann zuerst einen der nicht erforderlichen Farbkanäle.

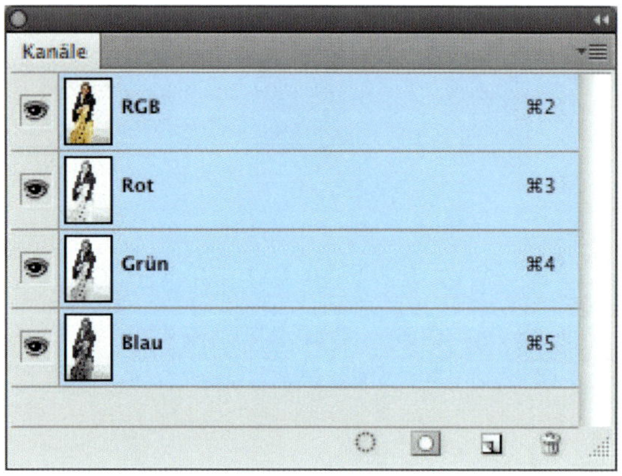

Das Bild wandelt sich dadurch in den Mehrkanalmodus, und die verbleibenden Farbkanäle ändern die Bezeichnung in *Gelb*, *Magenta* oder *Cyan*. Durch Ein- und Ausblenden der verbleibenden Kanäle wählen Sie den noch zu löschenden Kanal aus. Anschließend wechseln Sie in den Modus *Graustufen* und speichern Ihr Bild.

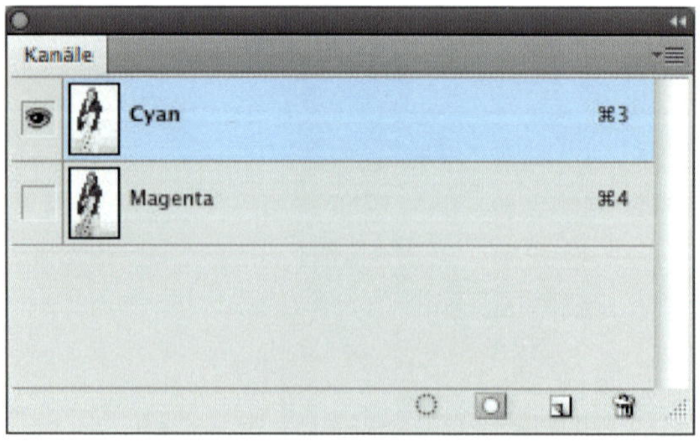

Schwarz-Weiß mit dem Kanalmixer

Die Einstellungen im *Kanalmixer* aus dem Menü *Bild/Korrekturen* können nach dem Aktivieren des Kontrollkästchens *Monochrom* zur Erstellung einer eigenen Mischung aus den im RGB-Bild enthaltenen Farbkanälen verwendet werden.

Dabei müssen Sie darauf achten, dass die gesamte Mischung nach Möglichkeit 100 % nicht übersteigt, da das Bild ansonsten an Zeichnung verlieren wird.

Als Einstieg können Sie beispielsweise mit einer Einstellung von je *+30 %* für jeden Quellkanal beginnen und durch vorsichtige Anpassungen der einzelnen Kanäle Ihre als optimal empfundene Grauabstufung ermitteln.

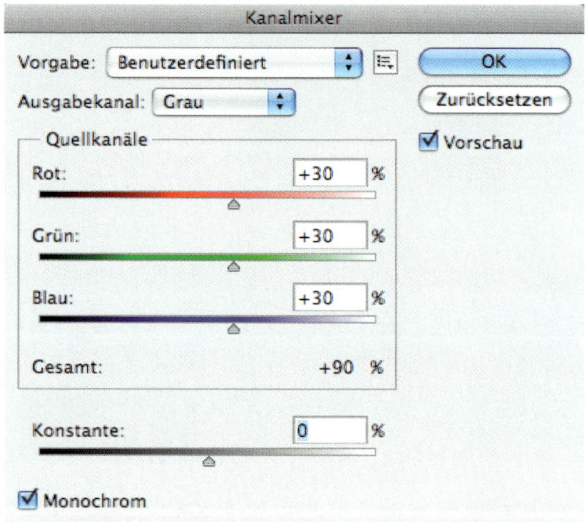

SÄTTIGUNG VERRINGERN

Eine weitere Möglichkeit der Umwandlung ist denkbar einfach. Im Menü *Bild/Korrekturen/Sättigung* verringern Sie diese einfach. Sie erhalten ein Graustufenbild, das immer noch im RGB-Modus ist und nur noch in den Graustufenmodus umgewandelt werden muss. Welche Methode Sie wählen, wird von der weiteren Verwendung, dem Motiv und Ihrem persönlichen Anspruch bestimmt sein. Die Verwendung des *Kanalmixers* erlaubt zweifellos die größte Einflussnahme. Nach der Umwandlung, welcher Art auch immer, können Sie Ihre neuen Schwarz-Weiß-Fotos dann wie gewohnt mit *Tonwertkorrektur* oder *Gradationskurven* weiter bearbeiten.

Sie können sich auch an einer alten Fernsehnorm für Schwarz-Weiß-Fernseher orientieren. Dabei werden die Quellkanäle *Rot* mit *+30 %*, *Grün* mit *+59 %* und *Blau* mit *+11 %* umgesetzt.

Wenn Sie sich zuvor Ihre einzelnen Farbkanäle in Graustufen angesehen haben, wissen Sie möglicherweise bereits, in welchem Kanal der Schwerpunkt (die höchste Prozentzahl) zu setzen ist.

Entspricht die Anpassung Ihren Vorstellungen, können Sie anschließend das bearbeitete Bild über *Bild/Modus/Graustufen* in den Graustufenmodus umwandeln.

Das Ergebnis nach der Konvertierung in den Graustufenmodus. Der Schwerpunkt wurde in diesem Beispiel auf den Rot-Kanal gesetzt.

Duplex, Triplex, Quadroplex

Bei Duplexbildern handelt es sich um Graustufenbilder, deren Tonwertumfang für die Druckausgabe um zwei Farben erweitert wurde. Triplex ist demzufolge um drei Farben, Quadroplex um vier Farben erweitert. Die Besonderheit ist, dass nur die Grauabstufungen eingefärbt werden. Als erste Farbe dient üblicherweise Schwarz, wobei jedoch alle zum Druckeinsatz verwendeten Farben frei gewählt werden können. Sie können also auch mit Sonderfarben jenseits der Industrienorm CMY arbeiten. Photoshop ist die einzige Software, die diese spezielle Aufarbeitung von Bilddokumenten anbietet.

Vorher: *Das helle Licht in großer Höhe über den Alpen vermittelt einen stark farbreduzierten, fast schwarz-weiß anmutenden Charakter.*

Nachher: *Im Triplexverfahren wurde durch die Definition zweier Sonderfarben und Schwarz nachträglich ein surrealistischer Fotolook erzeugt.*

[1] Ausgangsbild wählen

In diesem Workshop lernen Sie die Umwandlung zu einem Triplexbild kennen – und zwar ganz im Sinne der Bildbearbeitungsphilosophie: möglicht zerstörungsfrei und mit größtmöglicher Flexibilität. Wählen Sie dazu eine bearbeitete Bilddatei mit feinen Grauabstufungen aus.

[2] Graustufenumwandlung

Der Bildmodus *Duplex* ist nur über eine Graustufendatei anwählbar. Solange Sie in einem Modus mit Farbkanälen arbeiten, wird dieser Modus nur abgeblendet dargestellt.

Sicherlich haben Sie Ihren bevorzugten Workflow, um eine Graustufendatei zu erzeugen. Nur achten Sie darauf, dass Sie non-destruktiv arbeiten, um gegebenenfalls diesen Schritt später problemlos rückgängig machen zu können.

Sie können die Schwarz-Weiß-Korrekturen direkt anwählen oder die Vorgaben nutzen. Photoshop CS4 legt automatisch eine neue Einstellungsebene an.

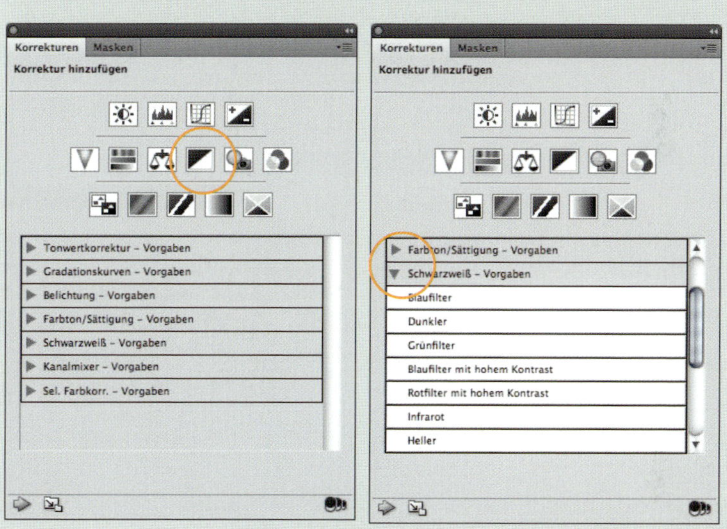

[3] Vorgaben optimieren

Optimieren Sie Ihre Graustufendarstellung individuell mit den Reglern der verschiedenen Farbbereiche. Auch die Gewichtung über die *Auto*-Schaltfläche führt in der Regel zu recht guten Ergebnissen.

[4] Smart-Objekt erstellen

Das Ergebnis mit den beiden Ebenen, Hintergrund- und Einstellungsebene, wird zu einem Smart-Objekt umgewandelt. Markieren Sie beide Ebenen mit gedrückter [Umschalt]-Taste und wählen Sie im Kontextmenü der Ebenen den Befehl *In Smart-Objekt konvertieren*.

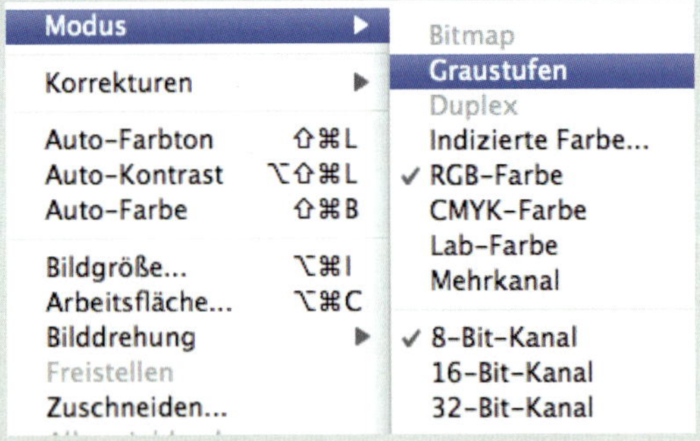

[5] Bildmodus verändern

Obwohl das Bild als Graustufendatei dargestellt wird, befindet sich das Projekt noch immer in einem Farbmodus. Auch kann Duplex nicht mit 16-Bit-Farbkanälen umgehen, sodass Sie Ihre Datei gegebenenfalls auf den Modus *8-Bit-Kanal* reduzieren müssen. *Duplex* ist nicht direkt anwählbar, und Sie dürfen zuerst in den *Graustufen*-Modus wechseln.

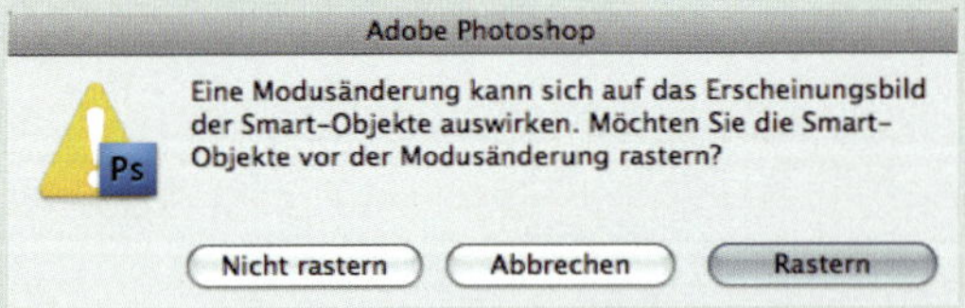

[6] Farbinformationen verwerfen

Eine gute Kommunikation ist alles. So werden Sie von Photoshop befragt werden, ob Sie das zuvor angelegte Smart-Objekt wieder rastern wollen – natürlich nicht. Nun noch eine Bestätigung zum Löschen der Farben eingeben, und erst jetzt haben Sie eine wirkliche Graustufendatei.

[7] Bildmodus Duplex

Sie erinnern sich – dies sollte ein Workshop zum Thema Triplex werden. Richtig – doch diese Option ist nur über *Bild/Modus/Duplex* anwählbar.

Im Dialogfeld *Duplex-Optionen* wählen Sie aus dem Listenfeld *Art*, mit wie vielen Farben Sie arbeiten wollen. Hier verstecken sich dann auch die Optionen *Triplex* und *Quadroplex*. Die erste Druckfarbe ist mit *Schwarz* vorgegeben, aber auch sie kann verändert werden.

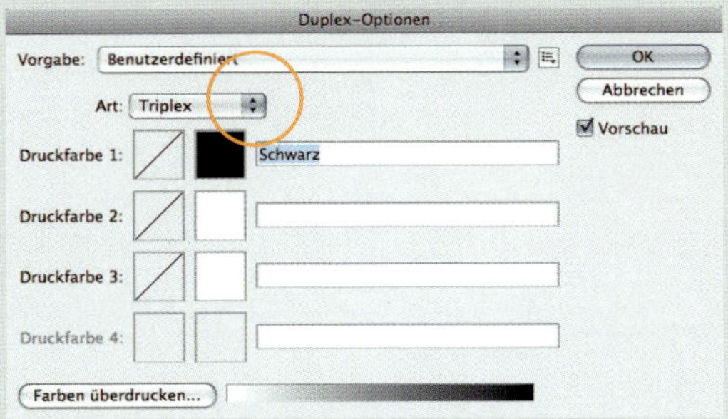

[8] Farbbibliothek festlegen

Das Farbfeld eröffnet Ihnen die Wunderwelt der Farbkataloge. Unter dem Listenfeld *Buch* finden Sie die Farbpaletten der gängigsten Industriedruckfarben aufgelistet. Für den Druck auf gestrichenem Papier wählen Sie *Pantone solid coated*-Farben aus. Die Farbnamen werden automatisch übernommen und sollten nicht umbenannt werden.

Für diesen Workshop werden die Farben *Pantone Orange 021 C* und *337 C* gewählt.

Tipp: Die abgebildeten Farben sind Sonderfarben, liegen damit meist außerhalb des darstellbaren Spektrums des Monitors und dienen nur der Orientierung. Absprachen mit dem Druckdienstleister sind durchaus erwünscht und hilfreich.

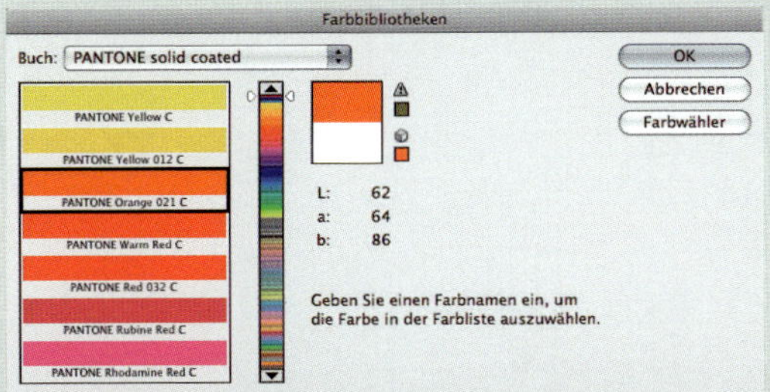

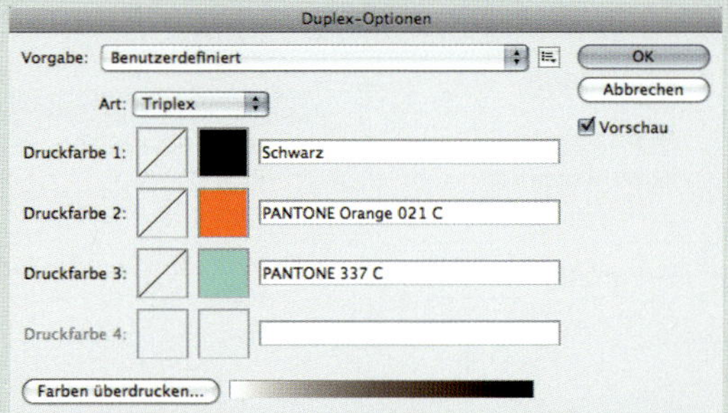

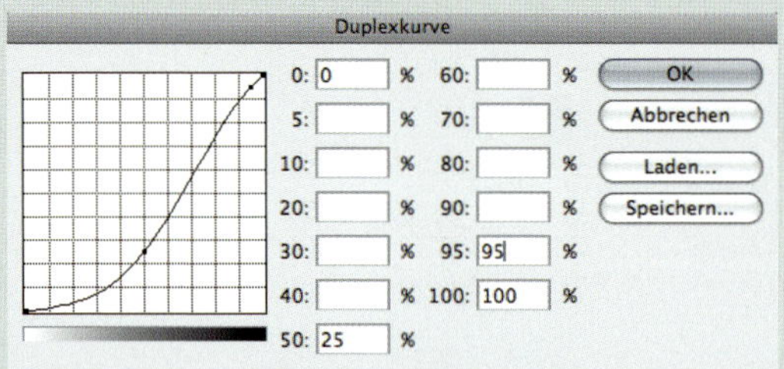

[9] Für das Dunkle im Bild

Links neben dem Farbfeld befindet sich ein Symbol für die Gradationskurve der Farbtonwerte. Standardeinstellung ist ein linearer Verlauf. Die Besonderheit ist, dass Ihnen die Möglichkeit gegeben wird, diese Gradationskurve zu beeinflussen. Mit einem Mausklick wird das Dialogfeld *Duplexkurve* geöffnet.

Die Farben in einem Duplex/Triplex wirken sich nur auf die Grauwerte im Bild aus. So sollen in der Regel die Tiefen nur einen geringen Farbanteil aufweisen. Verbiegen Sie die Gradationskurve so, dass sie nur einen sanften Anstieg in den Lichtern hat und erst zu den Tiefen hin deutlich ansteigt.

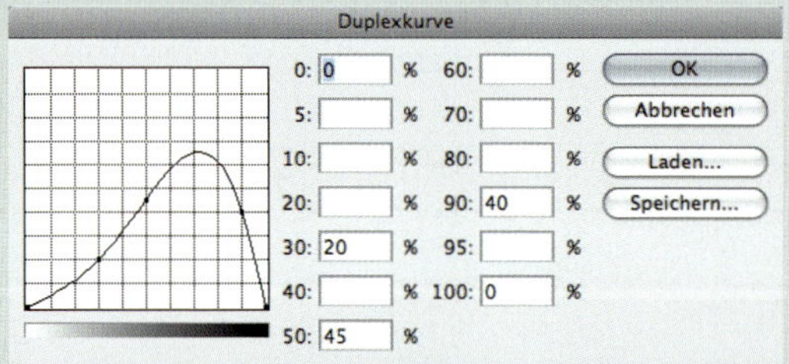

[10] Für das Bunte im Bild

Die dunklere Farbe soll in den dunkleren, die zweite in den helleren Grauwerten wirken. So sollten sich diese zwei Gradationskurven in etwa als gespiegelte Berge abzeichnen. Die vielen tollen Varianten, die seit Jahren in den Photoshop-Vorgaben vor sich hinschlummerten, wurden in CS4 leider nicht mit übernommen.

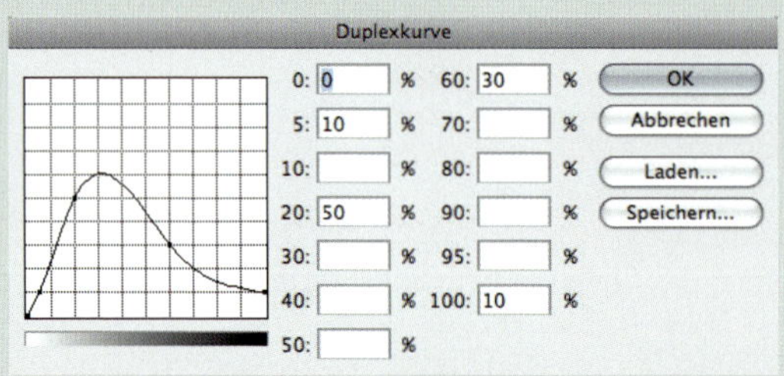

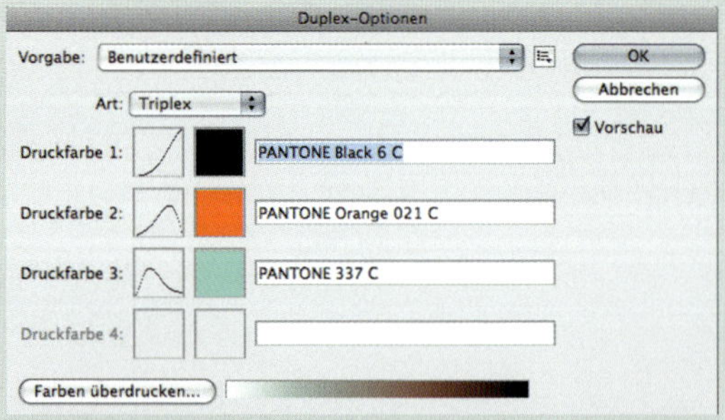

[11] Originalbild nachkorrigieren

Da sich die Duplex- bzw. Triplexeinstellungen auf das Smart-Objekt beziehen, kann das Originalfoto nachträglich immer noch bearbeitet werden.

Öffnen Sie mit einem Doppelklick auf die markierte Ebene die Originaldatei. Die am Anfang angelegte Schwarz-Weiß-Einstellungsebene ist noch vorhanden, hat aber jetzt keine Funktion mehr und kann entsorgt werden.

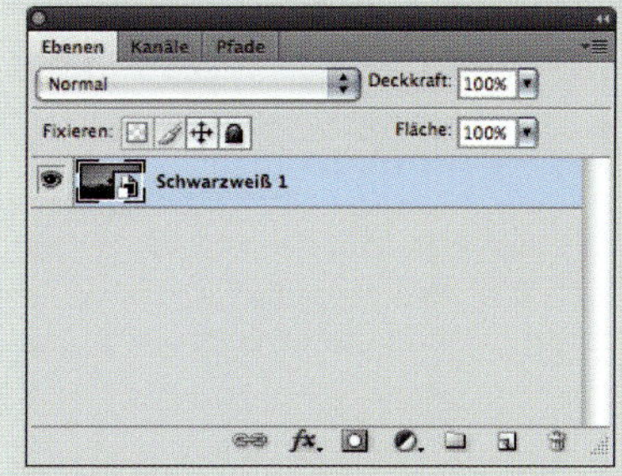

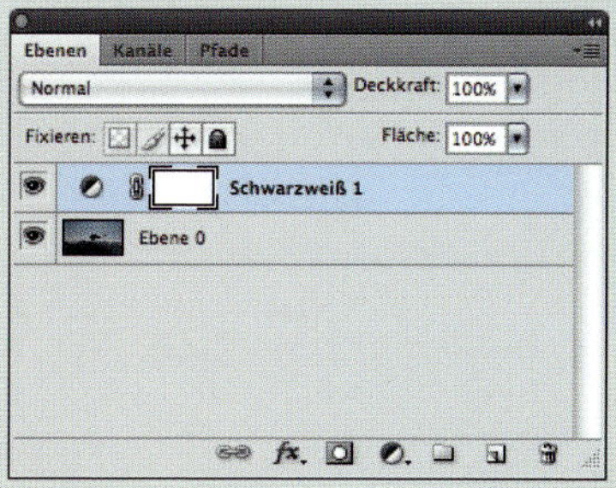

[12] Bildfeinmanipulation

Sie können an Ihrem Original alle notwendigen Bildmanipulationen wie gewohnt durchführen. Ihre Änderungen wirken sich nach dem Abspeichern direkt auf die Triplexeinstellung des Smart-Objekts aus. In diesem Beispiel werden die Lichterbereiche mittels Gradationskurve gestreckt.

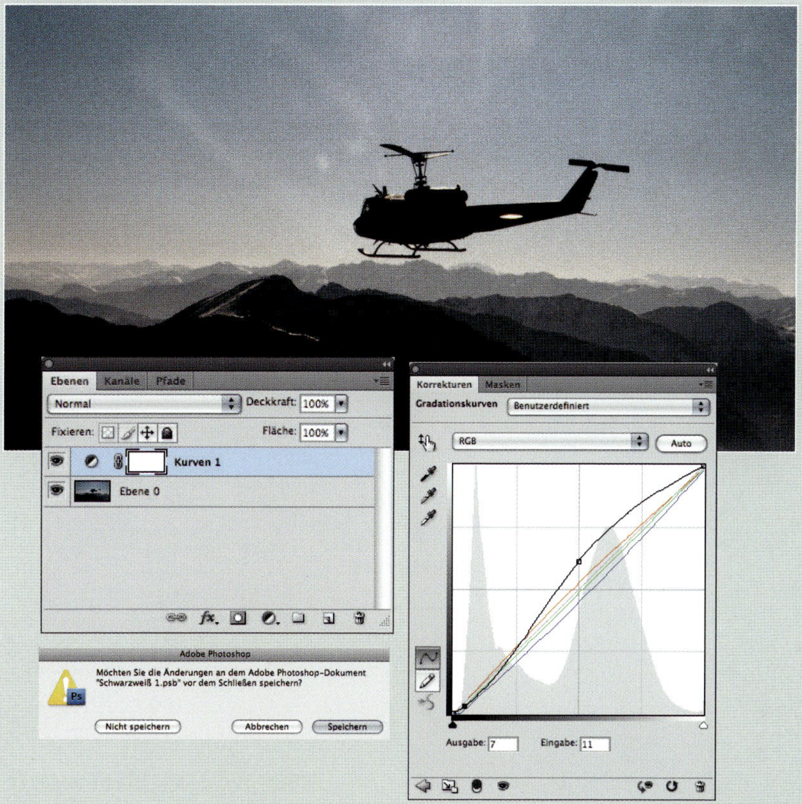

[13] Freiheit der Farbe

Die Farben im Dialogfeld *Duplex-Optionen* können jederzeit ausgetauscht werden. So wurde nachträglich das standardisierte Industrieschwarz gegen ein brillanteres *PANTONE Black 6 C* ersetzt.

Die Ergebnisse werden anziehender, wenn Sie darauf achten, dass die Druckfarbfolge von oben nach unten heller wird. Die Verstellpunkte in den Gradationskurven können Ihnen durch mutiges Verschieben grellbunte bis dezent gefärbte Ergebnisse liefern.

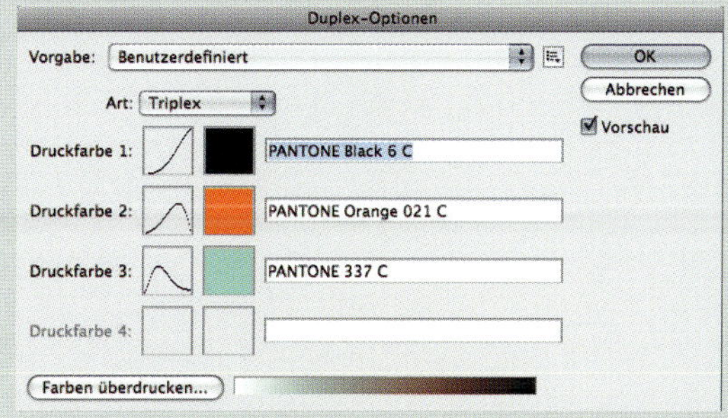

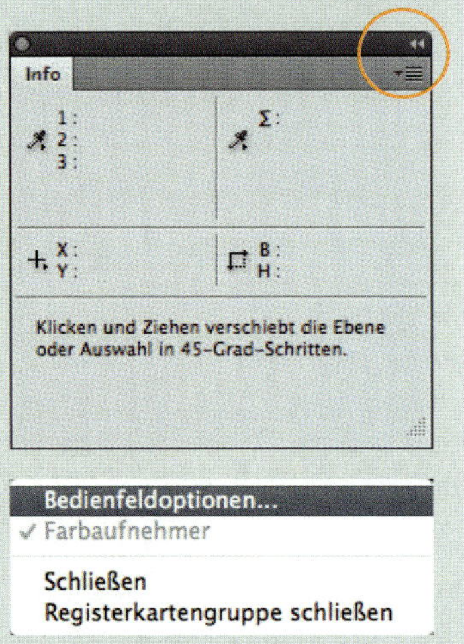

[14] Kontrolle im Bedienfeld Info

Ganz ohne Kontrolle geht es dann doch nicht. Über das Menü *Fenster/Info* öffnen Sie das Bedienfeld *Info*. Die anzuzeigenden Werte können über die *Bedienfeldoptionen* verändert werden.

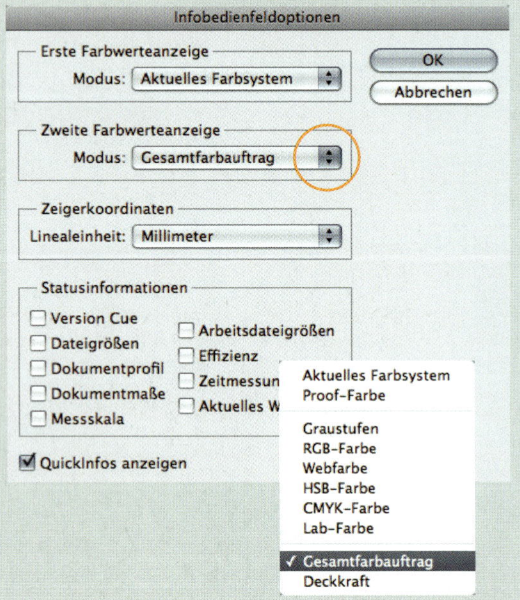

[15] Farbwertemodus

Welche Information Sie im ersten oder zweiten Anzeigefeld erhalten möchten, ist freigestellt. Nur eine davon sollte auf *Modus: Gesamtfarbauftrag* umgestellt werden.

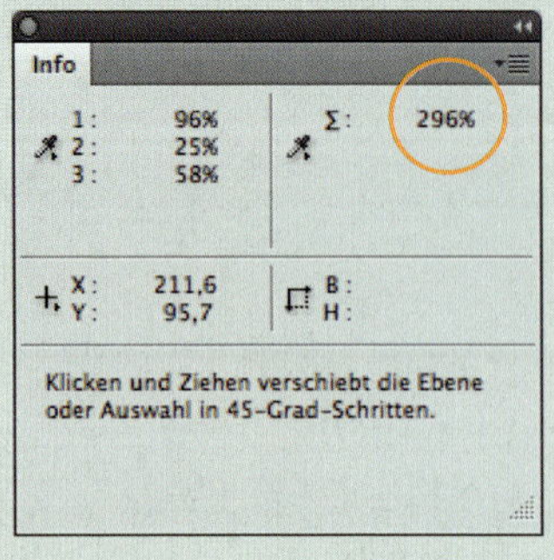

[16] Werte prüfen für den Druck

Damit der Drucker Ihr Freund bleibt, sollten Sie die Triplexeinstellungen überprüfen. Alle definierten Farben werden im Druck auf den Papierträger aufgebracht, in den dunklen Bildbereichen im ärgsten Fall dreimal zu je 100 %.

Wie viel Farbe das Papier aufnehmen kann, ist von mehreren Faktoren abhängig und kann um den Grenzwert von 250 und 280 Prozent liegen. Genaue Werte erfragen Sie am besten bei Ihrem Druckdienstleister.

[17] Selektive Korrekturen

Manipulationen der Farbnuancen in den Tonwerten können Sie leicht mit einer unsichtbaren Grauebene und dem *Abwedler-* und *Nachbelichter-Werkzeug* durchführen. Legen Sie eine neue leere Ebene an, füllen Sie sie mit *50 % Grau* und stellen die Füllmethode der Ebene auf *Ineinanderkopieren*. Durch Aufhellen oder Abdunkeln von Grauwerten können so die Farbnuancen im Bild gesteuert werden.

[18] Abspeichern der Bilddatei

Viel Auswahl bleibt nicht. Das Photoshop-eigene PSD-Format bietet sich für die Archivierung an. Zur Weitergabe und zur Einbindung von Bilddokumenten in Layoutprogramme empfehlen sich das EPS- und das PDF-Dateiformat.

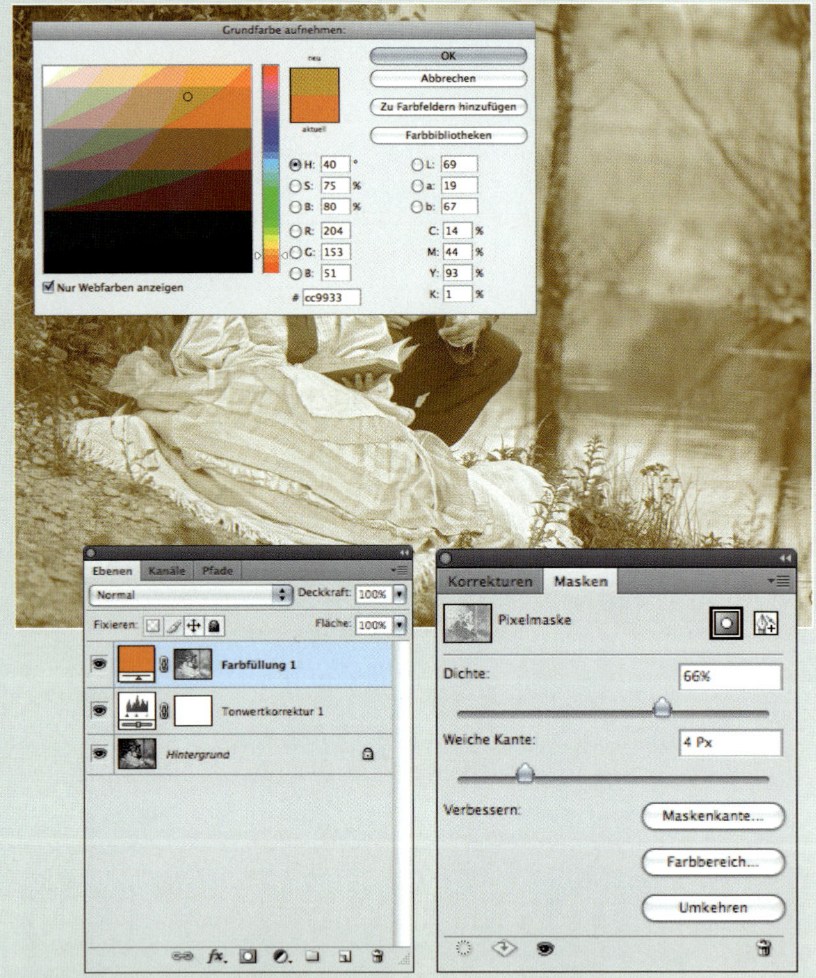

[3] Farbstich hinzufügen

Mit der aktiven Luminanzauswahl erstellen Sie im Bedienfeld *Ebenen* eine neue *Volltonfarbe*-Einstellungsebene. Wenn Sie sich vor lauter Farben nicht entscheiden können, reduzieren Sie die Farbauswahl im Farbwähler auf 256 Farben, indem Sie *Nur Webfarben anzeigen* aktivieren.

In diesem Beispiel wurde der Hexadezimalfarbwert *#cc9933* angegeben. Bestätigen Sie Ihre Farbwahl mit *OK*, und Sie finden im Bedienfeld *Ebenen* eine neue Ebene – ein Farbfeld verkettet mit einem Maskensymbol.

Tipp: Mit einem Doppelklick auf das Farbfeld öffnen Sie den Farbwähler erneut. Mit Anklicken der Maske und gedrückter [Alt]-Taste wird die Maskierung dargestellt und wieder geschlossen.

Reduzieren Sie die *Deckkraft* der Ebene auf ungefähr *30* bis *50 %*. Die Luminanzmaske kann schnell mit dem Bedienfeld *Masken* etwas angepasst werden. Um die Tonwerte noch leicht zu verstärken, versuchen Sie die Füllmethode *Multiplizieren*. Experimentieren Sie so lange, bis Sie genau die gewünschten warmgelben Farbtöne erhalten.

[4] Silberkorn vortäuschen

Um das Silberkorn alter Schwarz-Weiß-Vergrößerungen vorzutäuschen, fügen Sie mit dem Filter *Rauschen hinzufügen* einfach ein paar Störungen in das Bild ein. Damit diese Einstellung eventuell nachgeregelt werden kann, konvertieren Sie die Bildebene zuvor in ein Smart-Objekt.

Echtes Silberkorn ist allerdings nicht in allen Helligkeitsbereichen gleich verteilt. Die Körnung ist in den Mitteltönen stärker, jedoch weniger in den Tiefen und Lichtern, und es ist um einiges größer als das von Photoshop generierte Rauschen.

[5] Faltenrisse

Alte Fotos haben viel erlebt, sind vielleicht durch etliche Hände gegangen und auch selbst schon Geschichte. In den nachfolgenden Schritten wird erklärt, wie Sie einen Riss oder einen Papierknick schnell digital nachstellen können.

Ziehen Sie mit dem *Auswahlrechteck-Werkzeug* einen schmalen Bereich auf. Innerhalb dieses Bereichs wird der Riss erstellt, natürlich auf einer eigenen neuen Ebene.

[6] Auswahl füllen

Füllen Sie die Auswahl mit einem linearen Verlauf. Die Verlaufsrichtung ist nicht so wichtig. Die Standardfarben *Schwarz* und *Weiß* erhalten Sie im Farbwähler mit Drücken der Taste [D].

Für eine gerade Verlaufsausrichtung halten Sie die [Umschalt]-Taste beim Aufziehen gedrückt. Lassen Sie nun aus dem Menü *Renderfilter/Differenz-Wolken* über die Verlaufsfläche laufen.

Durch wiederholtes Anwenden des Filters errechnet Photoshop immer wieder neue Zufallsergebnisse. Für einen weißen Riss invertieren Sie das Ergebnis des Filters und stellen die Füllmethode der Ebene von *Normal* auf *Negativ multiplizieren* um.

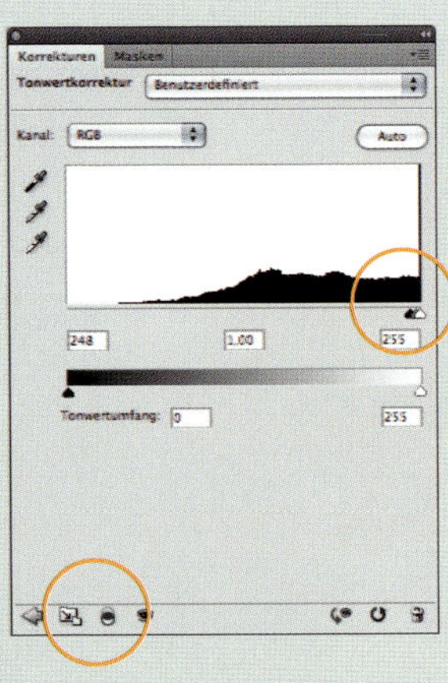

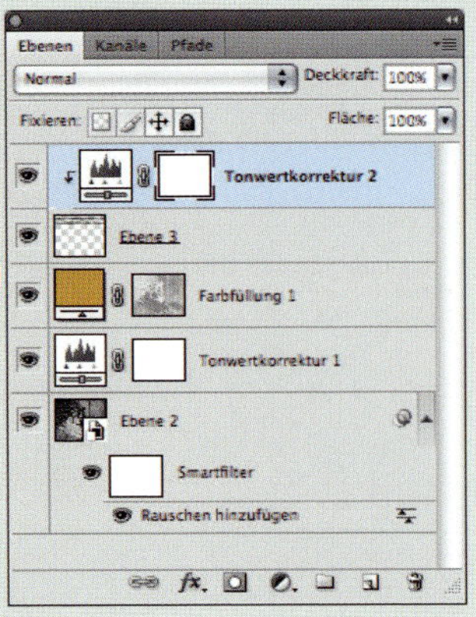

[7] Tonwerte anpassen

Damit lediglich der schmale Faltenknick oder Riss auf dem Bild zu erkennen bleibt, brauchen Sie nur noch die Tonwerte entsprechend anzupassen.

Über das Bedienfeld *Korrekturen* öffnen Sie die *Tonwertkorrektur*. Die Einstellungsebene wird automatisch im Bedienfeld *Ebenen* generiert und sollte theoretisch direkt oberhalb der Ebene mit dem Riss liegen. Wenn Sie jetzt Korrekturen an den Tonwerten vornehmen, wirken sich diese auf alle unterhalb liegenden Ebenen aus. Es soll aber nur die Rissebene angepasst werden. Klicken Sie auf das Doppelkreissymbol im Bedienfeld *Korrekturen*, und jetzt werden sich die Änderungen lediglich auf die eine direkt darunterliegende Ebene beziehen.

Je weiter Sie den schwarzen *Tonwert*regler nach rechts ziehen, desto besser wird die Risskante akzentuiert.

[8] Positionieren und transformieren

Bewegen Sie Ihre Risskante an die gewünschte Stelle im Bild. Bevor Sie aber eine Größenanpassung mittels *Transformieren* vornehmen, wandeln Sie die Ebenen in ein Smart-Objekt um. So können Sie eine Skalierung beliebig oft ohne Qualitätsverlust vornehmen.

[9] Riss definieren

Der zweite Vorteil der Smart-Objekt-Ebene ist, dass die Filteranwendungen gespeichert und nachreguliert werden können. Um die Breite der Risskante zu definieren, wenden Sie den Unscharfmaskierungsfilter an. Stellen Sie den Regler *Schwellenwert* auf *0 Stufen* und wählen Sie einen hohen *Radius* von *40 Pixeln* und eine schwache *Stärke* von *8 %*. Mit dem *Radius* bestimmen Sie übrigens die Breite des Risses. Wenn Sie die Rissebene unter die Farbfüllungsebene verschieben, wirkt sich auch hier die Tonung aus.

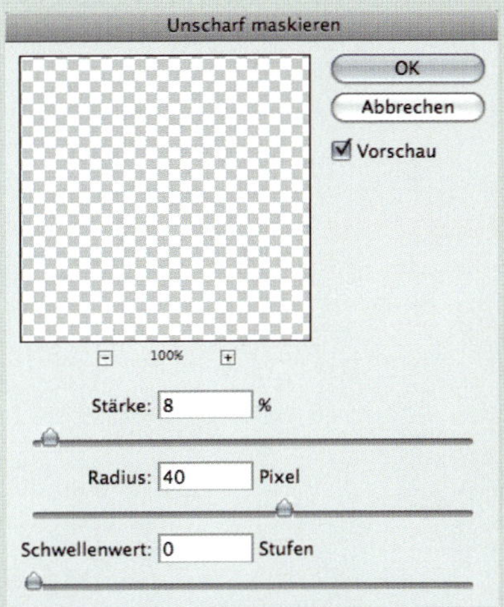

[10] Bilderrahmen anlegen

Viele alte Fotos haben einen weißen Rand. Diesen zu erstellen, zeigen die letzten Schritte in diesem Workshop auf.

Wechseln Sie in das Bedienfeld *Kanäle* und erstellen Sie einen neuen Alphakanal. Definieren Sie einen rechteckigen Auswahlbereich und füllen Sie diesen mit *Weiß*.

Zur Darstellung einer ausgefressenen Bildkante wenden Sie auf den Kantenbereich aus dem Menü *Vergröberungsfilter/Kristallisieren* an und deaktivieren die Auswahl wieder.

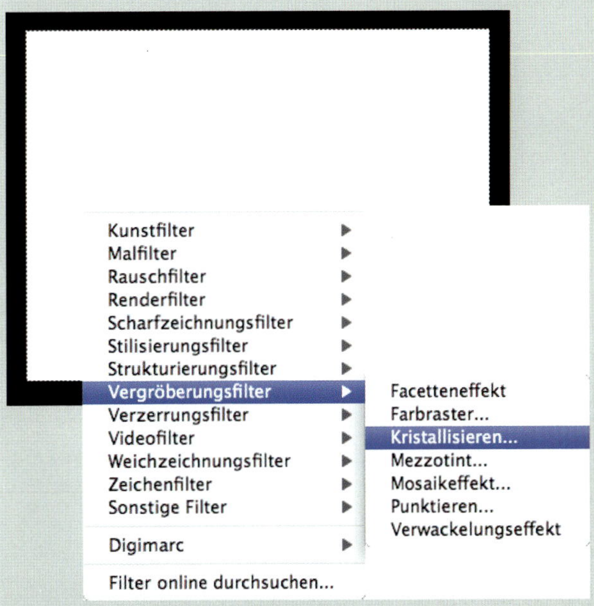

[11] Kanten kristallisieren

Der Filter *Kristallisieren* errechnet eine unregelmäßige Kante am Übergang von *Schwarz* nach *Weiß*. Mit der *Zellengröße* geben Sie die Vergröberung vor. Realistisch wirkt ein Wert unter *30*.

[12] Tiefen aufhellen

Entstehen durch das Kristallisieren graue Kantenbereiche, erreichen Sie mit *Bild/Korrekturen/Schwellenwert* eine einheitliche Schwarz-Weiß-Färbung.

Diese wunderbare Kantenform im Alphakanal muss jetzt nur noch der Bildebene zugewiesen werden und als Maske dienen. Halten Sie die [Strg]- oder [cmd]-Taste gedrückt und klicken Sie auf das Ebenensymbol des Alphakanals. Als Alternative, um eine Auswahl zu erhalten, können Sie auch das Punktkreissymbol in der Statuszeile des *Kanäle*-Bedienfelds anklicken.

Wechseln Sie in das Bedienfeld *Ebenen* und weisen Sie der Smart-Objekt-Bildebene eine Ebenenmaske zu.

Alle schwarzen Bereiche werden nun ausgeblendet. So weit, so gut. Leider kann man jetzt aber auch den nackten Hintergrund sehen. Nicht so gut.

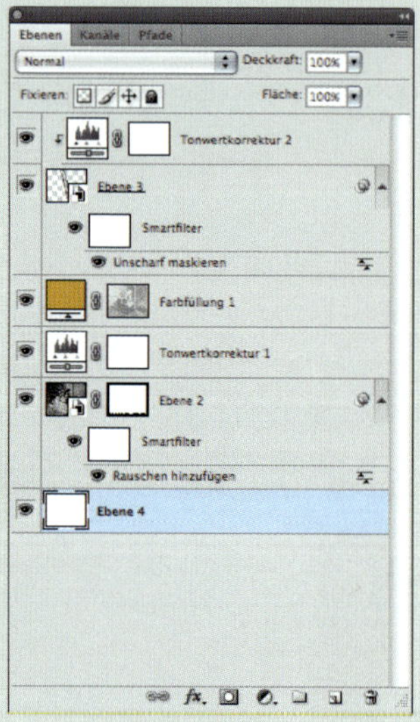

[13] Hintergrund einbeziehen

Solch einen neuen Hintergrund einzufügen ist eine leichte Übung: einfach eine neue Ebene erstellen, mit *Weiß* füllen und an unterster Stelle im Ebenenstapel platzieren. Natürlich könnte man auch eine neue Einstellungsebene des Typs *Volltonfarbe* mit hellgoldbraungelbem Papierfarbverlauf definieren.

[14] Randkantenskalierung

Wenn Sie die Kristallrandmaske nachträglich in der Größe anpassen wollen, beachten Sie, dass – neu in Photoshop CS4 – die Smart-Objekt-Ebene mit der Maske verkettet ist. Möchten Sie die Skalierung nur auf die Maske anwenden, heben Sie zuvor die Verkettung auf und markieren das Maskensymbol. Eine Skalierung würde jetzt nur die Maske tangieren.

Comicstil für Bildgeschichten

Superheldencomics gibt es viele, aber kein Comic hat einen so markanten Stil wie Sin City von Frank Miller: Düster, brutal, nervenzerfetzend spannend. Mit der Kinoverfilmung wurde der eigenwillige Stil zum Markenzeichen und weltberühmt. Hier ein Workshop für Ihre eigenen Bildergeschichten.

(Foto: Katharina Haak)

Die Zutaten: *Als Ausgangsbilder dienen eine RAW-Datei, die als Smart-Objekt in Photoshop geöffnet wird, und eine Citypanoramaaufnahme. An beiden Aufnahmen wurden nur eine Grundretusche und eine Farbkonvertierung (8-Bit-Farbmodus sRGB) durchgeführt. Damit für die Nachbearbeitung alle Anwendungen justierbar bleiben, wird auch die Panoramaaufnahme in ein Smart-Objekt konvertiert. Die folgenden Filteranwendungen werden dadurch als* **Smartfilter** *in der Ebene aufgelistet.*
Jedem Bild können Sie mit diesem Workshop eine grafische Comicwirkung verleihen. Bevorzugen Sie lieber den gewohnten farbigen Look, verzichten Sie einfach auf die Graustufenkonvertierung.

[1] **Filterkunst**

Die Reduzierung auf ein paar wenige Farbflächen erhalten Sie schnell über das Menü *Kunstfilter/Farbpapier-Collage*. Den Grad der Verfremdung, die Motivabstraktion, bestimmen Sie mit dem mittleren Regler. Sie erzielen mit den Werten *8*, *3* und *1* bei den meisten Bildern schon ganz gute Ergebnisse.

[2] **Farbflächenkanten**

Für die Abgrenzung der Farbflächen durch schwarze Kanten ist *Kunstfilter/Tontrennung & Kantenbetonung* mit *2*, *1* und *3* ein guter Ansatz. Mithilfe der Smart-Objekt-Ebene finden Sie schnell Ihren eigenen abstakten Comicstil.

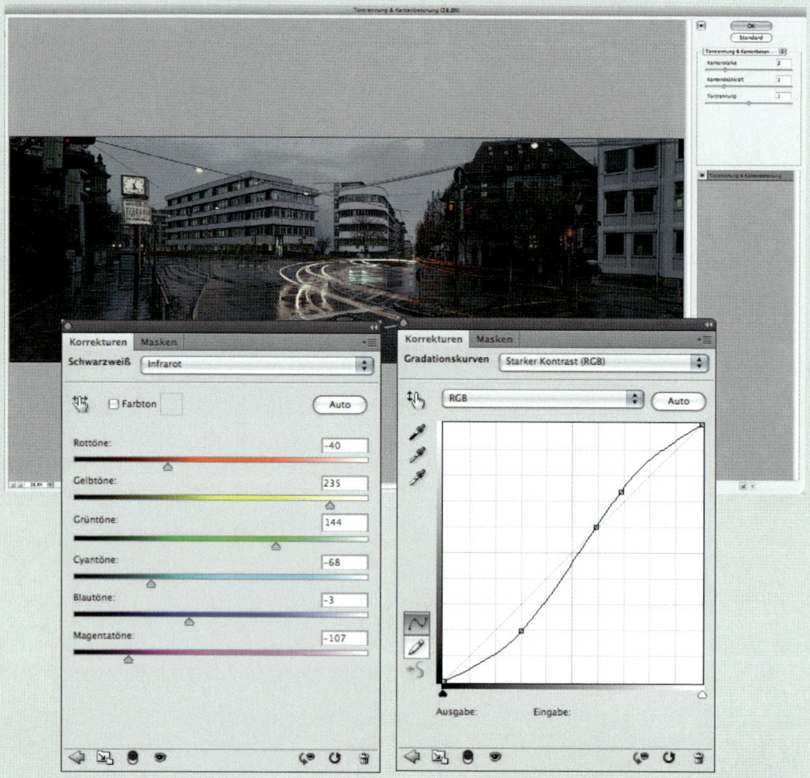

[3] Graustufen und Kontrast

Um an die Schwarz-Weiß-Optik von Frank Miller anzuknüpfen, wurde das Hintergrundmotiv mit der Einstellungsebene *Schwarzweiß* bearbeitet. Die Voreinstellung *Infrarot* bietet einen schönen, harten Kontrast.

Anschließend erfolgen noch ein paar Experimente mit den *Gradationskurven*. Die Voreinstellung *Starker Kontrast* dient als Vorlage.

Nun können Sie wieder Ihren optimalen Look finden. Durch Verschieben der Farbregler im Bedienfeld *Korrekturen* von *Schwarzweiß* verändern Sie die Grauwerte am einfachsten. Für eine Kontrastoptimierung dienen die *Gradationskurven*.

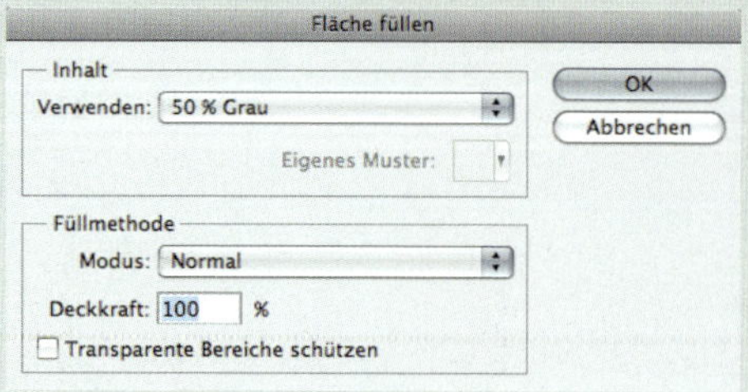

[4] Regentanz

Es fehlt noch der virtuelle Regen im Bild. Erzeugen Sie das schlechte Wetter auf einer neuen Ebene und füllen Sie diese komplett mit *50 % Grau*. Da im nächsten Schritt noch eine maximale Störung über diese Ebene gelegt wird, ist die Füllfarbe eigentlich egal. Wichtig ist, dass die Fläche gefüllt wird, da sonst der *Rauschfilter* nicht angewendet werden kann.

[5] Weiches Rauschen

Lassen Sie auf diese Fläche maximale monochrome Störungen wirken und die kleinen Dots etwas weichzeichnen. Dadurch werden die Regenschlieren ein wenig dicker.
Damit der Regen nicht zu gleichmäßig wirkt, empfiehlt es sich, zwei Regenebenen mit leichten unterschiedlichen Einstellungen einzurichten. Lassen Sie das Weichzeichnen bei der zweiten Regenebene einfach weg.

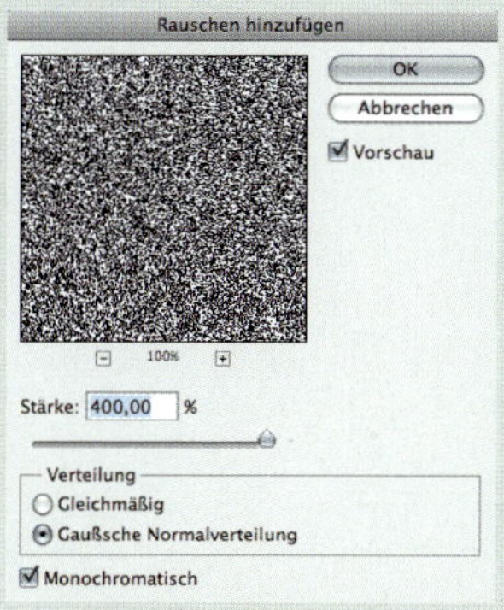

[6] Feine Streifen

Damit die schwarz-weißen Pixel wie Regenschlieren aussehen, werden sie mit dem Filter *Weichzeichnungsfilter/Bewegungsunschärfe* bearbeitet. Geben Sie einen *Winkel* von *90* Grad und einen *Abstand* von *999 Pixeln* an. Wiederholen Sie die Filterwirkung, bis die feinen Linien über die ganze Fläche reichen.

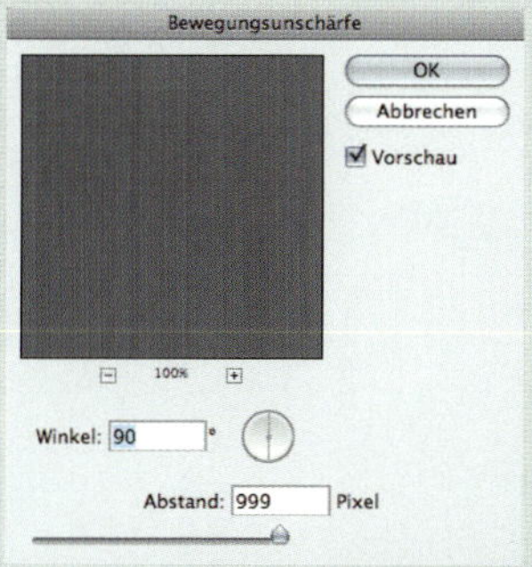

[7] Fallrichtung für Regentropfen

Möchten Sie nachträglich die Fallrichtung bestimmen, rufen Sie die Funktion *Transformieren/Verzerren* auf. Neigen Sie die Regenfläche und skalieren Sie sie über die ganze Bildfläche.

[8] Strichmenge definieren

Mit der *Tonwertkorrektur* reduzieren Sie die Niederschlagsmenge. Orientieren Sie sich hierbei an den abgebildeten Werten. Zwei oder mehrere Regenebenen können Sie mit der Füllmethode *Negativ multiplizieren* überlagern.
Experimentieren Sie mit den verschiedenen Füllmethoden und der *Deckkraft*. Weitere Unregelmäßigkeiten können erzeugen Sie mit dem *Nachbelichter-Werkzeug*.

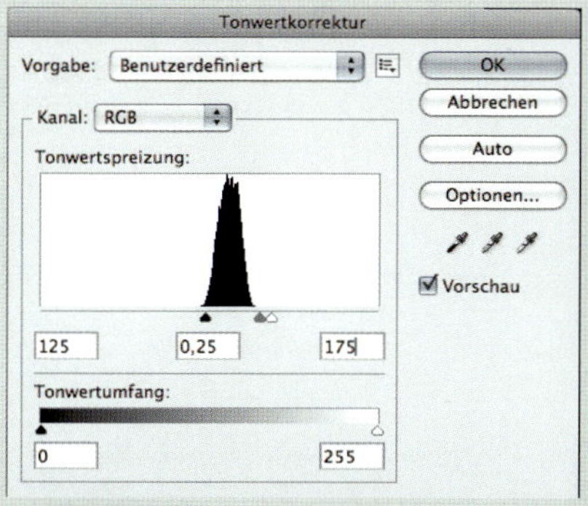

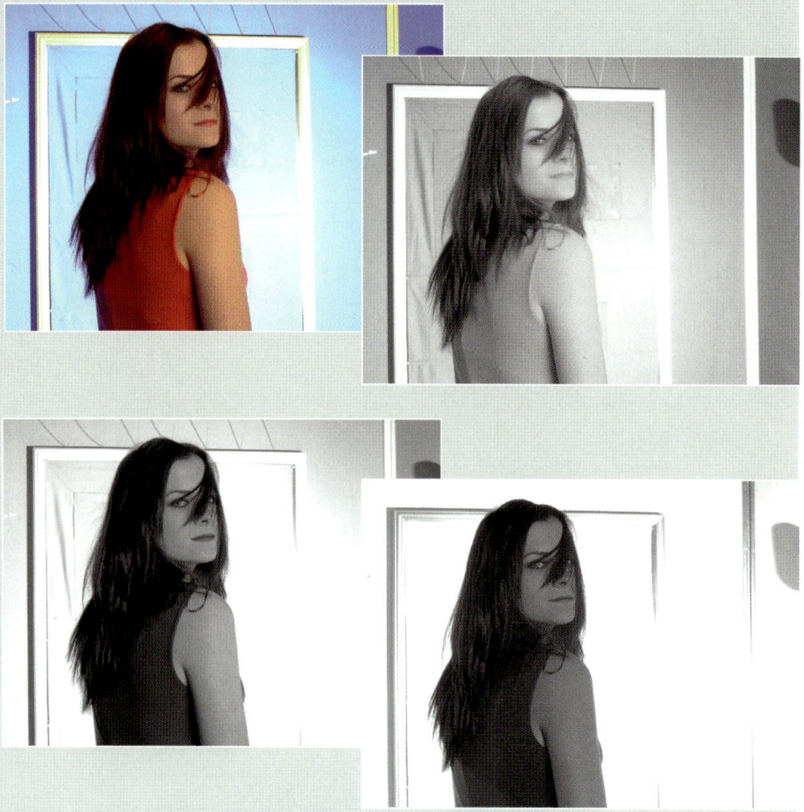

[9] Porträt vorbereiten

In den nachfolgenden Schritten wird das Porträt im Wesentlichen mit den gleichen Filtern und Effekten behandelt und in den Hintergrund eingearbeitet. Zu Beginn wird es jedoch mit einer Kanalmaske schnell freigestellt.

Öffnen Sie das Porträt und schauen Sie sich die Kanäle an. Wenn Kanäle mit einem guten Kontrast vorliegen, können sie zur Herstellung einer Silhouette dienen, mit der das Motiv isoliert werden kann. Hier haben sowohl Grünkanal als auch Blaukanal einen guten Kontrast.

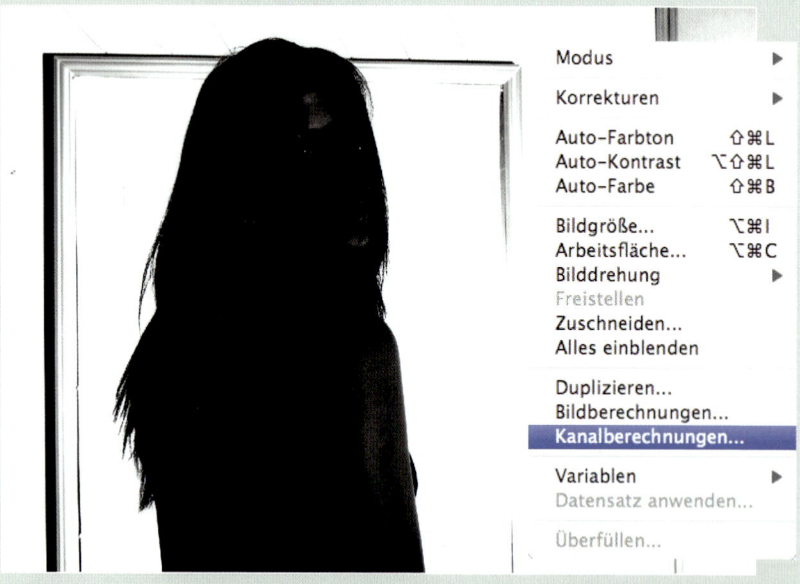

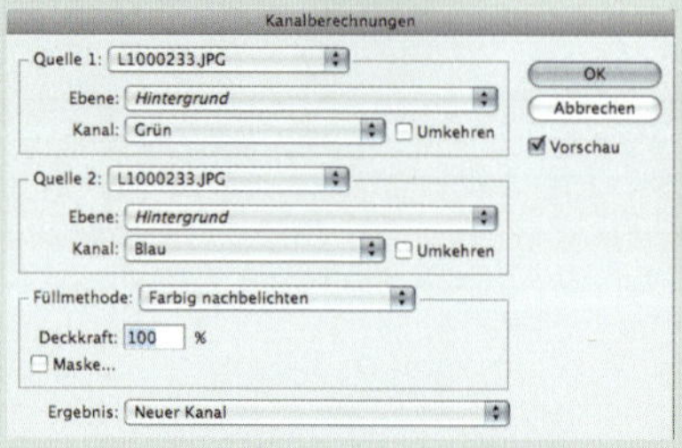

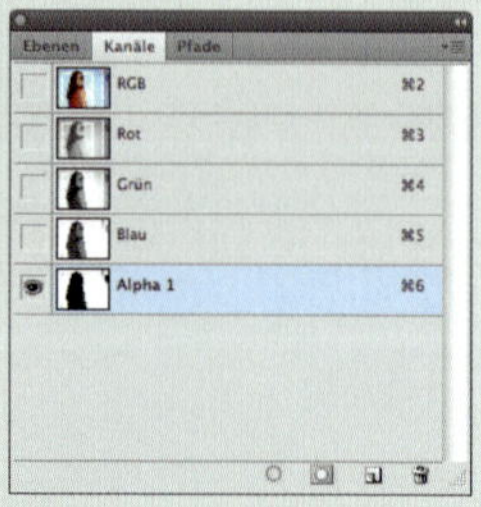

[10] Dunkle Kanäle

Erzeugen Sie über *Bild/Kanalberechnungen* einen neuen Alphakanal, indem Sie als *Quelle 1* den Grünkanal angeben und für *Quelle 2* den Blaukanal. Mit der *Füllmethode: Farbig nachbelichten* erhalten Sie eine kräftige Silhouette.

[11] Freistellmaske erzeugen

Noch dunkelgraue Bereiche im Motiv schwärzen Sie schnell mit dem *Nachbelichter-Werkzeug*. Definieren Sie in der Optionsleiste als Wirkungsbereich die *Tiefen*. So können Sie auch mal über den Rand hinaus ins Weiße malen.

Als Nächstes invertieren Sie den Alphakanal, und der weiße Hintergrund ist fast schwarz. Auch hier wird jetzt mit dem *Nachbelichter-Werkzeug* alles nachgeschwärzt. Für hartnäckige Stellen nehmen Sie das *Pinsel-Werkzeug* zur Hilfe.

Markieren Sie den Alphakanal. Mit einem Klick auf den gepunkteten Kreis unten im Bedienfeld *Kanäle* erhalten Sie eine Auswahl des Inhalts – die Motivsilhouette.

Mit *Pixelmaske auswählen* im Bedienfeld *Masken* können Sie die Motivebene abmaskieren. Die Auswahl wird automatisch verrechnet und die Hintergrundebene umbenannt.

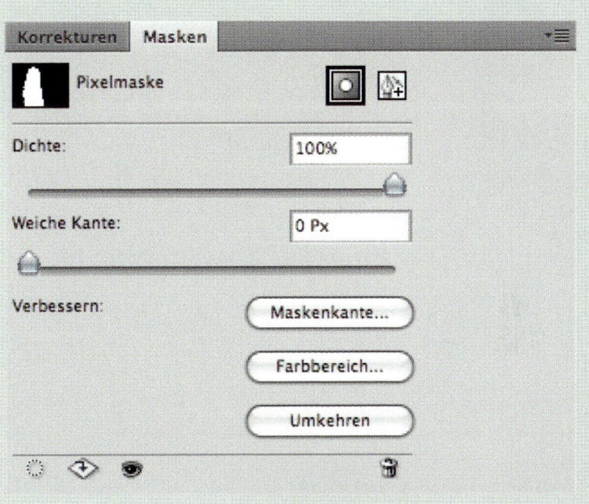

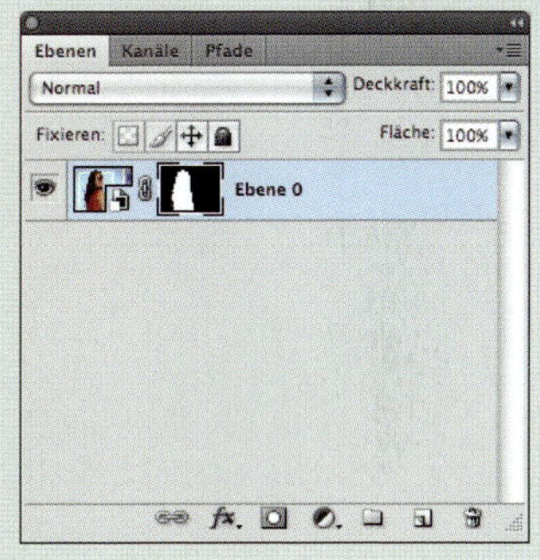

[12] Comicstil

Erzeugen Sie jetzt bei diesem Bild einen Comiceffekt, als Erstes gemäß Schritt 2 mit *Kunstfilter/Farbpapier-Collage*.

[13] Schwarz-Weiß-Mischung

Für die Graustufenumwandlung wählen wir hier den Weg über den *Kanalmixer*, weil durch die Kanalgewichtungen die Haut schön hell gehalten werden konnte.

[14] Motive kombinieren

Kopieren Sie das freigestellte Motiv mit allen dazugehörigen Einstellungsebenen in das Citymotiv hinüber.

Tipp: Im Standardbildschirmmodus können Sie die zu kopierenden Ebenen per Drag and Drop auf die Registerkarte ziehen, kurz halten – es öffnet sich das angewählte Dokument – und dann die Ebenen im Dokument fallen lassen.

Platzieren und skalieren Sie Ihr Motiv. Auch hier profitieren Sie von dem Smart-Objekt, weil Sie auch bei mehrmaligem Skalieren immer vom Original ohne Qualitätsverlust transformieren.

[15] Farbbereich auswählen

Als Nächstes wird die rote Farbfläche vom Kleid als Blickfang übernommen. Wenn Sie die Sichtbarkeit der *Kanalmixer*-Einstellungsebene ausschalten, haben Sie wieder das farbige Motiv vorliegen. Mit der Auswahlfunktion *Farbbereich* können Sie die rote Fläche schnell mit der Plus-Pipette zu einer Auswahl zusammenklicken.

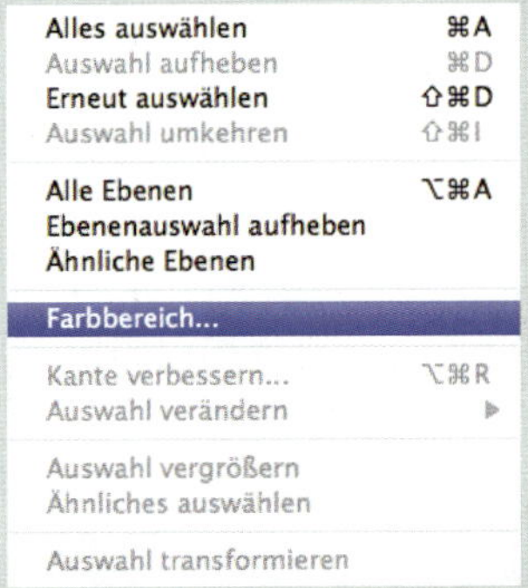

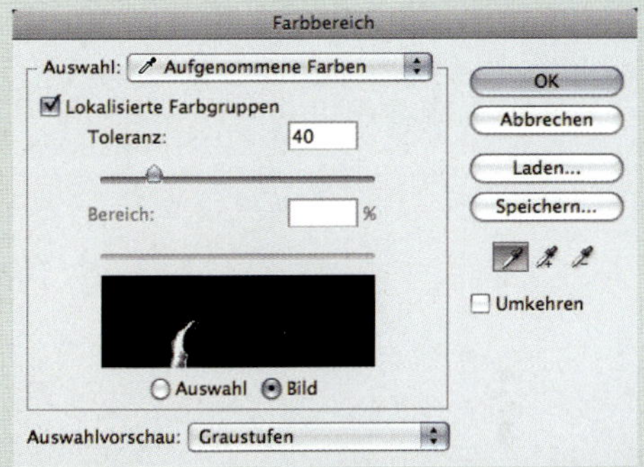

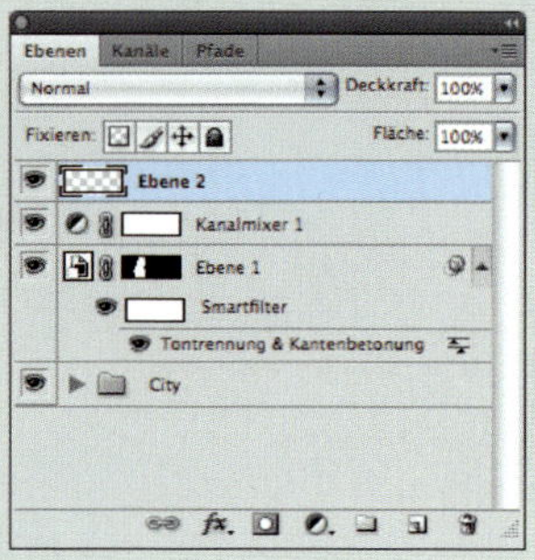

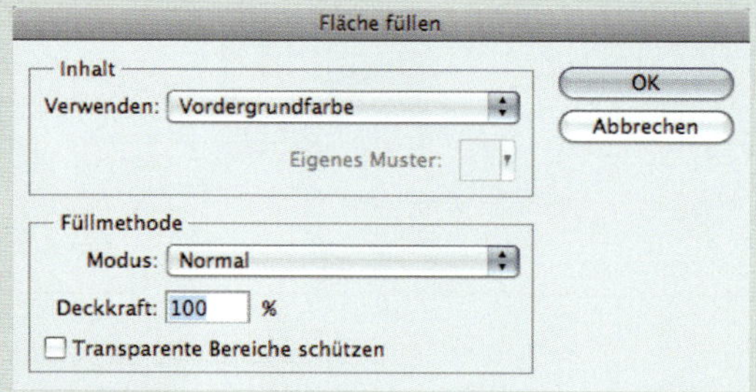

[16] Eyecatcher

Erstellen Sie eine neue leere Ebene und stellen Sie die Füllmethode der Ebene auf *Farbe* um. Danach füllen Sie den Auswahlbereich mit der Vordergrundfarbe oder einer Signalfarbe nach Wahl.

Kleinere Stellen, die in der Auswahl der Farbaufnahmepipette nicht mit erfasst wurden, malen Sie mit dem *Pinsel-Werkzeug* nach. Andere eingefärbte Bereiche können mit dem *Radiergummi-Werkzeug* gelöscht werden. Anschließend regulieren Sie die *Deckkraft* der Ebenen ein.

[17] Sepiatouch

Das ganze Arrangement bekommt als finalen Touch noch eine leichte Braunfärbung, entweder als Sepia-Fotofilter oder mit den Gradationskurven und den individuellen Farbkanalkurven, wie rechts zu sehen ist. Damit wird die Braunfärbung nur in den helleren Mitteltonbereichen wirksam.

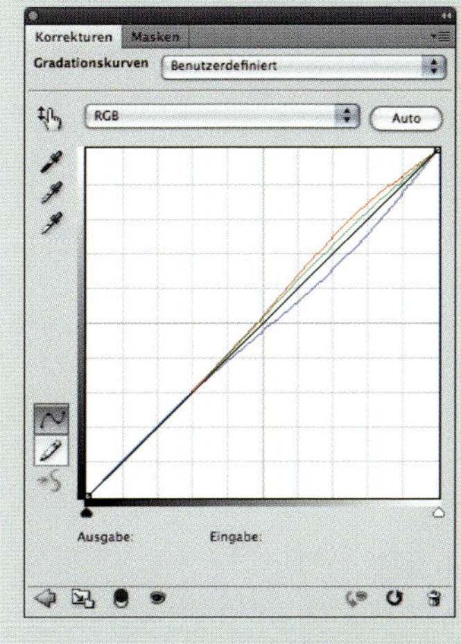

[18] Ebenenreihenfolge sortieren

Zum Schluss müssen die Ebenen noch sortiert werden: Das Comic-Girl steht noch nicht im Regen. Schieben Sie es deshalb mindestens eine Regenebene nach oben.

Eine Einstellungsebene wirkt immer auf alle darunterliegenden Ebenen, so auch die *Kanalmixer*-Ebene. Wandeln Sie diese daher zu einer eingeschobenen Einstellungsebene um. Hierzu klicken Sie bei gedrückter [Alt]-Taste auf die Trennlinie der beiden Ebenen oder auf den Doppelkreis des *Korrekturen*-Bedienfelds.

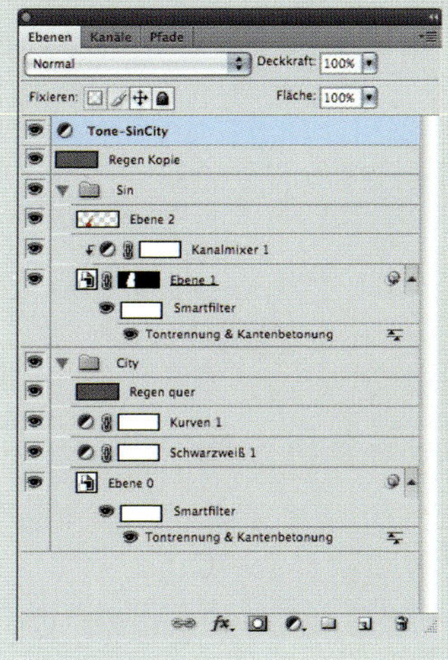

Schwarz-Weiß-Konvertierung

Seit Einführung der Schwarz-Weiß-Korrektur ist es mit Photoshop ein Kinderspiel, aus einem Farbfoto ein individuelles, gut konvertiertes Graustufenbild zu zaubern.

Vorher: *Die Schwierigkeit, ein farbiges Spektrum in eine tonwertdifferenzierte Schwarz-Weiß-Umsetzung zu verwandeln, liegt darin, dass manche Farben einen identischen Grauwert darstellen. So können bunte Flächen in einer Schwarz-Weiß-Interpretation zu einer Graufläche verschmelzen.*

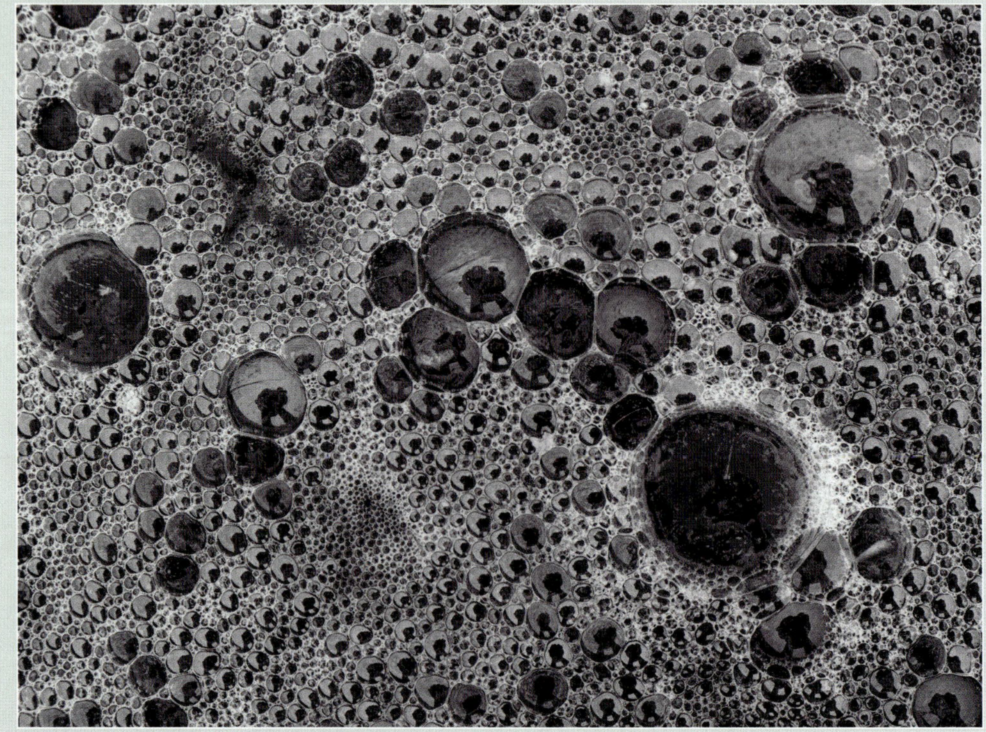

Nachher: *Bei der Schwarz-Weiß-Interpretation können die Helligkeitswerte der Farben so verändert werden, dass die Grauflächen nicht nur einen guten Kontrast zueinander aufweisen , sondern auch den Farbwerten entsprechende Helligkeitspriorität besitzen.*

[1] Schwarz-Weiß-Einstellungsebene anlegen

Der Vorteil, über eine Einstellungsebene das Bild nach Schwarz-Weiß zu konvertieren, liegt in der non-destruktiven Arbeitsweise. Das Original bleibt unverändert, und nur durch eine Korrekturebene wird die Darstellung entsprechend neu interpretiert. Solche Einstellungsebenen werden jetzt in CS4 automatisch durch Aktivierung einer Korrektur aus dem neuen Bedienfeld *Korrekturen* heraus angelegt.

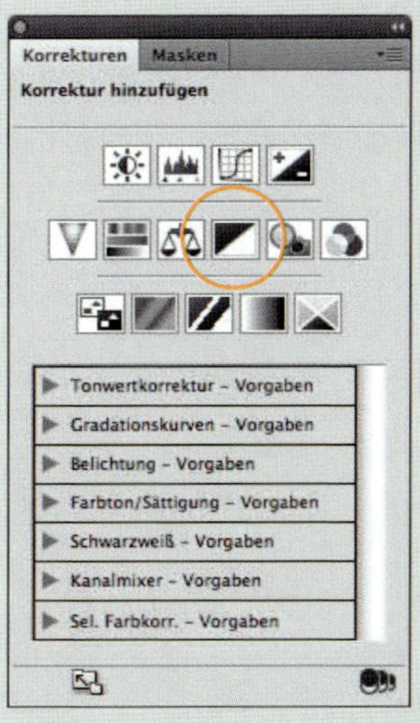

[2] Schwarz-Weiß-Basis

Mit Klick auf die Schaltfläche *Auto* im Bedienfeld *Korrekturen/Schwarzweiß* wird das Motiv auf der Grundlage seiner Farbwerte als Graustufenbild neu interpretiert. Die automatische Mischung erzeugt schon ganz gute Ergebnisse.

Die Möglichkeit, die Konvertierung mit den *RGBCMY*-Farbreglern anzupassen, liefert Ihnen jedoch ganz individuelle Ergebnisse, wobei Ihnen der Balken an den Farbreglern anzeigt, wie hell oder dunkel die Farbe im Bild als Grauwert erscheinen wird.

Ebenfalls ganz gute Ausgangsvarianten bieten die vordefinierten Graustufenmischungen, die im Listenfeld angeboten werden.

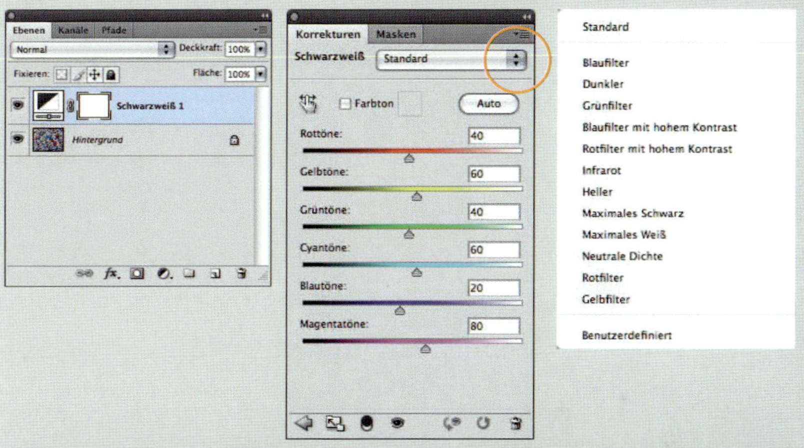

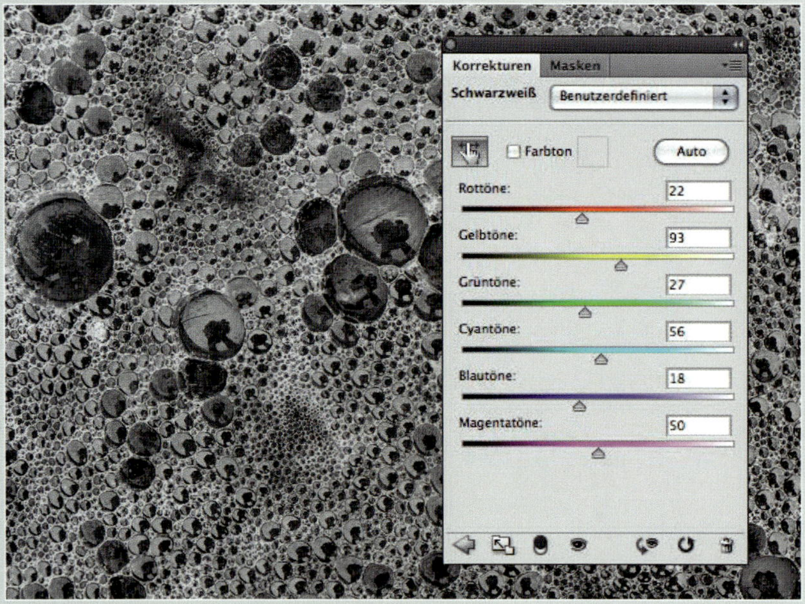

[3] Graustufen variieren

Eine recht attraktive Kontrolle der Grauwerte bietet die Möglichkeit, durch Klicken und Ziehen im Bilddokument direkt den Grauwert zu verändern. Der Mauszeiger verwandelt sich dabei in eine Pipette. Wenn Sie jetzt über dem zu verändernden Farbbereich die Maustaste gedrückt halten und ziehen, können Sie diesen Farbwert direkt aufhellen oder abdunkeln.

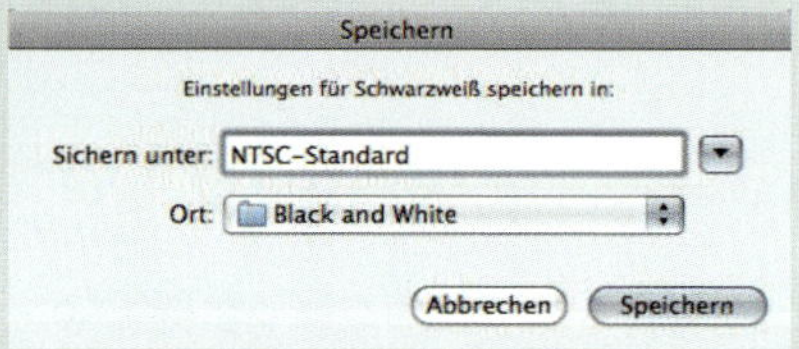

[4] Graustufenwerte speichern

Die Einstellungsebene *Schwarzweiß* ist wirklich eine wunderbare Hilfe, um ganz leicht die richtigen Graustufenwerte für Ihr Motiv zu finden. Diese ermittelten Werte können ebenso leicht abgespeichert werden, um sie später auf andere Bildmotive zu übertragen. Neben dem Listenfeld mit den Vorgaben öffnen Sie über das kleine Symbol das Kontextmenü *Speichern*.

Geben Sie Ihren Einstellwerten einen Namen und schließen Sie das Kontextmenü mit Klick auf die Schaltfläche *Speichern*. Ihre Werte finden Sie dann direkt bei den Vorgaben wieder.

[5] Graustufen eineichen

Schwarz-Weiß ist keine neue Erfindung von Photoshop. Schon in den Fünfzigerjahren, bei Einführung des Fernsehers, haben sich kluge Köpfe in Amerika gefragt, wie Farben in Schwarz-Weiß korrekt wiedergegeben werden können – damit beispielsweise ein leuchtendes Gelb auch im Graustufenmodus als hellste Farbe zu erkennen ist und ein Blau nahezu am Ende der Grauskala angesiedelt wird.

Sie entwickelten einen Standard, der auch heute noch seine Gültigkeit besitzt und als NTSC-Fernsehnorm bekannt wurde. Hier wurde definiert, dass die Farben RGB einen Helligkeitswert von insgesamt 100 % besitzen. Davon entfallen 30 % auf Rot, 59 % auf Grün und 11 % auf Blau.

Die anteiligen Werte der Komplementärfarben kumulieren sich aus den Grundfarben: Rot + Grün = 89 % Gelb, Grün und Blau = 70 % Cyan, Blau + Rot = 41 % Magenta.

Übertragen Sie diese Werte in die Eingabemasken der Farbregler und speichern Sie das unter *NTSC-Standard* ab. So können Sie jeder Bildfarbe schnell die richtigen Normgrauwerte zuweisen.

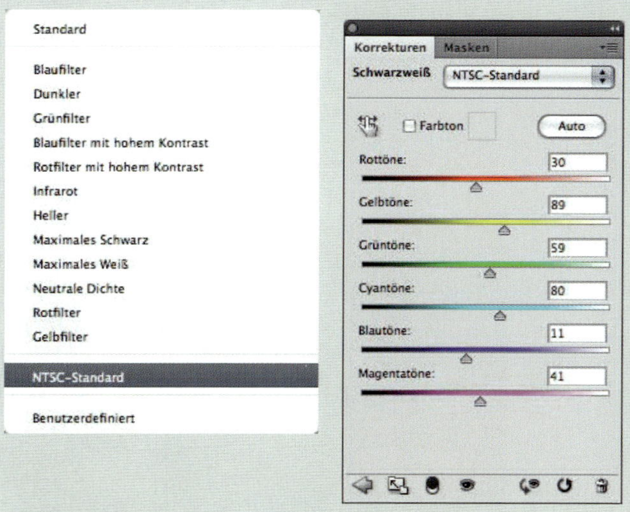

[6] Füllmethode Differenz

Ein weiteres Experiment: Wechseln Sie die Füllmethode der Ebene von *Normal* auf *Differenz* – auch diese Farbvariante führt zu nicht ganz uninteressanten Ergebnissen.

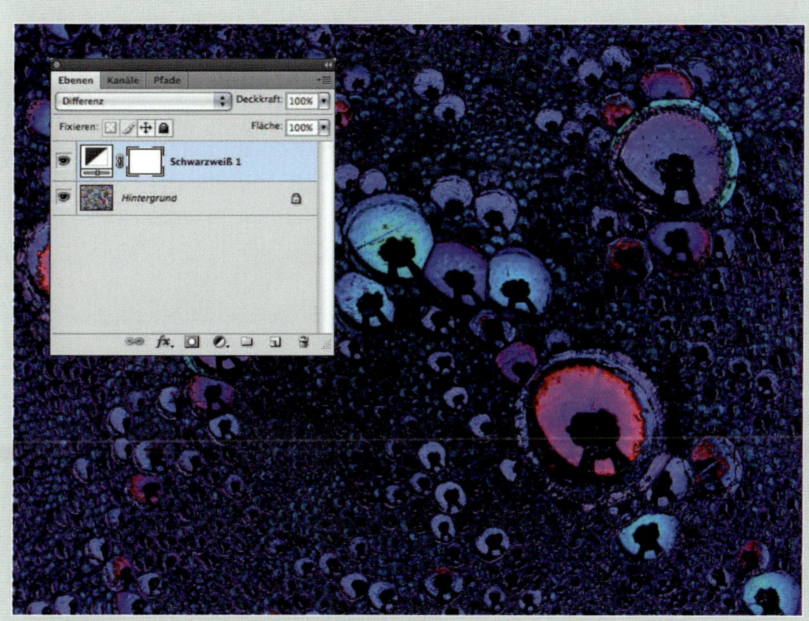

Kreativ in Schwarz-Weiß

In diesem Kurz-Workshop zeigen wir Ihnen, wie Sie Farbbilder einfach und schnell in Schwarz-Weiß umwandeln und dabei Ihrer Fantasie freien Lauf lassen können.

Vorher: *Ein spannendes Bild, aber leider mit deutlichem Rotstich. Mögliche Rettungsmaßnahmen: Farbkorrektur oder Schwarz-Weiß-Umwandlung.*

Nachher: *Die Schwarz-Weiß-Konvertierung hat der Aufnahme gut getan. Auch ohne Farben verliert das Foto weder an Kraft noch an Stimmung.*

[1] Alternative Schwarz-Weiß-Umwandlung

Um die Farbinformationen in Schwarz-Weiß umzurechnen, gibt es nach wie vor natürlich auch die altbewährte Methode über die Einstellungsebene *Kanalmixer*. Der Vorteil liegt hier in der unterschiedlichen Gewichtung der RGB-Informationen. Gewichten Sie weit über den 100-%-Bereich hinaus, erhalten Sie interessante Schwarz-Weiß-Berechnungen.

Öffnen Sie die Einstellungsebene im Bedienfeld *Korrekturen*. Aktivieren Sie das Optionsfeld *Monochrom*, und das Motiv wird in der Standardgraustufenverrechnung angezeigt. Es hilft Ihnen vielleicht, als Ausgangsbasis eine der Preset-Variationen auszuprobieren.

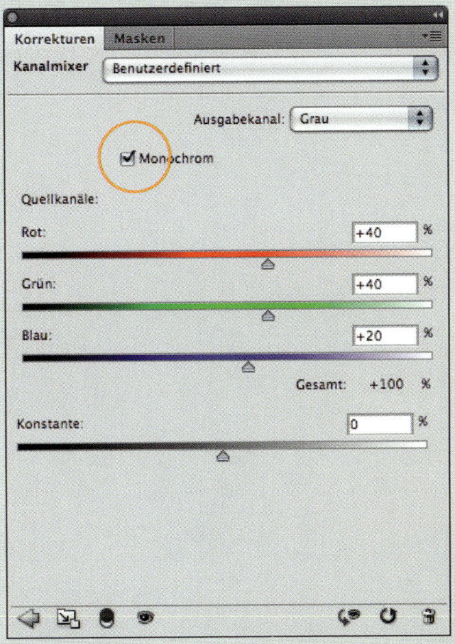

[2] Kreatives Mixen

Um keine Bilddetails zu verlieren, sollte die Gesamtsumme der Kanalgewichtungen im Idealfall bei *+100 %* liegen. Für über- oder unterbelichtete Bilder besteht jedoch hier die Möglichkeit, korrigierend zu manipulieren. Ihre bevorzugten Kanaleinstellungen können Sie auch hier abspeichern und bei nachfolgenden Bearbeitungen bequem über das Listenfeld *Kanalmixer* wieder abrufen. Klicken Sie zum Speichern auf das kleine Optionensymbol oben rechts im Bedienfeldbereich.

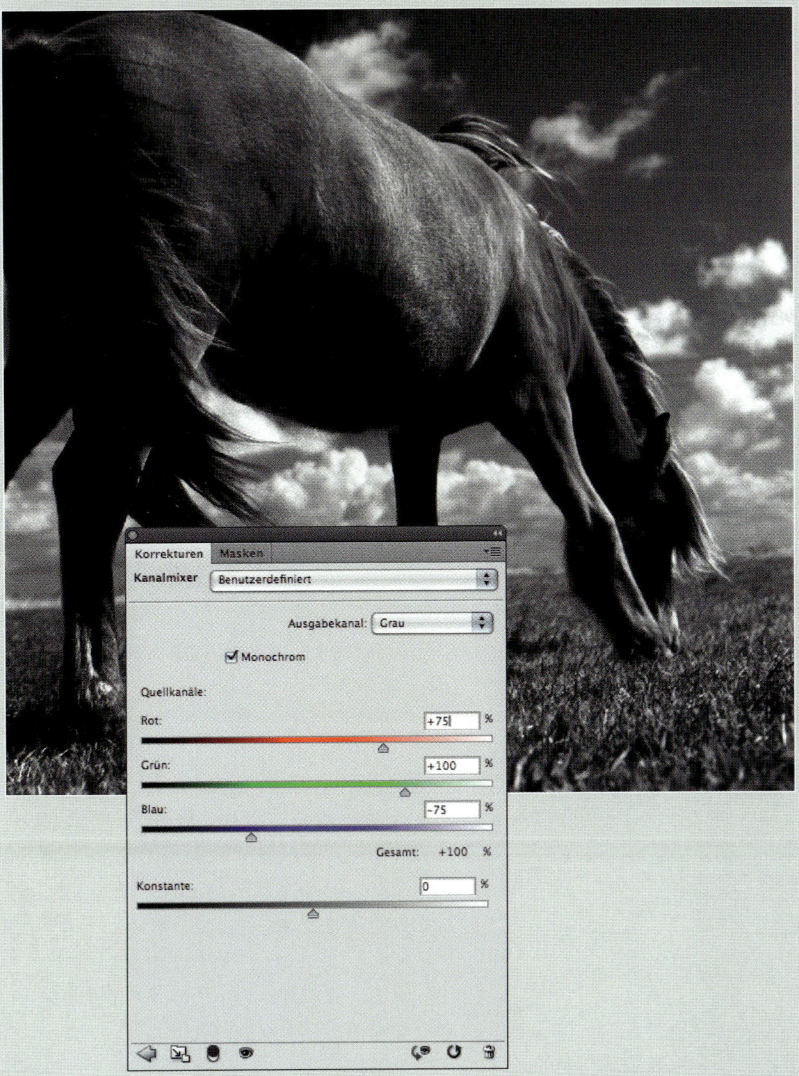

Partielles Tonen

Das Umfärben von Bildteilen ist wirklich sehr einfach. Es erfordert nur eine ruhige Hand beim Ausmalen der Details. Das Ergebnis hat einen ganz eigenen Charme und hebt einzelne Bildinhalte hervor.

Von Farbe nach Schwarz-Weiß

[1] Umwandlungsebene anlegen

Erstellen Sie im Bedienfeld *Ebenen* eine neue leere Ebene und stellen Sie die Füllmethode auf *Farbe* um.

[2] Graustufen malen

Es ist gut zu wissen, dass das *Pinsel-Werkzeug* immer mit der Vordergrundfarbe malt. Wenn diese zuvor mit *Schwarz* belegt wurde, werden alle übermalten Bildstellen in Schwarz-Weiß dargestellt. Die Pinselspitze können Sie auch per Taste anpassen: Die [#]-Taste vergrößert den Pinseldurchmesser, und mit der [Ö]-Taste sollte er wieder schrumpfen.

Haben Sie einmal über den Rand hinaus gemalt, können Sie mit dem *Radiergummi-Werkzeug* die betroffenen Stellen wieder löschen.

Da die Graustufenumwandlung durch eine eigene Ebene umgesetzt wird, arbeiten Sie auch hier non-destruktiv. Ihr Bild wird nicht verändert, und Sie können mit einer leichten Reduzierung der Deckkraft einen zarten Farbstich ins Grau hineinlegen. So entsteht kein so krasser Aufmerksamkeitsfokus.

Schwarz-Weiß in Farbe

[1] Umgekehrter Weg

Haben Sie den umgekehrten Fall vorliegen – ein Graustufenbild – und möchten mit einem Farbfleck den Aufmerksamkeitsfokus steuern, starten Sie auch hier mit einer neuen Ebene und der Füllmethode *Farbe*.

[2] Farbtuning

Vergewissern Sie sich, dass sich das Dokument auch in einem Farbmodus befindet. Der ideale Modus zur Kolorierung ist der Modus *Lab-Farbe*, weil hier die Farben von den Helligkeitswerten getrennt sind.

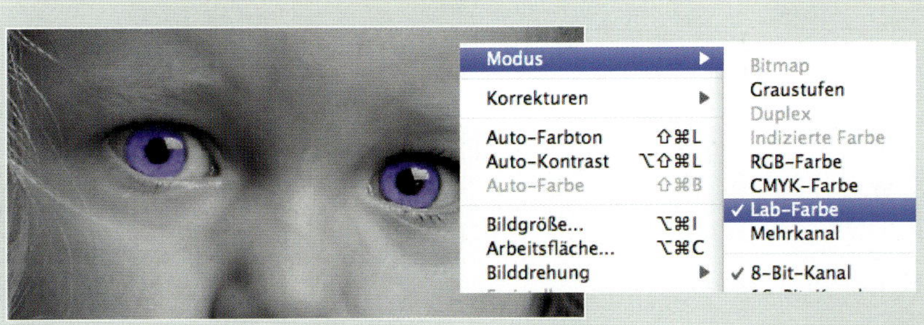

[3] Selektiv nachkolorieren

Wählen Sie eine Vordergrundfarbe und passen Sie die Pinselspitze den auszumalenden Details an. Wenn Sie mit einer verringerten *Deckkraft* arbeiten, verstärken Sie die Wirkung durch mehrfaches Übermalen. In der Optionsleiste des *Pinsel-Werkzeugs* finden Sie auch die Airbrush-Malfunktion.

Legen Sie für jede neue Farbe eine eigene Ebene an. Auf diese Weise behalten Sie alle Optionen für eine nachträgliche Feinabstimmung, zum einen in der Deckkraftreduzierung, zum anderen in der Beeinflussung durch eine Einstellungsebene. So können Sie die genaue Farbabstimmung zum Beispiel auch nachträglich über *Farbton/Sättigung* durchführen.

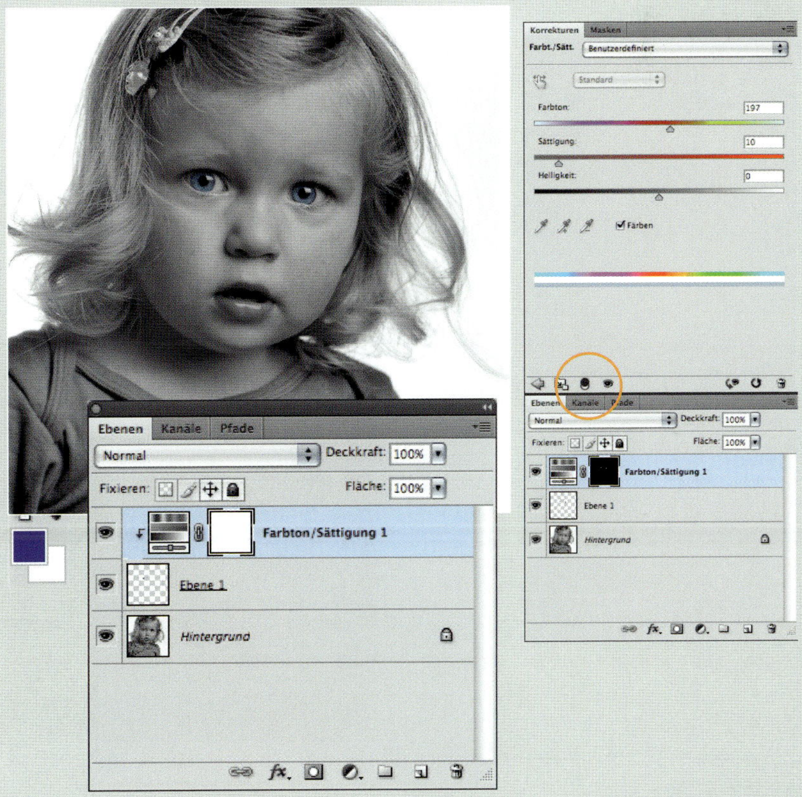

Kreative Farbgestaltung

Eine Graustufendatei komplett neu einzufärben kann auch bei trivialen Bildern zu wunderschönen Ergebnissen führen. Versuchen Sie es!

[1] **Weichzeichnen**

Für diese Technik können auch Bilder herangezogen werden, die etwas unscharf sind. Die besten Ergebnisse erzielen Sie nämlich, wenn das Foto behutsam mit dem *Gaußschen Weichzeichner* bearbeitet wird.

[2] **Tontrennung**

Im Bedienfeld *Korrekturen* finden Sie die *Tontrennung*. Mit dem Filter werden alle Graustufen verrechnet und auf die angegebenen Stufen reduziert. Starten Sie hier im unteren Bereich mit vielleicht *8* bis *12* Tonwerten.

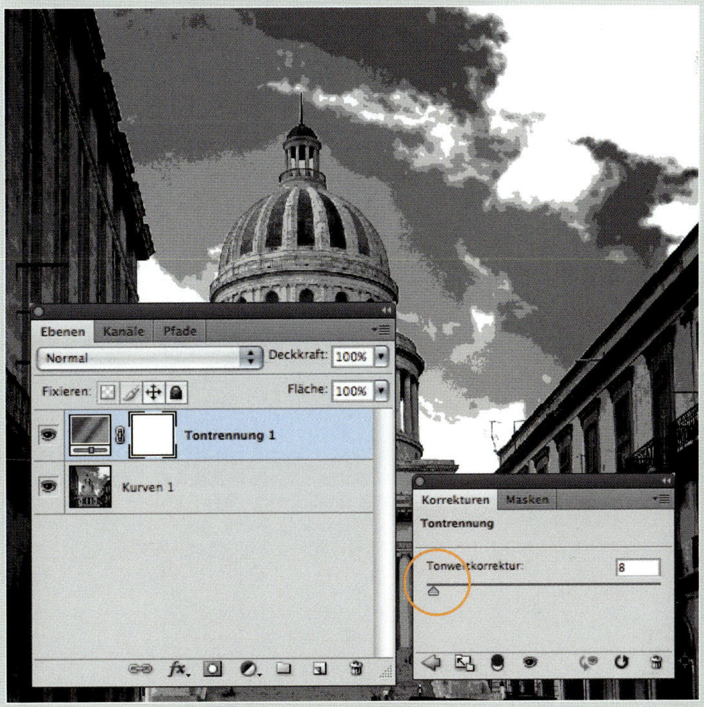

[3] **Farbverlauf**

Erstellen Sie aus dem Bedienfeld *Korrekturen* eine weitere Einstellungsebene des Typs *Verlaufsumsetzung*. Durch Klick in die Verlaufsgrafik erhalten Sie direkten Zugang zum Dialogfeld *Verläufe bearbeiten*. Wählen Sie hier einen beliebigen Farbverlauf. Das Ergebnis können Sie sofort in Ihrer Bilddatei betrachten.

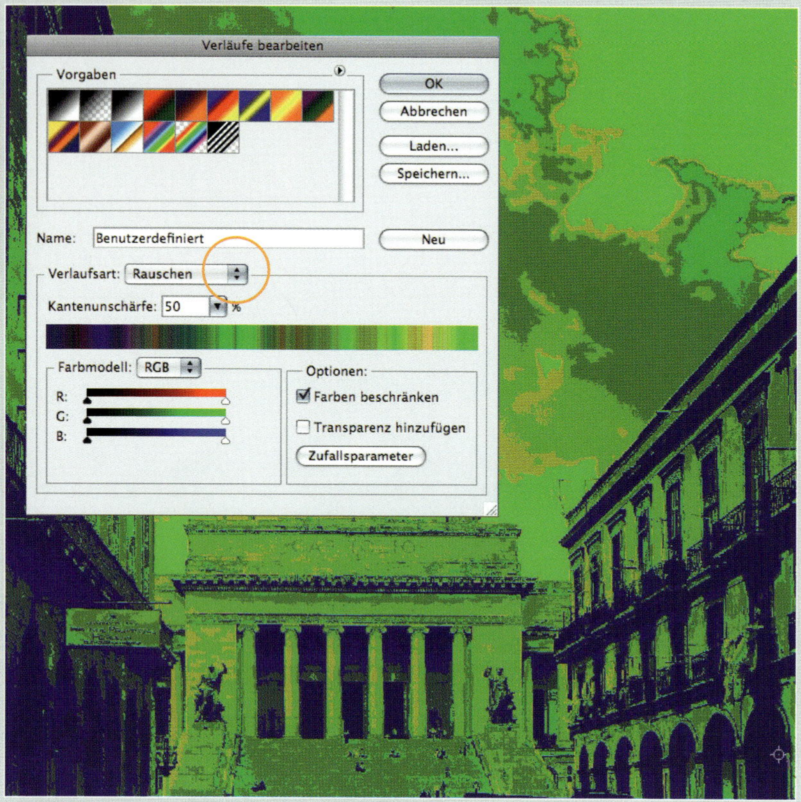

[4] **Zufallsvarianten**

Bei der Verlaufsdarstellung gibt es zwei Arten: *Durchgehend* und *Rauschen*. Schauen Sie sich die Rauschversionen einmal an – weitere Farbvarianten erhalten Sie über ein erneutes Drücken der Schaltfläche *Zufallsparameter*.

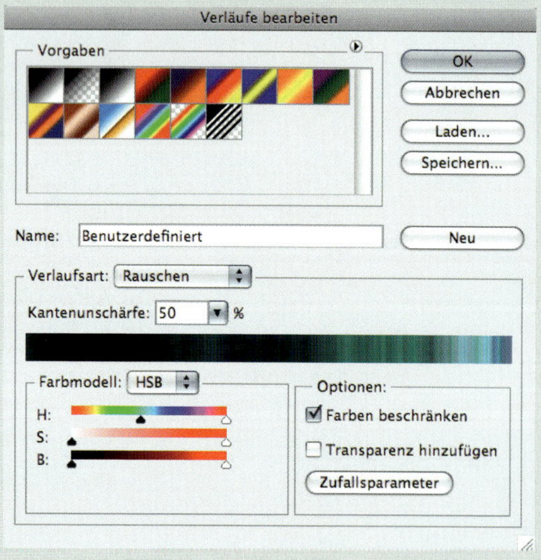

[5] **Farbtuning**

Über die verschiedenen Farbmodelle *Lab*, *RGB* und *HSB* delegieren Sie die Zufallsparameter. Mit den Dreiecksreglern bestimmen Sie den Bereich, aus dem die Farben für die Zufallsberechnung genommen werden. So können Sie sich unzählige Variationen mithilfe des Zufallsschalters ansehen und die Favoriten mit einem Schnappschuss im Bedienfeld *Protokoll* temporär abspeichern.

[6] Feinschliff

Die Tontrennung erfolgt nach den Helligkeitswerten im Bildmotiv. Bilden sich unschöne kleine Farbinseln im Bild, können Sie diese mit einer selektiven Hell-Dunkel-Korrektur angleichen:

Variante 1: neue Ebene, Füllmethode *Weiches Licht* und dann mit *Weiß* oder *Schwarz* aufhellen oder nachbelichten.

Variante 2: neue Ebenen mit *50 % Grau* füllen, Füllmethode *Weiches Licht* und mit dem *Abwedler-* oder *Nachbelichter-Werkzeug* bearbeiten.

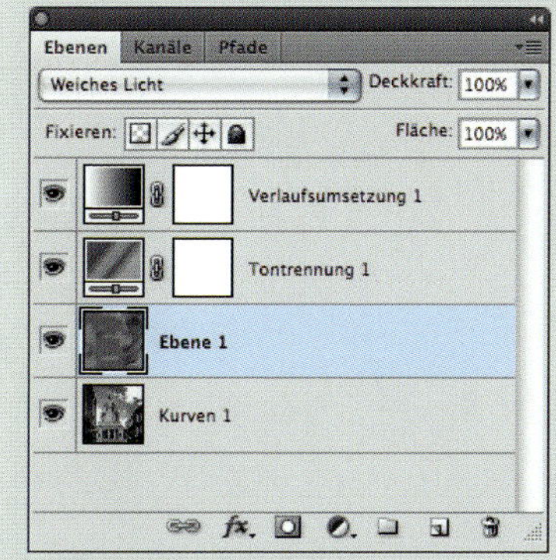

11

RAW-KONVERTIERUNG

11

RAW-Konvertierung

RAW-Workflow

Eine „goldene Regel" für den RAW-Daten-Workflow lautet: so viel wie möglich im RAW-Konverter erledigen, bevor es in Photoshop weitergeht. Und in Camera Raw können Sie bereits viel erreichen.

Vorher: *Die digitale Form des Augenblicks spontan erfasst im Vertrauen auf die Automatik einer Kamera, führt bei nachträglicher Betrachtung oftmals zur Enttäuschung – haben wir die Szenerie in Erinnerung doch farbintensiv und emotionsgeladener wahrgenommen.*

Nachher: *Nur im Zusammenspiel von RAW-Dateiformat und einem guten RAW-Interpretationsprogramm können Sie das Optimum aus Ihren digitalen Bildaufzeichnungen herausholen. Strittig bleibt, ob der Ausgleich technischer Mängel als Manipulation angeprangert werden kann oder eine vertretbare Interpretation vorhandener Informationen darstellt. Unstrittig ist auf jeden Fall das im Vergleich ansehnlichere Ergebnis.*

[1] Bildparameter

Schauen Sie sich zu Beginn die Bildparameter an. Dazu öffnen Sie das Dialogfeld *Arbeitsablauf-Optionen* mit Klick auf den blauen Hyperlink *Adobe RGB (1998); 8 Bit;...* am unteren Bildrand im Camera Raw-Konverter. Die Parameter werden aus den Metadaten der Bilddatei gelesen, können aber auf Ihre Zwecke angepasst werden.
Mit der *Auflösung* definieren Sie, wie das Bild in Photoshop dargestellt werden soll; sie wirkt sich nicht auf das Datenvolumen in MByte aus. Interessant sind die späteren Möglichkeiten in Photoshop, wenn Sie das Kontrollkästchen *In Photoshop als Smart Objekte öffnen* aktivieren.

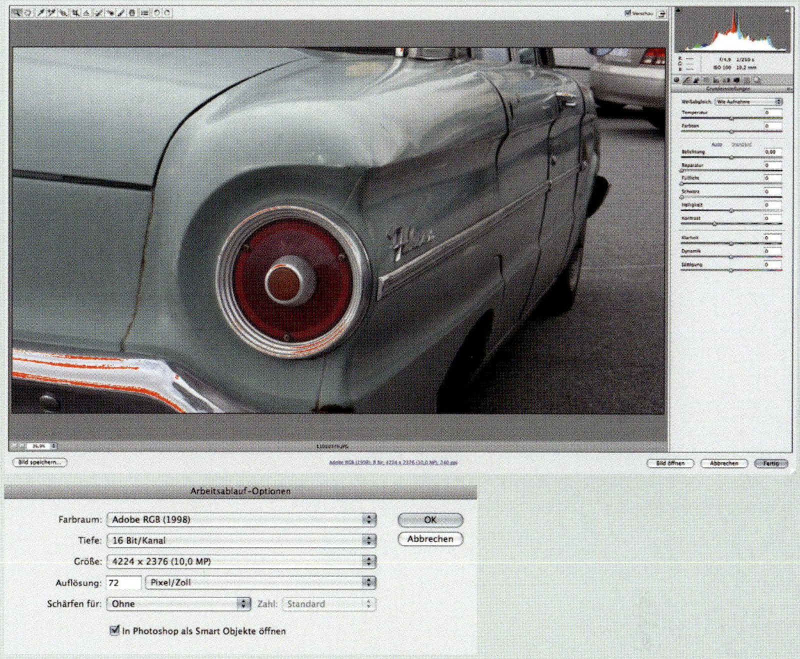

[2] Bildausschnitt wählen

Nach dem Grundsatz „die großen Änderungen zuerst" drehen und legen Sie Ihren neuen Bildausschnitt wenn nötig fest. Mit dem *Freistellungswerkzeug* bestimmen Sie Ihren Bildausschnitt mit vorgegebenen oder auch benutzerdefinierten Größen – wie zum Beispiel dem 16:9-Verhältnis.

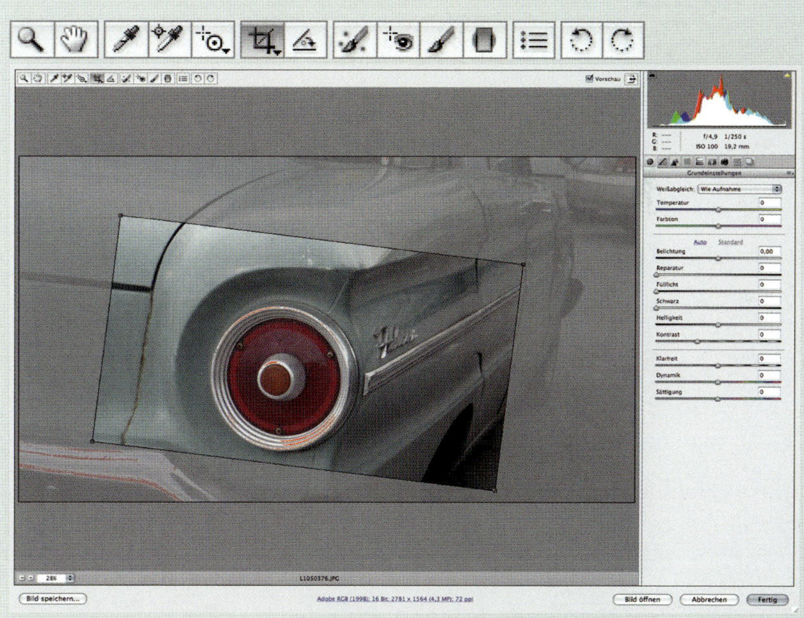

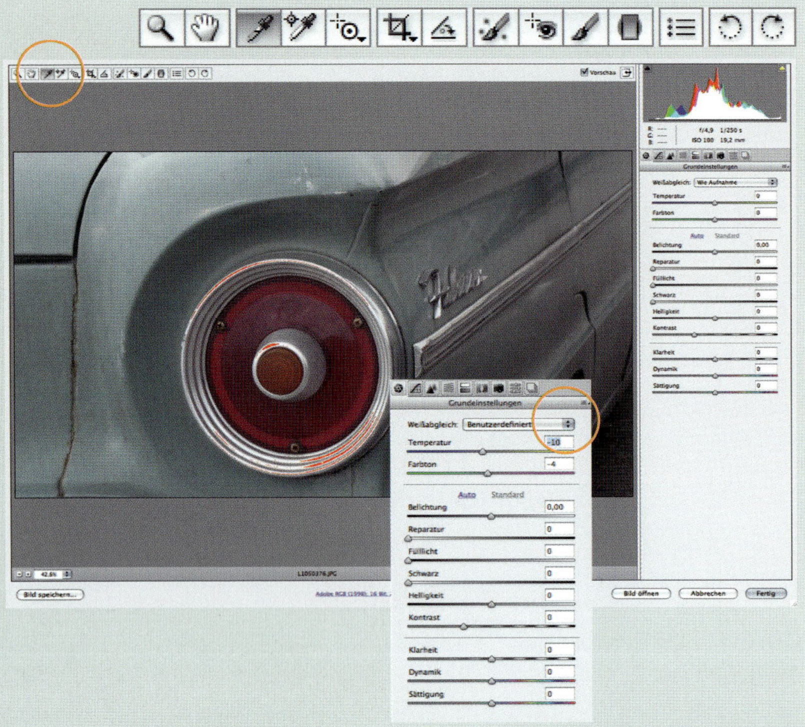

[3] **Weißpunkt definieren**

Definieren Sie nach dem Zuschneiden das Neutralgrau in Ihrem Foto. Hierzu wählen Sie entweder eine der *Weißabgleich*-Voreinstellungen, oder Sie nehmen mit der Pipette, dem *Weißabgleich-Werkzeug*, direkt im Bild eine graue Stelle auf. Feinabstimmungen führen Sie anschließend mit den Reglern *Temperatur* und *Farbton* in den *Grundeinstellungen* durch.

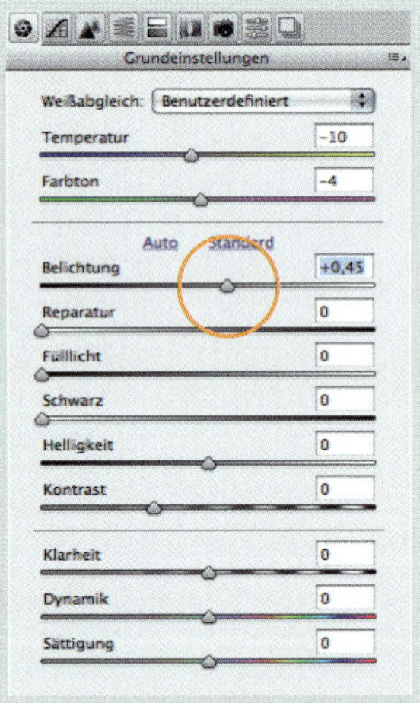

[4] **Belichtung optimieren**

Nutzen Sie für die Luminanz eine der Optionen *Auto* oder *Standard* als Ausgangsbasis für weitere Feineinstellungen. Vorsicht bei starken Veränderungen – die Tiefen oder Lichter im Bild könnten dabei geclippt werden.

Um bei der Anpassung der *Grundeinstellungen* die Beschneidungsbereiche der Tiefen (blau) und Lichter (rot) im Bild zu sehen, aktivieren Sie im Histogramm die Dreiecke in den oberen Ecken. Bereiche, die außerhalb des darstellbaren Tonwertbereichs liegen, werden jetzt durch Fremdfarben optisch hervorgehoben.

[5] Rekonstruktion der Tonwerte

Reparatur versucht, Details in hellen Bildbereichen zu schützen, der Regler *Fülllicht* möchte in den dunklen Bereichen Details herausstellen, ohne tiefes Schwarz aufzuhellen. Beide Regler sind wie die Funktion *Tiefen/Lichter* in Photoshop zu verstehen. Der Vorteil bei der Arbeit im RAW-Konverter ist der größere Dynamikumfang der Rohdaten, während die *Tiefen/Lichter*-Funktion in Photoshop mit einem bereits reduzierten Tonwertumfang zurechtkommen muss. *Schwarz* gibt an, welche Tonwerte im Bild der Farbe Schwarz zugeordnet werden.
Tipp: Mit gedrückter [Alt]-Taste werden Ihnen die Clippingbereiche angezeigt.
Statt die Lichter und Tiefen des Bildes zu beschneiden, komprimiert *Helligkeit* die Lichter und erweitert die Tiefen. Umfangreiche Anpassungen erfolgen hier gegebenenfalls durch die erneute Optimierung von *Belichtung*, *Reparatur* und *Schwarz*. *Kontrast* passt die mittleren Tonwerte an.

[6] Kurve zur Feinkorrektur

Die parametrische Gradationskurve ist eine Variante zur Steuerung der Gradation. Hierbei wird die Kurve nicht über Ankerpunkte verbogen, sondern nur über die vier Schieberegler gesteuert. Der Wirkungsbereich der Regler kann ergänzend mit den (Tonwert-)Bereichsbegrenzungsreglern unterhalb der Kurvendarstellung angepasst werden. Bei kräftigen Korrekturen muss der Weißabgleich jetzt gegebenenfalls nachgebessert werden.

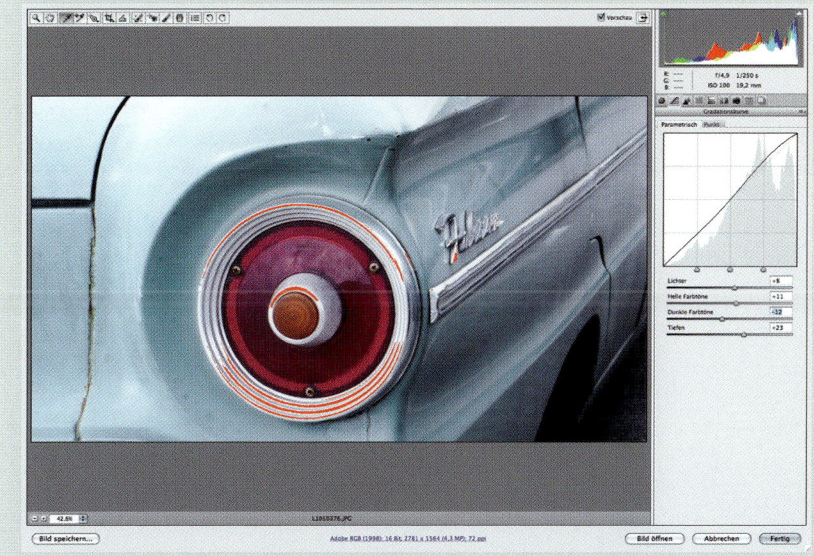

[7] Farben bewerten

Im Bedienfeld *HSL/Graustufen* – benannt nach den englischen Begriffen Hue, Saturation und Lightness – können die Farben nachgeregelt werden. Im Register *Farbton* können Sie die Farben im Bild austauschen. Mit der *Sättigung* bewerten Sie Farbbereiche durch Verstärkung oder Reduzierung optisch neu. Der *Luminanz*-Regler hellt Farben auf und schwächt oder dunkelt sie ab und verstärkt sie.

[8] Farblook-Feintuning

Erst jetzt wird die Farbabstimmung mit den *Dynamik*- und *Sättigung*-Reglern bestimmt, zu finden im Bedienfeld der *Grundeinstellungen*.

Sättigung verändert alle Bildfarben gleichmäßig. *Dynamik* regelt alle Farben mit geringer Sättigung stärker als die mit höherer Farbintensität und vermeidet eine übermäßige Sättigung von Hautfarben.

Klarheit verstärkt die Farb- und Kontrastunterschiede ohne Änderung der Gesamtsättigung, aber mit Einfluss auf die Bildschärfe.

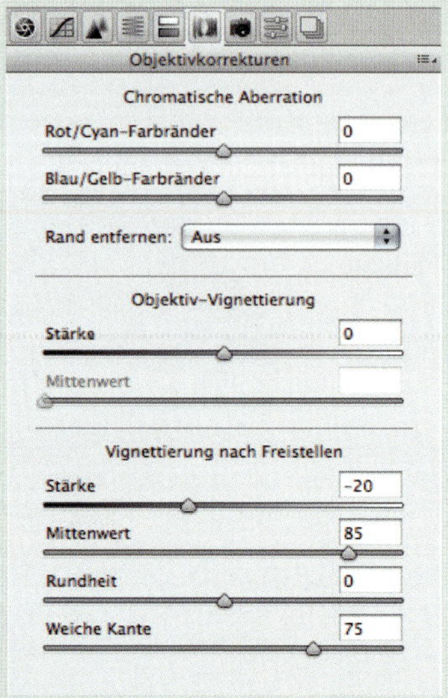

[9] Objektivfehler justieren

Schon Ansel Adams, Großmeister der Schwarz-Weiß-Fotografie, erkannte, dass Bilder durch leicht abgedunkelte Bildecken aufgewertet werden können. So ist eine Schwäche des Objektivs nicht unbedingt ein Fehler. Sie haben die Wahl zwischen Entfernen und Hinzufügen. Erstmals gibt es auch eine Möglichkeit, mit *Vignettierung nach Freistellen* im RAW-Dialog zugeschnittene Bilder mit dunklen Rändern zu versehen.

Ganz sicher ein Fehler sind Farbränder an Motivkanten im Bild – insbesondere bei Weitwinkelaufnahmen. *Chromatische Aberration* nennt man das Unvermögen des Objektivs, Licht verschiedener Frequenzen (Farben) in einem Punkt zu fokussieren.

Rand entfernen verringert die Sättigung der Farbränder um spiegelartige Lichter herum.

[10] Rauschen reduzieren

Zum Schluss der globalen Korrekturmöglichkeiten von Camera Raw noch die Einstellungen im Bedienfeld *Details*: Farbrauschen (Chrominanz) wird durch den unteren Regler *Farbe* minimiert, während eine Korrektur für das Helligkeitsrauschen (Luminanz) nur sehr vorsichtig eingesetzt werden soll: Störungen werden hier auf Kosten der Bildschärfe reduziert.

[11] Schärfen

Photoshop macht Sie darauf aufmerksam, dass die *Vorschau* auf *100 %* gesetzt werden soll. So entspricht ein Dateipixel exakt einem Monitorpixel, und die Auswirkung der Einstellungen kann besser beurteilt werden. Nur wenn Sie Ihre Bilder in Photoshop nicht intensiv weiterbearbeiten wollen, empfiehlt sich das Nachschärfen in Camera Raw.

Tipp: Damit die Schärfung auch auf die Datei und nicht nur auf die Vorschau wirkt, stellen Sie in den Voreinstellungen von Camera Raw im Bereich *Allgemein* die Option *Scharfzeichnen anwenden auf Alle Bilder* um.

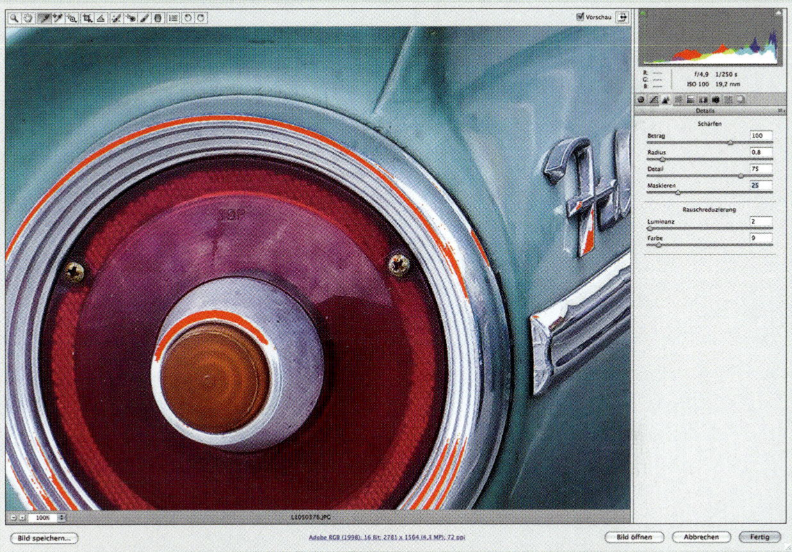

[12] Selektiver Bearbeitungsbereich

Erstmalig bietet Photoshop auch zwei Werkzeuge für eine selektive Korrektur an. Mit dem *Anpassungspinsel* können mehrere Bildbereiche maskiert und unabhängig voneinander optimiert werden.

Nach Anklicken des *Anpassungspinsels* öffnet sich das Bedienfeld *Einstellungen*. Ganz oben wird die Funktion des *Anpassungspinsels* bestimmt. Standardmäßig ist *Neu* aktiv. Ganz im unteren Bereich definieren Sie die Pinseloptionen, um Bildbereiche optimal auszuwählen. Mit aktivierter *Automatisch maskieren*-Funktion können Sie schnell kontrastreiche und farbgleiche Motivelemente auswählen.

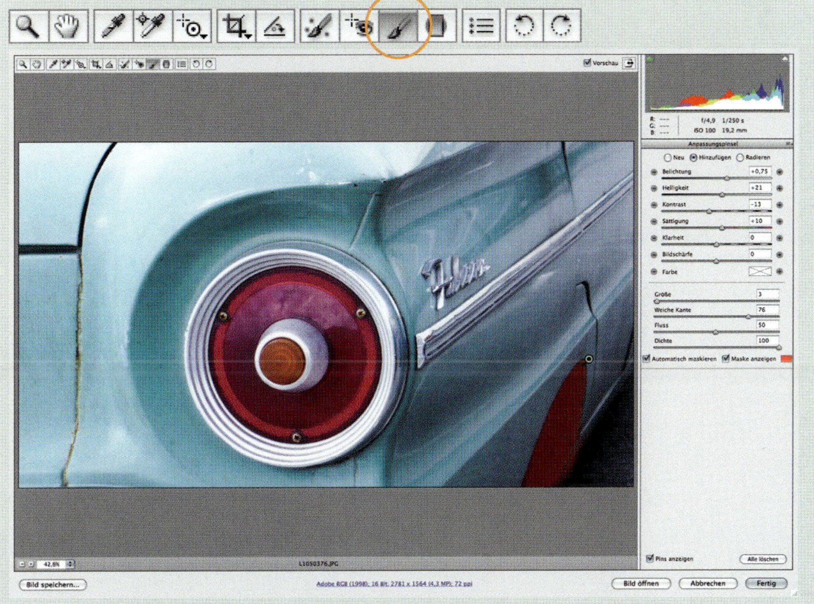

[13] Selektive Korrekturen

Sieben Parameter können derzeit in den maskierten Bereichen optimiert werden. Maskierte Bereiche werden durch „Pins" angezeigt, und verschiedene können durch Anklicken mit der Maus aktiviert werden. Nun stehen auch die Pinselfunktionen *Radieren* und *Hinzufügen* bereit, um nachträglich den Änderungsbereich anzupassen.

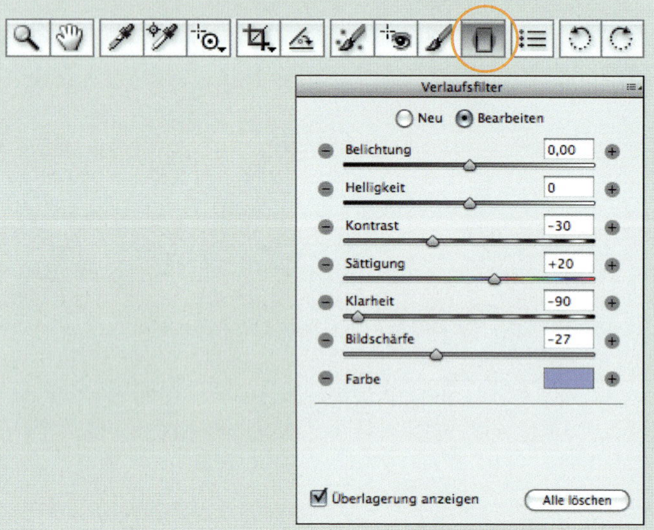

[14] Verlaufskorrekturen

Für Belichtungsprobleme ganzer Bildzonen stellt der *Verlaufsfilter* für örtliche Korrekturen die Lösung dar. Gerade bei Landschaftsaufnahmen möchte man den Himmel oft anders einstellen. Die *Verlaufsfilter*-Parameter ähneln denen des *Anpassungspinsels*: Verlaufsstrecke aufziehen, Parameter einstellen. Auch hier können mehrere Verlaufsbereiche definiert und individuell optimiert werden.

Tipp: Durch Gedrückthalten der [Umschalt]-Taste kann auch hier, wie in Photoshop, die Verlaufsstrecke senkrecht aufgezogen werden.

[15] Abspeichern

Im Arbeitsfenster unten links finden Sie die Schaltfläche *Bild speichern*. Wählen Sie im Dialogfeld *Speicheroptionen* das DNG-Format für den optimalen Austausch Ihrer Kamerarohdaten. Möchten Sie das Bild an ein Bildbearbeitungsprogramm übergeben, speichern Sie es im TIF-Format.

[16] **Objekt öffnen**

Ganz deutlich zu erkennen ist der Trend von Photoshop zur non-destruktiven Bildbearbeitung auch in Camera Raw. Um in diesem Sinne mit der weiteren Bildbearbeitung in Photoshop fortzufahren, öffnen Sie Ihr Bild als Smart-Objekt.

Mit einem Doppelklick auf das Smart-Objekt-Symbol im Bedienfeld *Ebenen* können Sie jetzt auf die Camera Raw-Einstellungsparameter zurückgreifen und weiterarbeiten.

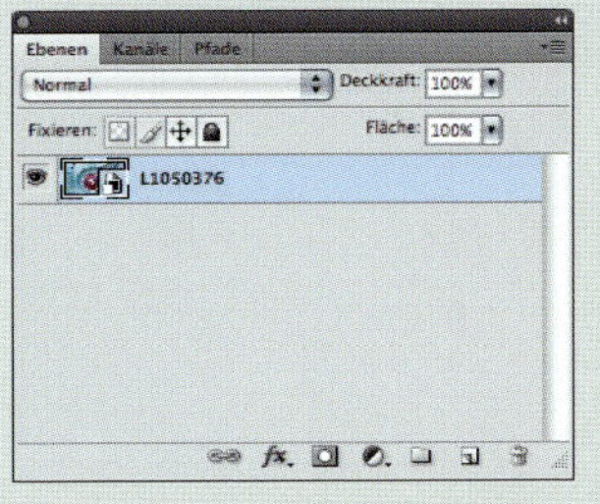

Bildbearbeitung im RAW-Workflow

Dieser Workshop soll Ihnen den Workflow in Adobe Camera Raw am Beispiel einer Landschaftsaufnahme verdeutlichen. Das Bild wird komplett im RAW-Konverter optimiert, retuschiert und zusätzlich mit einem speziellen Look versehen.

Vorher: *Deutschland ist schön. Aber die Interpretation der RAW-Konverter-Automatik gibt oft einen schalen und vergrauten Eindruck der Landschaft wieder. Nutzen Sie die gespeicherten Informationen, die Ihnen bei einer RAW-Aufnahme zur Verfügung stehen.*

Nachher: *Das Informationspotenzial der RAW-Daten wurde manuell ausgenutzt, und die neuen RAW-Konverter-Features wurden gestalterisch eingesetzt.*

[1] Bildmotiv in Camera Raw öffnen

Kontrollieren Sie wie gewohnt als Erstes die Bildparameter im Dialogfeld *Arbeitsablauf-Optionen*. Ältere Einstellungen werden beibehalten und übernommen. Die Farbtiefe von *16 Bit/Kanal* ist bei einer anschließenden umfangreichen Bildbearbeitung in Photoshop sinnvoll, darf bei einem internen Workflow im RAW-Konverter jedoch auf *8 Bit/Kanal* reduziert werden.

[2] Drehen und zuschneiden

Wählen Sie das *Gerade-ausrichten-Werkzeug* aus der Werkzeugleiste und bestimmen Sie durch Ziehen im Vorschaubild die Horizontale oder Vertikale. Die durch die Begradigung resultierende maximale Bildgröße wird automatisch berechnet und mit dem Beschneidungsrahmen angezeigt.

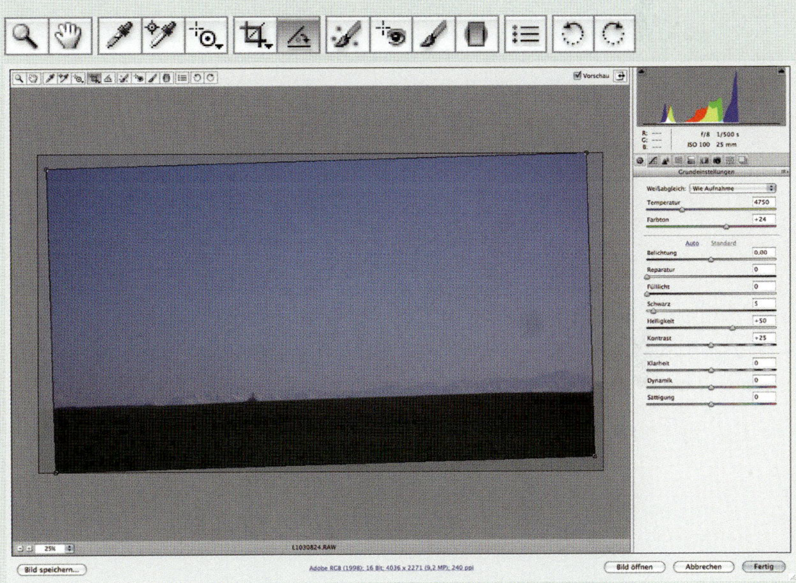

[3] Weißpunkt definieren

Digitalkameras zeichnen den zum Zeitpunkt der Belichtung geltenden Weißabgleich in Form von Metadaten auf. Da ein weißes oder graues Objekt in einer Szene den Farbstich des Umgebungslichts übernimmt (Metamerie genannt), kann dieser Effekt gegebenenfalls durch eine *Weißabgleich*-Voreinstellung ausgeglichen werden.

Wenn Sie den Weißabgleich schnell anpassen möchten, wählen Sie das *Weißabgleich*-

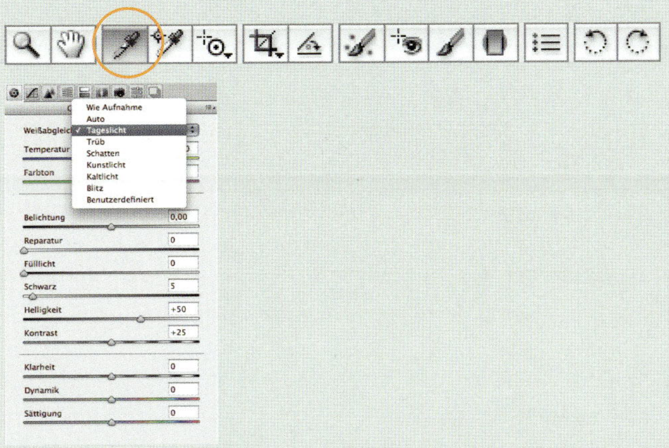

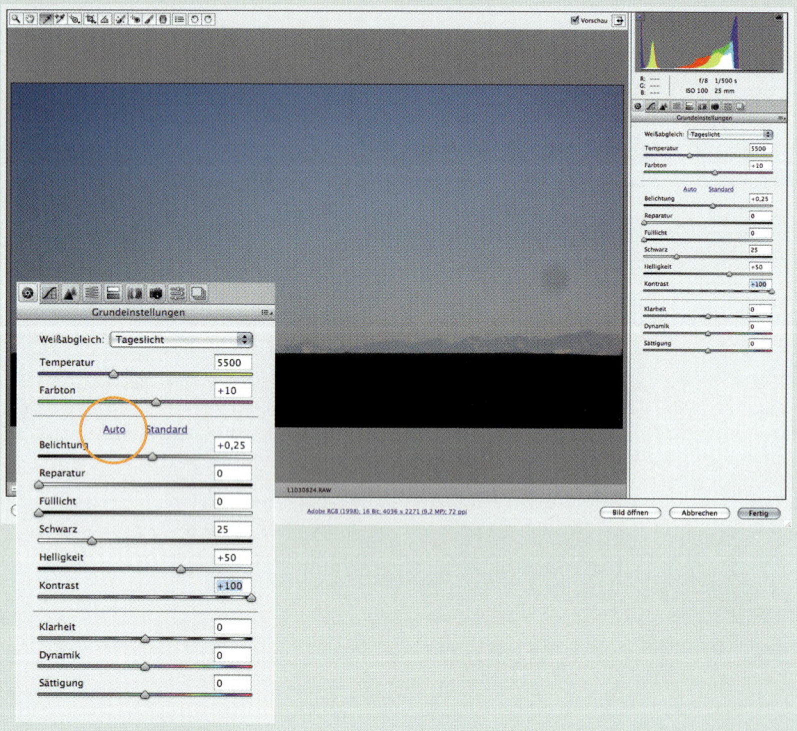

Werkzeug aus und klicken dann in den Bereich des Vorschaubildes, der neutral grau oder weiß sein soll. Camera Raw kann die Eigenschaften *Temperatur* und *Farbton* korrigieren, sodass alle Farben im Bild anschließend so eingestellt werden, dass die betreffenden Objekte tatsächlich neutral gefärbt sind. Wenn Sie auf einen Weißton klicken, wählen Sie einen Lichterbereich, der statt spiegelartigen Lichts deutliche Weißdetails enthält.

Tipp: Sie können auf die Schaltfläche *Weißabgleich* doppelklicken, um den Wert auf *Wie Aufnahme* zurückzusetzen.

[4] Belichtung

Die Vorschau in der Bridge nutzt die Bild-Standardeinstellungen. Sie sollten zunächst automatische Farbtonanpassungen vornehmen, um so eine Annäherung an die optimalen Bildeinstellungen zu erzielen.

Wenn Sie oben auf der Registerkarte im Bereich der Farbwertsteuerelemente auf *Auto* klicken, analysiert Camera Raw das Bild und nimmt automatisch Einstellungen der Farbwertsteuerelemente (*Belichtung*, *Reparatur*, *Fülllicht*, *Schwarz*, *Helligkeit* und *Kontrast*) vor.

Wenn Sie sorgfältig fotografiert haben, sollen diese Resultate möglicherweise nicht durch eine automatische Farbtonanpassung zerstört werden. Möchten Sie dann nur einem einzelnen Steuerelement wie z. B. *Belichtung* eine automatische Einstellung zuweisen, drücken Sie die [Umschalt]-Taste und doppelklicken auf den Regler.

In diesem Beispiel wird der *Kontrast* auf das Maximum erhöht und *Schwarz* angehoben, um den Vordergrund extrem abzudunkeln.

[5] Spiel mit den Farben

Klarheit fügt einem Bild durch Erhöhen des lokalen Kontrasts Tiefe hinzu. Diese Einstellung ähnelt einer unscharfen Maskierung mit großem Radius in Photoshop. Die Berge am Horizont treten dadurch klarer im Bild hervor.

Um den Farblook zu gestalten, wird bewusst auf eine gegensätzliche Einstellung von *Dynamik* und *Sättigung* gesetzt. Auf die *Sättigung* für einen bestimmten Farbbereich mithilfe der Steuerelemente auf der Registerkarte *HSL/Graustufen* wird verzichtet.

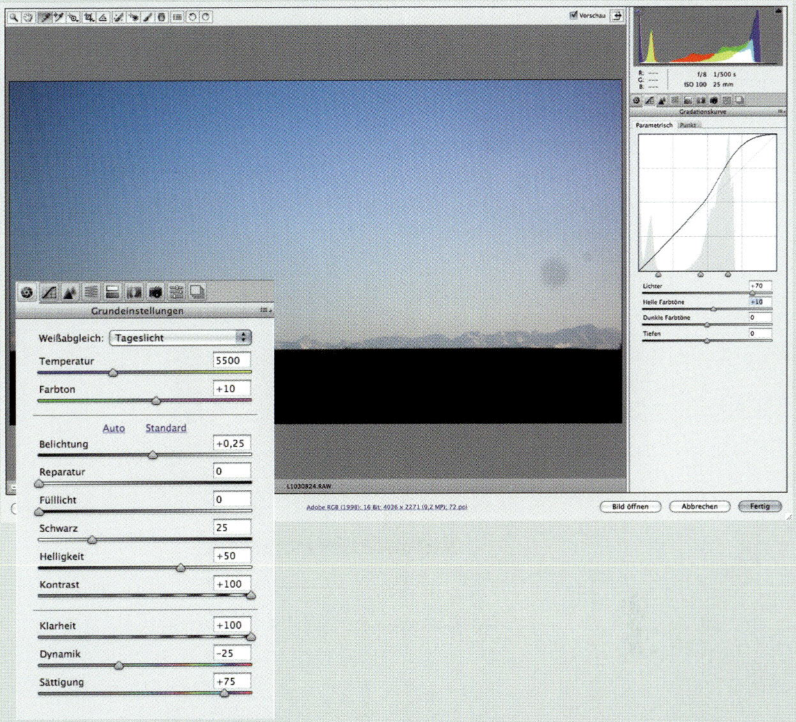

[6] Fleck weg

Jetzt deutlich zu erkennen sind die Sensorflecken auf dem Bild. Mit dem *Bereichsreparatur-Werkzeug* können Sie einen ausgewählten Bildbereich durch einen anderen reparieren lassen.

Wählen Sie in der Symbolleiste das *Bereichsreparatur-Werkzeug* aus und klicken Sie mittig auf den Fleck. Die Größe des Reparaturbereichs bestimmen Sie über den Regler *Radius*. Den Vorlagebereich bestimmen Sie, indem Sie in den grün-weißen Kreis klicken und ihn in den gesunden Bildbereich versetzen.

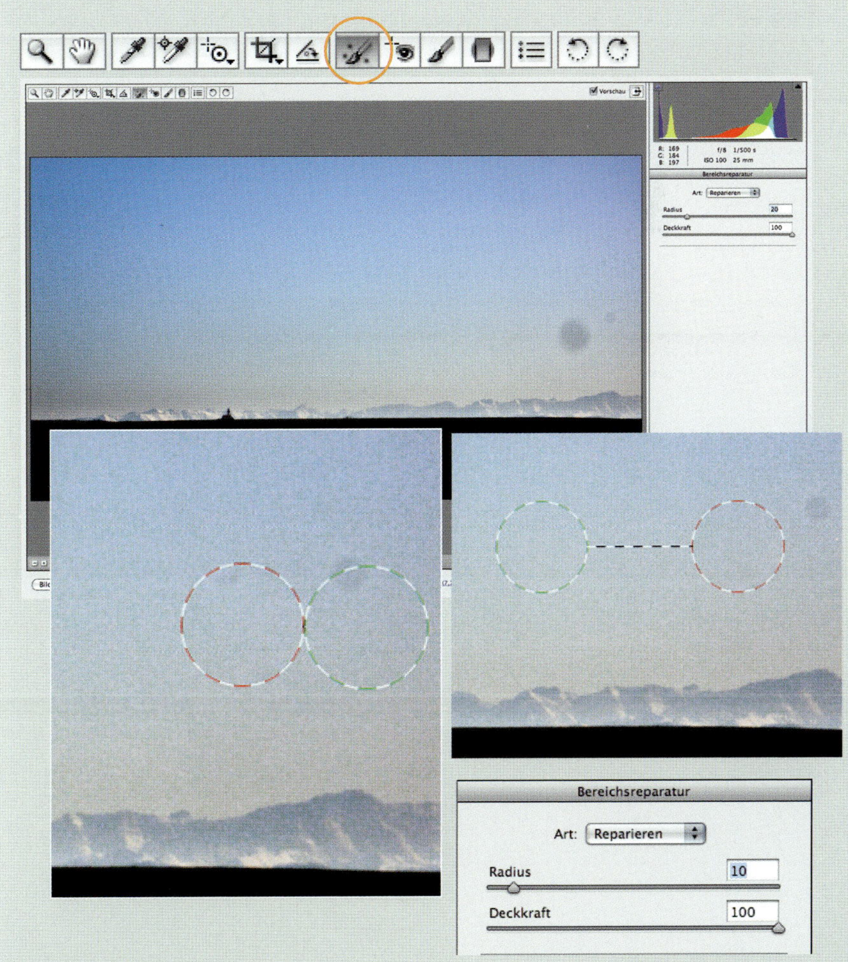

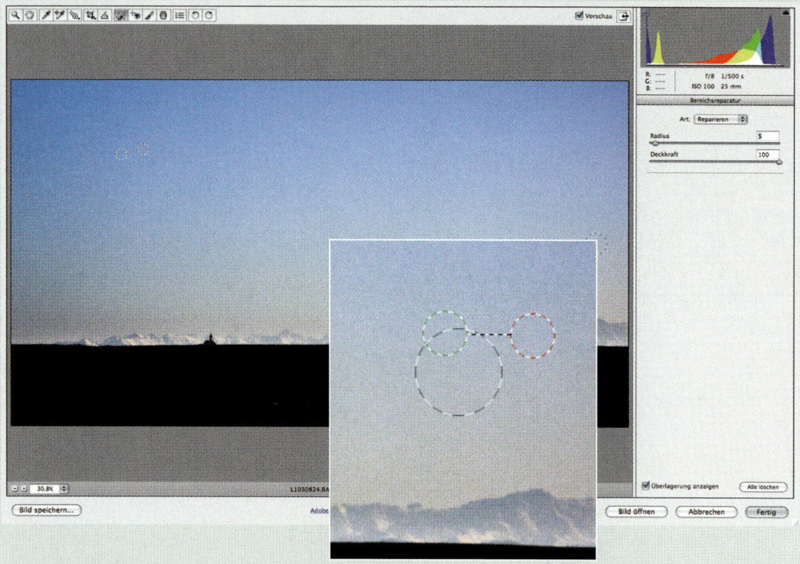

[7] **Noch mehr Flecken weg**

Alle angelegten Reparaturbereiche werden mit grau-weißen Kreisen dargestellt. Diese können durch erneutes Anklicken nachträglich angepasst werden.

Die Retusche funktioniert natürlich auch umgekehrt, indem Sie die *Art* im Dialogfeld auf *Kopieren* umstellen. Als Erstes definieren Sie den gesunden Bereich und versetzen dann den rot-weißen Kreis über den Fleck.

Tipp: Um die Größe der Kreise zu verändern, bewegen Sie den Zeiger über den Rand eines Kreises, bis er zu einem Doppelpfeil wird, und ziehen den Kreis dann größer oder kleiner.

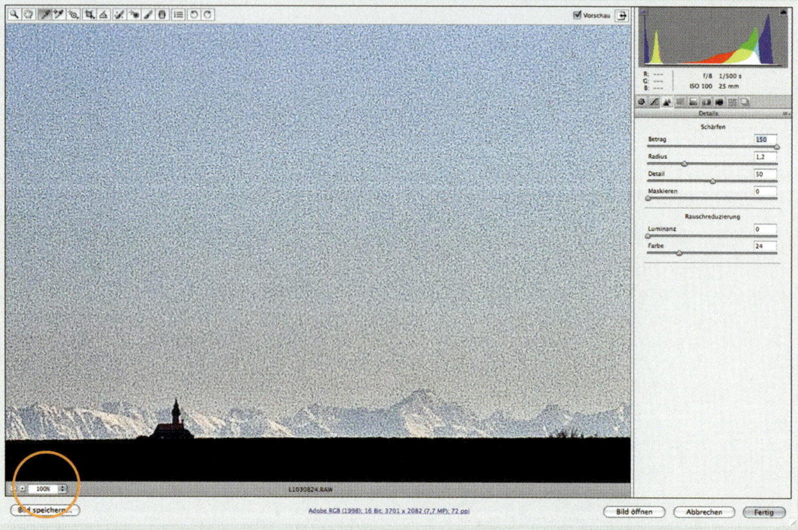

[8] **Zoomstufe 100 % anwählen**

Da die Bildoptimierung ausschließlich im RAW-Konverter stattfindet, darf die Bildschärfe im Bedienfeld *Details* final angepasst werden. Setzen Sie die *Vorschau* zuvor auf mindestens 100 % hoch.

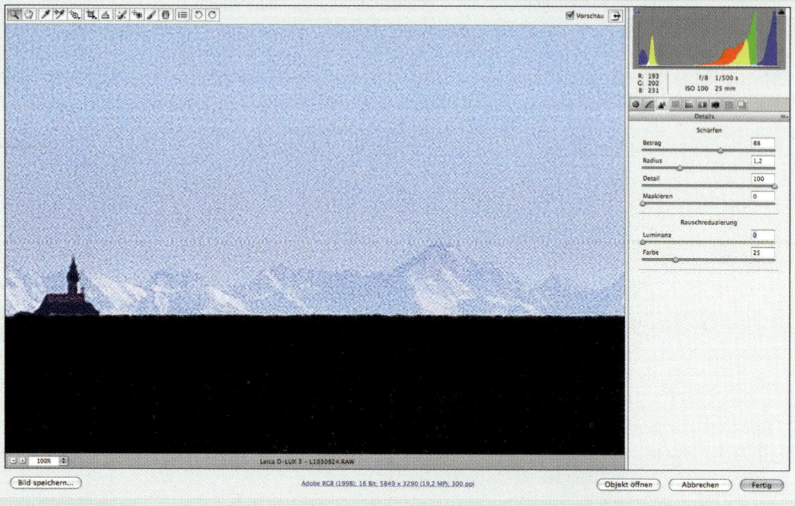

[9] **Schärfe optimieren**

Für die Anpassung der Bildschärfe stehen Ihnen vier Scharfzeichnungssteuerelemente zur Verfügung. Bei einer Stärke von *0* ist das Scharfzeichnen deaktiviert.

Radius passt die Menge der Details an, die scharfgezeichnet werden. Durch niedrigere Einstellwerte im Bedienfeld *Details* werden hauptsächlich Konturen geschärft und dadurch Verwischungen entfernt. Durch höhere Werte werden die Strukturen des Bildes hervorgehoben.

Maskieren steuert eine Konturmaske: Bei einer Einstellung von *0* werden alle Bildelemente gleich stark scharfgezeichnet. Bei einer Einstellung von *100* werden fast ausschließlich die Flächen in der Nähe der stärksten Konturen scharfgezeichnet.

[10] Flächenrauschen mindern

Durch die Schärfung werden aber auch die Störungen in den Flächen ungewollt mitgeschärft. Drücken Sie beim Ziehen des Maskierungsreglers die [Alt]-Taste (Windows) bzw. die [Wahltaste] (Mac OS), um zu sehen, welche Flächen scharfgezeichnet werden (weiß) und welche maskiert werden (schwarz). So können Sie optimal die Flächen vor einer Scharfzeichnung bewahren.

[11] Virtuelle Verlaufsfilter

Neu hinzugekommen ist die Möglichkeit der selektiven Bildkorrekturen. Es empfiehlt sich, zunächst das *Verlaufsfilter-Werkzeug* auszuwählen, dessen Optionen einzustellen und dann die Korrektur auf das Foto anzuwenden.

Ziehen Sie den Mauszeiger über das Foto, um einen Verlaufsfilter auf den jeweiligen Bereich anzuwenden. Für einen senkrechten oder horizontalen Verlauf halten Sie die [Umschalt]-Taste gedrückt.

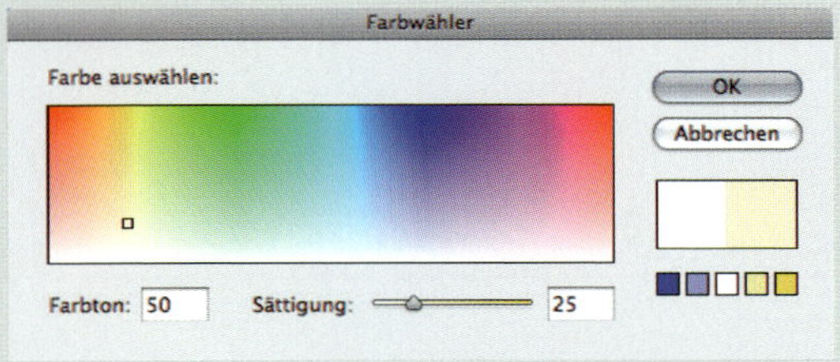

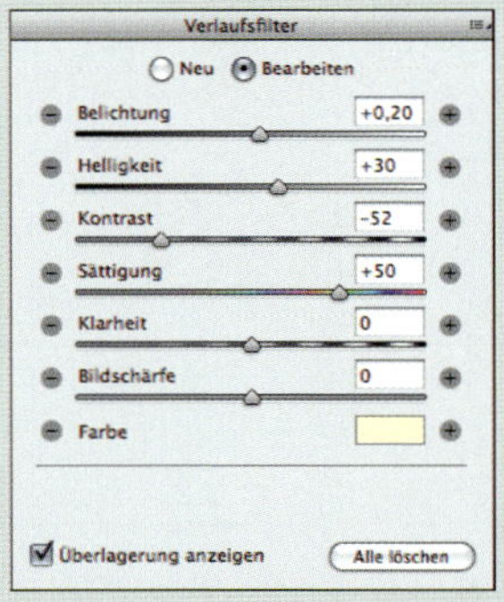

Die Anfangskante des Filters wird durch einen grünen, die Endkante durch einen roten Punkt markiert. Den gesamten Verlauf versetzen Sie durch Klicken und Ziehen an der grau-weiß gestrichelten Linie.

Um den Verlaufsbereich nachträglich zu verändern, klicken Sie die Linie neben dem Anfangs- oder Endpunkt leicht versetzt an, sodass ein Doppelpfeil angezeigt wird, und ziehen mit der Maus.

In diesem Beispiel wird der abgedunkelte Vordergrundbereich mit dem Verlaufsfilter wieder örtlich aufgehellt, um dem Bereich visuell mehr Raumtiefe zu geben.

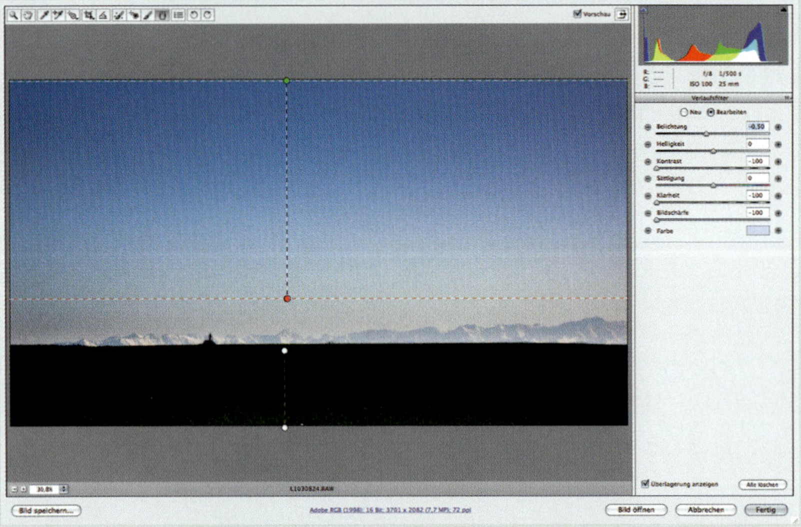

[12] Farbverlauf

Das Herumtragen von diversen Farbverlaufsfiltern gehört der Vergangenheit an. Mit dem Parameter *Farbe* können Sie jedem Verlauf auch noch eine Farbe nach Wunsch zuweisen. So wurde hier der Himmel mit einem leichten Blau dramatisiert und das Wiesengrün mit einem Gelbverlauf intensiviert. Der Verlauf für den Himmel wurde zusätzlich in *Klarheit* und *Bildschärfe* auf *–100* zurückgenommen.

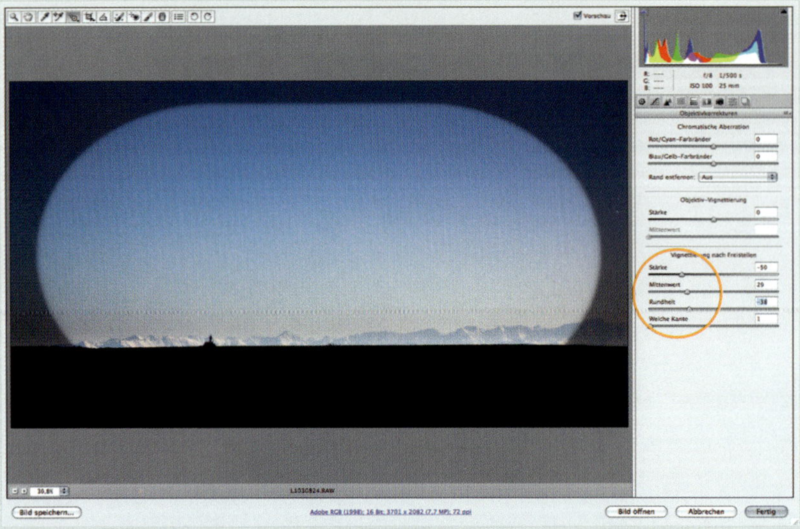

[13] Bildecken abdunkeln

Für das bessere Abschätzen der Eckvignettierung ziehen Sie den Regler *Weiche Kante* nach links. So können Sie Ihre Einstellungen für *Rundheit* und *Mittenwert* besser festlegen. Danach regeln Sie die *Weiche Kante* auf *50 %* hoch und belassen die *Stärke* bei einem sehr geringen Wert um ca. *10 %*. Dieser Effekt sollte nicht ins Kitschige abrutschen, sondern eher subtil wirken und kaum wahrnehmbar sein.

[14] Parameter abspeichern

Lokale Korrekturen werden genau wie alle anderen globalen Korrekturen für ein Bild niemals permanent auf das Foto angewendet, sondern nach Klick auf die Schaltfläche *Fertig* in einer XMP-Filialdatei abgespeichert. Beim Öffnen werden diese Daten ausgelesen und erneut auf die RAW-Datei angewendet.

INDEX

Symbole

A

INDEX

G

H

INDEX

N

O

P

INDEX

Q

R

S

INDEX

1
- Guido Sonnenberg
- Klaus Kindermann

2
- Guido Sonnenberg
- Klaus Kindermann

3
- Guido Sonnenberg
- Klaus Kindermann
- Stella Frerichs

4
- Guido Sonnenberg
- Julia Schill
- Christine Anders

5
- Guido Sonnenberg
- Klaus Kindermann
- Stella Frerichs

6
- Guido Sonnenberg
- Klaus Kindermann
- Christian Haasz
- Björn Gantert
- Dirk Trachte

7
- Guido Sonnenberg
- Julia Schill

8
- Guido Sonnenberg
- Stella Frerichs

9
- Guido Sonnenberg
- Christian Haasz

10
- Guido Sonnenberg
- Katharina Haak
- Stella Frerichs
- Jonathan Schule

11
- Guido Sonnenberg